Das Buch

*Es ist ein offenes Geheimnis, daß
in den meisten diplomatischen
Vertretungen ein Teil des Personals
noch einen zweiten Arbeitgeber
hat. Die Diplomatenfunktion
dient hierbei der Tarnung für die
eigentliche, die Geheimdiensttätig-
keit. Die DDR machte da keine
Ausnahme.
Erstmals äußert sich ein Offizier
im besonderen Einsatz (OibE) aus
diesem Bereich. Und dazu noch
ein ziemlich bedeutender: Kurt
Berliner leitete die Residenturen in
den DDR-Vertretungen in Beirut
(1968 bis 1973), in Brüssel (1976
bis 1982) und in Paris (1985 bis
1988).
Nach mehr als zehn Jahren erinnert sich der Diplomat und Aufklärer über seine Arbeit, seine
Erlebnisse und Empfindungen.
Damit bietet er einen ungewöhnlichen Einblick in ein bislang kaum
publizistisch behandeltes Metier,
obgleich doch unzählige Bücher
über Geheimdienste bereits erschienen sind. Kurt Berliner liefert sehr
viel Neues und Unbekanntes.
Nicht nur für Insider ...*

Der Autor

*Kurt Berliner, Jahrgang 1935,
wurde in Husum geboren, wo der
Vater als Ingenieur bei den Stadtwerken arbeitete. Durch die
Kriegswirren kam die Familie
nach Ostdeutschland; der Vater
erhielt – als ehemaliger Wehrmachtoffizier – erst 1949 in
seinem Beruf wieder Arbeit.
Kurt Berliner begann nach dem
Abitur ein Slawistikstudium an
der Humboldt-Universität zu Berlin. 1956 wurde er von der
Auslandsaufklärung angesprochen
und ans Außenministerium vermittelt. Seine diplomatische Laufbahn endete als Botschafter, die
militärische als Oberstleutnant.
Kurt Berliner arbeitete in doppelter Mission in Ägypten, Mali,
Libanon, Brüssel und Paris.
Er ist verheiratet und lebt heute als
Renter in Berlin.*

Kurt Berliner

Der Resident

Ein Diplomat im Dienst
der Hauptverwaltung
Aufklärung erinnert sich

edition ost
IM VERLAG DAS NEUE BERLIN

Den Enkeln Sascha, Elizabeth und Pierre gewidmet

ISBN 3-360-01022-1

© 2001 Das Neue Berlin
Verlagsgesellschaft mbH
Rosa-Luxemburg-Straße 39
10178 Berlin

Titelfoto: Frankreichs Premier
Jacques Chirac wird von Kurt
Berliner am DDR-Messestand
begrüßt; Paris Mai 1986
Rücktitel: Markus Wolf und
Kurt Berliner auf der Datsche
seines früheren Chefs

Fotos: Privatarchiv Kurt Berliner
Reihenentwurf: Trialon
Satz: edition ost, 2001
Druck: Ebner Ulm

Inhaltsverzeichnis

Danksagung

Dank habe ich allen zu sagen, die mich vom ersten Buchstaben des Manuskripts an, bis zu seiner Endfassung, freundlich begleiteten und unschätzbare Hilfe gewährten. Die Idee zu diesem Buch verdanke ich meiner Frau. Ihr habe ich vor allem für das aus gemeinsamem Erleben heraus begründete Interesse für das werdende Manuskript zu danken, wie auch für die unendliche Geduld, mit der sie trotz mancher Belastung häuslichen Lebens an ihm mitwirkte und beim Schreiben behilflich war. Sie blieb in schwieriger Umbruchszeit seit dem Ende der 80er Jahre meine treue Gefährtin und wurde die beste und zugleich auch kritischste Mitarbeiterin.

Besonderer Dank gebührt meinem Freund Jean Villain, dem seit über drei Jahrzehnten in Deutschland lebenden Schweizer Schriftsteller und feinfühligen Beobachter der Entwicklung in vielen Teilen der Welt, und seiner Frau Ingrid Brun. Sie leisteten in jedem Manuskriptstadium den unerschütterlichen Beistand, den ich so dringend benötigte. Jean Villain hielt mich dazu an, über Erfahrenes nachzudenken und zwischen Erscheinungsformen der erfahrenen Wirklichkeit und deren tatsächlichem Wesen zu unterscheiden. Er forderte mich immer wieder auf, mich den eigenen Erfahrungen zu stellen und Fragen an die Geschichte optimistisch anzugehen. Ohne sein Vertrauen und seinen Rat hätte ich dieses Buch nicht schreiben können.

Sehr herzlich danke ich allen, die mir ausgewählte dokumentarische Belege, Fotos und Pressenotizen aus ihren persönlichen Beständen zur Verfügung stellten.

Insbesondere danke ich Hardy Zobel für seine nachfragenden Einwürfe und hervorragende Hilfestellung bei der technischen Bearbeitung des Text- und Bildmaterials.

Die Schreibweisen erwähnter Namen von Personen, Ortschaften und Begriffen entsprechen den in den jeweiligen Landessprachen üblichen und werden in phonetischer Umschrift wiedergegeben. Nur wenige Namen von Personen sind aus Gründen der Diskretion und vor allem der Sicherheit geändert.

Kurt Berliner

Vorwort

Ich werfe die Last des Schweigens ab,
auch wenn ich nicht erwarte, daß dies
die Unruhe in meinem Bewußtsein verdrängt.
Ich überlasse es dem Leser, nach Kenntnisnahme
meiner Akte darüber zu befinden, inwieweit mein Handeln
politische und moralische Schuld begründet.

Ich schreibe, um mich zu meiner Vergangenheit zu bekennen. Als Diplomat habe ich es bis zum Botschafter und Abteilungsleiter im Außenministerium gebracht. Daneben hatte ich noch ein zweites, ein militärisches Leben. Es blieb geheim. Als Angehöriger der Auslandsaufklärung war ich dreißig Jahre im Einsatz. Mein letzter Dienstgrad war Oberstleutnant.

Durch Zufall wurde ich vor dem Krieg im Westteil Deutschlands geboren, durch Zufall wuchs ich im Ostteil auf. Meine Wertvorstellungen wurden unter konkreten geschichtlichen Begebenheiten geprägt. Aus tiefster Überzeugung und im Glauben an eine gute Sache, aus freiem Willen und mit Leidenschaft, wählte ich dieses Doppelleben. Ich bekenne, daß meine Ideale mich bis zum letzten Tag der DDR begleitet haben, weil meine Überzeugungen – trotz zunehmender Einsichten und wachsender Unzufriedenheit mit Unzulänglichkeiten – stärker als aufkommende Zweifel waren. Zu allen Zeiten erfüllte ich meine Aufgaben als Diplomat und Aufklärer, als Angehöriger dieses Staates, dessen Regierung zu über 130 Staaten diplomatische Beziehungen pflegte und der anerkanntes Mitglied der Organisation der Vereinten Nationen war.

Meine Aufgaben verstand ich als politischen Auftrag. Meine Verhaltensweisen und persönlichen Entscheidungen orientierten sich an den Gesetzen dieses Staates und an den Normen des Völkerrechts. Ich weise darum auch alle Verleumdungen, die mich und meine Kampfgefährten seit dem Zusammenbruch der DDR trafen, zurück. Ich fühle mich allen verbunden, die sich gleich mir mit der bitteren Einsicht quälen, daß die Ursache für den Untergang der DDR nicht das Versagen seiner Bürger, sondern systembedingt war. Und mich schmerzt die Erkenntnis, daß dieser Staat letztlich doch nur ein historisches Experiment sein konnte. Es wird Historikern und allen an der Aufarbeitung der Geschichte Interessierten vorbehalten bleiben, sich noch lange Zeit mit dem Werden und Vergehen der Deutschen Demokratischen Republik zu befassen.

Wie vielen fällt es auch mir schwer, das Maß der persönlichen Mitverantwortung und der politischen und moralischen Mitschuld abzuschätzen, das sich durch Schweigen, Dulden, Mitlaufen ergeben hat. Für mich und gewiß für viele Zeitgenossen, deren Lebensweg mit diesem Experiment verbunden war, werden Konflikte zwischen Verdrängung und Erinnerung noch länger andauern. Es wird keine pauschalen Antworten auf Fragen nach dem persönlichen Verhalten jedes einzelnen Beteiligten geben können. Da ich mich weder als Bürger der Deutschen Demokratischen Republik noch als Bürger nunmehr der Bundesrepublik Deutschland strafrechtlich schuldig gemacht habe, nehme ich das Recht in Anspruch, mich als Bürger des neuen Deutschland in dieser Weise zu äußern. Es ist für mich nicht akzeptabel, daß mein Lebensweg aus geschichtlichem Zusammenhang herausgerissen und von politischen Verhältnissen losgelöst beurteilt wird. Und es ist für mich auch nicht hinnehmbar, daß meine frühere Tätigkeit als Diplomat und Angehöriger der Auslandsaufklärung entstellt wird. Alle Staaten verfügen über Nachrichtendienste. Deren Legitimität ist allgemein unbestritten. Eine nachträgliche juristische Verfolgung ist aus verfassungs- und völkerrechtlicher Hinsicht unzulässig und steht im Widerspruch zu Rechtsauffassungen des Grundgesetzes der Bundesrepublik und zu zwingenden Normen internationaler Konventionen, die deutsche Unterschriften tragen. Das neue Deutschland ist auch mein Vaterland, es muß auch meine Heimat werden.

Als ich vor 44 Jahren meine Tätigkeit im Auswärtigen Dienst begann, hatte ich mir vorgenommen, nach deren Beendigung über mein Leben als Diplomat zu schreiben und aufbewahrte Belege, Tagebuchnotizen und Briefe zu Memoiren zu verarbeiten. Das Vorhaben lag damals in weiter Ferne, und ich hatte keinerlei Vorstellung, in welcher Form und in welchem Umfang ich das Erlebte dereinst zu Papier bringen würde. Den Gedanken aber, dies zu tun, gab ich niemals auf, auch dann nicht, als ich später Mitarbeiter der Auslandsaufklärung

wurde und besonderen, in Geheimdiensten wohl üblichen Verhaltens-
regeln unterworfen war. Während der fast 20jährigen Tätigkeit auf
verschiedenen Posten in Afrika, im Nahen Osten und in Westeuropa
traf ich Vorkehrungen, die es mir zu gegebener Zeit erleichtern sollten,
Erinnerungen an Begebenheiten niederzuschreiben. Ich gestehe, daß
es mir in Anbetracht der sich jüngst in der Welt und insbesondere in
Deutschland vollzogenen politischen Veränderungen ungemein
schwer fiel, Erlebtes in einer Weise festzuhalten, die dem Leser mein
Anliegen verständlich macht. Mit dem Wissen um den Ablauf der
Vergangenheit, mit den persönlichen Erfahrungen und dem Erkennt-
nisstand von heute ließen sich die Erlebnisse gewiß anders beurteilen,
als es mir während der jeweiligen Station meiner langen Reise möglich
gewesen wäre. Es war eine Reise mit Höhen und Tiefen, Umwegen
und Rückschlägen, eine strapazenreiche und aufopferungsvolle. Würde ich der Wahrheit dienen, wenn ich meine Erlebnisse aus einer anderen denn aus damaliger Betrachtungsweise wiedergebe? Wie sollte
ich Erlebtes nach dem Untergang der DDR aufzeichnen, wie über
Hoffnungen und Enttäuschungen berichten, die mich auf meinem
Lebensweg begleiteten?

Ich war bestrebt, einzelne Begebenheiten so zu schildern, wie ich
sie unter dem Eindruck jeweils vorgefundener gesellschaftlicher Verhältnisse und um mich herum sich vollziehender politischer Prozesse
erlebte. Ich versuchte, mich der Gedanken und Gefühle zu erinnern,
die mich bei den zahlreichen Begegnungen mit Fremden in der
Fremde bewegten und mein Handeln bestimmten. Die meisten der
in meinen Aufzeichnungen erwähnten Personen leben heute noch.
Ihnen allen gegenüber trat ich als Diplomat eines souveränen Staates
auf, und sie würdigten, daß ich niemals meine persönlichen politischen Überzeugungen verleugnete. Sie veranlaßten mich, über manches nachzudenken, das ich bis dahin anders gesehen hatte. In all den
Jahren machte ich die Erfahrung, daß unterschiedliche Wertvorstellungen und gegensätzliche politische Standpunkte für eine gemeinsame Suche nach Verständigung und Frieden keine Hindernisse
sein können und dürfen.

Meine Geschichte ist auch Teil der Geschichte des untergegange-
nen deutschen Staates DDR und dessen Beziehungen zum anderen
deutschen Staat BRD. Es ist die Geschichte eines Mannes, dessen
Werdegang durch die Begleitumstände deutsch-deutscher Nachkriegs-
geschichte beeinflußt wurde, bis er schließlich selbst mit seinem Tun

in den Strudel politisch-diplomatischer und nachrichtendienstlicher Auseinandersetzungen geriet. Ich habe das Bedürfnis, darüber zu schreiben, warum mich ich in früher Jugend für einen solchen Weg entschied, damals, auf meine Weise, bewußt und eindeutig, und wie ich mich einordnete in das Gefüge von Macht und Politik auf jeder Station – freiwillig, diszipliniert, moralische Integrität wahrend. Bis zuletzt. Meine Geschichte könnte die vieler anderer sein. Ich bekenne mich zu Irrtümern, lasse mir aber nicht die Legitimität meines aus tiefster Überzeugung begründeten Handelns absprechen. Die Tätigkeit des Nachrichtendienstes der DDR unterschied sich in den Methoden und Arbeitsweisen kaum von anderen, auch vom Bundesnachrichtendienst nicht. Der Leser wird zur Kenntnis nehmen, daß es Sensationelles in meiner Tätigkeit nicht gegeben hat.

Ich werfe die Last des Schweigens ab, auch wenn ich nicht erwarte, daß dies die Unruhe in meinem Bewußtsein verdrängt. Ich überlasse es dem Leser, nach Kenntnisnahme meiner Akte darüber zu befinden, inwieweit mein Handeln politische und moralische Schuld begründet.

Aus meinem Leben, auch wenn es über Jahrzehnte ein geheimgehaltenes war, habe ich nichts zu verschweigen. Das Leben, das ich im Ausland führte, war keineswegs ein Leben ohne Konflikte. Am Anfang meines Weges war ich davon überzeugt, an einer Veränderung der Welt zum Besseren mitwirken zu können. Und für eine lange Zeit glaubte ich auch an das Gelingen solchen Unternehmens. Allzulange. Am Ende mußte ich mit zunehmender Verbitterung erkennen, daß das, wofür ich gelebt und gestritten hatte, so nicht zu verwirklichen war. Habe ich deshalb umsonst gelebt?

Die Deutsche Demokratische Republik liegt hinter mir, das bessere Deutschland suche ich noch. Was mir geblieben ist, ist die Besinnung auf die eigene Würde und das Bekenntnis zu meiner Biographie. Ich hoffe auf wachsendes Verständnis, daß die deutsch-deutsche Vergangenheit und die überwundene deutsche Teilung letztlich gemeinsames deutsches Erbe und gemeinsame deutsche Last sind.

Auf dem Weg in den Orient.
Zeit der Vorbereitung

Endlich konnte ich meinen Platz einnehmen. Ich streckte mich in dem komfortablen Sessel aus, den mir eine dunkelhäutige, gertenschlanke Stewardeß zurechtgerückt hatte. Eine bewundernswerte Einrichtung, dachte ich, die »Super Constellation« der AIR INDIA, die gerade aus London gekommen war und mich nach kurzem Zwischenaufenthalt in Prag über Rom nach Kairo mitnehmen sollte. Mich hatte die Größe dieses Wunderwerkes der Technik bereits beim Einsteigen beeindruckt. Und das Interieur erst. Meine Kabine glich einem Salon, wie ich ihn mal in einem Westberliner Kino gesehen hatte. Welche Vornehmheit. Und überhaupt, ich flog heute zum ersten Male im Leben. Zuerst in einer kleinen IL-14 der Deutschen Lufthansa, die mich nach Prag trug. Und nun in diesem Ungetüm.

Wo immer ich in meiner Kindheit Flugzeuge am Himmel beobachten konnte, erschienen sie mir wie kleine Vögel, alle von gleicher Bauart und Größe. Die Menschen, die sich mit ihnen fortbewegten, zählte ich zu den Mutigen. Selbst später, als ich während der Studentenzeit aus Neugierde gelegentlich den Flughafen Tempelhof aufsuchte, empfand ich noch immer Hochachtung vor jenen Auserwählten, die so selbstverständlich ein Flugzeug bestiegen wie andere einen Bus oder eine Straßenbahn.

Die Meteorologen hatten in den Abendnachrichten einen vorzeitigen Winter ankündigen lassen und mit ihrer Vorhersage recht behalten. In den frühen Morgenstunden waren schwere Schneeflocken niedergegangen, die sich in Regentropfen verwandelten. Erste Passanten eilten im Morgengrauen auf die Haltestellen der Straßenbahnen zu. Berlin erwachte. Ich war froh, dieser unfreundlichen Stadt den Rücken kehren zu können, und dies nicht nur, weil es die häßlichste Jahreszeit war. Achtzehn Jahre zählte ich, als ich hierher kam, in diese schwergetroffene Stadt, die von den Kriegswirren auf ewig gekennzeichnet schien und in der man ohne Lebensmittelkarten nicht auskommen konnte. Ich fühlte mich hellwach, geschlafen hatte ich nicht in dieser Nacht. Zu sehr beschäftigte mich das Kommende, der Sprung ins abenteuerliche Ungewisse. Als Kind war ich wiederholt aus dem Elternhaus weggelaufen, ich liebte die Ferne.

Niemand war auf dem Flugplatz zu meiner Verabschiedung erschienen, weder ein Familienangehöriger noch ein Vertreter des Außenministeriums. Kein schwerer Abschied also, dennoch ein eigenartiges Gefühl.

Die Stewardeß in adretter Uniform, eine blutjunge fernöstliche Schönheit, erschien mir geradezu wie eine Prinzessin aus Tausendundeiner Nacht. Jedes Mal, wenn sie durch den schmalen Gang an mir vorbeizog, entdeckte ich an ihr etwas Neues, erregte sie meine Phantasie. Sie drängte sich lächelnd zwischen die Sesselreihen, beugte sich zu jedem Passagier hinab und erheischte in bezaubernder Weise dessen Wünsche. Vielsprachiges Stimmengewirr. Europäer, Asiaten, Afrikaner, zumeist Männer, alle gut betucht. Geschäftsleute vermutlich, Diplomaten, Militärs. Wer könnte es sich sonst leisten, mit solch einem noblem Gefährt durch die Lüfte zu segeln?

»Scotch on the rocks«, nahm ich eine flüsternde Stimme wahr, mich aus meiner Verträumtheit zurückholend. Dann wandte sich die »Prinzessin« auch mir zu. Welch ein Geschenk der Natur, dieses Menschenkind! Sie blickte mir erwartungsvoll fragend ins Gesicht. »Scotch on the rocks«, entfuhr es mir schlicht, den Nachbar nachahmend, neckisch provozierend. Sie nickte mir freundlich zu und verschwand hinter einem Vorhang. Jedem der Gutbetuchten verabreichte die Prinzessin in unübertrefflicher Eleganz das Gewünschte. Golden schimmerte er durch die Eiswürfel hindurch, der Whisky. Seine Bekanntschaft hatte ich schon einmal auf eine andere Art gemacht, vor einem halben Jahr, in einer Nachtbar am Kurfürstendamm. Ich sollte eine westliche Großstadt kennenlernen und mir in Westberlin ein englisch-deutsches Wörterbuch von Langenscheidt beschaffen.

Und wieder glaubte ich, die Blicke aus den dunklen Augen der Schönen auf mich gerichtet zu fühlen. Am liebsten hätte ich die dunkelhäutige Schöne gebeten, sich neben mir niederzulassen. Was für ein Gedanke. Vor kaum einer Woche erst hatte ich mich mit Dagmar verlobt, mit einer neunzehnjährigen Blonden, die ich seit unserer gemeinsamen Schulzeit kannte. Ich hatte mir fest vorgenommen, sie nach der Rückkehr aus Kairo zu heiraten und deshalb, wie es üblich war, ihre Eltern um Einverständnis gebeten, unmittelbar vor meiner Abreise. Sollte nun die Prinzessin die erste Bewährungsprobe werden?

Sie beugte sich noch tiefer, ganz dicht zu mir herab. Leise meinte sie, in wohlklingendem Englisch, als wollte sie ihr intimstes Geheimnis verraten, daß Whisky auf diese Weise in heißen Ländern als Medizin genossen werde. Sie lächelte vieldeutig. Ihre Augen leuchteten eigenartig auf, verklärt. Auch sie hatte Whisky getrunken. Waren es Wünsche, Sehnsüchte, Ängste, die sie mir so mitteilen wollte? Und was bedeutete der rote Punkt auf ihrer Stirn, der so gar nicht den rechten Platz in ihrem Gesicht gefunden zu haben schien? Ich hatte es vermieden, mich von meinem Nachbarn ins Gespräch ziehen zu lassen, weil ich befürchtete, mein spärliches Schulenglisch würde ein schlechtes Bild von mir abgeben. Andererseits war ich mit der Prinzessin so beschäftigt, daß ich nicht auf sein Konversationsangebot hatte eingehen wollen. Ob er eine Erklärung für den roten Punkt wisse, fragte ich ihn dann doch ganz ungeniert. Mein rechter Nachbar redete unaufhörlich. Was mir im Gedächtnis haften blieb war die Enttäuschung, daß verheiratete Frauen in Indien mit solch einem Punkt gekennzeichnet wären.

Anflug auf ein glitzerndes Lichtermeer, Zwischenlandung in Rom. Längerer Aufenthalt im Transitraum. Ein bewaffneter Polizeioffizier der Flughafensicherung blätterte in meinem Paß herum und machte mich schließlich darauf aufmerksam, daß ich als Ostdeutscher den Transitraum nur verlassen dürfe, wenn ich den Paß bei der Kontrolle abgeben würde. Ich bekäme für ihn eine Quittung. Er sagte mir das schroff, fast boshaft. Hatte ich richtig verstanden? Abgeben, meinen Paß, der mich als Dienstreisenden eines souveränen Staates in Europa auswies? Ich fühlte mich gedemütigt. Nein, mein Staat sollte nicht derart erniedrigt werden. Meinen Paß händigte ich nicht aus. Erregt, vielleicht auch ein wenig zu umständlich, bemühte ich mich, dem Beamten zu erklären, daß der darin vermerkte Geltungsbereich »Gesamtes Ausland« auch für Italien gelte. Der grobschlächtige Beamte hob nichtssagend seine Schultern und deutete mit den Armen lediglich die Richtung an, die sich für einen nicht anerkannten Dienstreisenden aus Ostdeutschland als einzige ergab.

Ich fühlte mich hilflos, dennoch verpflichtet, in gehöriger Form gegen die Diskriminierung meines Staates zu protestieren.

Der Vorgang auf dem Flugplatz in Rom hatte mich innerlich aufgewühlt. Die Prinzessin interessierte mich nun nicht mehr, auch ihr Whisky nicht. Hätte ich anders reagieren sollen? Ich konnte mich kaum beruhigen. Du wirst gewiß noch manche Überraschung erleben, sagte ich zu mir selbst. Auf keinen Fall aber darfst du feige sein.

Ich war auf dem Weg in eine fremde Welt. In den letzten vier Wochen war alles wirklich viel zu schnell gegangen, ich hätte ohnehin nicht mehr Zeit finden können, mich auf dieses Land vorzubereiten. Und wie man das tut, für einen längeren Aufenthalt, das hatte mir auch keiner sagen können. Es gab nämlich in der Berliner Luisenstraße noch niemanden, der von einem Einsatz in Kairo zurückgekehrt war und den ich hätte befragen können.

Ja, ich war glücklich, daß alles so gekommen war. Ich wäre für eine Diplomatenlaufbahn geeignet, hatten mir zwei ältere, seriös erscheinende Herren gesagt. Das war im Februar 1956 gewesen. Sie besuchten mich in der 21./22. Schule im Berliner Stadtbezirk Friedrichshain, in der ich zu jener Zeit ein Praktikum als künftiger Russischlehrer machte. Sie behaupteten, Mitarbeiter einer Sonderabteilung des Ministerrates zu sein, beauftragt, junge Leute für den diplomatischen Nachwuchs der Deutschen Demokratischen Republik auszuwählen. Sie wollten mich persönlich kennenlernen. Sie würden keine Versprechungen machen wollen und wieder von sich hören lassen.

Unter dem Diplomatenberuf konnte ich mir nichts Konkretes vorstellen. Die beiden Herren gaben sich redliche Mühe, mir mit einfachen Worten beizubringen, was eines Tages auf mich zukommen könnte, was von mir erwartet werden würde und was ich zu tun hätte. Konkreteres wußten sie wohl auch nicht zu sagen. Außer, daß eine harte Ausbildung bevorstünde und diese sich lohne. Später würde ich einen Teil meines Lebens in fremden Ländern verbringen müssen, als Diplomat, mit Familie. Irgendwann, das sei sicher, würde die DDR ein weltweit anerkanntes Land werden. Junge Leute müßten dann ausgebildet sein und zur Verfügung stehen.

Ich nickte immerfort zustimmend. Ein vertrauliches Vorhaben, über das vorerst noch mit niemandem gesprochen werden dürfe. Stillschweigen müsse bewahrt werden, gegenüber jedermann. Ich versprach alles.

Auf Vertraulichkeit legten sie offensichtlich größten Wert, die beiden Herren. Sie hätten sich überzeugen können, daß ich ein ernstzunehmender Partner sei, erklärten sie. Ich hätte eine nicht alltägliche Chance verdient. Doch müßten sie unmißverständlich hinzufügen, daß ich noch vieles zu lernen hätte. Darüber würde man später sprechen müssen.

So fing es an.

Das Wichtigste, was die beiden Herren offenbar von mir selbst hören wollten, schien die Bereitschaft zu sein, auf die Lehrerlaufbahn zu verzichten. Ich müsse unter Umständen bereit sein, zu gegebener Zeit im Auftrag der Regierung Außenpolitik zu studieren.

Die Beauftragten des Ministerrates hatten sich danach monatelang nicht gemeldet, desgleichen auch kein Vertreter des Ministeriums für Auswärtige Angelegenheiten, in dessen Auftrag sie unterwegs gewesen sein wollten.

Nein, selbst bewerben könne man sich nicht, hatte mir eine barsche Stimme auf eine telefonische Rückfrage in diesem Ministerium versichert. Also hatten die vom Ministerrat doch recht, daß nur loyale und zuverlässige Ausgewählte in den Staatsdienst treten dürften und dazu besondere Vorkehrungen getroffen werden müßten.

Ich fragte nicht weiter nach diesen Vorkehrungen. Aber in der Folgezeit erfuhr ich Ahnungsloser von ihnen. Unbekannte Leute befaßten sich mit meiner Vergangenheit, forschten im Bekanntenkreis nach Begebenheiten und Zusammenhängen. War mein Vorleben so interessant für den Ministerrat? Der Schuldirektor, einige Lehrer und Klassenkameraden, mit denen ich zwei Jahre zuvor das Abitur gemacht hatte, wurden um Auskünfte über schulische Leistungen und politische Auffassungen gebeten. Was für einen Charakter ich hätte und welche Verhaltensweisen ich an den Tag legte, wollte man wissen. Im Betrieb meines Vaters erkundigten sich »irgendwelche Leute aus Berlin« danach, ob wir »Westverwandte« hätten. Eine ältere Schwester meines Vaters lebte seit vielen Jahren irgendwo in den USA, wir hatten keinerlei Kontakt zu ihr.

Die Fragesteller verhielten sich derart ungeschickt, daß sie in der Kreisstadt Finsterwalde für reichlich Aufsehen sorgten. Ob die Regierung mit mir etwas Besonderes vorhabe, erkundigten sich Leute aus meiner Umgebung. Ich hatte aber Verschwiegenheit zugesichert. Ich wußte nichts. Stellte aber befriedigt fest, das man mich nicht vergessen hatte.

Auch in Berlin war man mir auf den Fersen. Ich bewohnte ein Zimmer zur Untermiete in der Littenstraße. Eines Tages tauchten zwei Polizisten in Uniform bei meiner Wirtin auf und erkundigten sich nach meinem Leumund. Zechprellerei sollte ich begangen haben, hieß es zur Begründung. Es könne sich jedoch auch um ein Mißverständnis oder einen Irrtum handeln. So genau wisse man es nicht.

Befragungen, Nachforschungen, Ermittlungen … Warum nahmen sich die vom Ministerrat Beauftragten, die doch so dringend »diplomatischen Nachwuchs« suchten, derart viel Zeit? Galt ich als unsicherer Kantonist, lag es an meiner sozialen Herkunft? Die war meinem Zwillingsbruder und mir schon einmal zum Verhängnis geworden, als wir nach elterlichem Willen eine höhere Schule besuchen wollten. Die Kinder von Arbeitern und Bauern wurden bevorzugt – doch unsere Eltern waren weder das eine noch das andere. Wir verstanden unseren Vater nicht, der die ablehnende Begründung der Schulbehörde widerstandslos hinnahm.

Unser Großvater war Kunsttischler und besaß eine kleine Sargfabrik. Er zählte zu den wohlhabenden Unternehmern im Schleswig-Holsteinischen und besaß Häuser in der Wasserreihe in Husum. Sein Sohn, mein Vater, verbrachte seine Studentenjahre im Thüringischen und fand Anfang der 30er Jahre, nach längerer Beschäftigungslosigkeit, endlich eine Anstellung als Ingenieur in den Husumer Stadtwerken. Er war ein fleißiger, strebsamer, ehrgeiziger Mann und sympathisierte mit den Sozialdemokraten. Mit konkreter Politik jedoch befaßte er sich nicht. Die Entwicklung in der Welt glaubte er als Unbeteiligter verfolgen zu können. Im Dritten Reich, obgleich parteilos, wurde er Regierungsbauinspektor, gar Beauftragter für den Bau von Flugplätzen, zuerst in Norddeutschland, später im besetzten Norwegen. Und er wurde Offizier der Wehrmacht. Er kam in britische Gefangenschaft.

Der Großvater mütterlicherseits war Selbständiger im Thüringischen und machte in Strickwaren. Seine Neigung zum Alkohol verhinderte einen sozialen Aufstieg, der aufgrund aristokratischer Abstammung von Großmutter durchaus gegeben gewesen wäre. Für den Unterhalt seiner zwölfköpfigen Familie kam er gerade noch auf, nicht aber für den Besuch einer höheren Schule seiner Töchter und Söhne.

Eine dieser Töchter wurde meine Mutter. Sie war lebenslustig, begabt, vielseitig interessiert, eine geachtete Laienschauspielerin und Sängerin. Sie verdiente ihren Lebensunterhalt als Näherin und hoffte durch die Ehe mit einem »Studierten« auf ein besseres Leben. Doch Weltwirtschaftskrise, Wohnungssuche in Husum, Sorgen wegen der fünf Kinder – das war kein ruhiges Leben. Es folgte aus Angst vor der Zukunft eine fluchtartige Rückkehr ins heimatliche Thüringen.

In Bad Sulza bewohnten wir ein Haus in der Wunderwaldstraße, in der Nähe des Fliegerhorstes der Luftwaffe. Sirenenalarm gehörte zum Alltag. Hektische Schutzsuche in befestigten Felsenbunkern ebenso. Eine nur wenige Meter hinter unserem Wohnhaus niedergegangene Sprengbombe verschüttete uns. Einmal wurde Mutter vorgeladen und verhört. Aus Mitleid hatte sie einer vorbeiziehenden Kolonne von Kriegsgefangenen Brot zustecken wollen und war dabei ertappt worden.

Vater suchte nach der Entlassung aus der Kriegsgefangenschaft Arbeit in Thüringen und auch außerhalb. Jahrzehnte später, nach seinem Tod, fand ich beim Aufräumen einen Brief des Oberbürgermeisters von Brandenburg, in dem dieser einen Antrag von Vater auf »Weiterbeschäftigung im öffentlichen oder halböffentlichen Dienst entsprechend dem Abschnitt 10, Abs. 2 b der Direktive des Alliierten Kontrollrates abgelehnt« hatte. Man wollte keinen ehemaligen Wehrmachtoffizier. Egal, ob dieser geläutert oder nie Nazi gewesen war. Ein Kainsmal genügte. Deutsche Behörden halten sich immer an die Vorschriften.

1949 fand das Wanderleben ein Ende. Vater bekam Arbeit als Direktor der Stadtwerke von Finsterwalde in der Niederlausitz und endlich auch eine Wohnung, die für die große Familie ausreichend Platz bot. Es war auch das Jahr, in dem der Staat DDR gegründet wurde und wir Zwillinge trotz mehrjährigen Religionsunterrichts plötzlich nicht mehr konfirmiert werden wollten. Das war der Freien Deutschen Jugend (FDJ), der wir uns verschrieben hatten, anzulasten. Weder der Superintendent, der deshalb unsere Eltern aufsuchte, noch Vater, der sich redlich um uns bemühte, vermochten uns umzustimmen. Als Vierzehnjähriger verfügte ich bereits über ein ordentliches Maß an Selbstbewußtsein. Als kleiner Chef in der Jugendbewegung interessierte mich das große Ganze ohnehin mehr als die Schule. Meine Leistungen ließen zu wünschen übrig. Warum nur hatte man mich nicht einen ordentlichen Beruf erlernen und Geld verdienen lassen? Wiederholt hatte ich versucht, die Oberschule zu verlassen, doch gegen das strenge, versessen ehrgeizige und pflichterfüllte Oberhaupt der Familie konnte ich mich nie durchsetzen. Je älter ich wurde, um so lästiger empfand ich die väterliche Bevormundung. Ich mußte sogar Klavier spielen lernen. Er spreizte sich, wie mir schien, als er einmal mit mir und einem meiner Klassenkameraden öffentlich »Figaros Hochzeit« bot. Vater spielte Violine, und er spielte sie gut.

Es dauerte nicht lange, daß ich ihm für diese Hartnäckigkeit Dank zollte. Noch als Abiturient bildete ich mit anderen ein kleines Tanzorchester und zog Sonnabend für Sonnabend »über die Dörfer«. Mein wöchentliches Taschengeld erhöhte sich schlagartig von 50 Pfennig auf 30 Mark.

Dennoch bestand der Konflikt zwischen Vater und Sohn fort. Er entlud sich in einem gewaltigen Krach im Juni 1953. Vater und einige seiner Bekannten, darunter der Direktor der Oberschule, kritisierten das Vorgehen der Obrigkeit in einigen Großstädten. Die Protestaktionen hätten sich gegen eine falsche Lohnpolitik der Regierung gerichtet, meinten sie, was einer Sympathieerklärung gleichkam. Vater wurde dafür mit einer Rüge bedacht, der Schuldirektor seines Postens enthoben.

Viel verstand ich als 17jähriger nicht von Politik. Doch daß die Arbeiter gegen den eigenen Staat vorgingen, wollte mir nicht in den Kopf. Im Gegenteil: Ein Staat, der der Jugend eine Perspektive versprach, durfte nicht angegriffen werden. Demonstrativ stellten einige Schüler der Johann-Wolfgang-von-Goethe-Schule zu Finsterwalde den Antrag, Kandidat der SED zu werden, darunter Söhne ehemaliger Wehrmachtoffiziere und NSDAP-Mitglieder.

Nach dem Abitur ging ich zur Humboldt-Universität an die Philosophische Fakultät. Es gefiel mir, wie Marx das eigentliche Anliegen jeder Philosophie begründete. Es käme nicht darauf an, die Welt zu interpretieren, sondern sie zu verändern. Doch alles übrige, vor allem die Slawistik, enttäuschte mich, ich empfand das als belastend, langweilig, überflüssig. Auch das Lehrerpraktikum begeisterte mich nicht. Nein, das konnte es nicht sein, was mein Leben künftig ausfüllen sollte. Ich fühlte das Bedürfnis nach Veränderung. Was tun? Da kamen plötzlich die Götterboten vom Ministerrat.

Die beiden Bekannten vom Ministerrat besuchten mich in meiner Wohnung und zeigten sich verblüfft, als ich sie mit der Mitteilung begrüßte, daß ich mich von der Universität bereits abgemeldet habe. Schritte dieser Art bedürften vorheriger Beratung und Zustimmung des Ministerrates, tadelten sie meine Eigenmächtigkeit. Zwar stünde meiner Einstellung im Außenministerium nichts mehr im Weg. Dennoch!

Mein erster Arbeitstag im Ministerium für Auswärtige Angelegenheiten war der 23. April 1957. Ich wurde Sachbearbeiter im Referat Rechtshilfe. Der Leiter und einige ältere Mitarbeiter, so hörte ich, hatten gegen die Nazis gekämpft, daheim oder im Exil. Sie kannten das Leben, nicht aber die Tücken des Konsularwesens. In ihrer Not kramten sie noch immer in alten Papieren und Nachschlage-

Kurt Berliner als Student für Slawistik an der Berliner Humboldt-Universität in den 50er Jahren

werken des Auswärtigen Amtes. Das machte uns ähnlich. Auch ich hatte keine Ahnung. Mein erster Auftrag hielt mich lange fest. Ich sollte erkunden, wie es möglich sei, DDR-Patente und Markenzeichen für das Ausland wirksam zu machen. Für meinen »Leitfaden für die Bearbeitung von Legalisierungen« erhielt ich erste öffentliche Anerkennung. Die Bekannten vom Ministerrat schienen mit meinem Einstieg zufrieden zu sein. Sie kritisierten mich dennoch. Ich hatte mir von der Prämie einen Ledermantel und eine russische Pelzmütze gekauft, weil ich annahm, daß sich Diplomaten so kleideten. Ich sei noch keiner, wiesen sie mich zurecht. Außerdem: In Kairo wäre das überflüssig. Dort brauche man sofort einen Konsularbeauftragten. Man habe an mich gedacht, da ich abkömmlich sei und sofort aufbrechen könne. Zudem würde ich einigermaßen Englisch sprechen.

Ich wunderte mich zwar, daß man mir nicht im Außenministerium diesen Vorschlag unterbreitete, doch ihre Erklärung, meine Entsendung nach Kairo sei eine Auszeichnung, schmeichelte mir. Das andere – es sei ein Vorschuß, den ich durch vorbildliches Verhalten zu rechtfertigen hätte – hörte ich nicht. Deshalb fragte ich auch nicht, was darunter zu verstehen sei.

Ich solle das Leben im Ausland kennenlernen, in Kairo »Augen und Ohren offenhalten«, gaben sie mir statt dessen auf den Weg. Ich möge vor allem lernen, mich allein durchzuschlagen, mich andersartigen Gepflogenheiten stellen und mich in jeder Beziehung als Anwärter auf die Diplomatenlaufbahn behaupten.

Wenig später vernahm ich das Gleiche noch einmal im Außenministerium. Fast mit den selben Worten. Ich hatte den Eindruck, als seien die Abschiedsgespräche aufeinander abgestimmt. Doch maß ich dem keine sonderliche Bedeutung bei.

Über den Bordfunk wurde gemeldet, daß wir in einigen Minuten in Kairo landen würden. Nach einstündigem Aufenthalt würde der Flug nach Karatschi und Bombay weitergehen. Passagiere, die in andere Teile der Welt reisen wollen, sollten sich bei den Abfertigungsbüros ihrer Fluggesellschaften melden. Ich verstand nur wenig von der Durchsage. Mein Englisch war absolut verbesserungswürdig. Wie sollte ich damit in Kairo selbständig arbeiten können? Was machte das bei den ägyptischen Behörden für einen Eindruck, wenn ich mit einem Wörterbuch bei ihnen aufkreuzte?

In meinem Gepäck hatte ich außer diesem einen Smoking und eine rotseidene Morgenjacke, Importe aus Österreich und China. Das Geld für den Fotoapparat, meinen ersten, hatte mir Vater geliehen. Er hielt es für das Wichtigste, daß ich ein Tagebuch schriebe und meine Abenteuer in Ägypten in Bildern festhielte.

Das Flugzeug steuerte die Stadt in einem großen Bogen an. Im Morgengrauen sah ich die Sonne glutrot über der Hügelkette der nahen Wüste aufgehen und unter mir im Dunstschleier die Millionenmetropole. Deutlich erkennbar auch der Nil, dessen von Palmen bewachsene Uferpromenade eine richtige Insel formten, mit Parks, bizarren Palästen und modernen Hochhäusern.

Die Maschine setzte auf.

Zum ersten Male betrat ich fremdes Land. Trockener, heißer Wüstenwind schlug mir entgegen. Gestern erst hatte ich das naßkalte Europa verlassen, und jetzt war ich bereits im sonnendurchglühten Afrika. Unglaublich. Bei jeder Bewegung wurde mir meine Kleidung lästiger, für diese Hitze war sie nicht geeignet. Am liebsten hätte ich mich ihrer auf der Stelle entledigt. Aber das würde vielleicht dem Ansehen der DDR schaden. Also unterließ ich es und folgte den anderen Passagieren in die »Waiting Hall«. Lange warten mußte ich nicht. Ein korpulenter, fast glatzköpfiger älterer Herr sprach mich an. »Schramm, Heinz, Dolmetscher der Handelsvertretung der Deutschen Demokratischen Republik in der Arabischen Republik Ägypten«, stellte er sich mir ebenso soldatisch wie aufgeregt vor. Es sei ihm übertragen worden, sagte er recht feierlich, mich zu empfangen und »die Grüße des Beauftragten der Regierung der Deutschen Demo-

kratischen Republik in der Arabischen Republik Ägypten« zu überbringen. Dessen Namen nannte er nicht, wohl aber wiederum in
ganzer Länge den Titel und das Land, in dem dieser residierte. Aus
seiner Stimme glaubte ich auch ein wenig Stolz herauszuhören. Gewiß
war auch ihm einmal gesagt worden, daß sein Einsatz in einem westlichen Land Auszeichnung und Verpflichtung bedeute.

Obwohl »Schramm, Heinz«, wie er behauptete, sich bestens auf
dem »Cairo International Airport« auskannte, überließ er es anderen,
Zollformulare und andere Unterlagen für mich zu besorgen. Er wies
einen hinter ihm stehenden Mann an. »Mister Hassan« sei einer der
ägyptischen Fahrer der Handelsvertretung, sagte Herr Schramm und
fügte gewichtig hinzu, daß man in Ägypten nicht ohne Hilfskräfte
auskäme. Sie seien billig, weil ihrer zu viele. Es gäbe zu wenig Arbeit.
Die Armen würden von den Ärmeren leben und diese von den Ärmsten.

Mister Hassan zwängte sich schließlich hinter das Steuerrad der
schwarzen »Wartburg«-Limousine aus der DDR, eines der wenigen
Fahrzeuge, die dem Klima bisher widerstanden hatten. Wir befänden
uns auf der Magistrale nach Kairo, erläuterte Herr Schramm. »El
Kahira« heiße die Nil-Metropole auf arabisch, »Die Siegreiche«, und
sie sei die größte Stadt in Afrika. Die Herkunft ihres Namens konnte
er mir nicht sagen, und so manches andere auch nicht. Seitdem
schwieg er.

In den Zufahrtsstraßen zur »Siegreichen« staute sich der Verkehr,
wie ich es nicht kannte. Durch das geöffnete Fenster drang erfri-
schender Zugwind herein. Mit verkniffenen Augen beobachtete ich
das Geschehen. Obwohl ich in der Nacht kaum geschlafen hatte, blieb
ich wach, überspannt, war ungemein neugierig. Am liebsten wäre ich
ausgestiegen, um sofort das Land mit seiner vieltausendjährigen
Vergangenheit zu entdecken. Was war das für ein Volk, das vor 3.000
Jahren seine Gesetze in Steinen verewigte, dessen Sprache aber erst seit
1956 offiziell Arabisch ist. Das eine Schrift besitzt, die sich nicht einfach in lateinische Buchstaben übertragen ließ. Wie war es möglich,
daß dieses Volk immer wieder von Heerscharen fremder Mächte un-
terjocht werden konnte – von den Nubiern, Assyrern und Persern,
von den Griechen, Römern, Arabern und türkischen Osmanen, in der
neueren Geschichte von den Truppen Frankreichs und Englands.
Manches darüber hatte ich in der Schule gehört. Eine rechte
Vorstellung besaß ich dennoch nicht. Das Land sollte zu über 95

Prozent aus Wüste bestehen, lediglich drei Prozent des Bodens – entlang des Nils – konnten landwirtschaftlich genutzt werden.

Aus offenen Limousinen winkten Leute herüber, zumeist junge, dem Anschein nach welche aus besseren Kreisen. Auf überfüllten Omnibussen hangelten sich verwahrloste Halbwüchsige wagemutig über die Trittbretter, als täten sie dies allein zu ihrem Vergnügen. Arme und Reiche, die Unterschiede waren nicht zu übersehen. Mit Bauschutt beladene Pferdewagen, kleine zweirädrige Eselskarren mit Obst und Gemüse zwängten sich zwischen Busse und Pkw. Über allem lag ohrenbetäubendes Hupen, kreischendes Schreien, wüstes Fluchen. Plötzlich löste sich das Chaos auf, als ob ein Wunder geschehen sei. Ein Zeitungsverkäufer mit häßlichen Gesichtsnarben drängte sich an unsere Limousine heran, um seine bereits unansehnlichen Blätter loszuwerden. Zwei Kinder hielten uns Eimer entgegen und ließen ihre nassen Lappen über die verstaubte Frontscheibe gleiten.

Mister Hassan hatte mich beobachtet. Als hätte er meine Gedanken erraten, meinte er, das sei noch das Ägypten von gestern. Das Volk habe sich selbst von seinen Fesseln befreit, jetzt werde alles besser. Ich sei zur besten Zeit gekommen, die Ägypten je erlebt hätte.

In Berlin schien man das ähnlich zu sehen. Man verfolgte die Entwicklung in diesem Lande mit größter Anteilnahme, wie ich in den wenigen Tagen meiner Einarbeitung in die Afrika-Abteilung registriert hatte. Dort vertrat man die Auffassung, daß die Aktion der »Freien Offiziere« als revolutionäre Bewegung weitergeführt werden würde. Die »Freien Offiziere« hatten König Faruk 1952 verjagt, die Titel »Bey« und »Pascha« als Ausdruck einer korrupten Gesellschaftsordnung abgeschafft und den Widerstand der Großgrundbesitzer gegen eine gerechte Bodenbesitzverteilung gebrochen. Vor zwei Jahren hatte Präsident Gamal Abdel Nasser seine Revolutionsprinzipien verkündet. Ägyptens Außenpolitik eröffnete Perspektiven, auch für die Deutsche Demokratische Republik. Ägypten hatte »Pancha Shila«, die Grundregeln für das Verhalten der von fremder Vorherrschaft befreiten Staaten mitformuliert, es hatte die Prinzipien der friedlichen Koexistenz mitbegründet, die auf der Konferenz von Bandung 1955 gemeinsam mit China, Indien, Indonesien und Jugoslawien verkündet worden waren. Vor dem Hintergrund gewaltiger Veränderungen im Ost-West-Kräfteverhältnis hatte sich Ägypten zu einem der führenden Blockfreien verwandelt.

Vor Jahresfrist, im Oktober 1956, hatte es Krieg um den Suez-Kanal gegeben, der von der ägyptischen Regierung verstaatlicht worden war. 1954 hatte sich Großbritannien vertraglich zum Abzug aus der Kanalzone verpflichtet, doch daran hielt man sich nicht. Israel bombardierte, englische und französische Truppen landeten und versuchten, das Rad der Geschichte aufzuhalten. Doch sie scheiterten letztlich am Widerstand der internationalen Gemeinschaft und an der Verständigung zwischen Moskau und Washington, das Pulverfaß im Nahen Osten zu entschärfen. Ägypten hatte zwar militärisch verloren, aber politisch gewonnen. Die Nasser-Führung gewann in der arabischen Region gewaltig an Prestige und verkündete bald darauf den Anfang einer neuen Politik: Panarabische Kooperation, Positiver Neutralismus, Arabischer Sozialismus …

Vielerorts spannten sich Spruchbänder über die Straßen, Parolen leuchteten von den Häuserwänden. Sie priesen den Sieg Präsident Nassers und die Erfolge des neuen Ägypten. Ich deutete sie als Zeichen einer Aufbruchstimmung.

Die DDR eröffnete in Kairo gerade eine Industrie- und Handelsmesse, und es liefen die Vorbereitungen für eine Solidaritätskonferenz der afro-asiatischen Völker. Sie sollte im nächsten Monat stattfinden – und die DDR würde als Beobachter daran teilnehmen.

Mit Landeskindern vor der Kairoer Oper, 1958

Ich bezog im Bodmin-House ein Quartier. Niemand konnte mir sagen, warum es so hieß. In der kleinen Pension bekam ich ein Zimmer, da ich als Lediger keinen Anspruch auf eine Wohnung hatte. In der Nähe hatte sich unsere Handelsvertretung in einer prächtigen Villa in der Sharia Zamalek Aziz Osman niedergelassen. Diese lag auf der Insel, die von zwei Armen des Nil eingeschlossen wurde. Sie bildete das Herzstück von Kairo und war eine anmutige grüne Oase mit einem romantischen Park, dem Andalusischen Garten. Die Pension in der ersten Etage des Bodmin-House galt als beliebte, weil preiswerte Herberge für Reisende mit mittlerem Einkommen. Sie schien in allem auf Genügsamkeit eingestellt zu sein. Es gab eine Vielzahl von Bediensteten, auffällig durch ihre tiefschwarze Hautfarbe und jeweils drei, tief auf beiden Wangen eingekerbte Narben. Das waren Nubier, Bewohner der Grenzgebiete zwischen Ägypten und Sudan, Söhne armer Ackerbauern und Kamelzüchter in den verbrannten Weiten zwischen Assuan und Khartoum. Traditionell dienten sie bei reichen Familien im Norden. Äußerlich sah man ihnen nicht an, daß sie zu den Ärmsten der Armen zählten. Sie kleideten sich in weiße, bis an den Boden reichende Gewänder mit riesigen Ärmeln und trugen bordeauxrote zylinderartige Hüte, die man Fez nannte. Sie schwebten lautlos und würdevoll in überdimensionalen weißledernen Pantoffeln durch die Räume und glichen eher den Paschas, die in Ägypten lange Zeit Macht und Einfluß besaßen, als armen und rechtlosen Steppensöhnen. Es hieß, sie seien Eunuchen und würden nur deshalb im Land geduldet, weil sie sich ihren Arbeitgebern bedingungslos unterwarfen.

Die Kosten meiner preiswerten Vollpension für nur einen Tag waren höher als der Monatslohn eines Nubiers. Die Chefin war eine Engländerin, eine kleine zierliche Frau in den 50ern, die das Schicksal als Offizierswitwe vor einigen Jahren in dieses Land und auf diesen Posten verschlagen hatte. Freie Kost und Logis sowie ein kleines Entgelt bekäme sie von einem Geschäftsmann, für den sie die Pension gewissenhaft und einträglich verwaltete. Sie hatte ein gutes Herz und wohl auch mütterliche Gefühle, die sie unter Beweis stellte, als ich einmal von einer schweren Amöbenerkrankung befallen wurde. Ich lag mutterseelenallein in ihrer Pension und kämpfte gegen Fieber und Durchfall, gegen die Angst vor Typhus und Cholera. Sie hätte auch einen Nubier mit der nächtlichen Pflege beauftragen können. Aber nein, sie selbst brachte mir, auch des Nachts, gekühlten englischen Tee und eiskalte Tücher für meine brennende Stirn. Ich nahm kaum noch wahr, wie sie mir die Schweißperlen aus dem Gesicht tupfte und meine Wangen streichelte. Dem Alter nach hätte sie gut meine Mutter sein können. Sie bezeichnete sich als Freundin und nannte mich ihren »naughty boy«.

Weil ich von zu Hause gewohnt war, stets alles auf den Tisch Gebrachte hinzunehmen und auch von der Kantine im Studentenheim nicht verwöhnt worden war, fiel es mir nicht schwer, mich über die in ihrer Pension so ansprechend hergerichteten, aber völlig unbekannten Speisen aus englisch-arabisch-nubischer Küche herzumachen. Erst als ich einmal erfuhr, daß ich soeben gebratenes Hirn vom Wasserbüffel gegessen hatte, mußte ich entsetzlich würgen.

So schätzte ich mich glücklich, nach einigen Wochen vom Bodmin-House in ein eigenes Domizil in der nahe liegenden vornehmen Sharia Saleh Ayoub umziehen zu können. Das fiel in die Zeit, zu der der Beauftragte der Regierung der Deutschen Demokratischen Republik für die Arabischen Staaten eine große, gerade fertiggestellte Villa zu seiner Residenz verwandelte und die »Politischen«, so nannte man die Diplomaten, die bisher in der Handelsvertretung untergekommen waren, unter das gleiche Dach zogen. In der oberen Etage des langgestreckten Nebengebäudes sollten die Dienst- und Privaträume des Konsularbeauftragten ausreichend Platz finden. Hier nun durfte ich mich endgültig einrichten und meinen Tagesablauf nach eigenem Gutdünken gestalten.

Die Politischen, denen ich nunmehr zugeordnet war, nahmen mich freundlich auf. Sie behandelten mich wie ihresgleichen, unvoreingenommen, korrekt, einige freundlich. Bald machten sie mich zu ihrem Sprecher, der bei großen Versammlungen die Interessen der Gruppe der Politischen wahrnehmen sollte. Ich spürte aber zugleich ihr Verlangen, all jene Bürden loszuwerden, die »selbstverständlich zum Aufgabengebiet des Konsuls« gehörten.

Ich versuchte, Unsicherheiten und Bildungslücken zu überspielen und bewußt als erster Konsularbeauftragter in diesem Hause aufzutreten. Vom Konsularwesen, wie sich bald herausstellte, wußten meine Mitstreiter noch weniger als ich.

Schnell hatte ich mein Büro eingerichtet und viele Ordner beschriftet. Die Wichtigkeit meines Postens unterstrich ich damit, daß ich mehr Ordner anlegte als alle übrigen Diplomaten zusammen, und auf meinem Schreibtisch viele Stempel und Formulare bereithielt.

Jeder der Diplomaten vertraute mir an, daß sein Ressort eigentlich das wichtigste sei. Sie waren alle beträchtlich älter als ich und jeder tat geheimnisvoll. Ich war der »Benjamin«.

Ob diese Kollegen auch von der Sonderabteilung des Ministerrates ausgewählt worden waren? Anhaltspunkte dafür fand ich keine und danach zu fragen getraute ich mich nicht. Ihre diplomatische Tätigkeit konnte ich nicht überblicken, aber ihren Arbeitsstil und ihre Verhaltensweisen beurteilte ich bald recht kritisch. Bei einigen störte mich vor allem ihre Überheblichkeit gegenüber den Ägyptern und ihre Rechthaberei. Ich beneidete sie um ihr Wissen. Spezialisten waren sie alle, aber auch Eigenbrötler, die von Teamwork nichts hielten. Sie stritten miteinander über Fragen, denen ich beim besten Willen nicht die geringste Bedeutung beimessen konnte. Schließlich meinte ich, bei diesem und jenem Geltungssucht entdeckt zu haben. Aber das ging mich nichts an. Sie störten mich nicht, und sie interessierten sich für meine Arbeit nur dann und insofern, als ich für ihre Belange bei Behörden vorstellig werden oder für sie Betreuungsaufgaben gegenüber Delegationen aus Berlin übernehmen sollte.

Alles in allem kam viel Neues auf mich zu, täglich. In das Konsularische arbeitete ich mich zügig ein. Über Schwierigkeiten, mit denen ich zu kämpfen hatte, sprach ich mit niemandem. Meine Schwächen waren jedoch nicht zu verbergen. Der bestellte Sprachlehrer, Mister Kirisian (»Kirisian, Prof.«), ein verständnisvoller Universitätsprofessor armenischer Herkunft, verhalf mir mit seinen Ratschlägen zu wichtigen Erkenntnissen und zu Erfolgen. Jedem, der es hören wollte, erklärte er, daß ich sehr sprachbegabt sei und selbst im Arabischen bestaunenswerte Fortschritte machte.

Ich war als junger Mann nach Kairo gekommen, um zu lernen, um Diplomat zu werden, um Augen und Ohren offenzuhalten, wie man mir aufgetragen hatte. Und ich nahm den Auftrag ernst, weil davon überzeugt, daß ich vor Ort geprüft und hier über mein weiteres Schicksal befunden werden sollte. Das war auch der Grund, warum ich den erfahrenen Diplomaten über die Schultern schaute, warum ich mich überaus tugendhaft benahm und mich nützlich machte, wo immer das ging. Daß ein Diplomat sich in allen Situationen seiner Tätigkeit angemessen benehmen müsse, hatte ich wiederholt gehört. Aber was man unter diplomatischem Protokoll versteht und was unter Etikette, welche Regeln sie beinhalten und wodurch sie sich unterscheiden, darüber mußte ich mir Klarheit verschaffen. Ich fürchtete, durch Ungeschick aufzufallen. Wegen des Auswendiglernens von Floskeln für die Begrüßung von Gästen oder von Vorgaben für protokollarische Abläufe und Rangordnungen wirkte ich anfänglich wohl auch etwas verkrampft. Es war nicht unwichtig zu wissen, wie man jemanden dem Botschafter vorstellte und wen zuerst und mit welchen Titeln, oder welche Speisen und Getränke vermieden werden sollten, weil strenggläubige Moslems weder Schweinefleisch noch Alkohol zu sich nehmen.

Höflichkeit und freundliche Aufmerksamkeiten jedoch verhalfen mir, Ausrutscher unter den Augen meiner Vorgesetzten unbemerkt auszubügeln.

Mein Äußeres schien reifer und ernster zu wirken, als mein Inneres mich fühlen ließ. Meine diskrete Zurückhaltung fand allgemeinen Zuspruch, besonders bei den Frauen der Diplomaten, die ausnahmslos einige Jahre jünger waren als ihre Ehemänner. Ob sie nur wegen der beruflichen Stellung und der soliden Einkünfte ihre Diplomaten geheiratet hatten? Es hätte so sein können, denn die meisten waren bereits seit geraumer Zeit verheiratet oder hatten sich zum zweiten Mal eine Frau gesucht. Eigentlich logisch für einen diplomatischen Dienst. Ledige sollten nämlich nach dem Reglement nicht für längere Zeit auf Posten im westlichen Ausland eingesetzt werden. Sie hätten sich mit Landestöchtern einlassen und so erpreßbar werden können.

Die Diplomatenfamilien hatten sich den Gepflogenheiten in Kairo angepaßt, standesgemäß. Wie kam es aber, daß nur eine der jungen Ehefrauen der sozialen Herkunft nach zu den Arbeiter- und Bauerntöchtern gehörte? Und ausgerechnet diese eine, die jüngste, fand ich sympathisch. Sie hatte mir in der Not geholfen, in Kairo meine erste Urkunde zu erstellen, eine Sterbeurkunde. Sie war die Frau meines unmittelbaren Vorgesetzten, des strengen Chefs im Range eines Botschaftsrates, des Leiters der politischen Abteilung.

Wie ich später erfuhr, hatte er Stalingrad überlebt und war als Leutnant nach fast sechs Jahren russischer Gefangenschaft in den Osten Deutschlands zurückgekehrt.

Mit den Attachés geriet er häufiger in Fehde. In der Sache hatte der Botschaftsrat meist recht, wenn auch die Form zu wünschen übrigließ. Die Attachés hielt ich für Spießbürger, doch aus den Streitereien hielt ich mich heraus.

Mitunter beschlich mich das merkwürdige Gefühl, daß er mich heimlich beobachtete, meine Schritte sorgsam prüfte. Wenn er

Dienstbesprechungen durchführte, forderte er mich stets auf, meine Meinung zu diesen oder jenen Problemen zu äußern. Er legte Wert darauf, daß jeder eine Meinung hatte und diese äußerte.

Als einziger der Diplomaten lud er mich regelmäßig in seine Wohnung ein, meist zum Schachspiel, das er ausgezeichnet beherrschte. Nur selten verlor er eine Partie. Ob er es war, der vom Ministerrat beauftragt ist, sich von mir ein Bild zu machen und über meine Eignung zu entscheiden? Oder vielleicht der Beauftragte der Regierung für die Beziehungen zu den arabischen Staaten, der sich in wohltuender Weise am meisten um mich kümmerte, der mich aufforderte, ihn auf seinen Reisen zu begleiten, Materialien vorzubereiten, Vermerke zu schreiben?

Ich mochte diesen Dr. Ernst Scholz sehr – nicht nur wegen seiner Vergangenheit. Architekt, Antifaschist in den 20er Jahren, Freiheitskämpfer in Spanien in den 30er Jahren, Offizier in der französischen Resistance in den 40er Jahren. Seine Lebensgeschichte und seine politische Überzeugungsfähigkeit beeindruckten mich ebenso wie seine Toleranz, seine Menschlichkeit, Bescheidenheit. Wie viele bedauerte auch ich, daß er eines Tages plötzlich abberufen und zum Minister für Bauwesen ernannt wurde. Zu seinem Nachfolger, Botschafter Richard Gyptner, fand ich nur schwer Zugang. Auch er hatte ein bewegtes Leben hinter sich, war einst Sekretär der »Kommunistischen Jugend Internationale« gewesen und hatte als Sekretär des Westeuropäischen Büros der Komintern gearbeitet. In Kairo lebte er zurückgezogen, fast isoliert. Er erschien mir rechthaberisch, mürrisch, krank, ewig unzufrieden. Nur ein einziges Mal ließ er mich zu einem längeren Gespräch zu sich rufen. Es war gegen Ende meines Aufenthalts, kurz vor meiner Rückkehr nach Deutschland.

»Ich hatte auch einmal einen Sohn«, sagte er nachdenklich. »Als ich ihn verlor, war er so alt wie Du.« Und dann erzählte er, daß dieser sich in Moskau freiwillig zum Partisanenkampf hinter die sowjetisch-polnischen Linien gemeldet hatte. Bis zur letzten Patrone habe er gekämpft, bis er den Tod fand, als 21jähriger.

In Kairo erlebte ich, wie vielseitig und abwechslungsreich die Tätigkeit von Konsularbeauftragten sein konnte. Natürlich gab es Orientierungen, Richtlinien, Weisungen, solche für Paß- und Visaangelegenheiten, für das Personenstandswesen, für Schiffahrtsfragen und manche andere, von denen ich erstmalig erfuhr. Konsularbeauftragte müssen genauer als die Diplomaten sein, hatte mir in

Berlin der Leiter des Referats Rechtshilfe gesagt. Auf den Buchstaben käme es an und ohne ein bißchen Bürokratie laufe nichts, in keinem Staat der Welt. Daß letzteres zutraf, fand ich in den Kairoer Amtsstuben bestätigt. Überhaupt, die ersten Behördengänge, die ich machte, fand ich bedeutend interessanter als den Innendienst.

Mein Chef hatte zugestimmt, der Konsulartätigkeit durch mein Erscheinen bei den ägyptischen Behörden größeres Gewicht zu geben und die Zusammenarbeit auf konsularischem Gebiet auch mit den Konsuln anderer Staaten aufzunehmen. So erhielt ich Gelegenheit, ebenso die angenehmeren Seiten der Geschäfte von Konsularbeauftragten kennenzulernen. In der Praxis bedeutete dies, in den Morgenstunden zuständige Ministerien aufzusuchen und mit den Beamten bei arabischem Mokka ins Gespräch zu kommen, in den Nachmittagsstunden Antrittsbesuche bei Amtskollegen in den Konsulaten vorzunehmen und mit eisgekühlten Getränken heiße Themen abzukühlen.

Erfahrungen sollte ich in Kairo sammeln, Land und Leute kennenlernen, Bekanntschaften machen, Kontakte anbahnen. Zuerst hatte ich Hemmungen wegen meines sichtbar jugendlichen Aussehens. Ich machte mich auf den Weg. Unbekanntes Terrain. Ich war auf mich allein angestellt – kein Begleiter, kein Dolmetscher. Was, wenn mein fachliches Vermögen oder sprachliche Unzulänglichkeiten das Gespräch ergebnislos beenden ließen? Was wußte und konnte denn schon einer, der noch keine Diplomatenschule besucht und noch nie Dienst im Ausland getan hatte? Andererseits konnte ich mir nicht vorstellen, daß mich das gewaltige, mehrere Ministerien beherbergende Verwaltungsgebäude am Midan El Tahrir ohne Ausweg verschlingen sollte. Ein Gebäude solchen Ausmaßes hatte ich noch nie betreten. Ich verirrte mich in dem Gewirr von Korridoren, Treppen, Hallen, suchte, fragte.

Tausende schienen hier etwas zu erledigen zu haben, meist waren es Männer, viele in schwarzen und khakifarbenen Uniformen oder in leichten Djellabas, die auf den ersten Augenblick heimatlichen Nachthemden und Schlafanzügen ähnelten. Einige liefen fluchend und schreiend herum, vermutlich riefen sie irgendwelche Namen aus. Andere saßen geduldig auf Holzbänken, die längs der kahlen Wände aufgestellt waren. Wieder andere hockten in den Ecken oder hatten sich auf mitgebrachten Schlafdecken ausgestreckt und schliefen. Überall Schmutz. Unbestimmbare Gerüche breiteten sich aus, ein Gemisch von arabischen Gewürzen, Schweiß und verbrauchter Luft. Es war besonders heiß an diesem Tag und die Leute schwitzten schrecklich, obwohl sie Ägypter waren und an das Klima gewöhnt. Hier herrscht Chaos, dachte ich, ob ich mich darin jemals zurechtfinden könnte?

Ich war in eigener Sache unterwegs. Die Polizeibehörden auf dem Flugplatz hatten mir ein Visum mit nur begrenzter Gültigkeitsdauer genehmigt. Ich benötigte eine ägyptische Identitätskarte, die mich auf arabisch als Angehörigen eines fremden Staates kenntlich machte. Ganz nebenbei sollte ich sondieren, ob und wie für die Mitarbeiter der Handelsvertretung länger befristete Aufenthaltsgenehmigungen erreicht werden könnten. Ich war also in hochwichtiger Angelegenheit unterwegs und offiziell angemeldet.

Endlich hatte ich die Tür mit der angegebenen Zimmernummer gefunden. Ich freute mich, die arabischen Zahlen entziffern zu können, ein gutes Zeichen. Ich trat durch eine Doppeltür in ein großes Zimmer. Hinter einem Schreibtisch schnellte ein Mann hoch, schlug die Hacken zusammen und hob im gleichen Moment den rechten Arm mir entgegen. »Heil Hitler«, lautete sein eindeutiger Gruß, und dann trat er auf mich zu, lachend, überaus herzlich. »Ich heiße Abdallah und stehe zur Verfügung.«.

Wie vom Blitz getroffen blieb ich auf der Stelle stehen, verwirrt, verärgert. Ich sah mich von meinem Gegenüber bewußt herausgefordert. Wie sollte ich reagieren? Umkehren, einfach das Feld räumen? Streiten? Ich fühlte meinen Körper sich innerlich straffen, Wut in mir aufsteigen, wie ein Tiger vor dem Sprung auf das Opfer. Angriff ist die beste Verteidigung! – Ägypten möge zur Kenntnis nehmen, ging ich auf Mister Abdallah los, daß der Zweite Weltkrieg vor geraumer Zeit sein Ende gefunden habe und es in Deutschland keinen Hitler mehr gebe. Ich sei ein Vertreter des demokratischen Deutschlands, dessen Regierung freundschaftliche Beziehungen zur Regierung der Arabischen Republik Ägypten unterhalte – Ich nutzte die gleichen Formulierungen, wie sie der Regierungsbeauftragte der DDR bei seinen offiziellen Gesprächen verwandte. Ich ahmte ihn förmlich nach. Ich legte die Betonung auf demokratisch, zuerst in englisch, dann noch einmal in arabisch, um jeden Zweifel auszuschließen.

»Sie sind willkommen«, erwiderte Abdallah meinen Angriff ausweichend, »betrachten Sie mich als Ihren Freund und Ägypten als Freundesland. Wir Ägypter lieben die Deutschen, weil sie ein großes, intelligentes, tapferes Volk sind«, fügte er hinzu.

Mit Mr. Ahmed Abdallah in Kairo, 1958

Ich spürte, daß ihm die Bekanntschaft mit einem Deutschen, die erste, wie ich erfahren sollte, nicht ungelegen kam. Keinesfalls habe er mich mit dem Hitlergruß verletzen wollen, meinte er verlegen. Dann erklärte er, warum Hitler in Ägypten noch immer populär sei.

Im weiteren Teil richtete er manche Frage an mich, die ich nicht beantworten konnte. Ich ging auf sein Angebot ein, sich wieder zu treffen. Und wirklich, eines Tages rief er mich an und fragte, ob ich mich für eine Fahrt mit ihm nach Alexandria und von dort aus die Küste entlang gen Westen begeistern könnte. Und ob! War das nicht jene Küstenstraße, die von den Italienern zur Zeit der kolonialen Eroberung Tripolitaniens gebaut wurde, die sich von der tunesischen Grenze über Bengasi, Derna und Tobruk, durch die Cyrenaika und über den Paß von Sollum bis an die ägyptische Grenze erstreckte? In der Antike die Kornkammer des Römischen Reiches, im 20. Jahrhundert Wüste und Schauplatz der großen Panzerschlachten des Zweiten Weltkrieges? Unbedingt wollte ich mitkommen!

Unbarmherzige ägyptische Sonne, Sandmeer, in unübersehbarer Weite, am Rande der ewigen Wüste. Leichter salziger Meereswind. Dünen, Treibsand, scharfkantige Steine, Dornenbüsche. Verfallene Gräben und Unterstände, von Sandstürmen schon unkenntlich gemacht. Wer El-Alamein noch nicht gesehen hat, kann sich kaum eine Vorstellung von dieser Stätte machen. Kreuze, soweit das Auge reicht, nur Kreuze! Lastende Stille in der Luft über dem Soldatenfriedhof!

Ob hier alle in der Wüste gefallenen Soldaten einen Ruheplatz gefunden haben? In einer Schlacht, die nach General Rommel »nicht zu gewinnen« war?

Ein gewaltiges System von Betonbunkern – von italienischen Kriegsgefangenen für die Engländer gebaut, als uneinnehmbare Festung gegen die Deutschen! Sechsunddreißig übriggebliebene Panzer von Rommels Armee sollten sie überwinden und von hier aus auf das Niltal zurollen. Zwei Stunden Fahrt bis Alexandria, der großen Hafenstadt Ägyptens, vielleicht 80 Kilometer. Unmöglich.

Meine Briefe aus Ägypten, die meine Eltern bis heute aufbewahrten, teilen nichts über El-Alamein mit. Sie gerieten in Vergessenheit bis zu jenem Tag, an dem ich meine Vaterstadt Husum besuchte, die ich seit meiner Kindheit nicht mehr gesehen hatte. Dort traf ich jemanden, den es mit Rommels Panzerarmee nach Afrika verschlagen hatte. Er zeigte mir interessante Dokumente über die Panzerschlacht in Afrika und die erst Jahrzehnte später veröffentlichten Geheimnisse, von denen ich seinerzeit nichts wußte.

Die Fahrt nach El-Alamein brachte Achmed Abdallah und mich einander näher. Der Ägypter sprach von da an unbefangen über seine Herkunft. Obwohl wir uns erst einige Male getroffen hatten, zunächst nur in seinem Büro, später in seiner Wohnung zu einem Drink, offenbarte er vertrauensvoll seine Gedankenwelt. Das beeindruckte mich, und auch, daß er mich anerkannte und vorbehaltlos als Freund behandelte. Er schien von meiner Geradlinigkeit und Offenheit angetan.

Meine Identitätskarte war innerhalb weniger Tage ausgestellt, und mir durch einen Boten überbracht worden. Das erregte in der Handelsvertretung Aufsehen. Auf die denkbar einfachste Art war darüber hinaus geregelt worden, daß Inhabern von Dienstpässen der DDR künftig Aufenthaltsgenehmigungen für die Dauer eines Jahres gewährt wurden. Ich konnte es kaum fassen, daß Abdallah solche Regelung bewirkt haben sollte.

Bei unserer ersten Begegnung schon hatte er angedeutet, daß der Stuhl, den er einnimmt, von besonderer Bewandtnis sei. Nach weiteren Begegnungen glaubte ich, gewisse Zusammenhänge zu sehen. Vermutlich spielte da sein Onkel eine Rolle, dem mich Abdallah vorstellen wollte. Ich zögerte zuerst, weil ich gegen solche Verwandtschaft Bedenken hegte. Und Besuche dieser Art waren im »Office«, so wurde unsere Dienststelle genannt, nicht gefragt. Aber warum sollte ich

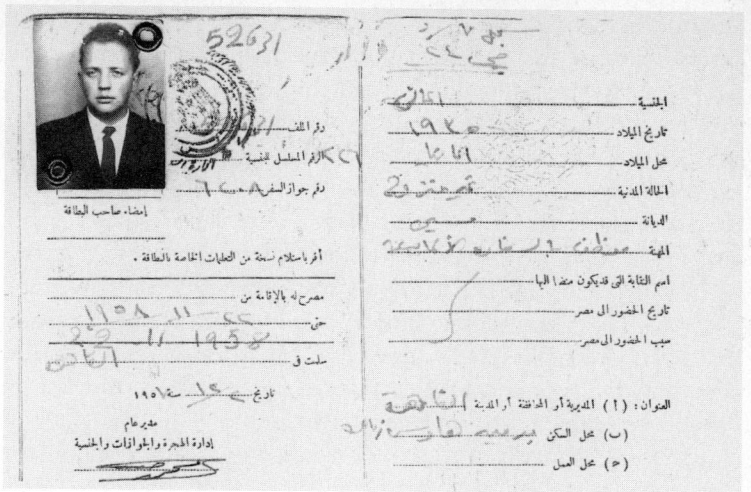

Identitätskarte des Konsularbeauftragten Kurt Berliner in Kairo, 1957

nicht auf das Angebot eingehen. Warum sollte ich es vermeiden, einem Mann vorgestellt zu werden, der dem Geheimbund der »Freien Offiziere« angehörte und der beim Aufbau des neuen Ägypten gewiß eine Rolle spielte?

Seinem Onkel verdanke er alles, hatte mich Abdallah wissen lassen – die Schulbildung, das Studium und auch den Posten im Ministerium. Und ich erfuhr, daß sein einflußreicher Onkel ihn unbedingt in der Koordinierungsstelle der Zentralverwaltung in diesem Ministerium hatte einsetzen wollen. Dieses Office führte die Aufsicht über verschiedene Behörden, die mit ausländischen Vertretungen zusammenarbeiteten. Es überwachte deren Zusammenwirken und sollte bei auftretenden Schwierigkeiten eingreifen. Ein bedeutendes Amt also, eine hochdotierte Vertrauensstellung.

Das interessierte mich schon. Doch es gab Dienstvorschriften. Kontakte mußten erstens gemeldet und zweitens genehmigt sein, und drittens durften diese nur zu dienstlichen Obliegenheiten wahrgenommen werden. Man befinde sich schließlich dienstlich im Ausland, wurde mir in unserer Vertretung bedeutet.

Verbotenes reizte mich, und das nicht erst seit heute. Zu den Behördengängen meldete ich mich im Büro des Regierungsbeauftragten stets ordentlich ab, nicht aber zum Privatbesuch bei Abdallah. Das Haus des Onkels mit seinen dicken Mauern und maurischen

Fenstern und Türen glich eher dem Palast eines ägyptischen Paschas als der Dienstwohnung eines neuzeitlichen Revolutionärs. Die Gepflogenheiten folgten offenkundig uraltem Zeremoniell. Auf dem Weg zum Onkel führten uns drei Uniformierte, die einander bis zum Salon des Hauses ablösten. Der Salon, ein unförmig großer Raum mit hohen und breiten Flügeltüren nach allen Seiten, schien vor allem arabische Hochkultur zu beherbergen. Überdimensionale bunte orientalische Teppiche an den Wänden und auf dem Boden, kleine runde Tische mit gehämmerten Messingplatten, Stuhlsessel typischer arabischer Handwerkskunst, über und über mit goldbestickten Filigrandeckchen belegt. Ein mit Perlmutt und Elfenbein verzierter Wandschrank, gewiß sehr kostbar, lenkte als einziges größeres Mobiliar die Aufmerksamkeit auf sich. Anderes, wie die zu beiden Seiten aufgestellten schmiedeeisernen Leuchten und die großen Alabasterskulpturen, entstammte sicherlich einer späteren Zeit. Das alles verlieh diesem Raum einen matten Glanz und gab ihm ein feierlich anmutendes Gepräge. Schwere Samtvorhänge mit orientalischen Stickereien ließen nur spärlich das Tageslicht herein. Im Salon, der einst Stätte wichtiger Zusammenkünfte war, herrschte ehrfurchterheischende Ruhe.

Der Hausherr war eine hochgewachsene, würdige Erscheinung. Er sprach arabisch und ließ nur gelegentlich einige englische Sätze einfließen. Das, was er von sich gab, klang eher wie ein Vortrag oder ein Selbstgespräch als der Dialog eines Onkels mit seinem Neffen. Anderntags nehme er an einer wichtigen Beratung in Damaskus teil, ließ er uns wissen.

Eigentlich hatte Abdallah mich nur vorstellen und sich dann gleich verabschieden wollen, doch gebot die Sitte, sich des mit dem Mokka angezeigten Willkommens dankbar zu erweisen. Meine Anwesenheit störte scheinbar nicht, Abdallah folgte den Ausführungen wie ein gelehriger Schüler. Ich tat nichts, um in das Gespräch einbezogen zu werden. Vom Zusammenschluß der Kräfte und dem Interessenausgleich zwischen Ägypten und Syrien sei die Rede gewesen, erklärte mir Abdallah später, er hatte wohl bemerkt, daß mir der Inhalt seiner Konversation mit dem Onkel entgangen war. Ägypten und Syrien hätten beschlossen, gemeinsam eine Vereinigte Arabische Republik zu bilden. Von Vorsicht gegenüber Großbritannien und Frankreich, von Ausgewogenheit gegenüber Russen und Amerikanern habe der Onkel gesprochen. Die Amerikaner hätten sich geweigert, an Ägypten Waffen zu liefern. Die Russen würden Hilfe anbieten.

Obwohl der Onkel wisse, daß er, Abdallah, sich nicht sonderlich für Politik interessiere, müsse er ihm immer wieder zuhören. Der Onkel wolle aus ihm etwas machen, wozu er sich nicht geeignet fühle. Er wolle leben und erleben. Und außerdem, je höher der Adler steige, um so tiefer könne er stürzen.

Ein Adler wollte er also nicht sein. Allmählich erschloß sich mir die Vorstellungswelt dieses verwöhnten Staatsdieners, der nur wenige Jahre älter war als ich und dessen Lebensweg bisher stets durch seinen Onkel verpflichtend vorgezeichnet worden war. Seine Verehrung für den Onkel und die Dankbarkeit diesem gegenüber schienen dennoch den unterschwelligen Unmut wegen der Bevormundung nicht völlig verdrängt zu haben.

Wenn ich nur einen Onkel mit soviel Macht und Einfluß gehabt hätte, dachte ich neidisch. Abdallahs Vater war ein geschäftstüchtiger, erfolgreicher, wohlhabender Privatmann mit ausgedehnten Verbindungen nach Griechenland, in die Türkei, nach Libanon und in die Golfemirate, und er verpflichtete den Onkel – dessen Ehe kinderlos blieb – nach dem Tode der Mutter sich des Jungen anzunehmen. Der Onkel schickte Abdallah auf Internate in Kairo, in Alexandria, in Genf, er bedachte ihn mit vielen Geschenken und reichlich Taschengeld. So war es üblich. Abdallah erhielt die vorzüglichste Bildung und Erziehung, die einem Sprößling solcher Herkunft zuteil werden konnte. Er sprach Englisch, Französisch und Italienisch fast perfekt, er spielte Tennis, ritt und besaß gute Manieren. Die Söhne von Politikern, Militärs und Geldleuten sollten sich in Eliteschulen behaupten lernen und an europäischen Universitäten für ihre Jobs in Ägypten vorbereitet werden. So war es auch für Abdallah vorgesehen. Und dies bestimmte den Inhalt seiner Jugendjahre in der Fremde. Zwei Jahre hatte er in der Schweiz studiert. Er bereiste Italien, Frankreich, England und Skandinavien. Aus unerklärlichen Gründen blieben bei seinen Reisen in Europa nur die beiden Deutschland ausgespart.

1952 wurde er vom Onkel zur Rückkehr nach Ägypten aufgefordert. In jenem Jahr gab es den Aufstand der »Freien Offiziere«, der den tiefsten Einschnitt in Ägyptens neuerer Geschichte einleiten sollte. Das Land wurde eine unabhängige Republik, und an ihrem Entstehen war Abdallahs Onkel maßgeblich beteiligt. Das Land benötigte eigene Führungskräfte – und nach des Onkels Willen sollte der unwillige Abdallah zu diesen gehören.

Eine glückliche Kindheit und Jugend sei ihm nicht beschieden gewesen, meinte dennoch der inzwischen 27jährige. Er habe in der Fremde als Fremder gelebt und sich nach Geborgenheit gesehnt. Erst nach seiner Rückkehr nach Kairo habe er empfunden, daß das Leben auch anders sein könne – frei von täglichem Drill in fremden Kulturen, frei von einem Verhaltenskodex, der ihn unter seinesgleichen in Ägypten lächerlich gemacht hätte, wäre er hier praktiziert worden. Die Sorgen von Abdallah hätte ich gern geteilt.

Mit Onkels Hilfe fand er Gelegenheit, sein Studium abzuschließen. Zur Armee zog es ihn niemals – trotz attraktiver Angebote und der Überredungskünste des Onkels. So kam er schließlich dorthin, wo er gegenwärtig saß.

Es kam eine turbulente Zeit für mich, so kurzweilig und zeitweilig abenteuerlich, daß ich befürchten mußte, meine Vorgesetzten könnten die Abwege ihres biederen Konsularbeauftragten entdecken. Tagsüber verrichtete ich meine Angelegenheiten nach bestem Wissen und Gewissen. Außerhalb entdeckte ich Land und Leute. Ich besorgte mir Literatur und versuchte in die Diplomatie einzudringen. Sie nahm fast täglich an Umfang zu und enthüllte viel Aufregendes aus Bereichen, von denen ich bisher nur wußte, daß sie überhaupt existierten. Meine Vorgesetzten verhielten sich immer großzügiger und überließen es mir, meine Aufgaben so zu erledigen, daß für die Sprachausbildung und das Ausfüllen anderer Wissenslücken noch einige Zeit verblieb. So wurde es mir gestattet, meine Büroräume schon in den frühen Morgenstunden aufzusuchen und Akten und Vorgänge zu sichten, die einer täglichen Kontrolle auf sachliche Richtigkeit und Termineinhaltung bedurften. Daher wunderte sich auch niemand, daß ich mich in den späteren Vormittagsstunden mit anderen als mit konsularischen Dingen beschäftigte. Mich interessierte einfach alles: Geschichte, Völkerkunde, Archäologie.

Und ich schätzte mich glücklich, mit Leuten zusammenzukommen, die aus einem bewegtem Leben schöpfen konnten. Unter den Besuchern aus der Heimat waren die Schriftsteller Willi Bredel, Maximilian Scheer und Eduard Claudius. Was für Biographien. Ich konnte nicht anders als sie bewundern. Willi Bredel: Dreher, Arbeitsloser, Seemann, Portugal, Spanien, Italien, Nordafrika, 1933 KZ Fuhlsbüttel und Flucht, 1936 Kriegskommissar der Internationalen Brigaden in Spanien und später Angehöriger des Nationalkomitees Freies Deutschland in der Sowjetunion. Eduard

Claudius: Sohn eines Bauarbeiters, als 16jähriger Gewerkschafts-funktionär, Italien, Österreich, Frankreich, 1934 Emigration in die Schweiz, 1936 Kommissar der Internationalen Brigaden in Spanien und später Partisanenkampf mit der Brigade Garibaldi in Oberitalien. Maximilian Scheer: Sohn eines Schmieds, Studium, Theater-wissenschaftler, Kritiker, Journalist, 1933 Emigration nach Paris, 1939 Internierung, 1940 Flucht über Portugal in die USA …

Ich verschlang in einer Nacht das Buch »Die Prüfung«, das Bredel 1935 geschrieben hatte – in dem Jahr, in welchem ich geboren wur-de – und das er mir in Kairo zum Geschenk machte. Es fesselte mich ungemein, und das Gelesene bestärkte mich in meiner Überzeugung, mich für eine »edle Sache« zu engagieren. Ich bin Bredel und den an-deren nie wieder begegnet.

Es befriedigte mich, wenn ich mit der konsularischen Interessen-vertretung auch Besuche bei DDR-Bürgern verbinden konnte, die im Land verstreut ihren Aufgaben nachgingen. Ich besuchte sie in Mehalla El Kubra, im Nil-Tal, wo die DDR eine große Textilfabrik errichten half. Und besonders gern besuchte ich die Lotsen, die mit ihren Familien in Ismailia wohnten. Sie waren in Ägyptern hochge-schätzt. Obwohl sie auch in ihren Heimathäfen an der Ostsee drin-gend gebraucht wurden, waren sie dem Ruf ihrer Regierung gefolgt, um Ägypten Hilfe zu leisten, da Großbritannien und Frankreich einen Großteil der Stammbelegschaft vom Suezkanal abgezogen hatte. Auf diese Weise sollte die Passage weitgehend lahmgelegt und Ägypten zur Rücknahme der Nationalisierung gezwungen werden.

Mister Abdallah, der im Unterschied zu den meisten seiner arabi-schen Landsleute keine finanziellen Probleme hatte, war ein sehr un-ternehmungsfreudiger Mensch. Er verfügte über scheinbar unendlich sprudelnde Quellen. Woher er das Geld nahm, um die Nächte in den exklusiven Nachtbars am Nil durchzubringen, Parties zu veranstalten, blieb mir verborgen. Das unbeschwerte Leben, in das er mich hin-einzog, machte mich immer neugieriger. Seine Lebenslust steckte an. Wie ein Wasserfall prasselten seine Worte auf mich herab, begleitet von einem Übermaß an Gebärden. Ich unterlag dem Taumel arabi-scher Begeisterungsfähigkeit.

Ein Fremder, meinte er, müsse unbedingt als erstes den Muzki-Bazar gesehen haben, den Khan El-Khalil, den berühmtesten aller ori-entalischen Märkte. Also besuchten wir ihn. Abdallah hatte nicht übertrieben.

In einem Restaurant wurde mir aus der Gesäßtasche die Brieftasche gestohlen. – Zwei Tage danach brachte ein Bote in einem verschlossenen Kuvert, versiegelt mit dem Dienststempel von Abdallahs Office, eine neue Identitätskarte, ein Bündel neuer Banknoten und eine neue Brieftasche. »With best regards«, mit besten Grüßen. Ich liebte Abdallah wegen seiner Großzügigkeit und haßte ihn wegen seiner Arroganz gegenüber seinen Landsleuten.

Ein Glück, dachte ich, daß ich vor Wochen zwei Paßbilder abgegeben hatte. Die Ägypter schienen sich in ihrer Bürokratie doch noch zurechtzufinden. Und noch größeres Glück war, daß ich als mein eigener Konsularbeauftragter die pflichtgemäße Meldung über den Vorfall vor mir hatte herschieben können. Allerdings wunderte ich mich, daß ich von dem Diebstahl überhaupt nichts bemerkt hatte – die Brieftasche hatte schließlich in der zugesperrten Gesäßtasche gesteckt. Es schien mir ein wenig merkwürdig.

An einem anderen Wochenende besuchte ich mit meinem ägyptischen Freund die Pyramiden. Wir erklommen die 138 Meter hohe Cheops-Pyramide.

Freitags verschwand ich, montags kehrte ich zurück, in aller Frühe, müde, aber energiegeladen. Keiner schien meine von schlaflosen Nächten entzündeten Augen zu bemerken. Nur der Besitzer einer kleinen Imbißstube von nebenan registrierte mein Gehen und Kommen

Auf der Cheops-Pyramide, 1958

mit verständnisvollen Blicken. Mohamed, so wurde er gerufen, nahm als Nebenjob den Posten eines bestellten Nachtwächters vor dem Amtssitz des Regierungsbeauftragten ein. Und er übersah es geflissentlich, wenn ich mich ordnungswidrig verhielt und gelegentlich des Nachts einfach über das hoheitliche Gemäuer sprang...

Im Kairoer Nachtleben kannte sich Abdallah bestens aus. Einmal überraschte er mich, als ich mich mit zwei DDR-Deutschen – dem Diplomaten Achim Reichardt aus Berlin und Lothar Stein, einem Archäologen aus Halle, – in der »Fontana«-Bar traf. Die beiden waren auf Durchreise nach Khartoum. Also hatten wir dort bis zur Abreise einen Stopp eingelegt. Abdallah jedoch schien das mißzuverstehen, faßte mich vertraulich am Arm und zog mich zur Seite. Er habe nicht vermutet, daß ich »auch diese Seite des Lebens« kennenlernen wolle, blinzelte er mir vielsagend zu. Dabei nannte er mich beim Vornamen. Es war das erste Mal.

Ich war in mehrfacher Weise irritiert, doch er winkte ab. Ich sei heute abend sein Gast.

Nach dem Tanz widmeten sich die Bauch-Tänzerinnen auftragsgemäß den Gästen und animierten diese zum Trinken. Um mich kümmmerte sich eine Schönheit aus dem Süden. Als sie erfuhr, daß ich Deutscher sei, wollte sie nicht mehr Tänzerin bleiben, sondern mit mir nach Deutschland fahren. Sie sprach fließend Englisch, aber lesen und schreiben konnte sie nicht, nicht einmal ihren Namen.

Mit Frauen müsse ich vorsichtig sein, kommentierte Abdallah und zog mich zu einem Kreis junger, gutgekleideter Männer. Sie saßen in der Nähe der Bar, tranken Whisky und hielten sich an den Händen wie Liebespaare. Manche spielten auch mit den Perlen mitgebrachter Gebetsketten. Ob ich »Agamy Beach« kenne, wollte einer von ihnen wissen. Abdallah beugte sich zu mir. Das sei das Tor zum Paradies, behauptete er in einer Art, die ich bisher noch nicht an ihm bemerkt hatte. Also hin. »Agamy Beach« war eine Ansammlung mehrerer ockerfarbener Betonkolosse inmitten eines riesigen Sandmeeres an der Mittelmeerküste. Eine weiße Mauer schützte vor heißen Saharawinden. Eine Fontäne sprühte kristallklares Wasser an die Oberfläche des mit hellblauem Mosaik ausgebetteten Bassins. Dieses friedliche Flecken Erde bot wirklich das Bild einer kleinen blühenden Oase, die Vorstellung eines vergessenen Paradieses. Alles war kostbar hier und erhielt seinen unersetzlichen Wert angesichts der bedrückenden Nähe der glühenden Sahara: der Schatten der Zypressen, die Frische des

Meereswindes, das Kühle spendende Wasser der Fontäne. Auffällig nur, daß sich zu dieser Jahreszeit nichts rührte – kein Kind, kein Gärtner, nicht einmal ein Hund war zu sehen oder zu hören.

Die Sonne ging unter, es wurde dunkel, und kühler Wind, der aus der Sahara kam, trieb uns in das einzige geöffnete Haus am Platz. Wir kamen offensichtlich als letzte.

Merkwürdiger Anblick. Im Kerzenlicht sah ich Improvisiertes. Keinerlei Sitzgelegenheiten, wie ich sie in Ägypten gewöhnt war, weder Tische noch Stühle oder Bänke. Statt dessen in der Mitte ein unendlich überfülltes Büfett. Entlang der Wände, ringsum, lückenlos ausgebreitete matratzenähnlich weichgepolsterte Matten, auf denen die zahlreich erschienen jungen Gäste hockten oder lagen. Ihr Äußeres konnte ich im Halbdunkel nur schlecht wahrnehmen. Kaum, daß sich jemand nach einem Drink oder nach Eßbarem erhob. Und dennoch, wenn sie sich rührten, bewegten sie sich wie betäubt oder trunken. Sie rauchten Zigaretten, pausenlos, und stießen spielerisch Wolken aus.

Ich spürte neugierige Blicke, die mich abtasteten. Abdallah zog mich auf einen leeren Platz neben sich. Ich gewöhnte mich schließlich an dieses Halbdunkel und tastete meinerseits meine Umgebung vorsichtig mit den Augen ab. Ein gemeiner Hinterhalt? Eine listige Falle? Heimlicher Treffort für lebenshungrige Abenteurer? Nein, die jungen Leute wirkten alle friedlich, irgendwie sehnsüchtig, verlangend. In ihren Augen glaubte ich Begierde nach Lust und Erlebnis wahrzunehmen. Ansehnliche Mädchen, trainierte Jünglinge, nicht älter als ich, eher jünger. Verwunderlich, daß ich kein arabisches Wort vernahm. Aus den unteren Volksschichten jedenfalls stammte keiner.

In Kairo hatte ich mir das Rauchen angewöhnt. Ich griff nach den Zigaretten, die mir Abdallah reichte. »Matiné«, las ich auf der Verpackung. Ich hatte solche schon geraucht. Ob ich schon etwas spüre, raunte mir Abdallah nach den ersten Zügen zu, dabei legte er seinen Arm kumpelhaft-anzüglich über meine Schulter. Schauer jagten mir unangenehm über den Rücken. Ich spürte Ekel aufsteigen. Das war kein normaler Tabak. Soweit konnte ich noch klar denken. »Agamy Beach« war offenkundig nichts anderes als eine Rauschhöhle der Zöglinge der Oberschicht Ägyptens.

Und vielleicht war Mister Abdallah, der Staatsdiener und Lebemann, mehr als nur ein Gast? Warum hatte er mich hierher gebracht? In meinem Kopf ratterte es.

»Ich muß for«t, sagte ich zu Abdallah und riß mich hoch.« Ich muß zurück, unbedingt und sofort.« Abdallah folgte mir schweigend. »Ich danke Dir für alles«, preßte ich schließlich müde und leidenschaftslos heraus. »Lebe wohl.«

Ich hätte heulen können aus Wut und Enttäuschung.

Das Leben sei nun einmal so, meinte Abdallah leise und reichte mir die Hand, als wollte er sich entschuldigen.

In die Obliegenheiten des Konsularbeauftragten fielen auch Anbahnung und Pflege von Kontakten zu Ämtern, die sich mit Transportfragen und internationalem Reiseverkehr befaßten. Um größere Beträge ging es dabei nicht, denn die waren zuvor auf höherer Ebene in Berlin verhandelt worden. Meine Aufgabe bestand lediglich darin, mich um Fragen zu kümmern, die zu konsularischen Angelegenheiten auswachsen konnten. Konsularisches fand sich, wenn man das wollte, stets und überall – in den Ämtern für Schiffahrt und Tourismus ebenso wie in den Büros der Fluggesellschaften und Reiseagenturen.

Der Tourismus bot für die Politik besondere Anknüpfungspunkte, steckte doch Ägypten wegen leerer Staatskassen im Gefolge der Suez-Krise in großen wirtschaftlichen Schwierigkeiten. Die Regierung verfolgte ehrgeizige Entwicklungspläne, doch fehlte das Geld. Wer Touristen ins Land bringen wollte, war willkommen.

Also hielt es die DDR für opportun, mit Ägypten einen bescheidenen Tourismus in Gang zu bringen.

DDR-Touristen erregten 1957 am Nil wirkliches Aufsehen. Das ließ einige obskure Leute auf den Plan treten. Bei mir tauchte ein Costa Nikandros auf, ein griechischer Geschäftsmann mittleren Alters, der behauptete, in der Tourismusbranche tätig zu sein. Seit einigen Jahren vertrete er ein florierendes Reiseunternehmen. Dieses würde vor allem mit griechischem Kapital arbeiten, aber auch mit ägyptischem. Er bat mich, sich noch am Abend des gleichen Tages mit ihm im »Khomais« zu treffen, »im vornehmsten Restaurant von ganz Ägypten«. Dort verkehrten Griechen und Ägypter. Offenbar zufrieden, daß er »den Konsul des demokratischen Deutschland« vorführen konnte, stellte Nikandros mich jedem Gast vor, wortreich und wichtigtuerisch. Er wollte, ließ er mich wissen, von einem »Mittelsmann« das Interesse der DDR an der Errichtung eines Generalkonsulats ausloten. Offensichtlich war er davon überzeugt, daß der Konsul des Landes DDR auch im Geschäftlichen wirksam werden könnte. Er sprach mich mit »Herr Konsul« an, obwohl er wußte, daß es offiziell keinen solchen gab. – Das, was an Konsularischem über eine Visa-erteilung hinausging, wurde zur Zeit von der ägyptischen Regierung allenfalls stillschweigend hingenommen.

»My dear friend«, nannte mich Nikandros gleich bei unserer er-sten Begegnung und überhäufte mich seither mit Freundlichkeiten, wie ich sie bis dahin nur von Mister Abdallah erfahren hatte. Was tat dieser nicht alles für mich! Verbindungen bewirken im Orient vieles, meinte Costa Nikandros, Geschenke besorgen das Restliche.

Sie müssen das noch lernen, bemerkte er offenherzig, als ich ihm das kunstvoll Eingepackte behutsam zurückreichen wollte. Er wehrte meine ablehnende Geste mit Bestimmtheit ab und schob mir das Paket wieder unter den Arm. »Ich weiß«, fügte er hinzu, »daß Geschenke dieser Art anzunehmen Ihnen nicht erlaubt ist. Aber ver-letzen Sie bitte meine Gefühle nicht.«

Ich war überrascht. Wieso kannte er sich aus in unseren Gepflo-genheiten, in unseren internen Festlegungen? Nein, beleidigen wollte ich ihn nicht und Unbedachtes nicht tun. Ich sah auch wirklich kei-nen Grund, ihn zu enttäuschen. Und überhaupt, warum sollte ich Costa Nikandros sagen, daß touristische Geschäfte an mir vorbeigin-gen und man in Berlin an ihren weiteren Ausbau nicht denken konn-te, weil die DDR in bezug auf Devisen die gleichen Probleme hatte wie Ägypten? Ich war für ihn doch nur so lange interessant, wie er sich Hoffnung machen konnte, daß sich die Investitionen bei mir auch lohnten. Denn das hatte ich – bei aller Naivität – schon begriffen. Dieses »Geben und Nehmen« funktionierte nur eine Zeitlang als Einbahnstraße.

Eines Abends fand in dem Haus von Costa Nikandros eine Party statt. Für gute Freunde, meinte er, und lud mich ein. »Meine Freunde« waren Griechen – Studenten und jüngere Intellektuelle, Männer und Frauen, seit Jahren im Exil lebend. Ich gewann den Eindruck, daß sie eine ziemlich geschlossene Gesellschaft bildeten. Jemand sagte, daß einige von ihnen sogar unter fremden Namen und mit geliehenen Papieren in Ägypten weilten. Und daß sie sich gegenseitig halfen, wo immer es gehe, und Not gemeinsam abwehrten. Ein Bund der Gerechten? Wie viele es waren und wer zu ihnen gehörte, darüber sprach Costa Nikandros nicht. Erst später, im Japanischen Garten, fiel mir auf, daß er alle nur bei ihren Vornamen nannte.

Zu seinen besten Freunden wollte er Manelos und Lefkis gezählt wissen. Mit dem Satz »Meine Freunde sind auch die Ihren« ließ er mich bei ihnen stehen. Manelos arbeitete als Assistenzarzt in einer Privatklinik in Heliopolis, und Lefkis, Tanzlehrerin, verdiente ihren Lebensunterhalt mit Nachhilfeunterricht in Fremdsprachen, für verwöhnte Sprößlinge bürgerlicher Familien aus aller Welt.

Wir fanden sofort ein herzliches Verhältnis zueinander. Die beiden interessierten sich ungemein für Politik. Wir diskutierten in den folgenden Monaten wiederholt ganze Nächte hindurch. Eines Tages bekannten sie sich schließlich als Mitglieder einer Organisation, die den Kampf um ein demokratisches Griechenland noch längst nicht aufgegeben habe. Mehr sagten sie nicht, und dennoch glaubte ich, sie verstanden zu haben.

Das waren also die Freunde meines Freundes Costa Nikandros, den ich wegen seines kapitalistischen Gebarens als Klassenfeind taxiert hatte. Ich korrigierte mein Urteil und empfand plötzlich Hochachtung.

Von Manelos und Lefkis hörte ich zum ersten Mal die These, daß die Führung des neuen Ägypten offiziell die Freundschaft zu den sozialistischen Staaten suchte, doch im Land selbst ließ sie politische Gegner – Sozialisten, Kommunisten – unbarmherzig verfolgen. Ich wies einen solchen Gedanken von mir.

Obgleich ich mich den beiden verbunden fühlte, mußte ich die Verbindung zu ihnen abbrechen. Ich erklärte ihnen, daß mir wegen meines Status als Konsularbeauftragter der Deutschen Demokratischen Republik Beziehungen dieser Art strengstens untersagt seien. Kontakte solcher Art galten als unerwünscht und wurden von keiner Seite geduldet. Sie konnten für Manelos und Lefkis, aber auch für mich gefährlich werden. Wie würde Mister Abdallah reagieren, erführe er davon?

Ich wurde mir mehr und mehr der Zwiespältigkeit meines Daseins in diesem Teil der Welt bewußt. Einerseits die Freundschaft zu Abdallah, der die käufliche und korrupte Welt genoß und selbst ein Teil von ihr war. Andererseits die Bekanntschaft mit Leuten, die offiziell zu den Verdammten dieser Erde gehörten, die ich wegen ihrer moralischen Haltung und Gesinnung achtete, zu denen ich keine Kontakte unterhalten durfte.

Mein Vater hatte mir vor meiner Abreise nahegelegt, ein Tagebuch zu schreiben. Damit würde es mir später leichter fallen, meine Erlebnisse zu rekapitulieren. Das war offiziell unerwünscht. Aufzeichnungen könnten abhanden kommen, schlimmstenfalls in fremde

Auf dem Nil, bei den Katarakten von Luxor, 1958

Hände gelangen und mißbraucht werden. Papiere dienstlichen Charakters durften ohnehin nicht in den Wohnungen aufbewahrt werden. Bei den entsprechenden Belehrungen wurde auf die internationale Lage, den Klassenkampf und die Politik des Rollback der NATO verwiesen. Als jüngste Belege wurde die Konterrevolution in Ungarn im Herbst 1956 und der Krieg wegen des Suezkanals angeführt.

Auf keinen Fall also ein Tagebuch! Ich hatte mir jedoch vorgenommen, alles aufzuschreiben, was ich für wichtig hielt. Ich kam auf die Idee, statt des Tagesbuches regelmäßig meinen Eltern zu berichten. Briefeschreiben war schließlich nicht verboten.

In meinen Briefen teilte ich mit, womit ich mich beschäftigte, und daß ich unwahrscheinlich fleißig sein müsse, um den Erwartungen zu entsprechen. So war es tatsächlich, denn der Konsularkram beschäftigte mich am Ende mehr und mehr. Ich war zufrieden, daß ich meine Anwesenheit in Kairo durch emsige Arbeit rechtfertigen konnte. Es kam die Zeit, da ich sogar glaubte, hier als Konsularbeauftragter für die Deutsche Demokratische Republik unentbehrlich geworden zu sein. Warum eigentlich noch ein Studium der Staats- und Rechtswissenschaften, fragte ich mich, wenn ich das Wichtigste in der Praxis erlernen konnte? Diesen Gedanken verwarf ich jedoch sofort. Zu viele gab es, die mit meiner akademischen Zukunft rechneten, nicht nur die Verwandten und Dagmar, auch die Vorgesetzten im Außenministerium und der Ministerrat.

Mitte Juli teilte mir das Außenministerium mit, daß der Beginn des Studiums an der Babelsberger Akademie von September auf auf Anfang nächsten Jahres verlegt worden sei, wodurch »damit die Frage Ihrer Rückkehr nach Deutschland berührt« werde.

Kein Zweifel: Da stand »Deutschland«, nicht DDR. Ich gebe zu, daß mich das ein wenig irritierte. Aber es beschäftigte mich nicht über Gebühr.

Unmittelbar vor meiner Abreise ließ mich der Beauftragte der Regierung der Deutschen Demokratischen Republik in der Arabischen Republik Ägypten zu sich rufen. Die Zeit der Prüfung sei vorbei, sagte er bedächtig und mit ruhiger Stimme, ich hätte sie bestanden. Man sei einhelliger Meinung, daß ich den Erwartungen entsprochen habe. Ich würde Voraussetzungen und Eigenschaften erkennen lassen, die ein künftiger Diplomat benötige.

Dann holte er zwei Gläser aus dem Schreibtisch. Er erklärte nicht, wer »man« sei, der befunden hatte, daß ich mich ein Jahr lang in Kairo wacker gehalten habe. Aber das war auch unerheblich. Entscheidend war der Ritterschlag. Ich betrachtete die kurze und emotionslose Verabschiedung als eine vorgezogene Weihe für die Zukunft.

Auf dem Weg nach Afrika.
Zeit der Erprobung und
Entscheidung

Juli 1961. Unser Flugzeug war zu früher Stunde vom Lufthafen Rabat in Marokko aufgestiegen. Mißgestimmt hatten wir unsere Plätze an Bord wieder eingenommen. Immerhin waren wir den zweiten Tag unterwegs, übernächtigt, angeschlagen. Ich redete auf Dagmar ein, daß Reisen dieser Art nun einmal nicht ganz ohne Aufregung verlaufen würden.

Wir hatten am Vortag zu später Stunde Prag verlassen. Der Flug über die Alpen und das Mittelmeer verlief ruhig, dann, nach Erreichen des Luftraums über dem afrikanischen Festland, wurde durchgegeben, daß starke Windböen drohten – was wir auch schon selber merkten. Das Rütteln und Schütteln wollte nicht enden. Man werde der Gewitterfront ausweichen und nach Rabat, nicht – wie geplant – nach Casablanca, fliegen. Die IL-18 überstand das Unwetter. Wir kamen glücklich in Casablanca herunter.

Vom Atlantik wehten feuchtwarme Winde herüber. Salziges im Mund, Klebriges auf der Haut. Ein Vorgeschmack für weitere Überraschungen? Eine riesengroße Gottesanbeterin hing majestätisch an einer Gardine unmittelbar über unserem Tisch. Scheinbar interessierte sie sich für unser erstes gemeinsames Frühstück in Afrika. Ein schmutziges Tischtuch, umherliegende Speisereste, penetranter Geruch aus der Küche. Das war zuviel für meine Frau. Ekel, nichts als Ekel. Dagmars sonst strahlende Augen sahen mich traurig an.

André, unser Kind, störte das alles nicht. Es schlief auch beim Weiterflug ungerührt in seinem Hängekörbchen.

Dagmar wollte nicht mit nach Afrika. Noch am Tag vor dem Abflug – es war unser zweiter Hochzeitstag – hatte sie sich, weil es in Berlin so fürchterlich heiß war, einfach auf den Teppich unseres Wohnzimmers gelegt. Sie könne afrikaheiße Temperaturen nicht ertragen und weigerte sich, unsere Koffer zu packen.

Wir hatten gegen den Willen meiner Eltern geheiratet. Dagmars gestrenger Vater hatte auch den Zeitpunkt hinausgeschoben. Seine Tochter möge erst das Abitur machen und studieren, auf keinen Fall vor dem 21. Geburstag in den Stand der Ehe treten. Vermutlich billigte er uns für solches Vorhaben noch nicht die nötige bürgerliche Reife zu. Heute meine ich: So unbegründet waren die Einwände wohl nicht.

Als ich jedoch aus Ägypten zurückkehrte, machte das Eindruck, noch mehr mein Entschluß, nun die Diplomatenlaufbahn einzuschlagen. Diese Aussicht war es wohl, die den bekannten Direktor eines großen Unternehmens in einer kleinen Stadt umstimmte und seine Bedenken auf ein vertretbares Maß reduzierte. Er gab unserem Wunsch nach und verhalf dem jungen Paar zu einer Altbauwohnung in Berlin.

Mutete ich Dagmar zuviel zu? Sie war wohlbehütet aufgewachsen, erinnerte sich oft ihrer glücklichen Kindheit und der sorgenfreien Jugendjahre. Die Eltern hatten sie stets vor Schwierigkeiten und Konflikten bewahrt. Wirkliche Härten waren ihr bisher erspart geblieben. Aus Liebe zu mir hatte sie frühzeitig ihr schützendes Elternhaus aufgegeben, auf den Studienplatz verzichtet und das für sie fremde Berlin hingenommen. Sie hatte sich entschlossen zu mir bekannt und war festen Willens, auch eine ungewisse Zukunft mit mir zu teilen. Ihr Vertrauen zu mir war größer als ihre Zweifel.

Ich verschwieg ihr auch nicht, daß es nicht nur meine Eltern waren, denen unsere Verbindung nicht paßte. Auch die Leute von der »Auslandsaufklärung«, deren Namen und Ränge ich nicht einmal kannte, hatten von mir ein Mitspracherecht bei der Auswahl meiner künftigen Lebensgefährtin verlangt. Das nahm ich so nicht hin. Wie immer, wenn mich jemand bevormunden wollte, reagierte ich heftig. So teilte ich dem Außenministerium und den Leuten von der Aufklärung meine Eheschließung erst mit, als diese rechtskräftig vollzogen und nichts mehr zu ändern war.

Warum hatte es Einwände gegen die Frau gegeben, die ich mehr liebte als alles andere auf der Welt? Hatten die Leute vielleicht kein Vertrauen zu ihr, weil sie aus »bürgerlichem Hause« stammte? Hatte man herausgefunden, daß ihr Großvater Unternehmer war und ihr Vater Bankbeamter und Mitglied der NSDAP, der während des Zweiten Weltkrieges seinen Dienst als Angehöriger der Nachrichtentruppen versehen hatte?

Bei aller revolutionärer Wachsamkeit – für mich waren nicht soziale Herkunft oder politische Vergangenheit das alleinige Maß, nach dem man die Menschen bewerten sollte, sondern ebenso ihre Einsicht in die gesellschaftlichen Erfordernisse und die Bereitschaft, Partei zu ergreifen für das Neue und Verantwortung zu übernehmen. So war ich erzogen worden – im Elternhaus, in der Schule und in der FDJ.

Ich schlug auch Empfehlungen in den Wind, aus Rücksicht auf die berufliche Karriere vorerst auf Kinder zu verzichten.

Anflug auf Conakry, lautete die letzte Mitteilung. Wieder der gleiche Ablauf: holpriges Aufsetzen auf der Landebahn, langsames Ausrollen, Öffnen der Luke.

Tausend Sonnen schienen ihr Licht gebündelt zu haben, Millionen Feuer ihre Glut auszuspeien. Für Sekunden schloß ich die Augen. Mir dröhnte der Kopf, ich war verwirrt. »Sarg des weißen Mannes« hieß das schwülheiße Westafrika in den Büchern zu meiner Schulzeit – jetzt erfuhr ich, warum. Am liebsten wäre ich umgekehrt und hätte das Höllentor wieder dichtgemacht. Dagmar wurde noch auf der Gangway von Übelkeit überfallen.

Nach einer Stunde ging es weiter. Ich konnte mich wieder meinen Erinnerungen hingeben.

Statt in Babelsberg war ich »im Busch« gelandet. Die Aufnahmeprüfung für die Akademie, an der ich nach meiner Rückkehr aus Ägypten Außenpolitik studieren wollte, hatte ich bestanden. Der Rektor hatte mich schon beglückwünscht. Aber dann waren die Genossen der Meinung, die DDR brauche im Ausland nicht nur Diplomaten, sondern auch »Aufklärer«. Dafür suchte man belastbare, zuverlässige, ausgeschlafene und verschwiegene, vor allem aber politisch standfeste junge Leute. Offenkundig wähnte man mich aus diesem Holz geschnitzt und bot mir eine solche Perspektive an, ohne ins Detail zu gehen. Ich fühlte mich gleichermaßen geehrt und herausgefordert.

Ich wurde um Mitternacht zum Alexanderplatz bestellt, dort sollte ich mit einem Bus abgeholt werden. In der kalten Winternacht versammelten sich am verabredeten Treffpunkt etliche Gestalten in meinem Alter – ich war 23. Keiner kannte den anderen. Wir stiegen schweigend ins Auto, fuhren auf der Autobahn Richtung Leipzig und verließen diese bei Belzig. Im trüben Morgengrauen erreichten wir »das Objekt«. Entsprechend seiner Lage hieß es »Waldschule«. Wir bekamen andere Namen und eine neue Identität und Betten in erdgeschossigen Blockhütten und hießen fortan »Kursanten«. Die Hütten waren mit Schilf gedeckt und nur schlecht beheizt. Wir wärmten uns mit Idealismus. Zwei Winter und zwei Sommer gab es theoretische und praktische Ausbildung rund um die Uhr, lediglich unterbrochen durch Wochenendurlaube nach jeweils anderthalb Monaten. Abfahrt und Anfahrt erfolgten wie gehabt.

Wir paukten Philosophie, Politische Ökonomie, Geschichte, Englisch, Französisch und »Operative Methodik«, wie das Fach für nachrichtendienstliche Verrichtungen hieß. Wir schossen und schoben Wache und lernten auch fotografieren. Am Ende gab es Auszeichnungen, aber kein Zeugnis. Ob ich bestanden hatte oder durch die Prüfungen gefallen war, wurde ebenso wenig ausgewiesen wie meine Ernennung zum Offizier. Ich fragte auch nicht, denn das hatte ich inzwischen gelernt: Beim Nachrichtendienst stellte man keine Fragen. Was man wissen mußte, bekam man gesagt. – Was nicht gesagt wurde, hatte einen nicht zu interessieren.

Das dann folgende Jahr brachte ich im Außenministerium in der Luisenstraße zu. Seine Angestellten durften – wie vor zwei Jahren schon – ihr Mittagessen in fein hergerichteten Räumen der nebenan gelegenen Volkskammer einnehmen. Niemand fragte mich nach meinem Verbleib nach meiner Rückkehr aus Ägypten, niemand wunderte sich über meinen Wechsel von der Konsularabteilung zur 4. Außereuropäischen Abteilung (AEA). Das war die Abteilung Afrika. Dort arbeitete ich als Referent mit wechselnden Zuständigkeiten; mal brütete ich am Schreibtisch über Sierra Leone, Togo und Liberia, mal über gesamtafrikanische Analysen, zuletzt war ich für Ghana »zuständig«. Im späten Frühjahr 1961 ließ man mich wissen, daß ich für einen Einsatz in Afrika vorgesehen sei. Das machte mich überglücklich.

Aber ich wurde nicht, wie angekündigt, nach Ghana, sondern nach Mali geschickt. Es sei politisch notwendig, hieß es. Das mußte als Begründung genügen.

Ich hatte vier Wochen Zeit, mich auf den Einsatz vorzubereiten.

Das war illusorisch, zumal so gut wie nichts über dieses Land in Berlin bekannt war. Nichts über Sitten und Gebräuche, Klima, nationale Regeln und Gesetze usw. Es kam niemand, der mich auf die Gefahren der Tropen hinwies, auf Besonderheiten und denkbare Pannen im diplomatischen Verkehr.

Wir näherten uns Bamako. Ich schaute durchs Bullauge und sah eine eigenartig gefärbte Landschaft und winzig kleine Siedlungen. Aus geringer Höhe konnte ich erkennen, wie arg die Sonne diesem Teil der Erde zugesetzt hatte. Hinter uns glühte noch immer der Feuerball, der uns wie ein Satellit den ganzen Tag begleitet hatte. Es schien, als ob ein allmählich ausglühender Himmelskörper, sich dunkelrot färbend und in einen Dunstschleier gehüllt, die Verfolgung aufgab und sich von uns verabschiedete.

In keinem Atlas in Berlin hatte ich das Land gefunden, das erst kurz zuvor (1960 war das »Afrikanische Jahr«) aus der französischen Kolonialherrschaft entlassen worden war. Die Deutsche Post in der Heimat sah sich außerstande, Kosten für Briefe hierhin zu berechnen. Lag nicht hier auch die sagenumwobene Stadt Timbuktu, am geheimnisvollen Niger – die Stadt, die den Namen »Königin der Wüste« trug?

Über das Afrika vor der Kolonialzeit hatte ich einige Bücher gelesen, darunter Basil Davidsons »Old Africa rediscovered« (Alt-Afrika wiederentdeckt). Was für eine Fundgrube! Das Buch trug tatsächlich »zum besseren Verständnis von Ursprung und Hintergrund der Zivilisation des heutigen Afrika« bei. Der Autor belegte, daß die angebliche Geschichtslosigkeit des afrikanischen Kontinents lediglich eine arrogante Behauptung der Europäer war.

Bereits im 13. Jahrhundert hatte es hier ein prosperierendes Königreich gegeben. Vom Winde verweht waren heute die Spuren der Karawanen, die schwarze Sklaven und das Gold des Südens nach dem Norden brachten und von dort venezianische Perlen, Salz und Schwertklingen nach dem Süden … Was später in Französisch-Zentralafrika geschah – einem Gebiet von mehreren Millionen Quadratkilometern – darüber können jedoch nur französische Archive Auskunft geben.

Ich freute mich, am 5. Juli 1961 erneut afrikanischen Boden unter meinen Füßen zu spüren. Der Staat, der seit einigen Monaten wieder den Namen Mali trug, war erst im Entstehen begriffen. Der Sockel stand noch, der die Statue jenes französischen Obersten trug, der am 7. Februar 1883 mit einigen hundert Mann und ein paar Kanonen Bamako – damals ein kleines Dorf – eingenommen hatte. Und auf dem letzten französischen Militärstützpunkt wehte noch die Trikolore. Die Epoche der kolonialen Ausbeutung Afrikas, die vor 500 Jahren begann, als auf dem Markt in Lissabon die ersten Sklaven feilgeboten wurden, ging sichtbar zu Ende. 17 ehemalige Kolonien hatten 1960 ihre staatliche Unabhängigkeit erlangt.

Die traditionellen Kolonialmächte und die USA sahen sich außerstande, den Prozeß der Entkolonialisierung in der entstehenden Dritten Welt und die Befreiungsbewegungen in den unterentwickelten Staaten aufzuhalten – weder in Afrika und Asien noch in Lateinamerika. Konnten die USA 1953 noch das Regime der Regierung Mossadegh im Iran und 1954 das der Regierung des Jacobo Arbenz in Guatemala mit Hilfe ihres Geheimdienstes CIA stürzen, so gelang das weder in Kuba noch in Vietnam. Fidel Castro vertrieb die Amerikaner von der Insel und Ho Chi Minh die Franzosen aus Indochina.

In Berlin hatte vermutlich niemand eine Vorstellung, wie der Alltag von Diplomaten (und Aufklärern) unter tropischen Bedingungen aussehen würde. Weder von der Afrika-Abteilung des Außenministeriums noch von der Aufklärung hatte jemals jemand diesen Teil Schwarzafrikas gesehen. Eine diplomatische Vertretung der DDR in der Republik Mali existierte noch nicht. In der Afrika-Abteilung des Außenministeriums gab es zu dieser Zeit nur vage Ideen zur Arbeit der Wirtschafts- und Handelsmission, der »Mission Economique et Commerciale«, wie sie mit der Regierung Malis vereinbart worden war. Daher hatte mir auch keiner erklären können, wie der 3. Sekretär einer diplomatischen Vertretung mit dem Etikett Wirtschafts- und Handelsmission seine Aufträge wahrnehmen konnte.

Der Leiter der Afrika-Abteilung, Dr. Gottfried Lessing, zuvor langjähriger Chef der Außenhandelskammer – ein kluger Akademiker der älteren Generation – hatte während des Zweiten Weltkrieges als Emigrant mehrere Jahre in Ostafrika verbracht. Klima und Lebensbedingungen seien dort für Europäer erträglich, meinte er, aber über Erfahrungen aus diplomatischer Arbeit vor Ort verfügte auch er nicht. Die DDR-Mission werde eine kleine diplomatische Vertretung bleiben, mit einem Legationsrat als Chef de Mission, mit zwei 3. Sekretären und einem Dolmetscher. Einen Sachverständigen für Wirtschaft und Handel werde es nicht geben, dafür stünden keine Mittel zur Verfügung. Die »mitreisenden« Ehefrauen könnten, »soweit erforderlich«, als Sekretärinnen oder Mitarbeiterinnen im Bereich Verwaltung und Finanzen »eingesetzt« werden. Chauffeure, Hausmeister, Gärtner, Wächter und weiteres Hauspersonal müßten unter Landesbürgern gefunden werden, sagte er mir.

Welche Aufgaben ich denn übernehmen wolle, fragte mich Dr. Lessing, und welche Vorstellungen ich hätte, wie man die Sachgebiete in der Mission am zweckmäßigsten aufteilen sollte. Ich entschied mich für Außenpolitik, Wirtschaft, Konsularwesen und Protokoll.

Aus Kostengründen müsse einer der 3. Sekretäre die Aufgaben eines Chiffreurs übernehmen. Die Wirtschafts- und Handelsmission habe das Recht, diplomatische Kuriere zu empfangen und verschlüsselte Telegramme zu versenden. Er würde sich freuen, wenn ich das Chiffrieren freiwillig übernähme. Dr. Lessing sagte dies in einer Art, die kaum eine gegenteilige Meinung, geschweige denn Widerspruch zuließ.

Welche zusätzlichen Belastungen sich aus meiner »Bereitschaftserklärung« ergeben würde, konnte ich nicht wissen. Ich hatte noch keine Ausbildung im Chiffrieren und Dechriffrieren erhalten. Aber ich vermutete – wohl nicht ganz unbegründet –, daß auch in dieser Sache die Auslandsaufklärung bereits die personellen Entscheidungen getroffen hatte. Sie hatte mich darüber nicht informiert, doch ließ sie mich bald wissen, daß ich demnächst eine Einweisung in die Geheimnisse des geheimen Verbindungswesens der Auslandsaufklärung erhalten werde.

Auch wenn man mir heute vielleicht nicht glaubt: Ich hatte zum damaligen Zeitpunkt nicht herausgefunden, wie die geheimnisvollen Fäden zwischen dem Außenministerium und der Aufklärung des MfS gestrickt waren, an denen ich hing.

Jedesmal, wenn ich versuchte, Kenntnisse über das Wesen des Apparates der Auslandsaufklärung zu erlangen, wurde ich vertröstet. Dies erfolge nur in dem Maße, wie es »im Interesse der Sache« nötig sei. Ich müsse der Zentrale vertrauen und begreifen, daß Konspiration das oberste Prinzip jedes erfolgreichen Nachrichtendienstes sei. Jeder dürfe nur soviel erfahren, wie es für seinen Auftrag notwendig erscheine. Und über das Maß dessen, was der einzelne erfahren müsse, bestimme nicht er, sondern »die Zentrale«. Aber wer war das?

In der Waldschule war uns diese Geheimniskrämerei vorgelebt worden. Es war mir nicht gelungen zu erkennen, nach welchen Gesichtspunkten wir Kursanten ausgewählt worden waren. Ich zählte zu den jüngsten und dem Vernehmen nach zu den ganz wenigen, die weder »das Haus« – wie man die Zentrale nannte – kannten noch einen militärischen Rang oder einen Dienstausweis besaßen. War ich ein Außenseiter in besonderer Mission? Das wollte ich gern annehmen, denn in jenem Alter hält sich jeder für etwas Einmaliges und Besonderes.

Ich vertraute der Zentrale. Die Argumente, warum Konspiration notwendig sei, waren logisch und leuchteten ein. Konspiration galt als heilig. So behielt auch ich in der Schule für mich, wer ich wirklich war, woher ich kam, wohin ich gehen sollte.

In den Vorlesungen und Seminaren an der Waldschule war über das Innere dieses Apparates selbst und seine Verflechtungen mit anderen Einrichtungen des Staates nicht ein einziges Wort gefallen. Obwohl ich mitunter einige Begriffe auch nicht verstanden hatte – Fragen stellte ich keine. Über die Rolle der Aufklärung in der Außenpolitik wurde nur das Allgemeinste vom Allgemeinen verkündet, über die Aufgaben der Diplomatie gar nichts. Und keiner der Ausbilder kam auf die Idee, mich zu fragen, ob das hier Vermittelte für einen Diplomaten-Aufklärer nützlich sein könnte. Vielleicht wußten selbst sie nicht – natürlich aus Gründen der Konspiration –, daß ich bereits in Ägypten gearbeitet hatte. Ich weiß es nicht.

Wie es in einer Handelsvertretung der DDR im Ausland zuging, deren innerer Betrieb auf das Format einer Botschaft zugeschnitten war, hatte ich in Kairo beobachten können. Daran erinnerte ich mich in Bamako häufig. In der Kairoer »Commercial Representation« gab es eine Politische Abteilung. Sie wurde von einem Botschaftsrat geleitet, und alle übrigen Mitarbeiter waren stolz auf den diplomatischen Rang »Attaché« und ihre rotledernen Diplomatenpässe. Ob der eine oder andere eventuell auch mit der Aufklärung in Verbindung stand, blieb deren Geheimnis. Äußerlich jedenfalls war keinem etwas anzumerken. Die meisten waren mehr als doppelt so alt wie ich und galten als Fachspezialisten, sie waren hoch gebildet und kulturell beschlagen. Sie halfen mir, manche Bildungslücke zu schließen. Aber geheime Fäden untereinander oder zwischen ihnen und übergeordneten Dienstherren vermochte ich nicht zu entdecken. Soweit ich mich heute daran erinnere. Damals war das ohnehin kein Thema für mich. Wer zu den Kundschaftern in Kairo gehörte und welche Verbindungen sie bedienten – darüber durfte oder wollte sich keiner äußern. Die Konspiration funktionierte.

Ähnlich war es in der Afrika-Abteilung des Außenministeriums in der Luisenstraße. Ich vermutete lediglich, daß – neben mir – auch andere Angehörige der Aufklärung angesiedelt waren. Ich bemühte mich ernsthaft, herauszufinden, wer das sein könnte. Vergeblich, keinerlei Anzeichen, nicht der geringste Hinweis. Die Zentrale mußte hier ausgezeichnete Arbeit leisten.

Im Außenministerium blieb ich mir selbst überlassen. Längere Zeit war ich ohne jeglichen Kontakt zu den bislang namenlos gebliebenen Beauftragten der Zentrale. Dann aber tauchten jene wieder auf, die ich von Angesicht her kannte. Sie ließen sich aber nie im Außenministerium sehen und kontaktierten mich ausschließlich in meiner Freizeit. Die Gespräche dehnten sich oft bis in die späten Abendstunden hinein. Ich interpretierte das so, als wollten sie mein Stehvermögen und meine Leidensfähigkeit testen. Das vielleicht auch. Doch es ging wohl darum, daß ich im Ministerium nicht enttarnt wurde. Und das konnte unter Umständen gefährlich werden.

Die Verbindung zu mir müsse jetzt ständig aufrechterhalten und absolut geheim bleiben, ließ die Zentrale durch die beiden übermitteln.

Die Begründung konnte als Leitartikel aus dem Zentralorgan stehen: Die internationale Entwicklung verschärfe sich, die Angriffe auf die DDR hätten eine neue Stufe erreicht und seien auf ihre gewaltsame Beseitigung gerichtet. Westberlin wäre Frontstadt. Der Kalte Krieg solle fortgesetzt und der weitere Aufbau in der DDR verhindert werden. Höchste Wachsamkeit sei geboten, überall. Von der Jugend werde ein höheres Maß an Einsicht und Disziplin erwartet sowie Bereitschaft zur Übernahme von Verantwortung.

Als Diplomat im Auftrag der Aufklärung tätig zu sein, bedeute Auszeichnung und Verpflichtung gleichermaßen. Dieser Zusammenhang wurden im Laufe der Zeit mehrfach erläutert. Ich gab zu verstehen, daß ich das schon begriffen habe, und versprach, mein Bestes zu geben. Danach lernte ich einsichtsvoll und diszipliniert all jene Dinge, die von allen Nachrichtendiensten der Welt als ihr ABC verstanden werden und ungeheuer wichtig sind: Chiffrieren und Dechiffrieren, Umgang mit Geheimschreibmitteln und Mikrofotografie, wie geheime Treffs durchzuführen sind, ohne die Aufmerksamkeit anderer zu wecken usw.

Aber welchen konkreten Auftrag ich als Aufklärer in Afrika erfüllen sollte, teilte man mir nicht mit.

Die »letzte Ölung« verpaßte mir ein Unbekannter der »höheren Ebene« aus der Zentrale. Wie hoch diese war, blieb ebenso im Nebel der Konspiration wie das meiste, was er sagte. Unterm Strich aber war es substantieller als das, was mir der stellvertretende Außenminister in der kurzen Verabschiedung mit auf den Weg gab. Er hatte es, wie immer, sehr eilig und machte es kurz.

Die Botschaft »der Zentrale«, die in nahezu feierlicher Form vor-getragen wurde, lautete so: In der Welt stünden gewaltige Verän-derungen auf der Tagesordnung. Moskau werte den Zerfall des Kolonialsystems als die wichtigste Erscheinung nach der Entstehung des sozialistischen Weltsystems. Jetzt gehe es darum, die Prozesse der nationalen und sozialen Revolutionen in den Entwicklungsländern im Sinn des historischen Fortschritts zu beeinflussen. Die revolu-tionären Kräfte in den ehemals kolonialen und unabhängigen Gebieten müßten in ihren Bemühungen um politische Befreiung und wirtschaftliche Unabhängigkeit unterstützt werden. Wir müßten die Lage und die Entwicklungstendenzen in diesen Gebieten exakt beob-achten. Speziell in Mali gehe es darum, Wege aufzuspüren, über die den fortschrittlichen Leuten in ihrer Auseinandersetzung mit dem aus-ländischen Kapital und seinen einheimischen Verbündeten geholfen werden könne. Politisch, ökonomisch, auf allen Gebieten eben.

Die DDR stünde in dieser weltgeschichtlichen Auseinander-setzung an der Seite der Sowjetunion und der anderen sozialistischen Staaten. In diesem Kontext stünde mein Auftrag als Aufklärer, meine Arbeit in der Wirtschafts- und Handelsmission in Bamako wäre ein wichtiger Beitrag. Ich wäre gleichsam ein Beobachtungsposten an der Peripherie, stünde in vorderster Linie, in unbekannter Grauzone zwi-schen Ost und West.

Die Geschichte der Menschheit sei nach Marx eine Geschichte von Klassenkämpfen, rief mir der Unbekannte in Erinnerung. Das, was ich in Afrika zu bestehen hätte, wäre kein romantisches Abenteuer. Ich müsse stets auf der Hut sein, sagte er mit Nachdruck, denn ich würde gewiß auf erfahrene Gegner stoßen. Ich sollte diese nicht über-, aber auf keinen Fall unterschätzen. Man habe großes Vertrauen in mich gesetzt und sei überzeugt, daß ich mich bewähren würde.

Solche Sätze hoben mein Selbstwertgefühl. Ich stand in vorderster Front der weltgeschichtlichen Auseinandersetzung – was wollte ich mehr vom Leben? Und die politischen Veränderungen fanden ja real statt. Selbst in den allgemein gehaltenen Formulierungen der Afrika-Abteilung des Außenministeriums wurden sie sichtbar. Allerdings wurde ich das Gefühl nicht los, daß meine Vorgesetzten – die einen wie die anderen – auf die neue Lage in Afrika selbst noch nicht recht vorbereitet waren. Denn warum sollte ich »die Lage sondieren«, Entwicklungstendenzen analysieren, wenn man bereits wußte, wie der Hase lief?

Wie hart das Leben in Afrika werden sollte, hatten wir uns nicht vorstellen können.Nach drei Wochen wurde ich von innerer Unruhe erfaßt und von Zweifeln geplagt. Das Leben unter dem Kreuz des Südens, das von Bamako aus am südlichen Horizont zu sehen war, hatte ich mir ganz anders vorgestellt – weniger aufregend, friedlicher, erfreulicher. Ich hatte auf meine ägyptischen Erfahrungen gebaut und insgeheim gehofft, ähnliche Verhältnisse in Mali vorzufinden. Doch darin hatte ich mich getäuscht. Da war zunächst die extreme Hitze, unter der besonders Dagmar litt.

Versengtes, goldgelbes Wildgras, verkümmerter Baumwuchs umsäumten die Straßen, dazwischen standen flache Lehmhäuser, fensterlos, mit platten Dächern abgedeckt. Ihr Aussehen verstärkte das Trostlose der verbrannten Natur. Bamako war eine Ansammlung mehrerer großer Dörfer.

Auf dem Flugplatz waren wir von einem Mann abgeholt worden, den ich bereits aus Berlin kannte. Er war als Direktor einer Oberschule in den diplomatischen Dienst gewechselt, hatte zunächst im Außenministerium in der Afrika-Abteilung gearbeitet und war dann nach Mali geschickt worden. Wie ich bald merkte, konnte er seine berufliche Herkunft nur schwer unterdrücken. Dennoch freute ich mich, in Bamako ein bekanntes Gesicht zu sehen. Er brachte uns in eine schmale, unbefestigte, überaus schmutzige Straße. »Rue 130« stand auf einem kleinen Emailleschild, das an einer Lehmwand hing. Wir seien in Coura Bolibana, dem Afrikanerviertel von Bamako. Bolibana bedeute in der Stammessprache der hier lebenden Bambara, daß »es hier nicht weitergeht«, erklärte der ehemalige Schuldirektor. Das dort hinten gelegene Gebäude sei der Sitz der Wirtschafts- und Handelsmission der Deutschen Demokratischen Republik.

Das direkt neben den afrikanischen Lehmbauten errichtete, strahlend weiß getünchte, an seiner Oberkante grellblau abgesetzte Gebäude glich einer unvollendeten Betonfestung – abgetrennt von der Außenwelt durch hohe Mauern und ein schweres Eisentor, das Neugierigen den Blick in das Innere und unerwünschtes Betreten verwehrte.

Nachts, flüsterte unser Begleiter erklärend, sei das Leben in dieser Gegend nämlich ein wenig unruhig.

Er stellte uns einen graubärtigen abgemagerten Alten vor, der gerade seinen Nachtdienst – mit einer Lanze bewaffnet – aufnehmen wollte. Danach bekamen wir unser neues »Zuhause« von innen zu sehen. Die Besichtigung löste bei Dagmar einen Schock aus. Das Trostlose schien seine Vollendung gefunden zu haben. Auch in mir hatte sich im ersten Augenblick alles verkrampft. Wohl wahr, die DDR hatte kein Geld, äußerste Sparsamkeit war nötig – aber das überschritt jedes vertretbare Maß. Der Ex-Schuldirektor hatte ehemalige Pferdeställe der französischen Kavallerie aus der Kolonialzeit angemietet. Das waren also die Büro-und Wohnräume der diplomatischen Vertretung der DDR.

Bei aller sozialistischen Bescheidenheit: Das war eine Zumutung. Sowohl für den Staat, der sich hier zeigte, als auch für die Diplomaten, die hier leben sollten.

Als Wohnung waren zwei kleine Räume zu ebener Erde vorgesehen, die, gleich hinter dem Eisentor, über den Hof erreichbar waren. Die einzigen Fenster zur Straßenseite wurden mit grünfarbenen metallenen Fensterläden verschlossen. Kein Lichtstrahl drang da von außen hindurch, wohl aber der Staub des roten Laterit der Straße. Keine Glasscheiben – weder in den Fenstern, noch in den Türen. Die Fußböden waren mit groben Keramikplatten belegt. Von den Decken baumelten nackte Glühbirnen: wenigstens schien es Strom zu geben. Ansonsten alles kahl, einfach, geschmacklos. Nacktheit überall. Im

Coura Bolibana, Rue 130 – die Straße zur DDR-Vertretung, 1961

Schlafzimmer standen zwei Feldbetten nebeneinander, das eine blau, das andere grün, daneben ein kleines Kinderbett aus gleichem Material. Metall sei gut gegen Termitenfraß und Schimmelpilz, sagte der Oberlehrer stolz. Wozu dann der hölzerne Schrank, der recht und schlecht von einheimischer Tischlerhand zurechtgezimmert worden war?

Als Dagmar schließlich die außerhalb der Wohnung gelegene, nur über den Hof erreichbare Küche zu sehen bekam, lief das Maß der Erträglichkeit über. Die Küche war ein fensterloser kleiner Raum mit Blechdach, in dem ein zweiflammiger Propangasherd und ein hölzernes Regal mit drei Töpfen standen. Mehr nicht.

Sie wandte sich wortlos ab und weinte.

Auf dem Hof standen noch immer unsere Habseligkeiten herum. Dagmar setzte sich auf den Koffer, der die für einige Monate mitgebrachte Babynahrung enthielt, sie schien der Verzweiflung nahe. Lange Zeit saß sie dort, hilflos, erschüttert, nicht ansprechbar. Mit der Unschuld einer Ahnungslosen war sie in eine Welt geraten, die sie überforderte und von der sie nun glaubte, sie nicht bewältigen zu können. Unendliche Niedergeschlagenheit, seelischer Notstand, schlaflose Nacht. Erschreckender Anblick am Morgen. Wir entdeckten unseren Sohn auf dem steinernen Fußboden neben seinem Bett, scheinbar leblos, bleich, Gesicht und Ärmchen über und über von rötlichen Flecken bedeckt. Nein, das waren keine Masern. Moskitoschwärme waren des Nachts über ihn hergefallen und hatten ihn so jämmerlich zugerichtet. Niemand war auf die Idee gekommen, uns zu warnen.

Ein im Kühlschrank aufbewahrtes Schlangenbesteck, in dessen Handhabung für den Notfall uns der Diplomatenkollege einweihte, versetzte uns in Furcht. Auch an unbekanntes Getier müsse man sich erst gewöhnen, es sei zwar unangenehm, dafür aber harmlos. Gemeint waren damit vor allem die großen Kakerlaken, farblose Echsen, eine Unmenge Käfer und buntschillernde Stechfliegen. Hüten müsse man sich jedoch vor giftigen Spinnen und den kleinen, aber gefährlichen Bananenschlangen, ließ er uns wissen. Drei Tage später hatte Tété Coulibaly, ein Missionsangestellter, auf unserem Hof eine Bananenschlange erschlagen und eine giftige Spinne aus dem Ärmel des Schlafanzuges unseres Sohnes entfernt. Sie hatte schon zugebissen. Mit dem Mund saugte Coulibaly den Biß aus, meinte dann aber gelassen, daß es keine von den gefährlichsten Spinnen gewesen sei..

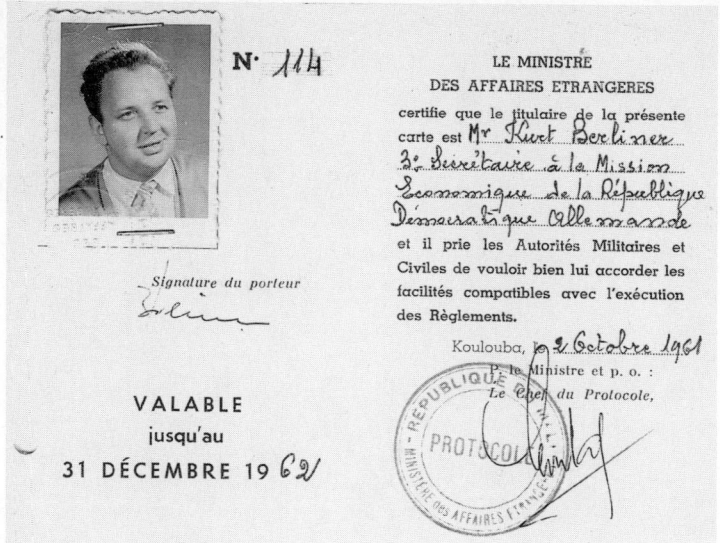

N° 114

LE MINISTRE
DES AFFAIRES ETRANGERES

certifie que le titulaire de la présente carte est Mr *Kurt Berliner 3. Secrétaire à la Mission Economique de la République Démocratique Allemande* et il prie les Autorités Militaires et Civiles de vouloir bien lui accorder les facilités compatibles avec l'exécution des Règlements.

Koulouba, le 2 Octobre 1961

P. le Ministre et p. o. :
Le Chef du Protocole,

Signature du porteur

VALABLE
jusqu'au
31 DÉCEMBRE 19 62

Dienstausweis in Mali

Jeden Tag fühlte sich Dagmar aufs neue lebensbedrohenden Intrigen der Natur ausgesetzt, wehrlos der Gnade oder Ungnade des Zufalls. Sie verweigerte schließlich ihre Mithilfe im Alltag und beharrte auf sofortiger Rückkehr. Was sollte ich tun? Ich fühlte Mitleid in mir aufsteigen, Traurigkeit und Besorgnis, dann aber auch Argwohn und Ablehnung. Aufgeben, jetzt? Nach den ersten Enttäuschungen und Schwierigkeiten? Eine Sache ist erst verloren, wenn man sie aufgegeben hat!

Dagmar ließ jegliches Zureden abprallen. Als sähe und höre sie nichts mehr: Sie hatte Heimweh und Sehnsucht nach Hause. Tagelang schon hatte sie diese elende Küche nicht mehr betreten. Um die Mittagszeit herrschten dort 60 und mehr Grad. Selbst das Anrühren der Babyspeisen von morgens bis abends und das Reinigen von Trinkwasser durch die Steinfilter überließ sie mir. Bis dahin hatte ich mich nie darum zu kümmern brauchen.

Vier Wochen möge sie wenigstens durchhalten, hämmerte ich auf sie ein, jeden Tag, die ganze Woche. Ich hoffte inständig, daß die Zeit Wunden heilen werde, auch seelische.

Und dann diese entsetzliche Nachricht, die Radio Mali gerade verbreitete. Ein Flugzeug war über Marokko abgestürzt, eine Verkehrs-

59

maschine des Typs Il-18, bei der alle 72 Passagiere den Tod fanden – darunter sieben DDR-Bürger. Es war der zweite Absturz eines Flugzeuges der Tschechoslowakei binnen vier Monaten. Die CSR bemühte sich als erstes sozialistisches Land um einen regelmäßigen Flugverkehr nach Westafrika und quittierte eine weitere Niederlage. Die marokkanische Kommission, die mit der Aufklärung des Unglücks beauftragt war, teilte mit, so Radio Mali, daß »der technische Zustand der Maschine einwandfrei« gewesen und das Flugzeug »von einem erfahrenen, im Zweiten Weltkrieg mehrfach ausgezeichneten Piloten gesteuert« worden sei.

Es hätte auch uns treffen können: Es war die gleiche Route, die gleiche Umleitung nach Casablanca. Die Nachricht beunruhigte mich sehr.

Koste es, was es wolle, nur durchhalten! Ein Versager wollte ich nicht sein, und Dagmar durfte kein verlorenes Strandgut werden. Bisher hatte uns das Schicksal über alle Klippen getragen, warum sollte sich das jetzt ändern? Ich war verwundert, mit welcher Leichtigkeit ich mir von diesem Augenblick an vornahm, mich in die schwierigen Lebensverhältnisse hineinzufinden. Wie schnell konnte das Leben vorbei sein! Warum sollten wir nicht zeitweilig auf gewohnte Annehmlichkeiten verzichten können? Auch Dagmar, davon war ich überzeugt, würde die Kraft finden, sich selbst zu überwinden. Nur durfte sie nichts vom Flugzeugabsturz erfahren.

Ich lernte Boubacar Diallo kennen. Er gehörte zu jenen Söhnen des Landes, die schon eine lange Wegstrecke auf der Suche nach einem neuen Leben zurückgelegt hatten. Aus dem ausgehungerten barfüßigen Bauernjungen war ein streitbarer Sekretär der Gewerkschaften Malis geworden, der die Sorgen und Nöte seiner Landsleute kannte. Er hatte an der Hochschule der DDR-Gewerkschaften bei Bernau nahe Berlin studiert.

Er genoß großes Vertrauen bei den einfachen Leuten wie auch bei Präsident Modibo Keita. Er hatte es zu etwas gebracht und empfing mich in der »Permanence«, einem neuen Gebäude, das unmittelbar nach der Staatsgründung am »Boulevard de l'Independance« (»Boulevard der Unabhängigkeit«) errichtet worden war. Dort befanden sich die Büros der neuen politischen Organisationen, auch die der Union der Arbeiter Malis. Obwohl wir uns noch nie begegnet waren, begrüßte mich Boubacar Diallo und ging sofort zum vertraulichen »Du« über. Er kannte das Leben in der DDR.

»Wenn Du hier erfolgreich sein willst«, riet er mir, »mußt Du dieses Volk verstehen lernen, Einfühlungsvermögen beweisen, Dich auf seine Mentalität einstellen«. Dieses Volk trage aus seiner Vergangenheit Erinnerungen mit sich, die es nicht so leicht vergesse. Es habe kaum jemals ruhige Zeiten erlebt, statt dessen Machtkämpfe, Kriege, Aufstände. Es habe lange in Abhängigkeit und Unwissenheit gelebt, jetzt brauche es Zeit und Kraft, sich seiner selbst bewußt zu werden.»Du wirst Dich auf Situationen einstellen müssen, die Du nicht mit Deinen Wertmaßstäben beurteilen darfst. Dieses Volk hat seine Bräuche und Traditionen, die bei aller Fremdartigkeit nicht verletzt werden dürfen.«

Mit diesem Einstieg in unser erstes Gespräch zeigte mir Boubacar Diallo, daß er mir größtes Vertrauen entgegenbrachte. Ich war einige Jahre jünger als er. Meine natürliche Naivität hinsichtlich der afrikanischen Lebensweise und wegen der vermutlich leicht erkennbaren Ratlosigkeit im politischen Alltag des Landes mußten ihn wohl bewogen haben, sich als Ratgeber zur Verfügung zu stellen.

Als habe er meine Gedanken erraten, empfahl er, die Rolle eines interessierten Beobachters einzunehmen, der keine aufdringlichen Fragen stellt und dessen Äußerliches das eines normalen Fremden ist. »Wenn Du auch in Freundesland Mali willkommen bist, denke daran, daß Du überall als fremder Weißer gesehen wirst. Du mußt Dich in die afrikanische Gedankenwelt versetzen können und darfst Dich nicht wundern, wenn Mißtrauen, Ungeduld und Vorbehalte Deine Wege begleiten.«

Und er dozierte weiter, ohne belehrend zu wirken. »Wenn Du hier bestehen willst, mußt Du mit dem Einfachsten beginnen. Du mußt den hiesigen Lebensrhythmus annehmen und Gepflogenheiten beachten. Allein wirst Du als gewöhnlicher Europäer mit gewöhnlichen Ansprüchen das Leben unter afrikanischer Sonne nicht bewältigen können.«

Schon komisch, wie er in seinem blendend weißen, in riesige Falten geordneten Afrikanergewand da saß und Vater, Onkel und Bruder sein wollte. Eine Haushilfe sei unverzichtbar, und es wäre besser, eine solche eher »aus gewerkschaftlicher Sicht« als »mit den Augen der Sûreté« (dem für die innere Sicherheit zuständigen Büro), auswählen zu lassen. Damit machte er deutlich, daß er für bestimmte Bereiche der neuen Verwaltung keine Garantie übernehmen könne.

Ich mußte mich bei dieser Bemerkung sehr überrascht gezeigt haben, denn er lenkte sofort ein und fügte dem einmal Gesagten bedauernd hinzu, daß nicht alle Bürger im neuen Staat die neuen Ideen mittrügen.

»Zuhören muß Deine Stärke sein, Geduld mußt Du aufbringen, preußische Tugenden vergessen.« Die Afrikaner hätten ihren eigenen Zeitbegriff, behauptete er, und alles und jeder bewege sich in Zeitlupe. Ab Mittag bewege sich überhaupt nichts mehr. Dieses und vieles andere müsse ich berücksichtigen, wenn ich hier länger aushalten wolle.

Boubacar Diallo erwies sich bald als ein Partner, wie ich ihn hier zu finden nicht erwartet hatte – unschätzbar wegen seiner Sicherheit in der Beurteilung der Verhältnisse, unersetzbar wegen seiner Zuverlässigkeit und Verschwiegenheit in Fragen, die nicht von jedermann beantwortet werden konnten. In kürzester Zeit verschaffte er mir einen Überblick über jene Regierungsdienststellen, staatliche Einrichtungen und gesellschaftliche Bewegungen, zu denen Kontakte anzubahnen er für nützlich hielt.

Wir trafen uns anfangs sehr häufig, zuerst nur in der »Permanence«, die zugleich auch die Büros der »Union Soudanaise« beherbergte. Dies war die Partei des Präsidenten, die aus der 1946 in Westafrika gegründeten fortschrittlichen Demokratischen Vereinigung Afrikas, dem »Rassemblement Démocratique Africain«, hervorgegangen war. Dann trafen wir uns ab und an auch im »Lido«, einem Ausflugslokal in der steinigen, aber immer grünen Oase westlich von Bamako, oder in »Chez Fanny«, einem kleinen Gartenrestaurant am Nigerufer, unweit östlich von der Stadt. Später wurde es »Zu den Krokodilen« umbenannt, weil in der Nähe Krokodile gesichtet worden waren. Das »Lido« war während der französischen Kolonialherrschaft ein beliebter Treffpunkt der Verwaltungsbeamten.

Nachdem mich Boubacar Diallo jedoch mit einigen seiner Freunde bekanntgemacht hatte, die sich durchweg und offen als überzeugte Anhänger des Präsidenten bekannten und gewichtige Posten im öffentlichen Leben des Landes einnahmen, meinte er, sich mit Rücksicht auf andere Verpflichtungen auf weniger Begegnungen mit mir beschränken zu müssen.

Ich war ihm dennoch zu großem Dank verpflichtet. Mit seiner Hilfe gelang es mir, den Kreis der Gesprächspartner zu erweitern, mit dem die Mission Beziehungen zur Republik Mali aufbauen konnte. Es handelte sich durchweg um ältere Leute, die der Kolonialmacht auf verschiedene Weise Widerstand geleistet hatten und sich auch jetzt nicht damit abfinden wollten, daß ausländische Kapitalgesellschaften noch immer bedeutende Positionen im Land besaßen und feudale Kräfte unterstützten, die die nationaldemokratische Entwicklung zu verhindern suchten.

Boubacar Diallo und seine Freunde machten mir allerdings auch klar, wie wenig ich bisher über die Wirklichkeit in ihrem neuen Staat Bescheid wußte. Ihre Ratschläge verdeutlichten mir zugleich, wie leichtfertig ich aus jugendlicher Unbekümmertheit, wenn nicht gar Übermut, einem mehrjährigen Einsatz hier zugestimmt hatte. Mitunter hatte ich den Eindruck, daß sie mich wegen meines Amtes bedauerten, gar bemitleideten.

Es waren offenherzige, patriotisch gesinnte Männer, Intellektuelle, die einen Teil ihres Lebens in Frankreich oder in anderen europäischen Ländern verbracht hatten. Sie waren jetzt als Lehrer, Mediziner, Rechtsanwälte tätig, einige als Ingenieure und Techniker. Sie sagten von sich selbst, daß es ihnen nicht gleichgültig sei, welche soziale Entwicklung ihr Land nehme. In ihren Ämtern als Direktoren der Volksbank, der Volksapotheke, der Volksbuchhandlungen etc. wollten sie sich jener Erfahrungen bedienen, die, wie ihnen der Präsident sagte, anderswo schon zu Erfolg geführt hätten.

Weil man in Afrika von alters her in Gemeinschaft lebte, in der die Sippe für den Einzelnen und der Einzelne für die Sippe aufkam, vertraten sie durchweg die Auffassung, daß der Aufbau einer neuen Gesellschaftsordnung durch eine planmäßige Lenkung aller gesellschaftlichen Prozesse möglich wäre, mit Hilfe des Staates, ähnlich wie in den sozialistischen Staaten Europas und Asiens.

Mein Wissen um die konkreten Entwicklungsbedingungen in der DDR und in anderen sozialistischen Staaten und um die Schwierigkeiten beim Aufbau einer neuen Ordnung war nur oberflächlich – und dennoch war es gefragt.

Warum sollte der Sozialismus in Afrika keine Chance haben? Ich sah keinen Grund, an der Ehrlichkeit dieser Männer zu zweifeln. Und es waren wohl die gemeinsamen Überzeugungen von der Richtigkeit der Konzepte, die uns als Weggefährten einander näherbrachten. Aber den Anspruch, persönliche Erfahrungen, eigene Erkenntnisse zu sammeln, den wollte ich dennoch nicht aufgeben. »Du mußt mit dem Einfachsten beginnen!« Das hatte mir Boubacar Diallo bei unserer ersten Begegnung mit auf den Weg gegeben. Nur fand ich es schwer, das Einfachste herauszufinden.

Das Einfachste schien in Afrika zu sein, das Leben so zu nehmen, wie es eben war, und so zu leben, daß man überleben konnte. Das Leben in der höllischen Hitze war kaum zum Aushalten. Sie sorgte dafür, daß selbst die Widerstandsfähigsten stöhnten. Sie wurde tagsüber unerträglich und strafte jede überflüssige Bewegung mit raschem Erlahmen der Kräfte. Es hieß zurecht, daß Bamako zu den heißesten Flecken der Erde zählte. Erbarmungslos heizte die Sonne die Erde auf, selbst die langen Nächte brachten kaum Kühlung.

Wir waren überdies zur ungünstigsten Jahreszeit hier angekommen, in der tropischen Regenzeit. Wenn die Sandwinde zu orkanartigen Böen auswuchsen und der Himmel plötzlich ungeheure Wassermassen entlud, wenn Tageshelle in gelbgrauem Staub versank und die lateritroten Straßen und Plätze sich in Sekundenschnelle in schaurige Lagunen verwandelten, dann schien wahrhaftig die Sintflut sich ankündigen zu wollen. Ein gewaltiges Schauspiel, das sich fast täglich wiederholte. Entfesselung der Urkräfte in afrikanischer Weite, Jahr für Jahr, seit Jahrhunderten. Und die Menschen, Männer, Frauen, Kinder? Sie standen in den offenen Eingängen ihrer Lehmhütten, rührten sich nicht und schauten zu, tatenlos, weil machtlos. Sie waren die Wechselspiele der Natur in dieser Weise gewöhnt, nahmen sie geduldig hin. In solchen Momenten wagte niemand auch nur einen Schritt auf die Straße. Autos blieben hilflos auf der Stelle stehen. Keiner, der solch ein Schauspiel erstmas erlebt, bleibt von ängstlichen Gedanken verschont.

So überfallartig die Sintflut über Coura Bolibana hereinbrach, so unerklärlich gebändigt fand sie ihr schnelles Ende. Aufatmen, durchatmen.

In meinem Arbeitszimmer summte der Ventilator. Noch am späten Nachmittag zeigte das Thermometer um die 40 Grad an. Wie lange konnte ein Mensch dieses Klima aushalten? Wie konnte man unter solchen Bedingungen wirklich arbeiten? Ohne Schaden zu nehmen? Herkömmliche Vorstellungen von geordnetem Tagesablauf und geregelter Arbeitszeit mußten wir aufgeben, uns an neue Verhaltensweisen gewöhnen. Verordnete Arbeitszeit unter tropischen Bedingungen: sechs Stunden. Zuwenig, um auch nur einen Bruchteil des täglich anfallenden Pensums zu schaffen – zuviel für den, der die protokollarischen und gesellschaftlichen Veranstaltungen der kleinen Diplomatengemeinde von Bamako dem normalen Arbeitstag zurechnete. Eine verordnete Freizeit dagegen gab es nicht.

Das Zusammenleben der Diplomaten und heimlichen Aufklärer aus Ost und West brachte zunächst keine größeren Probleme. Ihr Bedürfnis nach geselligen Gelegenheiten und gegenseitigem Austausch von Neuigkeiten aus aller Welt schien stärker zu sein als anderswo. Der an anderen Plätzen übliche politische Schlagabtausch und kleinliche ideologische Streitigkeiten blieben hier aus. Die ersten großen Empfänge zu Jahrestagen im Grand Hotel und die kleinen Cocktails in den Botschaften verliefen in erstaunlicher Harmonie. Da begegneten sich Amerikaner und Sowjets, Franzosen und Engländer, Israelis und Araber, Ost- und Westdeutsche zu einer Zeit, als der Kalte Krieg in den internationalen Beziehungen neuen Höhepunkten zusteuerte und der Wettlauf zwischen Ost und West Afrika längst erreicht hatte. An Mali schien das vorbeizuziehen.

Im Umgang mit den einheimischen Staatsdienern aus dem Freundeskreis um Boubacar Diallo sammelte ich Erfahrungen. Ich empfand es wohltuend, keinerlei Kontaktschwierigkeiten überwinden zu müssen. In dem Maße, wie meine Vertrautheit mit all dem Fremdländischen wuchs, festigte sich auch mein Selbstbewußtsein und das Vertrauen zu einigen Leuten. Es sollten echte Freunde werden. Sie waren unter bescheidenen Lebensverhältnissen nie verwöhnt worden und stellten keine besonderen Ansprüche. Begeistert hielten sie Ausschau nach allem Guten, Vernünftigen und Fortschrittlichen in der Welt, um es nach Afrika »zu holen«. Sie wollten es sinnvoll mit dem ureigensten Afrikanischen verschmelzen. Zugleich bewiesen sie ein feines Gespür für die Unterschiede zwischen Schein und Sein, zwischen linkem Gerede und rechtem Agieren von Personen, denen Ignoranz und Arroganz scheinbar angeboren waren.

Andererseits reagierten sie sehr empfindlich auf Rassendünkel und gesellschaftliche Distanz. Behandelte man sie aber als Gleiche unter Gleichen, erwiderten sie Aufgeschlossenheit und Entgegenkommen in gleicher Weise.

Im Umgang mit einigen französischen Beratern, die ihre Posten schon seit vielen Jahren innehatten und ihren Dienst wie eh und je versahen, so, als gäbe es überhaupt keinen neuen Staat Mali, spürte ich deutlich, wie sehr es mir noch an Beweglichkeit und Anpassungsfähigkeit fehlte. Von diesen Beratern ging Mißtrauen aus. Begründet war dies ganz bestimmt damit, daß sie sich nicht mit der neuen Situation abfinden konnten. Ihr Einfluß und ihre Methoden blieben für solche wie mich, die noch nie in Schwarzafrika gearbeitet hatten, und denen man die Unerfahrenheit vermutlich schon rein äußerlich anmerkte, schwer durchschaubar. Ihr Verhalten ließ mitunter sogar unverhohlene Feindschaft erkennen.

In diesen Tagen wurde mir durch die Umstände vollends bewußt, daß ich erst am Anfang meiner Diplomatenlaufbahn stand und auch als Aufklärer Lehrgeld zahlte.

Meine besten Absichten konnte ich nicht in Aktionen umsetzen, solange ich die einfachsten Voraussetzungen nicht erfüllte. Mein Französisch reichte nicht aus, mein Wissen über die Wirtschaft Malis war mangelhaft.

Und ich verfluchte zum wiederholten Mal den Tag, an dem ich zugestimmt hatte, verschlüsselte Botschaften aus Berlin zu dechiffrieren und solche dorthin zu senden. Die Zahlenkolonnen, die ich von einem Schreiber im Telegrafenamt von Bamako handgeschrieben ausgehändigt erhielt, waren oftmals auf dem langen Weg von Europa über mehrere Stationen in Afrika verstümmelt worden. Unzählige Fehlerquellen, mühevolles Kombinieren, ermüdendes Rechnen. Ich verzichtete bald darauf, manche Zahlenkombinationen in Klartexte zu verwandeln, ließ Telegramme verschwinden, die im Code endlos lange Informationen unseres Außenministeriums ankündigten.

Zu sehr ärgerte ich mich darüber, daß unsere Mission die gleichen Mengen gleichen Inhalts erhielt wie die Vertretungen in Moskau, Peking oder Kairo – ungeachtet dessen, ob bedürftig und mir als Einzelkämpfer zumutbar. Beim Enträtseln von Mitteilungen der Aufklärung empfand ich kaum Freude. Weil ich in dieser Kunst so wenig Übung hatte, saß ich mitunter bis in die Nacht, um erste eigene Erkenntnisse zu verschlüsseln. Solche, die zu übermitteln ich für gewichtig genug hielt. Es sollten jedoch mehr Lebenszeichen als bedeutende Landes-Informationen sein. Was sollte ich auch in den ersten Wochen Wichtiges mitteilen? Ich erinnere mich, wiederholt nach Berlin gekabelt zu haben, daß ich weder behördliche Aufmerksamkeit noch Auffälligkeiten von Dritten mir gegenüber registriert hatte. Na toll. Das interessierte bestimmt die Zentrale.

Die gesellschaftlichen Verhältnisse im neuen Mali waren im Umbruch begriffen. Vieles machte jedoch den Eindruck, als ob noch nicht alle Uhren im Land auf das von den Regierenden gewünschte Tempo der Neuzeit umgestellt worden waren. Rückständiges schien sich zähe halten zu wollen, Zukunftsträchtiges kämpfte mit mancherlei Geburtswehen. Mali war als Teil des ehemaligen Französisch-Zentralafrika ein rückständiges Bauernland, hatte in der Vergangenheit für das »Mutterland« billige Baumwolle, Reis und Erdnüsse zu liefern und in Kriegszeiten kräftige Soldaten bereitzustellen.

Armut, Hunger, Elend. Von den fast vier Millionen Landesbürgern konnten kaum fünf Prozent der Erwachsenen lesen und schreiben, nur jedes zehnte der Kinder besuchte eine Schule, über die Hälfte der Säuglinge starb, viele Menschen litten an Mangelerscheinungen und schwer heilbaren Krankheiten. In den Straßen von Bamako sahen wir viele an Trachom erblindete Bettler, und auf den Bordsteinen hockten Leprakranke und bettelten.

Dagmar hatte sich anfänglich gesträubt, mit mir ins Stadtzentrum zu gehen. Später begleitete sie mich auf Exkursionen in die unmittelbare Nachbarschaft unserer Wirtschafts- und Handelsmission und später auch in weiter abseits gelegene Dörfer. Dort gab es nichts mehr, was an den Glanz vergangener Tage und glorreiche afrikanische Königreiche erinnerte.

Überall die gleichen Bilder: fensterlose Rundhütten mit aus Lehm geformten Außenwänden und aus Gräsern geflochtene Dächer, die von weitem spitzen Filzhüten glichen. Es gab keine befestigten Straßen und Plätze mit Schildern und Hausnummern, weder elektrische Strom- noch öffentliche Wasserversorgung, keine Postzustellung, kein Bürgermeisteramt, weder Geburten-, Hochzeits- noch Sterberegister.

Im Innern der Hütten gab es einen offenen Herd, Geschirr und Kalebassen, Wasserkrüge aus Ton, sowie Bastmatten, auf denen die Bewohner schliefen. Dort lebte das Volk von Mali in Großfamilien nach Traditionen, die von Generation zu Generation weitergetragen wurden. Es lebte in spartanischer Selbstversorgung und begnügte sich mit dem, was auf den Feldern am Dorf, auf den Weiden oder im Wasser wuchs. Seit Jahrhunderten hatte sich nicht viel geändert, Wissenschaft und Technik und die gewaltigen Veränderungen in der Welt waren spurlos vorübergegangen.

Hatten wir das Recht, mit industriegesellschaftlicher Arroganz darüber zu urteilen? Ja, es stimmte, hier gab es keine Bürokratie. Und dennoch wußten die unbürokratischen Dorfgemeinschaften, – dort, wo sie noch intakt waren – sehr genau über Geburten und Hochzeiten in ihren Sippen Bescheid. Doch die Strukturen zerbrachen, die Jungen zogen fort, weil das Wasser knapp wurde und das Essen nicht reichte. Die ökologischen und wirtschaftlichen Folgen der Kolonialzeit waren nicht zu übersehen.

Was sollte ich eigentlich hier tun? Was sollte ich hier recherchieren, analysieren und chiffrieren? Und das sollte die vorderste Front der weltweiten Auseinandersetzung sein? Wenn es nicht so traurig gewesen wäre, hätte man lachen müssen. Die Realität vor Ort und die »weltpolitische Lage« hatten nur sehr bedingt etwas miteinander zu tun.

Doch Boubacar Diallo und seine Freunde versuchten mir begreiflich zu machen, daß das neue Regime Malis in den internationalen Beziehungen eine Rolle spielen würde, die weit über das hinausging, was das eigentliche Gewicht dieses Landes hergab. Malis Führung gehörte zu jenen Kräften, die den völligen Zerfall des Kolonialsystems beschleunigen helfen wollten. Also, warum sollte es nicht möglich sein, über die politische und wirtschaftliche Stärkung dieses Landes die Entscheidung über den weiteren Verlauf der Entwicklung in Afrika in gewünschte Richtungen beeinflussen zu können?

Könnten nicht auf diesem Weg zugleich Widersprüche und Gegensätze zwischen den schwächer gewordenen Kolonialmetropolen vertieft werden, und solche zwischen diesen und den entstehenden afrikanischen Staaten, die einen nichtkapitalistischen Weg gehen wollten, provoziert werden? Ging es nicht letztlich um die soziale Revolution im Weltmaßstab? Unsere afrikanischen Freunde waren schon reichlich von unseren Träumen angesteckt worden.

Die Weltmacht Sowjetunion genoß vielerorts in Afrika Ansehen. Es gab ihr gegenüber allerdings auch mancherlei Vorbehalte und unterschwelliges Mißtrauen. Ihr Engagement auf dem schwarzen Kontinent wurde vor allem von den ehemaligen Kolonialmächten mit Argwohn verfolgt. Der französische »Combat« warnte: »Derjenige, der Afrika auf seiner Seite hat, wird über die Welt herrschen können. Ein großer Wettlauf zu diesem Ziel hat begonnen. Man darf nicht zulassen, daß der Westen noch einmal eine Niederlage erleidet.«

Das neue Mali hatte sich für einen »afrikanischen Sozialismus« entschieden. Warum sollten wir diesem Staat dabei nicht helfen, die koloniale Monokulturwirtschaft zu überwinden, eine Industrialisierung einzuleiten und eine den nationalen Interessen Malis dienende Volkswirtschaft zu entwickeln? Konnte dieses Feld der Auseinandersetzung nicht zugleich zu einer Stärkung der internationalen Positionen der DDR und letztlich zur Durchbrechung der um sie herum errichteten politisch-diplomatischen Blockade beitragen?

Die Bundesrepublik meldete ebenfalls ihre Ansprüche in Afrika an. »Was in Afrika... in den nächsten 20 Jahren geschieht, das geht eben nicht nur die Engländer, Belgier, die Franzosen und Portugiesen, kurzum die seitherigen Kolonialmächte an, sondern es geht ganz Europa und sicherlich auch uns Deutsche an«, hatte vor geraumer Zeit der Präsident des Deutschen Bundestages öffentlich erklärt.

Jedenfalls würde es angesichts der bevorstehenden Auseinandersetzung zwischen beiden deutschen Staaten für mich in Mali nicht leicht werden.

Ich war dennoch überzeugt, daß Zeit und Umstände zugunsten der DDR wirkten. Und endlich sah ich auch die Möglichkeit, die Afrika-Politik der BRD, ihre Interessen und Ziele als Nebenbeschäftigung für eine wissenschaftliche Arbeit vor Ort zu beobachten. Ich begann, entsprechende Belege zu sammeln.

Es war offensichtlich, daß zwischen Frankreich und seinen Partnern der vor einigen Jahren gegründeten Europäischen Wirtschaftsgemeinschaft (EWG) nicht alles harmonisch verlief. Dies und anderes herauszufinden, darin sah ich eine meiner Aufgaben. Der Vorposten Bamako schien geeignet zu sein, in dieser Richtung voranzukommen. Als ich Kontakte zu einigen Leuten aufnahm, die für die Außenpolitik Malis mitverantwortlich zeichneten, fand ich deren Absicht bestätigt, in den praktischen Beziehungen zu den beiden deutschen Staaten Ausgewogenheit zu wahren.

Die DDR empfand die Aufgeschlossenheit Malis als Geste, die es zu honorieren galt. Dies war wohl auch der ausschlaggebende Grund dafür, daß die DDR-Regierung trotz angespannter Wirtschaftslage die Mittel für eine Mission bereitstellte, die wie eine diplomatische Vertretung arbeitete und von der Mali-Regierung ebenso behandelt wurde. Obwohl nur als 3. Sekretär notifiziert, gab es behördlicherseits für mich keinerlei Beschränkungen im Hinblick auf gewünschte Kontakte bis in die höchste Ebene der Regierungspartei und des staatlichen Verwaltungsapparates. Bis zur Ankunft unseres Chef de Mission, auf den wir noch einige Monate warten mußten, bemühte ich mich als Zuständiger für das Ressort Wirtschaft um die Anbahnung kommerzieller Verbindungen und Geschäfte. Doch ich fand nur sehr geringe Ansatzpunkte.

Viel interessanter für mich als Aufklärer war die Außenpolitik der Malinesen. Mit ihrer intensiven Beobachtung verband ich praktische Schritte, um mit einigen Persönlichkeiten zu Fragen ins Gespräch zu kommen, für die sich auch die Auslandsaufklärung interessierte.

Tatsächlich gewannen die diplomatischen Aktivitäten der Führung des Landes seit ihrer Machtübernahme an Profil, in Afrika, in der Dritten Welt, in der Organisation der Vereinten Nationen.

Es blieb nicht aus, daß sich Mali mit aller Konsequenz und vorrangig für die Verteidigung afrikanischer Interessen engagierte. Es tat dies überall. Sehr aufmerksam verfolgte ich seine entsprechenden Bemühungen auf der Kairoer Konferenz der sogenannten Casablanca-Staaten Ende August 1961, die schließlich mit der Bildung eines »Gemeinsamen Afrikanischen Oberkommandos« zu ersten Ergebnissen führte. Der Beschluß dieser Staatengruppe, den Sitz in Bamako einzurichten, sowie die Festlegung ihres interafrikanischen Ausschusses, hier auch das Ständige Sekretariat zu etablieren, unterstrich die gewachsene Rolle Malis in Afrika. Vielleicht war jetzt der Zeitpunkt gekommen, da Mali tatsächlich für die Außenpolitik der DDR und ihre Aufklärung Bedeutung erlangte. Die Kairoer Konferenz war auch ein Schritt zum Belgrader Treffen nichtpaktgebundener Staaten, auf dem u.a. die Berlin-Problematik und die allgemeine Abrüstung erörtert werden sollten.

Präsident Modibo Keita zeigte Verständnis für den Friedensplan. Die DDR hatte ein »Abkommen des guten Willens« zwischen beiden deutschen Staaten vorgeschlagen. In vertraulichen Gesprächen stimmte Mali einem solchen deutschen Friedensvertrag zu. Das war kurz vor dem 13. August 1961.

Die Staatspräsidenten von Indonesien und Mali reisten nach Washington, um im Auftrag der Nichtpaktgebundenen dem Präsidenten der USA unter anderem auch Vorschläge für eine Lösung des deutschen Problems zu unterbreiten. »Verhandlungen zwischen beiden deutschen Staaten mit einem Minimum an Einmischung durch die Großmächte« lautete die Botschaft, die durchaus in unserem Sinne war.

Wiederholt konferierte ich in dieser Sache mit Beauftragten der Mali-Führung, darunter mit dem Vorsitzenden des Außenpolitischen Ausschusses des Parlaments, zu dem ich ein freundschaftliches Verhältnis fand. Das Interesse an einer aktiven Rolle auf der Bühne der Weltpolitik war unübersehbar. Nicht zuletzt sah Bamako einen kausalen Zusammenhang zwischen forcierter Aufrüstung in Ost und West und der unzureichenden Entwicklungshilfe für Afrika.

Soweit ich in der Lage war, die Entwicklung in Europa und insbesondere die der Beziehungen zwischen den beiden deutschen

Staaten aus dem Kavalleriestall von Coura Bolibana zu verfolgen, schien mir die Einschätzung meiner Gesprächspartner korrekt zu sein, daß Bonn mit Ostberlin nicht reden wollte. Adenauer hatte mit Ulbricht nichts am Hut. Und die NATO glaubte noch immer an ein erfolgreiches Rollback des Kommunismus.

Andererseits war ich naiv genug zu glauben, daß sich faire Lösungen für ein friedliches Nebeneinander beider Deutschland finden würden. Und hier in Bamako wollte ich meinen Teil dazu leisten. Allerdings liefen meine Bemühungen ins Leere. Die Botschaft der Bundesrepublik blockte. Für sie galt die vor drei Jahren vom Staatssekretär Walter Hallstein formulierte These, daß die Bundesrepublik der einzige Rechtsnachfolger des Deutschen Reiches sei. Die diplomatische Anerkennung der DDR als »deutscher Staat« wäre folglich ein unfreundlicher Akt gegenüber Bonn, was Konsequenzen nach sich zöge. Dieser Alleinvertretungsanspruch – kurz Hallstein-Doktrin – galt bis zu Beginn der 70er Jahre. Und, wie ich bald zu spüren bekam, erst recht 1961 in Mali. Dabei schreckte man nicht einmal vor Peinlichkeiten zurück. Während eines offiziellen Empfangs im Grand Hotel kam ich mit Herrn Rosenbaum, einem Attaché der Bonner Vertretung, ins Gespräch. Plötzlich schoß Botschafter Dr. Alois Schlegel auf uns zu und zog seinen Unterstellten am Jackettärmel von mir fort. Mich traf ein kalter, feindseliger Blick. Als hätte ich Aussatz und die Absicht, den westdeutschen Diplomaten anzustecken.

Der Anstellung von Afrikanern versagte ich mich zunächst. Ich hielt es nicht für zeitgemäß, mich von einem Diener bedienen zu lassen wie etwa andere Diplomaten. Allerdings blieb uns nichts anderes übrig – wir brauchten Hilfe.

Der Dienst begann für alle vor Sonnenaufgang, jedoch nicht später als 7 Uhr. Nach einer kurzen Beratung der Tagesaufgaben – aufgeschlüsselt nach einem Programm für die Woche, orientiert am Jahresarbeitsplan, wie er vom Außenministerium bestätigt worden war – machten wir uns an die Büroarbeit. Nach 10 Uhr wandte man sich der Anbahnung diplomatischer Kontakte zu. Ich wurde mehr und mehr durch die Kontaktarbeit in Anspruch genommen. Ich folgte den Einladungen gern, die von offizieller Seite – von afrikanischen Vertrauten oder von diplomatischen Vertretern aus Ost und West – ausgesprochen wurden. Dagmar mochte diese Begegnungen auch. Sie boten die einzige Abwechslung und Entspannung. Sehr herzlich wurden wir von den Vertretern der sozialistischen Staaten und ihren

Familien aufgenommen, von Ing. Milan Sterba, dem 1. Sekretär der Botschaft der ČSR, und seiner Frau Marta, von Sergej Komarjow, dem 3. Sekretär der sowjetischen Botschaft und seiner bezaubernden Sonja. Besonders beliebt waren die Grillabende in den Botschaftsgärten, bei denen sich die Diplomaten aus allen Himmelsrichtungen mit Prominenten des Landes trafen und ganz entspannt politische Themen behandelten.

Die benötigte Haushalts-Entlastung brachte uns Tété Coulibaly, der sich als Giftsauger und Schlangentöter auf unserem Hof schon ausgezeichnet hatte. Der große, spindeldürre Mann mit tiefschwarzer Hautfarbe und pockennarbigem Gesicht war uns von Boubacar Diallo geschickt worden. »Ich werde bei Dir arbeiten«, formulierte er ziemlich bestimmt mit kehliger Stimme in einwandfreiem Französisch. Über sein ärmliches Äußere war ich zunächst schockiert, desgleichen darüber, daß er mich mit »Du« ansprach und sich als bereits fest eingestellt betrachtete. Ich musterte ihn, er mich auch. »Ich bin beauftragt, bei Dir als Boy-Cuisinier zu arbeiten. Ich kann alles, was Du willst, kochen, backen, waschen, bügeln.«

Zuletzt sei er mit anderen zusammen im Haus des französischen Gouverneurs tätig und für die Wäsche zuständig gewesen. Er habe tadellos gearbeitet.

Beim französischen Gouverneur! Vielleicht war er französischer Vertrauensmann? Ich wurde hellhörig. Gemäß DDR-standardisierten Vorsichtsmaßregeln im Umgang mit Ausländern im Ausland verlangte ich nun Einsicht in seine Personalpapiere. Vergeblich. Er besitze keine – weder eine Identitätskarte noch eine Geburtsurkunde. Von Geburtsurkunden wollte er noch nie etwas gehört haben. Aber da ihn Boubacar Diallo geschickt hatte, konnte man ihm wohl trauen.

Am nächsten Tag teilte Tété mit, daß er in jenem Jahr auf die Welt gekommen sei, in welchem die Franzosen das Hauptpostamt in Bamako errichtet hatten. Seine Mutter wisse das sehr genau, den Tag und Monat habe sie jedoch vergessen.

Eine Rückfrage beim Ministerium für Post- und Fernmeldewesen offenbarte, daß Tété schon 49 Jahre zählte. Gesprächig war er ansonsten nicht, Lesen und Schreiben hatte er nie lernen können, nie eine Schule besucht, nie ein Buch gelesen.

Er kam jeden Tag, trotz langen Fußmarsches, pünktlich. Da er ein strenggläubiger Moslem war, verrichtete er nach Sonnenuntergang sein allabendliches Gebet und verschwand so vergnügt, wie er gekommen war – glücklich, endlich wieder einen gutbezahlten Job zu haben. Alles in allem, er tat seine Pflicht, die ganzen Jahre hindurch, ausgenommen die Fastenmonate des Ramadan. In diesen Zeiten schlich er von Sonnenaufgang bis Sonnenuntergang wie eine dämonenhafte Gestalt umher, ständig Speichel um sich spuckend, durstend, hungernd, stumpfsinnig.

Tété kochte auf französische und afrikanische Art, gut, kräftig, stets überaus reichlich. Das Reichliche hatte seine Gründe – jeden Abend trug er soviel in Töpfen und Schüsseln zusammen, daß auch seine sieben Kinder noch satt werden konnten. Seine Rezepte gingen bald zur Neige. Seine Kochkunst erfuhr schließlich mit Thüringer Klößen eine echte Bereicherung. Seine Familie jedoch gewöhnte sich an diese nicht.

Tété erwies sich auf allen Gebieten gelehrig, wenngleich oft mit Nachhilfe und gelegentlichem Ärger. Einmal reinigte er die Teppiche, die nach einem Jahr Wartezeit endlich aus Berlin geliefert worden waren, in der prallen Sonne mit dem Wasserschlauch. Das war's dann.

Aber auch wir lernten von Tété. Wir schätzten uns glücklich, von nun an einen auskunftsfähigen und vertrauenswürdigen Landesbürger an unserer Seite zu haben, der uns auf einfachste Weise zu Kenntnissen über Land und Leute verhalf. Wir erfuhren von Sitten und Gebräuchen der Bambara und anderer Stämme, über die nirgendwo nachgelesen werden konnte. Dagmar begann darüber eine Reportage zu schreiben, die in der Magdeburger »Volksstimme« veröffentlicht wurde.

Wir fühlten uns Tété verpflichtet, da er uns vor Mißgeschicken, Irrtümern und Fehlern bewahrte. Und wer einmal längere Zeit in Afrika lebte, kann bestätigen, daß selbst kleine Fehltritte mitunter verhängnisvolle Auswirkungen haben können...

Nach Tété meldeten sich – natürlich auf Weisung von Boubacar Diallo – auch Aminata, ein junges, selten schönes Mädchen, das sich sofort um unseren Sohn kümmern sollte, und Tidiane Traoré, der zweiter Fahrer der Wirtschafts- und Handelsmission wurde. Aminata kannte jedoch nur die Sprache ihres Stammes, die der Bambara. Unser Sohn wuchs zweisprachig heran und konnte sich später im Afrikanerviertel allein verständigen.

So waren die personellen Voraussetzungen geschaffen, die uns eine erfolgreiche Arbeit unter den komplizierten Umständen ermöglichen sollten.

Im Herbst 1961, nach der Schließung der Staatsgrenze zu Westberlin, machte man sich in der DDR-Führung nicht etwa Gedanken
darüber, wie man die Mauer weg bekäme, sondern analysierte die
Bemühungen Bonns, die Bundesrepublik in der Weltarena zu etablieren. In diesem Kontext verunsicherte unsere Außenpolitiker die
Erklärung des EWG-Ministerrates, daß »die unabhängigen afrikanischen Staaten nicht mehr verpflichtet« seien, »ihre Beziehungen zur
EWG über die ehemalige Kolonialmacht abzuwickeln«. Das war
natürlich so etwas wie eine Einladung an die Bundesrepublik, sich
künftig auch auf diesem Kontinent zu engagieren.

Offenkundig hatte Frankreich, das lange Zeit versuchte, das
Vordringen deutscher Geschäftsleute in seine Überseegebiete zu un-
terbinden, endgültig kapituliert. Die Bundesrepublik baute spürbar
ihre wirtschaftliche Präsenz aus. Das »Made in Germany« wurde in
Afrika geschätzt – Deutsche waren dort überall willkommen, auch in
Mali.

Sowohl die West- als auch die Ostdeutschen, die BRD wie die
DDR, warben aktiv für ihre Politik. Dabei half beiden Staaten, daß
sie nie Kolonialmacht waren. Die temporären Besitzungen des deutschen Kaiserreiches – sogenannte Schutzgebiete, die das Sechsfache
des eigenen Territoriums darstellten – waren bekanntlich 1919 mit
dem Versailler Vertrag verlorengegangen. Über die deutsche
Geschichte schien in Mali kaum jemand Bescheid zu wissen. Die
Namen deutscher Kolonialgeneräle: vergessen. Paul Lettow-Vorbeck,
der zwischen 1904 und 1906 als Kommandeursadjudant an der
Niederschlagung der Aufstände der Hereros und Names in Deutsch-
Südwestafrika teilnahm und im Ersten Weltkrieg die deutsche
Kolonialarmee in Ostafrika befehligte – kein Begriff. Das deutsche
Afrika-Korps im Zweiten Weltkrieg, das vor gerade zwei Jahrzehnten
das Gebiet nördlich der Sahara überrollte – kein Thema. Allenfalls als
Gegner der britischen und der französischen Kolonialmacht, was wie-
derum das Ansehen »der Deutschen« bei den vormals von eben jenen
Franzosen und Briten Unterdrückten begründete. Die Feinde meiner
Feinde sind meine Freunde, lautete die Losung.

Die verantwortlichen Politiker Malis beurteilten den Charakter
beider Weltkriege und ihre Ergebnisse ziemlich eindeutig. Da sie aber
mit den Deutschen von damals keine direkten Berührungen hatten,
hielten sie es aus Opportunitätsgründen wohl auch nicht für angebracht, an Vergangenes zu erinnern. Von den Deutschen aus Ost und

West erhofften sie keinen Nachhilfeunterricht in Geschichte und Klassenkampf, sondern Wirtschafts- und Finanzhilfe. Die DDR konnte solche jedoch nicht gewähren – weder 1961 noch in den folgenden Jahren. Anders die BRD.

Im Herbst 1961 erhielt ich von Berlin den Auftrag, umgehend eine konspirative Verbindung zu einem Deutschen herzustellen, der seit geraumer Zeit im Auftrag der EWG als Berater beim Wirtschaftsministerium in Bamako tätig war. Erkennungszeichen, Ort und Zeit für die Begegnung mit »Venlo« hatte die Zentrale übermittelt. Weil es mein erster Geheimdienstauftrag war, kriegte ich in der Nacht vor dem Trefftag vor Aufregung kein Auge zu.

Ich traf »Venlo« unter drei Badegästen, die sich zu angegebener Stunde in dem kleinen Swimmingpool vom »Lido« tummelten. Meine Familie begleitete mich, um dem Ganzen den Charakter eines Ausfluges zu geben, bei dem man zufällig einen Landsmann traf.

»Venlo« war in den 30ern, etwa zehn bis 15 Jahre älter als ich, groß und sehr athletisch. Er begrüßte mich wie einen alten Bekannten, den zu treffen er nicht sonderlich ersehnte. Möglicherweise hatte er einen anderen, gleichaltrigen oder älteren Partner erwartet. Er war mir nicht sympathisch, dennoch bemühte ich mich, so locker und entgegenkommend wie möglich zu erscheinen. In Badehosen gekleidet und mit Handtüchern über der Schultern setzten wir uns etwas abseits, von mannshohen Agavenstauden und Fächerpalmen abgeschirmt.

»Ich überbringe die Grüße der Zentrale.«

So sollte das Gespräch eröffnet werden, das sich für mich als ebenso anstrengend erweisen sollte wie die unsichtbare Hitzeglocke. »Venlo« war mit der Welt und sich selbst unzufrieden, zeigte sich launisch und mürrisch. Aus allem, was er von sich gab, war zu schließen, daß er sich einen längeren Aufenthalt in diesem Land nicht vorstellen konnte. Das Leben hier sei eine Zumutung, und er wolle darauf drängen, zurückkehren zu dürfen. Er käme sich vor, als ob er unter Idioten geraten sei.

»Venlo« war vor etlichen Jahren mit Auftrag der DDR in die Bundesrepublik übergesiedelt und hatte es geschafft, sich im Bereich der Entwicklungshilfe zu etablieren. In dieser Funktion hatte Bonn ihn zur EWG delegiert, von der er wiederum nach Mali geschickt worden war.

Aus welchen Gründen auch immer: Ich wurde den Eindruck nicht los, daß »Venlo« recht allgemein und nicht gerade bereitwillig über seine Arbeit in Mali berichtete. Mitunter glaubte ich sogar, daß er mehr die Interessen der Bundesrepublik und der EWG als die der DDR im Auge hatte. Besonders abfällig äußerte er sich jedoch über die in Mali noch vielerorts und auf verschiedenen Ebenen anzutreffenden Franzosen. Diese würden eine anonyme Macht in diesem Staat darstellen und sich wie eine Mafia verhalten, meinte er gehässig. Bei allen Widersprüchen zwischen Bonn und Paris: Einig war man sich, »dem Osten« in Mali Widerstand entgegenzusetzen. Die Roten sollten keinen Einfluß bekommen.

Entsprechend sei der Druck, den die EWG ausübe. Alles würde darauf hinauslaufen, das Land wirtschaftlich und politisch an die EWG zu binden. Eine gesellschaftliche Entwicklung in Richtung sozialistisches Modell sollte verhindert werden. Die prowestlichen Kräfte in Mali wurden unterstützt und ihnen entsprechende Zusagen gemacht.

»Diesen Wettlauf könnt Ihr nicht gewinnen«, meinte »Venlo«. Er sage nicht etwa »wir«, obwohl er doch eigentlich »unser Mann« war. Nein, ich hatte mich nicht verhört. »Venlo« war auch nicht bereit, seinen mündlichen Berichte mit Dokumenten zu belegen. Schließlich interessierte es uns schon, wieviel Bonn oder Brüssel bot, was und wen Westeuropa in Mali protegierte. Wir trafen uns nie mehr konspirativ. Unsere künftigen Begegnungen erfolgten in der Öffentlichkeit. Eines Tages übergab mir »Venlo« unaufgefordert eine vielseitige Dokumentation über den wirtschaftlichen Einfluß der Bundesrepublik Deutschland in Afrika. Ich freute mich über den Durchbruch, den ich in der geheimen Zusammenarbeit mit ihm erreicht zu haben glaubte. Später stellte sich jedoch heraus, daß es sich um Auszüge aus einer bereits veröffentlichten wissenschaftlichen Arbeit handelte.

Bald darauf verschwand »Venlo« aus meinem Gesichtskreis, ohne sich verabschiedet zu haben. Besser sich so aus den Augen zu verlieren, als die Tür zuzuschlagen, dachte ich. Ich habe auch später nie einen Hinweis erhalten, ob unsere Verbindung zu irgendeinem Zeitpunkt enttarnt wurde. Und bei der Zentrale in Berlin schien »Venlo« auch keine Rolle mehr zu spielen. Seit unserer Begegnung in Mali habe ich nie mehr etwas von ihm gehört.

Die Mannschaft der Wirtschafts- und Handelsmission wurde im Herbst 1961 mit dem Eintreffen eines Legationsrates als Chef de Mission endlich komplettiert. Der Chef de Mission Wilhelm Gross hatte bereits das 60. Lebensjahr erreicht. Seine Bereitschaft, in diesem

Alter noch in den diplomatischen Dienst einzutreten und Verantwortung als Chef einer Auslandsvertretung in Afrika zu übernehmen, mußte er wohl mehr aus Disziplin als aus Überzeugung erklärt haben. Freimütig räumte er ein, über keinerlei Erfahrung in der Diplomatie zu verfügen.

Gross trat überaus zurückhaltend auf und sehr bescheiden, wohl wissend, daß ihm für diese Tätigkeit sowohl fachliche Kompetenz als auch sprachliche Voraussetzungen fehlten. Dennoch empfanden wir größte Hochachtung für ihn. Während der Zeit des Nationalsozialismus hatte er wegen aktiven Widerstandes über neun Jahre in Zuchthäusern verbracht. Nach dem Krieg stellte er sich dem Aufbau der Gewerkschaftsbewegung zur Verfügung und sammelte internationale Erfahrungen als Beauftragter des Weltgewerkschaftsbundes in Wien und Prag. Dies war wohl für jene ausschlaggebend, die ihn fünf Jahre vor dem Ruhestand noch in diese Verpflichtung zwängten.

Uns Jüngere behandelte er großzügig, die Diplomaten überließ er sich selbst. Durch nichts sah er sich veranlaßt, seiner Aufsichtspflicht mit besonderer Gründlichkeit nachzukommen, in nichts mischte er sich ein. Wir durften uns frei bewegen und blieben ohne kleinliche Bevormundung oder Gängelei. Da nun weder der Chef de Mission noch der andere 3. Sekretär schon einmal Außenhandelsgeschäfte abgewickelt hatten, hielt Wilhelm Gross es für zweckmäßig, die bisherige Arbeitsteilung zwischen seinen beiden diplomatischen Mitstreitern aufrechtzuerhalten.

Meine Kontakte zu den Ministerien blieben geraume Zeit ohne Resonanz, größere Handelsvereinbarungen kamen nicht zustande. Der Wirtschaftsminister Malis drängte auf den Abschluß von Vereinbarungen über Wirtschafts- und Finanzhilfen, doch erklärte sich die DDR-Regierung zu konkreten Kreditangeboten nicht in der Lage.

Was also konnte eine Mission unter solchen Umständen tun, die für Wirtschaft und Handel zuständig zeichnete? Ihre Diplomaten suchten zum Ausgleich nach anderen Möglichkeiten, um die staatlichen Beziehungen auszubauen und die Zusammenarbeit zwischen den gesellschaftlichen Organisationen zu fördern. Ich beteiligte mich daran mit großem Eifer.

Wenn ich aus der kurzen Zusammenarbeit mit »Venlo« Schlußfolgerungen zog, dann diese, daß konspirative Arbeit unter den gegebenen Bedingungen nur im Rahmen der Abwicklung offizieller

Aufgaben erledigt werden konnte. Zudem war ich auch gehalten, ausschließlich nach den Instruktionen der Zentrale zu handeln. Und diese besagten, daß ein nachrichtendienstlicher Hintergrund in keiner Weise und für niemanden erkennbar werden durfte. Es fiel mir nicht schwer, mit dieser Vorgabe zu leben. Ganz im Gegenteil: Ich gewöhnte mich mehr und mehr an den Status eines Diplomaten und an den Gedanken, von der Aufklärung gestellte Aufgaben ausschließlich mit diplomatischen Mitteln zu lösen. Das schien weniger kompliziert und daher auch weniger gefährlich zu sein.

Ich lernte Moussa Keita kennen, den jüngeren Bruder des Präsidenten, Hochkommissar für Jugend und Sport. Wir trafen uns während einer Parade anläßlich des 2. Jahrestages der Staatsgründung auf der Ehrentribüne am »Boulevard de l'Independance«. Wir kamen ins Gespräch. Der DDR-Sport fand sein reges Interesse. Und ich wagte es, ohne Erlaubnis des Chef de Mission und ohne Konsultation des Kulturbearbeiters der Mission und der Zuständigen in Berlin, vorzuschlagen, daß Mali und die DDR auf dem Gebiet des Sport kooperieren könnten.

Über welchen Weg hätten denn mehr Weichenstellungen für den Ausbau der zwischenstaatlichen Beziehungen erreicht werden können, wenn nicht über diesen?

Moussa Keita verfügte über weitreichende Verbindungen und großen Einfluß. Freundliche Worte von ihm an andere Mitglieder der Regierung genügten, um Abgesandten der DDR-Mission die Türen zu öffnen. Mit seiner Unterstützung gelang es, stabile Kontakte in die Geschäftsbereiche des Ministeriums für Landwirtschaft und Planung und in die des Staatssekretariats für Information zu erschließen. So bekam ich auch Kontakt zu Minister Dr. Badian Kouyaté, mit dessen Hilfe ich in das Innere Malis gelangte. Ich sorgte dafür, daß er eine offizielle Einladung der DDR-Regierung zum Besuch der Landwirtschaftsausstellung in Markkleeberg erhielt.

Schließlich erhielt ich Zugang zum Geschäftsbereich des Staatssekretärs für Information, Mamadou Gologo, und zum Präsidenten der Volksbank, Lamine Sow. Sie verfolgten mit den Kontakten zur DDR ebenfalls persönliche Interessen.

In einigen afrikanischen Staaten waren bereits die Regierungen gestürzt oder weggeputscht worden, die erst kurz zuvor ins Amt gekommen waren. Die politischen Verhältnisse in der post-kolonialen Zeit waren noch nicht sonderlich stabil. Auch in Mali lebte die

Führung mit der Furcht, von politischen Gegnern attackiert und aus dem Amt verjagt zu werden.

Als am 1. Juli 1962 eine eigene nationale Währung an die Stelle des Kolonialfranc trat, bahnte sich eine Kraftprobe an. Im Oktober verurteilte das Volksgericht in Mali ein Gruppe von Verschwörern, die die Regierung stürzen wollte. Angeblich oder tatsächlich hatten die Hauptangeklagten ihre Instruktionen unmittelbar von der französischen Botschaft erhalten.

Moussa Keita erwies sich als talentvoller Organisator und engagierte sich für eine enge Zusammenarbeit mit der DDR und anderen sozialistischen Staaten. Er war seinem Bruder Berater und zuverlässige Stütze zugleich. Bedauerlicherweise litt Moussa Keita unter ewiger Zeitnot, und es passierte, daß er mich lange warten ließ, weil er absolut keinen Zeitbegriff besaß. Dann aber kam er überschwenglich auf mich zu und zerrte mich in sein Büro auf dem Regierungshügel von Koulouba. Zusagen, die er machte, hielt er stets ein, und seine Einschätzungen trafen in der Regel, wie wir Deutschen zu sagen pflegen, den Nagel auf den Kopf. Moussa Keita liebte Geselligkeiten aller Art, am meisten den afrikanischen Tanz in großer Runde, bei dem die Tänzer aus der Mitte heraus mit bunten Tüchern auf ihre Auserwählten zugingen und mit diesen den Tanz fortsetzten.

Die Begegnungen mit Moussa Keita waren gewiß nützlich für beide Seiten auch über die Zeit unseres Aufenthaltes in Mali hinaus. Im Herbst 1964 konnte ich Moussa Keita bei seinem ersten Besuch in Berlin begrüßen.

Vier Jahre später wurde die Regierung von Mali durch einen Militärputsch beseitigt. Auch der Hochkommissar für Jugend und Sport Moussa Keita verschwand von der politischen Bühne. Ich habe von ihm nie wieder etwas gehört oder gesehen.

Meine Aufträge als Diplomat und Aufklärer in Mali nahm ich überaus ernst, Bedeutendes habe ich aber wohl kaum geleistet. Mali war eben doch nur ein Nebenschauplatz. Dennoch belastete mich die Doppelfunktion, von der kaum einer wußte bzw. wissen durfte. Verletzungen der Konspiration, das wurde immer wieder betont, hätten schwerwiegende Folgen, das wurde mir mehr als einmal von der Zentrale bedeutet. Für meinen Aufstieg nach dem im diplomatischen Dienst geltenden Reglement sollte ich selbst sorgen, nur hätte ich darauf zu achten, daß die Prioritäten nicht verwechselt würden: Zuerst sei ich Aufklärer, erst in zweiter Linie Diplomat. Die Diplomatie und alle mit ihr verbundenen Begleitumstände seien allein dazu bestimmt, meine Aufgaben als Aufklärer zu erfüllen.

Diese Ratschläge schienen mehr aus Sorge um erfolgreiches Wirken der Auslandsaufklärung als aus der Wahrnehmung gesamtstaatlicher Verantwortung diktiert zu sein.

Für die Genossen in Berlin war es unerheblich, mit welchem diplomatischen Rang ein Aufklärer seine Aufgaben erfüllte. Es fehlte das Verständnis dafür, daß dieser nach Höherem strebte und seinem militärischen Rang ein diplomatisches Attribut hinzufügen wollte. So wunderte ich mich nur, warum ich als Anfänger nicht den Rang Attaché, den niedrigsten der diplomatischen Stufenleiter, sondern bereits den nächsthöheren, den eines 3. Sekretärs, bekam. Außerdem hatte man mich noch immer nicht formell zum Offizier ernannt. Eigenartig. Einerseits war ich Mitarbeiter des diplomatischen Dienstes, andererseits Angehöriger eines militärisch strukturierten Aufklärungsapparates, der Wert legte auf die Einhaltung seiner Dienstordnung und Weisungen. Mit den sich daraus ergebenden Konsequenzen zu leben, mußte gelernt werden. Da bewegte man sich schnell an der gefährlichen Grenze dicht unterhalb der Persönlichkeitsspaltung. Und nicht jeder wurde damit fertig. Man war immer im Dienst. Selbst wenn der Diplomat Freizeit hatte, konnte der Geheimdienstmann noch lange nicht die Beine lang strecken.

Wo verlief die Grenze zwischem dem Diplomaten und dem Aufklärer? Eine Teilung der Wahrheiten und eine getrennte Verarbeitung der Informationen für meine beiden Auftraggeber schien wenig sinnvoll. Ich merkte nämlich bald, daß beide Empfänger meine Berichte nicht austauschten. Ich konnte mir also sparen, vormittags offiziell als Diplomat und abends inoffiziell als Aufklärer nach Berlin zu berichten. Die Wahrheiten blieben die gleichen, auch wenn sie in unterschiedlich geartete Wortlaute verschlüsselt, auf unterschiedlichen Kanälen an unterschiedliche Empfänger übermittelt wurden.

In den ersten Monaten meiner Tätigkeit lieferte ich eine Analyse der sozialökonomischen Beschlüsse der Mali-Führung. Ich hielt die generelle Ausrichtung der Aktionslinien für gut überlegt und der Situation angemessen. Bevor ich aber abschließende Bemerkungen formulierte, beriet ich mich stets mit diplomatischen Vertretern der Sowjetunion, der Tschechoslowakei, Polen, Bulgariens und vor allem Vietnams und der Volksrepublik China. Ob sich unter ihnen Mitarbeiter von Nachrichtendiensten befanden, konnte ich nicht ausmachen. Einen Kontakt zu mir suchte von denen auch keiner, nicht ein einziger, über die ganzen Jahre nicht.

Zu den Chinesen unterhielt ich noch bis 1964 sehr freundschaftliche Beziehungen, obwohl auf offizieller Ebene nach dem Bruch der UdSSR mit der Volksrepublik Mao Tse-tungs drei Jahre zuvor auch die DDR zu Peking auf Distanz ging und den Auslandsvertretungen entsprechende Weisungen erteilt wurden. An diese hielt ich mich nicht. Nach meinem Eindruck hatten die Chinesen ein weitaus besseres Gespür dafür, was Mali wirklich nützte und bessere Perspektiven eröffnete, als die Vertreter der europäischen Industriestaaten. Den Kontakt zu Chou Han-Shih, dem Handelsrat der Chinesen, hielt ich aufrecht, bis zu meiner Abreise.

Im September 1962 beschloß die Führung Malis, eine »sozialistische Entwicklung« einzuleiten und traf entsprechende Maßnahmen. So wurden wichtige Schlüsselpositionen im Außen- und Binnenhandel unter staatliche Kontrolle genommen, Landwirtschaft und die wenigen Betriebe der verarbeitenden Industrie durch staatliche Vormundschaft gestärkt. Delegationen aus der DDR kamen zu Besuch, überbrachten Botschaften verschiedener Art und führten, wie es in den Kommuniqués hieß, einen perspektivträchtigen, für beide Seiten nützlichen Meinungsaustausch. Per Saldo kam wenig dabei heraus. Bamako war keineswegs undankbar über die mitgebrachten Solidaritätsgüter: Impfstoffe gegen die Kinderlähmung, das Fotolabor und die Ateliereinrichtung für den Fotodienst Malis, Bücher aus der Deutschen Staatsbibliothek für die Bibliothek des Instituts für Wissenschaft und Forschung von Bamako, Trainingsbriefe und wissenschaftliche Materialien der Deutschen Hochschule für Körperkultur und Sport über Theorie und Praxis der Körperkultur … Aber die Erwartungen waren andere. Mali brauchte beispielsweise weitaus dringender Technik und Knowhow für den Aufbau einer eigenen lebensmittelverarbeitenden Industrie: Es gab Rinder, Ziegen und Schafe – dennoch wurden teure Fleischkonserven importiert. Mali baute große Mengen Baumwolle an, führte aber Kleiderstoffe und Textilien ein.

Ich habe – wie andere Diplomaten und Aufklärer gewiß auch – die tatsächlichen Bedürfnisse des Landes und die Erwartungen der Offiziellen wiederholt und dringlich signalisiert.

Das Echo?

Jetzt gehe es darum, die Prozesse der nationalen und sozialen

Revolution in den Entwicklungsländern im Sinne des historischen Fortschritts zu beeinflussen, hatte mir der hohe Unbekannte der Auslandsaufklärung bei meiner Verabschiedung in Berlin erklärt. Wir müßten die fortschrittlichen Kräfte bei der Erlangung der politischen und wirtschaftlichen Unabhängigkeit unterstützen. Das wäre von strategischer Bedeutung. – Schön und gut, aber von unseren Ratschlägen und solidarischen Ratschlägen wurde keiner satt. Mali gehörte auf dem ohnehin armen Kontinent zu den ärmsten Ländern. Wer helfen wollte, mußte materiell helfen.

»Ihr könnt den Wettlauf nicht gewinnen«, hatte Venlo behauptet. Er schien recht zu behalten. Uns fehlte nicht der Wille, wohl aber die Kraft.

Ich wollte dies nicht glauben, bereiste das Land und suchte nach Möglichkeiten, wo die DDR aktive Entwicklungshilfe leisten könnte. An Kayes, der heißesten Stadt im westlichen Teil Malis, strömten gewaltige Wassermassen des Senegal vorüber – ein Staudamm und ein Wasserkraftwerk würden die Landwirtschaft der gesamten Region voranbringen, und das Land hätte ausreichend elektrische Energie.

In Mopti, am Zusammenfluß von Bani und Niger, fischte der Stamm der Peulh. Sie könnten den Kern einer aufzubauenden Fischwirtschaft bilden.

Ich besuchte Kati, Samanko und Segou und schickte Vorschläge nach Berlin. Sie blieben unbeantwortet. Lediglich ein Angebot wurde realisiert. In San, etwa 700 Kilometer nordöstlich von Bamako, wurde ein Projekt eingerichtet. Fast zwei Jahrzehnte lang waren dort DDR-Jugendbrigaden aktiv. Handwerker verschiedener Richtungen bildeten junge Malinesen aus, Landwirtschaftsexperten halfen, Ärzte sorgten sich um die medizinische Betreuung. Man sollte diese praktische Hilfe vor Ort keineswegs geringschätzen – aber letztlich war es nicht mehr als ein Tropfen auf einen heißen Stein. Eine »strategische Maßnahme« hätte anders aussehen müssen.

Der DDR-Schriftsteller Karl-Heinz Jakobs berichtete Jahre später in »Wüste kehr wieder« über eine Gruppe junger Deutscher, die nach Mali geeilt waren, um in Mankalani unter unsäglichen Schwierigkeiten selbstlos Hilfe zu leisten.

Ich reiste auch nach Timbuktu und Gao. Früher waren beide Städte nur über strapazenreiche Land- und Wasserwege zu erreichen, seit geraumer Zeit verkehrten auch kleine Linienmaschinen der AIR MALI, die von sowjetischen und tschechischen Piloten in niedriger

Höhe über das Land gesteuert wurden. Nur wenige Diplomaten taten sich dies an, schon gar nicht die Aufklärer. Dort gab es nichts aufzuklären. Ich aber erfüllte mir einen Jugendtraum. Lichtüberflutetes Timbuktu am Südrand der Sahara. Staunen, Wundern, Schweigen. Wie war es möglich, daß dort, am Ende der Welt, eine Stadt von fast zehntausend Bürgern lebte? Sie war im Wortsinne auf Sand gebaut, eine Ansammlung von ein- und zweistöckigen Lehmbauten, sandgrau, ineinander verschachtelt und durch verschlungene Pfade miteinander verbunden. Keine Fußwege, kein Pflaster, Sand überall, knöcheltiefer pulvriger hellgrauer Sand! Kein Baum, kein Strauch, nichts Grünes, das auf Leben hindeutete.

Ich kam mittags an. Kein Mensch war zu sehen, kein Auto, kein Gefährt, keine Touristen. Nur ein mit Brennholz beladener Esel, an einem Strick von einem braunhäutigen Jungen gezogen, der barfüßig durch den brennendheißen Sand watete. Die Metropole des Nordens war stumm. Kein Laut war zu hören.

Wie konnte Timbuktu die Jahrhunderte überleben?

Eine solche Frage konnte nur ein Europäer stellen, der bislang da-

In Timbuktu: die Moschee Djinguiraiber, 1961

von überzeugt war, daß man nur so leben konnte, wie man es in Europa tat. Woanders gab es andere Vorstellungen, galten andere Maßstäbe und Bedürfnisse – die schon seit Jahrhunderten galten. Nichts schlimmer und gefährlicher als das, diesen Menschen etwas anderes einreden zu wollen.

Lange hielt ich es in der glühendheißen, trostlosen »Stadt« nicht aus. Ich besuchte noch – wie vorgeschrieben auf Socken – die berühmten Moscheen von Sankoré und Djinguerebér, studierte an halb zerfallenen Häusern gerade noch lesbare Hinweise, daß da einst europäische Reisende eine Zeitlang gelebt hatten: hier der Deutsche Heinrich Barth, dort der Franzose René Caillié. Das war's auch schon, der Abschied erfolgte ohne Bedauern. Im weiter nördlich gelegenen Gao stellte sich die gleiche Enttäuschung ein. An die große Vergangenheit der Askias erinnerte nur noch ihre Moschee und die Reste von Ruinen eines Kankan Moussa, des berühmtesten von Malis königlichen Herrschern.

Ausländer zog es kaum in die öde Gegend, in denen es einst prachtvolle Residenzen gab. Selbst die kulturbeflissenen Franzosen hatten sie abgeschrieben.

Anfang 1962 lieferte die DDR Impfstoffe gegen spinale Kinder-lähmung. Die Übergabe sollte in Sikasso, der Hauptstadt der Region gleichen Namens in Anwesenheit des Gouverneurs und eines offizi-ellen Vertreters der Wirtschafts- und Handelsmission erfolgen. Sikasso war eine über 700 Kilometer entfernte Ortschaft in Grenznähe zu Obervolta, dem heutigen Burkina Faso. Ich bekundete Interesse an der Teilnahme, das Los fiel jedoch zugunsten des 3. Sekretärs Günter Unterbeck. Am Vorabend seines Aufbruchs waren Dagmar und ich von ihm und seiner Frau zu einem Drink eingeladen worden. Die Unterbecks wohnten in unmittelbarer Nachbarschaft, ihr Wohnsitz war nur durch eine Ziermauer und einige exotische Gewächse vom unsrigen getrennt. Wir wollten letzte Absprachen treffen und ihm, der keinen Fotoapparat besaß, unseren leihen.

Weil ein schweres Gewitter aufgezogen war, flüchteten wir unter ihre Veranda. Wir waren gut gelaunt, es wurde gescherzt und gelacht. Wenn dir etwas passiert, hatte seine Frau im Spaß gemeint, werde ich mir schon zu helfen wissen. Ihre vier Jungen, alle im Schulalter, hat-ten sie in der Heimat zurücklassen müssen, da es für sie keine Schule in Bamako gab. Ein fünftes Kind war unterwegs.

Auf der Fahrt nach Sikasso verunglückte der Wagen. Der einhei-

Markt in Bamako

mische Fahrer und der Dolmetscher der Mission, Ernst Rudolf, überlebten schwerverletzt, Günter Unterbeck und der mitreisende schwarze Polizeioffizier kamen ums Leben. Wir waren erschüttert. Malis Regierung richtete eine Trauerfeier aus, mir fiel die Aufgabe zu, die Rede zu halten. Ich brachte sie nur mit großer Mühe zu Ende. Frau Unterbeck flog in die Heimat zurück und brachte eine Tochter zur Welt. Unterbecks Ältesten traf ich Jahre später wieder. Er war, wie sein Vater, Diplomat geworden.

Im Juli 1962 führte Mali über Nacht eine eigene nationale Währung ein. Frankreich verhängte eine Wirtschaftsblockade, Importe aus dem westlichen Teil der Welt blieben aus und der östliche konnte die Lücke nicht schließen. Wir lebten fortan wie die Afrikaner und ernährten uns von Reis, Bataten und Hirse und würzten mit Salz in Stücken aus Taoudéni in der Wüste. Es dauerte Monate, bis auch die DDR ihre Bürger mit heimatlichen Lebensmitteln zu beliefern imstande war. Der eintreffende Räucherschinken war jedoch bereits von Maden durchbohrt.

Bei der Nationalbank Malis gingen keine Überweisungen mehr ein, die unsere Mission zum Unterhalt benötigte. Zuerst legten alle Mitarbeiter ihre ersparten Reserven zusammen, um wenigstens dem afrikanischen Personal den Lohn zahlen zu können. Dann aber blieb als Ausweg nur eine Anleihe bei der Botschaft der UdSSR.

Die Wirtschafts- und Handelsmission war aber auch von den bis dahin zugänglichen Kommunikationslinien, die über Frankreich und die Bundesrepublik Deutschland führten, abgeschnitten worden. Wochenlang hatten wir keine Verbindung zur Heimat, weder zum Außenministerium noch zur Auslandsaufklärung, kein Telegramm, keine Post, keine Lebenszeichen von Eltern und Geschwistern erreichte uns. Wir fühlten uns wie Verlorene auf einer einsamen Insel.

Mitte August erfuhren wir, daß der sowjetische Staats- und Parteichef Nikita Chruschtschow und Präsident Modibo Keita Telegramme über eine soeben eröffnete direkte Funkverbindung Moskau – Bamako ausgetauscht hatten. Das war die Chance auch für uns. Seitdem gingen meine verschlüsselten Nachrichten, von der sowjetischen Botschaft noch einmal überschlüsselt, via Moskau nach Berlin.

Das Leben der Abgesandten aus Ost und West wurde immer schwerer. Das anfänglich scheinbar friedliche Nebeneinander der Diplomaten verflüchtigte sich mit der Verschärfung des Kalten Krieges. Die Kuba-Krise warf ihre Schatten bis Bamako.

Ich recherchierte, registrierte, analysierte unentwegt. Ich brachte meine Gedanken zu Papier. Aus allem, was ich in Mali, in der Grauzone zwischen Ost und West aufnahm und verarbeitete, mußten in Berlin Zweifel wachsen, daß der Sozialismus für Afrika eine reale Perspektive darstellte. Und daß wir hier würden triumphieren können. Die Klassenschlacht um die Zukunft der Welt würde nach meinem Eindruck – wenn überhaupt hier – nicht unbedingt in unserem

Mit Moussa Keita, dem Bruder des Präsidenten in Mali, 1964 in Berlin

Sinne entschieden werden. Die EWG hatte, mit Ausnahme Guineas, alle Staaten südlich der Sahara für eine Assoziation bewegen können. Der Westen bereitete sich darauf vor, so schien es mir, seine langfristigen Interessen auf diesem Weg durchzusetzen. Auch Mali hatte im Juni 1961 einer Zusammenarbeit mit der EWG zugestimmt. Wer konnte es verdenken: Auch in Afrika war das Hemd näher als der Rock.

Der Tod von Günter Unterbeck brachte es mit sich, daß wir nach über zwei Jahren zum ersten Heimaturlaub reisen durften. Einen zweiten sollte es nicht geben. Dagmar, die inzwischen im Bereich Verwaltung und Finanzen der Mission arbeitete, litt unverändert unter den Bedingungen, unter dem Klima und den Verständigungsproblemen. Das Martyrium nahm noch zu, als unser dreijähriger Sohn lebensgefährlich erkrankte. Wir wußten uns nicht mehr selbst zu helfen. Hohes Fieber ließ seine Glieder erstarren, dann wurde sein ganzer Körper geschüttelt und Schaumiges im Munde drohte ihn zu ersticken. Malaria oder eine andere tückische Tropenkrankheit? Im Hospital von Koulouba schockte man den kleinen Kerl in einer mit Eisstücken gefüllten Badewanne. Er solle dort zur Beobachtung bleiben, meinte der Doktor, doch Dagmar bestimmte in ihrer Verzweiflung, daß der Kleine lieber im Kavalleriestall von Coura Bolibana sterben sollte.

Er überlebte, aber die Ursachen seiner Erkrankung, die sich bald darauf wiederholte und später ein weiteres Mal, konnten nie erforscht werden – weder im Hospital von Koulouba noch in der Charité in Berlin.

Nach tausend Tagen bat ich um meine Abberufung. Man gab dem statt. Meine Sorge, ich würde als Versager gelten und ausgemustert werden, erwies sich als unbegründet. Der Leiter der Afrika-Abteilung im Außenministerium schrieb mir, daß ich als für den höheren diplomatischen Dienst befähigt gelte. Es sei vorgesehen, mich nach anschließendem Studium der Außenpolitik erneut ins Ausland zu entsenden. In ähnlichem Sinne äußerte sich »die Zentrale«. Offen blieb, wer von meinen Arbeitgebern die Würfel für meine weitere berufliche Entwicklung geworfen, wer zugestimmt hatte.

Aber wen interessierte das schon. Mich jedenfalls nicht.

Von Berlin nach Beirut.
Zeit der Bewährung

Im August 1968 ging es nach Beirut. Unser Flugzeug stieg in rasanter Fahrt von der Startbahn in den Himmel. Einen weiten Bogen über die Müggelberge ziehend, steuerte es Richtung Libanon. Eigentlich hätte ich in bester Stimmung sein sollen. Unserer rotledernen Pässe wegen hatte man uns bevorzugt behandelt, bei der Paßkontrolle, beim Zoll und schließlich an Bord. Offenbar gab es interne Weisungen, den Inhabern von Diplomatenpässen das Reisen zu erleichtern. Viele Passagiere gab es nicht, die 1.-Klasse-Kabine war fast leer. Dagmar saß jedoch wie versteinert in ihrem Sessel. Sie hielt die Augen verschlossen, regte sich nicht, war innerlich völlig verkrampft. Ich konnte ihr nicht helfen. Ähnliche Situationen hatte ich schon mehrere Male erlebt. Seit den Flugzeugabstürzen über Marokko hatte sie ihre Angst vor dem Fliegen nie verdrängen können. Damals hatte ich alle möglichen Vorkehrungen getroffen, um die schrecklichen Nachrichten über die Katastrophe ihr gegenüber zu verheimlichen. Ich hatte die Berichte aus den Zeitungen ausgeschnitten.

Sie erfuhr dennoch davon. Ich hatte die Danksagungen der Hinterbliebenen in einer Heimatzeitung übersehen. Sie erlitt einen schweren Schock und vermochte sich trotz großer Willensanstrengungen nie mehr ganz von ihm zu lösen. Fortan nahm sie vor jedem Flug Beruhigungsmittel und einige Drinks.

Ich beschäftigte mich mit unserem Sohn, der gerade das erste Schuljahr hinter sich gebracht hatte. Daß er schon ein Stück von der großen Welt gesehen hatte, dessen war er sich nicht bewußt. Er stellte Fragen, viele Fragen. Und er freute sich auf diese große Reise, wie sich ein Junge in diesem Alter nur freuen konnte. Ob es richtig war, ihn mitzunehmen in eine Gegend, in der Gefahren aller Art lauerten? Ob es vielleicht nicht doch besser gewesen wäre, ihn in einem Internat unterzubringen oder von den Großeltern umsorgen zu lassen? Ich hatte an solche Möglichkeiten gedacht, schreckte dann aber doch vor dem Gedanken an jahrelange Trennung und aus Furcht vor Entfremdung zurück. Vielleicht wäre Dagmar daran innerlich zerbrochen.

Wir drückten unsere Gesichter an die Scheiben der kleinen runden Öffnungen zur rechten Seite. Ich erklärte dem Achtjährigen, daß das Bullauge, vor dem er kauerte, auch als Notausstieg dienen könnte. Er schaute mich ungläubig an. Von einer Notlandung konnte er sich keine rechten Vorstellungen machen. Das war gut so, er sollte sich die Freude am Fliegen bewahren. Scherzend versuchten wir, die Welt dort unten für eine Weile wenigstens mit den Augen festzuhalten. Vergeblich. Die klare Sicht verlor sich mit zunehmender Höhe. Unter uns schien alles zu zerfließen, Wälder, Seen, Flußläufe, Straßen, Häuser. Noch war das quirlige Leben in der Tiefe erkennbar, doch dann verschwand auch das letzte Heimatliche am Horizont.

Wir hatten Abschied genommen für eine längere Zeit. Für wie lange, das wußte keiner. Niemand konnte uns verbindlich das Datum unserer Rückkehr nennen, auch dieses Mal nicht. Und ausdrücklich hatten wir das auch nicht verlangt. In diesem Metier gab es ohnehin genug Unwägbarkeiten, deren Folgen wir bereits mehrfach hatten spüren müssen. Die Jahre im fernen Afrika, zuerst in Ägypten, dann im heißen Mali, sie waren uns mit ihren Licht- und Schattenseiten in lebendiger Erinnerung geblieben. Sie mahnten Zurückhaltung an und ließen es ratsam erscheinen, unnötige Fragen zu unterlassen. Wir hatten die Herausforderungen angenommen, die Prüfungen bestanden, keinen Schaden genommen. Vertrauen begegnete man mit Vertrauen, das galt allgemein als ungeschriebenes Gesetz und darauf hatten wir uns bisher verlassen können.

Hatte sich der Einsatz nicht gelohnt? War ich nicht vielseitig gefördert und im Ministerium für Auswärtige Angelegenheiten zum Hauptreferenten befördert worden, auf daß ein weiterer Aufstieg in Aussicht stand? Daß Unwägbarkeiten und Zufälle im Leben eines Diplomaten eine große Rolle spielen – wer wußte das nicht? Das mußte man in diesem Beruf hinnehmen. Und das galt um so mehr, wenn Diplomaten zudem im Dienste der Aufklärung standen.

Wie groß waren für mich noch die Möglichkeiten, auf Entscheidungen Einfluß zu nehmen, die mein Schicksal betrafen? Gewiß sehr begrenzt. Was wäre auch ein Nachrichtendienst wert, wenn dieser jedem seiner Angehörigen persönliche Einsatzwünsche erfüllen wollte. Und doch hatte ich es gewagt, mich gegen eine Versetzung in die Zentrale auszusprechen. Nicht, daß Dagmar und ich in der DDR nicht hätten leben können. Es gab sogar das Angebot eines ehrenwerten Professors der Akademie für Staats- und Rechtswissenschaften, unter seinen Fittichen Karriere zu machen. Ich hätte vom Katheder aus die Weltrevolution vorantreiben können. Das aber wollte ich nicht. Ich wollte Aufklärer und Diplomat bleiben, raus aus der provinziellen Enge, die die DDR darstellte. Ich freute mich auf Entdeckungen auf fremder Erde, auf Begegnungen mit Unbekanntem, auf Herausforderungen durch einen unbekannten Alltag.

Seit geraumer Zeit beflog die Interflug die Route im Pool mit der Middle-East-Airlines. Wöchentlich einmal wurde Beirut mit einer IL-18 angesteuert. Wir hatten uns auf den mehrstündigen Flug vorbereitet; ich ordnete unsere Papiere, die bei der Abfertigung zum Abflug in der Eile durcheinandergewirbelt worden waren. Die Flugkarten gerieten mir in die Hände. Obwohl ich früher oft dazu Gelegenheit hatte, las ich heute – ohne besonderen Grund – erstmalig auch das Kleingedruckte.

Punkt 7 der Vertragsbedingungen las ich zweimal. Unglaublich, wirklich, da stand, daß »für den Beginn und die Beendigung der Beförderung keine genaue Zeit festgesetzt wird. Das Flugunternehmen behält sich das Recht vor, ohne Voranzeige … den vorn im Flugschein angegebenen Zwischenlandeplatz zu ändern oder zu überfliegen. Die in den Flugplänen oder anderswo angegebenen Zeiten sind approximativ und nicht garantiert … Die Flugpläne können ohne Voranzeige geändert werden.« – Dies wird wohl sehr selten vorkommen, beruhigte ich mich und verstaute die Tickets. Ich ahnte in diesem Augenblick nicht, daß unser Flugzeug längst eine andere als die geplante Route genommen hatte.

Ich drückte auf den Signalknopf. Die wenigen Passagiere, die sich in den weiträumigen Kabinen verloren hatten, dösten vor sich hin. Die Stewardeß erkundigte sich nach meinen Wünschen. Sie schien aufgeregt, nervös, keineswegs mehr so nett wie noch beim Abflug in Berlin. Warum der Bordfunk sich ausschweige, wollte ich wissen. Sie sagte kein Wort, kehrte um, verschwand eilends hinter der Tür zum Cockpit. Es meldete sich eine männliche Stimme im Lautsprecher über uns. Der Kapitän entschuldigte sich für das Versäumnis, die Kursänderung nicht bekanntgegeben zu haben. Der Luftraum über der CSSR sei für den zivilen Luftverkehr gesperrt. Total, fügte er hinzu, wegen militärischer Übungen. Die Route sei kurzfristig über polnisches und ungarisches Territorium gelegt worden. Es werde um Verständnis gebeten, zur Beunruhigung gäbe es keinen Anlaß.

Eine einfache Kursänderung. Etwas völlig Normales. Die Passagiere nahmen das Gesagte hin. Punkt 7 der Vertragsbedingungen war eingetreten.

Ich war irritiert. Ursprünglich sollten wir bereits vor einer Woche in den Nahen Osten reisen, ich war bereits in der Abteilung verabschiedet worden. Dann hatte es in der CSSR einige Unruhen gegeben, was auf den Kurs der dortigen KP-Führung unter Alexander Dubcek zurückgeführt wurde. Ich wurde zum Bereitschaftsdienst verdonnert und mußte mehrere Rundfunksender hören, um die Entwicklung zu verfolgen. Dann waren – völlig überraschend für mich und wohl auch für meine Vorgesetzten in der Zentrale wie im Außenministerium – Truppen des Warschauer Paktes in Richtung Prag gerollt. Eine Hilfsmaßnahme, wie es hieß. Genossen der dortigen Führung hatten Beistand gegen die Konterrevolution gefordert. Von der Aufklärung meldete sich niemand, und im Außenministerium herrschte Verwirrung und Ratlosigkeit. Ich sollte die Reaktionen des Westens dokumentieren. Der reagierte ungemein heftig und in einer Weise, die für mein Verständnis ernsthafte Konsequenzen erwarten ließen. Ich sah meine Ausreise in den Libanon bereits in weite Ferne gerückt. Es geschah aber nichts. Wir flogen.

Und nun hieß es, der Luftraum über der CSSR sei für die zivile Luftfahrt gesperrt.

Die Entwicklung in unserem Nachbarland verwirrte mich ein wenig. Das, was als »Prager Frühling« bezeichnet wurde, konnte ich nicht so recht deuten. Einerseits war jede Partei, zumindest hieß es so, für ihre Politik verantwortlich – die tschechischen und slowakischen Kommunisten wußten vermutlich am besten, was ihrem Land nützt. Andererseits war der Beifall im Westen verräterisch: Wieso begrüßte man dort das »Manifest der 2000 Worte«, in welchem Kritik an bestimmten Erscheinungsformen des Realsozialismus geübt wurde? Hatte nicht schon August Bebel erklärt, daß man etwas falsch gemacht habe, wenn man vom Feind gelobt werden würde?

Ich hätte gern Milan und Marta Sterba gesprochen, unsere tschechischen Freunde aus Bamako. Ich erreichte sie jedoch nicht. – Wie ich sehr viel später erfuhr, waren sie nach der Intervention aus der Partei ausgeschlossen und mit Berufsverbot belegt worden. Im August 1968 war er Geschäftsträger in der Schweizer Vertretung und hatte dem aus Prag geflüchteten Außenminister Unterkunft gewährt. Gleich diesem wurden beide zu Verrätern gestempelt. Als ich das hörte, griff ich mir an den Kopf. Sterba, dessen Eltern von den Nazis umgebracht worden war, war ein überzeugter Kommunist, ein selbstloser, sich für sein Land und »die Sache« aufopfernder Genosse. Jetzt arbeitete er als Holzfäller. Ich hoffte, der Irrtum würde sich bald aufklären.

Davon wußte ich jedoch noch nichts, als wir den Umweg am osteuropäischen Himmel nahmen. Statt dessen rechnete ich mit dem Schlimmsten. Und das hieß: Krieg. Die NATO ging gegen die Intervention des Warschauer Paktes in einem seiner Mitgliedsstaaten nicht nur verbal vor. In Vietnam wurde gebombt – warum nicht auch in Europa? Ich hoffte, daß ich mich täuschte.

Andererseits: Ich hatte in Babelsberg Außenpolitik und an der Humboldt-Universität Völkerrecht und Wirtschaftsrecht studiert und anschließend ein Diplom als Staatswissenschaftler erworben. Ich war zu einer emotionslosen Analyse internationaler Entwicklungen fähig. Dennoch war ich nicht frei von Emotionen und vor allem von dem Gebrechen der meisten »gläubigen« Genossen: aus der Ideologie gespeiste Wünsche traten oft an die Stelle der Realität, wenn diese uns unsere Grenzen zeigte.

Zunächst sah man meinen Einsatz in Marokko vor. Ich befaßte mich zwei Jahre intensiv mit dem Mahgreb, dann hieß es plötzlich, ich solle mich für anderes bereithalten. Lange passierte nichts, dann ging es rasant schnell. Der für mich zuständige Stellvertreter des Außenministers eröffnete mir, daß ich Stellvertreter des Leiters unserer Handelsvertretung in Libanon werden sollte. Allerdings nicht im Range eines Botschaftssekretärs, sondern nur als Attaché. Das sei aus verschiedenen Gründen zweckmäßig.

Ich glaubte zuerst, ich würde im Boden unter mir versinken. Wer sich bei den diplomatischen Gepflogenheiten auskannte, mußte annehmen, ich sei degradiert worden.

Mein Abteilungsleiter schien meine Gedanken erraten zu haben. Es sei mit der libanesischen Regierung ausgehandelt, daß nur Leiter und Stellvertreter der Handelsvertretung den Diplomatenstatus erhielten, erklärte er schonend. Die libanesische Seite dürfe nicht überfordert werden, meinte er. Der Rang sei wirklich zweitrangig – vorrangig die zugesicherte Immunität und die Privilegien.

Den Abteilungsleiter hätte ich zerreißen können, sein Abstieg war es nicht …

Zwei Tage vor der Abreise wurde mir die Urkunde feierlich überreicht. Dann erfolgte das Gespräch mit dem für mich zuständigen

Chef der Aufklärung. Wer er wirklich war, welchen Namen er trug, welchen Dienstrang er hatte, erfuhr ich auch dieses Mal nicht. Nicht von ihm und auch nicht von seinen Unterstellten, mit denen ich es in der Regel zu tun bekam. Ich kannte nur ihre Vornamen. Er kam gleich zur Sache. Mein Dasein als Einzelkämpfer der politischen Aufklärung gehe zu Ende gehe, eröffnete er mir. Ich bekäme die Leitung der Auslandsresidentur in Beirut übertragen.

Das war sie also, die »höhere Aufgabe«.

Danach kam das Übliche: Kurzurlaub, Abmeldungen bei den Behörden, Laufereien, Besorgungen, Verabschiedungen.

Freunde und Verwandte, die vom Innenleben der Diplomatie nichts wußten, pfiffen anerkennend durch die Zähne. Attaché bist du geworden? Toll.

Das klang doch erheblich besser als »3. Sekretär«.

Das Flugzeug befinde sich nunmehr über dem östlichen Mittelmeer, schnarrte es aus dem Lautsprecher. Es verlor ständig an Höhe. Unter uns Wasser, nichts als tiefblaues Wasser soweit das Auge reichte. Man konnte Schiffe erkennen, große Frachter und kleine Boote mit weißen Segeln, die alle in eine Richtung steuerten. Dann tauchte das Panorama jenes Landes auf, das zu den kleinsten auf dem Globus gehörte. Wir näherten uns schnell einer Halbinsel, deren Felsen sich weit ins Meer hinausschoben und die Wellen in schäumendes Weiß

Landeanflug auf den Airport von Beirut

verwandelten. Dahinter dehnte sich die Silhouette der mit ewigem Schnee bedeckten Bergketten des Libanongebirges. Unser Flugzeug drehte rechtzeitig ab. Im Tiefflug ging es über den Hafen und die Stadt, deren beeindruckende Wolkenkratzer sich vor dem azurblauen Himmel abhoben. International Airport of Libanon. Wir waren sicher gelandet.

Die Sonne schien hier zu Hause zu sein. Reiseführer behaupteten, daß sie dreihundert Tage im Jahr scheint. Mild sei das Klima, hatte man uns gesagt. Doch die hohe Luftfeuchtigkeit erschwerte uns das Atmen. Abgesandte der DDR-Handelsvertretung waren gekommen, uns in Empfang zu nehmen. Das sei üblich, meinten sie, denn Neue würden sich kaum hier zurechtfinden. Dabei verlief alles erstaunlich reibungslos, keine Zwischenfälle bei den Einreiseformalitäten, kein Warten bei der Zollabfertigung.

Dagmar bekam wilde Orchideen überreicht, leuchtend und schön, wie wir sie noch nie gesehen hatten. Und auch der riesige Chevrolet, der uns vom Flughafen Khaldé nach Beirut bringen sollte, beeindruckte uns. Es war ein »Malibu«, ein amerikanischer Straßenkreuzer. Warum mußten wir nur mit einem solchen Ungetüm abgeholt werden? Nur schrittweise kamen wir auf den verstopften Straßen vorwärts, zeitweilig überhaupt nicht. Stau, Lärm, unerträgliche Hitze. So etwas hatte ich nicht einmal auf den Kairoer Boulevards erlebt. Aber die Leute hier nahmen das Chaos gelassen hin.

Neugierig verfolgten wir das Geschehen um uns herum. Zerlumpte Kinder hantierten mit nassen Schwämmen an der Frontscheibe und reinigten sie, obwohl dies gar nicht nötig gewesen wäre. Das gehöre dazu, meinte unser Fahrer, lachte und reichte einem Jungen ein paar Münzen durch das Fenster. Straßenhändler drängten sich heran. Sie hielten ihre Ware feil: Südfrüchte, Zigarettenstangen, Kaugummi, ganze Pakete. Unsere abwehrenden Gesten verübelten sie uns nicht. Sie waren wahrscheinlich daran gewöhnt, derartige Geschäfte nicht mit jedem abschließen zu können. Und wir hätten ohnehin nichts kaufen können, da die Reisestelle im Außenministerium uns nur einen 10-Dollarschein anvertraut hatte – als Sicherheitsbetrag, für alle Fälle.

Was für ein Leben zu dieser Tageszeit, welch ein Durcheinander, und doch schien sich jeder zurechtzufinden. Der von Palmen und Pinien eingesäumte Boulevard am Rande der Steilküste schwang sich in einer kühnen Schleife bergab und mündete in eine prachtvolle

Uferpromenade, in die Avenue de Paris. Vom Meer wehte eine erfrischende Brise herüber. Die Wellen glitzerten wie Diamanten in der Sonne. Am liebsten wären wir ausgestiegen und ins bläulichgrün schillernde Wasser gesprungen.

Wir näherten uns dem Innern der Altstadt. Mühsam drängte sich unser Straßenkreuzer durch das Labyrinth enger Straßen und verzweigter Gassen. Unser Fahrer zeigte uns dies, erklärte uns das, kaum daß wir folgen konnten. Für Ankömmlinge, erklärte er, gehöre eine Fahrt wie diese zum Programm des ersten Tages. Meisterhaft schob er das Ungestüm durch das immer dichter werdende Gewühl, hielt hier und dort. Durch keinerlei Einwände ließ er sich von seinem Vorhaben abschrecken. Dann tauchten wir auf in einer prachtvollen Straße, in der Rue Hamra. Die berühmteste von Beirut, wie unser Fahrer behauptete. Es gehörte wohl auch zu seinem Programm, daß er uns hier zu einer Coca-Cola einlud. Vergnügt verfolgten wir das pulsierende Leben.

»Perle des Orients« nannte man diese Stadt. Und auf den ersten Blick glaubten wir bestätigt zu finden, was wir bisher über sie gehört hatten. Daß sie bewundernswert sei, ewig lebendig, einmalig, aber auch voller Kontraste und Widersprüche.

Wir kehrten zur Corniche in die Avenue de Paris zurück. Gleich neben dem Riviera-Hotel führte eine schmale Straße von der Uferpromenade weg und endete unmittelbar vor einer felsigen, nur spärlich bewachsenen Anhöhe. Dort stand von ungewöhnlich hohen Palmen verdeckt das elegante Hochhaus, in dessen 5. Etage wir unser Quartier beziehen sollten. Nein, als einfaches Quartier durfte man diesen Palast wirklich nicht abtun. Kein Vergleich zum Pferdestall in Bamako.

Ein langer aufregender Tag lag hinter uns. Die Sonne war längst untergegangen, Dunkelheit hatte sich ausgebreitet, Windstille sich gelegt. Aus der Tiefe der Stadt drang Lärm herauf, das Geschrei des Eigentümers, der aus irgendwelchen Gründen seinem Hausmeister heftig fluchend zusetzte, das Getöse umhergeworfenen Küchengeschirrs, mörderisches Hundegebell. Allmählich zog wohltuende Stille ein. Unsere Blicke wanderten über die Palmen hinweg in die Höhe. Oben auf dem felsigen Hang tauchten aus dem Leuchtturm helle Scheinwerfer auf. In sich wiederholenden Bewegungen tasteten ihre Strahlen zaghaft das nächtliche Himmelsgewölbe ab, um sich dann über dem nahen Meer im Unendlichen zu verlieren. Balsam für

Avenue de Paris in Beirut, 1968

unsere Gemüter. Wir hatten unser Ziel erreicht. Wir waren wieder in der Fremde – und was für eine!

Der eisgekühlte Cinzano verfehlte seine Wirkung nicht.

Was war das für ein Land. Geschäftsleuten galt es als »Schweiz des Orients«. Mehr als 400.000 Ausländer – Handelsleute, Finanzmagnaten und Makler, Gold-, Diamanten- und Devisenhändler, Diplomaten und Geheimdienstler – hatten sich hier bereits niedergelassen. Touristen aus aller Welt und Drogenhändler strömten hierher.

Was war das für ein Volk. Seine Wurzeln reichten bis in die Anfänge der Menschheitsgeschichte, seit Jahrtausenden war es Einfällen und Völkerwanderungen unterworfen. Die Kinder dieses Volkes gehörten zu den Erben des biblischen Kanaan, jenes sagenhaften Landes, von dem behauptet wird, daß dort Milch und Honig geflossen seien. Erben jenes Phöniziens, dessen kühne Seefahrer im Norden Afrikas einst das legendäre Karthago gründeten und die mit ihren Schiffen die Küsten Englands erreichten. Ein Volk, das sich über Jahrtausende auch in der Fremde behauptete – in den Vereinigten Staaten von Amerika, in Südamerika, in Afrika und in anderen Regionen, weil Armut die Libanesen aus der Heimat vertrieben hatte. Geschäftstüchtigkeit machte aus dem Libanon das Tor der Araber in die Welt und Beirut zur schönsten und größten Metropole am östlichen Mittelmeer, zum bedeutendsten Wirtschafts- und Finanz-zentrum im Nahen und Mittleren Osten.

Mit Stolz verwiesen die Libanesen auf Ruinen aus der Antike mit klangvollen Namen: Tyros, Sidon, Berytus, Byblos, Ugarit. Große Herrscher kleiner Königreiche ließen vor Jahrtausenden Schiffe mit Holz aus den Zedernwäldern beladen, mit denen die Pharaonen Ägyptens Tempel errichten ließen. Sie erfanden die diplomatischen Korrespondenzen, die mit Keilschrift in Tontafeln geritzt wurden.

Das Land war Schnittpunkt mehrerer Zivilisationen, die Hinter-lassenschaften großer Kulturen beschäftigen bis heute Archäologen, Völkerkundler und Kunstwissenschaftler. Griechen und Römer, Mamelucken und Kreuzritter und türkische Sultane hinterließen ih-re Spuren.

Allerdings kreuzten sich in dieser Region im 20. Jahrhundert auch die Interessen der europäischen Großmächte. Es ging um die politi-sche und die wirtschaftliche Vormachtstellung, es ging um Einfluß und Erdöl im Nahen und Mittleren Osten. Briten, Franzosen, Deutsche (Stichwort Bagdadbahn), nach dem 2. Weltkrieg auch zu-nehmend die USA, wollten entweder das Bein in die Tür bekommen bzw. es nicht herausziehen. 1947 spitzte sich der Konflikt zu, als die UNO der Gründung eines arabischen Staates Palästina zustimmte. Die Front verlief nunmehr zwischen Juden und Arabern, zwischen den Westmächten, die zu Israel standen, und der Sowjetunion (und deren Verbündeten), die den Arabern die Treue schworen. Die Spannungen in dieser Region entluden sich in Kriegen. Der letzte hat-te im Vorjahr stattgefunden und lediglich sechs Tage gedauert. In ei-ner Woche hatte Israel den benachbarten arabischen Staaten eine schwere, eine demütigende militärische Niederlage zugeführt. In prä-zise vorbereiteten und ausgeführten Operationen waren die Flugzeuge Ägyptens und Syriens – modernster sowjetischer Bauart übrigens – in ihren Hangars zerstört worden. Israel besetzte die Golan-Höhen, das Gebiet östlich des Jordan und den Gaza-Streifen. Das Sinai-Gebiet sollte im Unterschied zu diesen Territorien später geräumt werden.

Die Spannungen dauerten an, als wir 1968 in Beirut eintrafen. Die Diplomaten aus Ost und West, die in Damaskus, Amman, Bagdad, in Tripolis, Kairo und Riad akkreditiert waren, beschäftigten sich inten-siv mit der Lage. Sie alle hatten den Auftrag, die Entwicklungen vor Ort zu verfolgen und ihre Regierungen über relevante Vorgänge zu informieren. Das Gleiche taten die Geheimdienste, egal, ob ihre

Vertreter als Spione, Agenten, Kundschafter oder Aufklärer entsandt worden waren. Beirut galt als ihr Dorado.

Der Weg zu meinem neuen Office führte über die Avenue de Paris. Einen kürzeren gab es nicht. Ich brauchte eine Viertelstunde in normalen Zeiten. Nicht, daß ich sportlichen Ehrgeiz besessen hätte, die zwei Kilometer morgens und abends im Joggingtempo zurückzulegen. Ich liebte es, zu früher Stunde vor Arbeitsbeginn die Uferpromenade entlangzuziehen, mich dem frischen Meereswind auszusetzen und mit der Hand die Tautropfen von den Zweigen der Bäume abzustreifen. So bereitete ich mich auf das Tagesgeschehen vor. Wer wollte es mir verübeln, Nützliches und Angenehmes zu verbinden?

Bereits in den ersten Tagen begriff ich, daß der weltoffene Libanon trotz seiner Vorzüge für den Aufklärer aus dem Osten kein einfaches Operationsgebiet war. Hier gab es ein Umfeld, über das in der Zentrale kaum ausreichende Erkenntnisse vorlagen. Auf Schritt und Tritt mußte ich damit rechnen, auf die allgegenwärtige, übermächtige und nicht überall sichtbare Präsenz der USA zu stoßen. Aber auch Frankreich und Großbritannien, die im Libanon traditionelle Positionen verteidigten, zeigten Flagge und rührten sich auf ihre Weise. Es mußte doch verwundern, wenn Frankreich ein »Zentrum zur Erlernung der modernen arabischen Sprache« (Centre d'Etudes Pratiques d'Arabe Moderne) in Biqfaya errichtete. Dieser Gebirgsort lag weit abseits, und die »Studenten« waren Diplomaten, Offiziere, Kolonialadministratoren ... Auch Großbritannien betrieb ein vergleichbares »Institut«. Es befand sich im Dorf Schemlan in der Gebirgsprovinz des Schuf, wo die Sekte der Drusen seit Jahrhunderten ansässig war. Unter den »Hörern« soll sich der Top-Agent der Sowjets, Kim Philby, befunden haben, der, wie später Peter Scholl-Latour enthüllte, seinen Aufenthalt im Libanon zum Absprung nach Moskau nutzte.

In Beirut hörte ich das erste Mal von Philby, dieser schillernden Figur, die aus gutbürgerlichem Hause stammte und das Trinity College in Cambridge besucht hatte. Aus politischer Überzeugung arbeitete er seit Anfang der 30er Jahre für die sowjetische Aufklärung. Kaum vorstellbar der phantastische Aufstieg dieses Mannes, der den Auftrag hatte, den britischen Geheimdienst zu infiltrieren und sich hochzuarbeiten – vom unbekannten Journalisten und Kriegsberichterstatter beim Generalstab des britischen Expeditionskorps in Europa zum Mitarbeiter und späteren Residenten des britischen Geheimdienstes in der Türkei, schließlich zum Leiter des Dienstes in Washington und Koordinator der Zusammenarbeit mit dem FBI und der CIA.

Beirut war also seine letzte Station vor seiner Flucht nach Moskau.

Es bestand kein Zweifel, daß die Westmächte ein weiteres Vordringen der sozialistischen Staaten im Nahen und Mittleren Osten verhindern wollten. Die Entwicklung in dieser Region, davon war ich überzeugt, steuerte Entscheidungen entgegen. Das mußte zwangsläufig die Interessen der Weltmächte tangieren. In allem, was in letzter Zeit festgestellt werden konnte, offenbarte sich die Entschlossenheit des Westens, keine weiteren Terrainverluste mehr hinzunehmen. Aus ihrer Sicht mußten darum jene Kräfte unter den Arabern ausgeschaltet werden, die als Nationalisten die Unterstützung Moskaus (und des Ostblocks) suchten, um Israel auszuschalten. Sie predigten zwar den »Sozialismus«, aber verstanden darunter etwas anderes als wir. Dennoch hielten wir sie für Verbündete in der weltweiten Auseinandersetzung gegen den Imperialismus.

Der Westen fand in seinen Bemühungen überall Helfershelfer: einheimische Feudalkräfte und einflußreiche Kreise der arabischen Großbourgeoisie, denen die Entwicklung in Ägypten, Syrien, Irak und anderswo nicht paßte. Die Republik Libanon unterließ es als einziges Mitglied der Liga der Arabischen Staaten, 1956 die diplomatischen Beziehungen mit Frankreich und Großbritannien wegen deren Intervention in Ägypten abzubrechen. Während des Sechs-Tage-Krieges 1967 war der syrischen Armee die Passage über libanesisches Territorium Richtung Israel verweigert worden.

Ich glaubte unserer Darstellung, daß es immer wieder die Vereinigten Staaten von Amerika waren, die eine Korrektur der Ergebnisse des Zweiten Weltkrieges anstrebten, die versuchten, in vielen Regionen der Welt das Rad der Geschichte zurückzudrehen – auch im Nahen Osten. Eine Pax americana für die ganze Welt lehnte ich ab. Diesbezügliche Analysen, die vom Politischen Beratenden Ausschuß des Warschauer Vertrages vorgenommen worden waren, überzeugten mich. Sie stützten sich, wie ich meinte, auf handfeste Beweise.

Kriegsschiffe der USA hatten schließlich in den Herbsttagen des Jahres 1958 ihre »Ledernacken« in der Junieh-Bucht abgesetzt, um in das innenpolitische Gerangel im Libanon einzugreifen. Unsere Lesart war klar: Das geschah aus Furcht, die Umgestaltungen in den fortschrittlichen arabischen Staaten könnten auch auf dieses Land übergreifen.

Einheiten der 6. US-Flotte kreuzten in den letzten Apriltagen 1966 demonstrativ vor den libanesischen Hoheitsgewässern und gingen schließlich in der St.-Georges-Bucht vor Anker gingen – just zu dem Zeitpunkt, als in Ankara eine Tagung des CENTO-Paktes stattfand und in Beirut amerikanische Diplomaten konferierten.

Was hatten die USA im Libanon vor? Diese Frage trieb mich und meine Dienstherren um.

Am unteren Ende der entlang zur Avenue de Paris verlaufenden Uferpromenade war unsere Handelsvertretung. Sie befand sich unmittelbar neben der Botschaft der Vereinigten Staaten von Amerika, nur durch eine CALTEX-Tankstelle von ihr getrennt. Einige hundert Meter weiter stand die Botschaft des Vereinigten Königreiches von Großbritannien.

Man konnte es kaum glauben, daß dieses superschlanke Hochhaus, für dessen Lage und Ausstattung sich manche Vertretung interessierte, der kleinen, bescheidenen DDR gehörte. Nur wenige Botschaften verfügten in Beirut über ein solches Gebäude. Zwei in Kupfer getriebene Tafeln, die unmittelbar am Haupteingang angebracht waren und das Staatswappen trugen mit den offiziellen Beschriftungen in mehreren Sprachen, zeigten selbstbewußt an, daß sich hier tatsächlich der zweite deutsche Staat eingerichtet hatte.

In den ersten Tagen verließ ich kaum mein Arbeitszimmer. Hin und wieder bat ich einen Mitarbeiter zu mir und ließ mir dies und jenes erklären. Meine Aufgaben als Stellvertreter des Leiters der Handelsvertretung waren klar formuliert, desgleichen auch die, die ich als Aufklärer zu lösen hatte. Doch brauchbare Konzepte hatte ich nicht. Zum ersten Mal sollte ich Leitungsaufgaben übernehmen. Übung darin hatte ich keine. Wie sollte ich sie angehen? Morgens als Stellvertreter des Leiters der Handelsvertretung auftreten, nachmittags als Resident, abends in beiden Funktionen?

Standortvorteile! Die durfte ich auf keinen Fall unterschätzen! Von meinem Schreibtisch aus konnte ich das offene Meer sehen. Mit dem Fernglas suchte ich seinen Horizont ab. Jedes Schiff, das den naheliegenden Beiruter Hafen anlief, konnte ich bei der Einfahrt verfolgen, auch jedes Kriegsschiff. Vom rechten Eckfenster meines Arbeitszimmers, das glücklicherweise in der 3. Etage lag – hoch genug, um über die halbverdorrten Palmenkronen hinwegzusehen –, konnte ich den endlosen Strom der Fahrzeuge beobachten, der sich über die Uferstraße nach beiden Seiten ergoß. Dort hinten befanden sich die

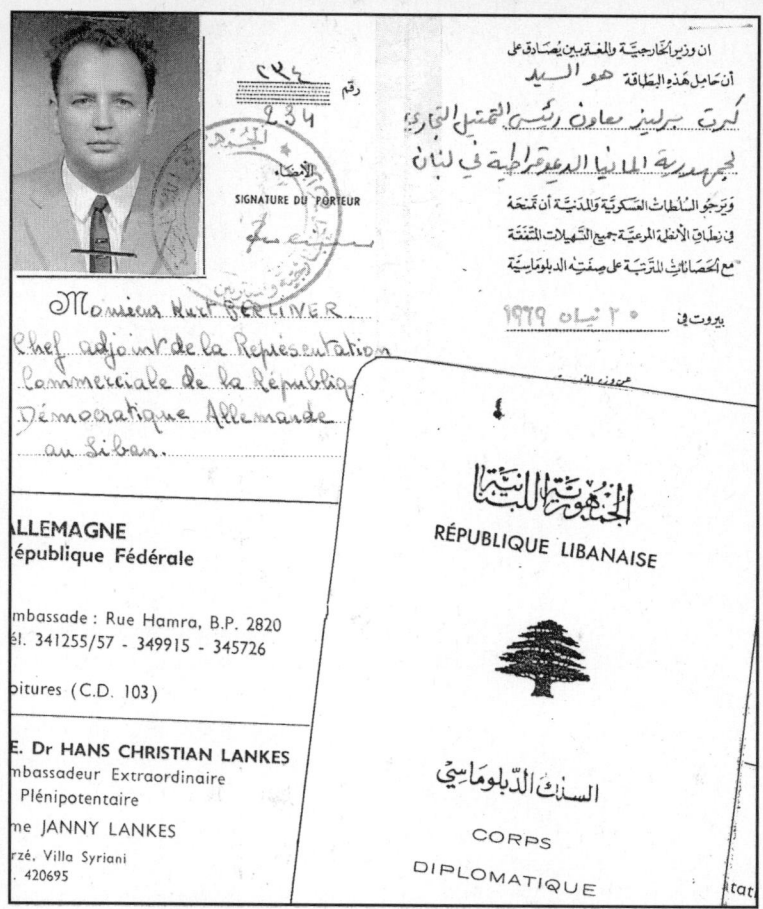

Dokumente aus dem Libanon

Sportanlagen der Amerikanischen Universität. Und vom Balkon aus war das Geschehen um den riesigen Gebäudekomplex der amerikanischen Botschaft einzusehen. Wahrhaftig, eine strategisch bedeutende Lage.

Scharenweise drängten sich dort die Leute in die Eingänge hinein, Diplomaten, Militärs, Weiße, Schwarze, Angestellte, amerikanische und sicherlich auch einheimische. Ohne die die Amerikaner, wie man behauptete, nirgends in der Welt auskommen wollten. Und sie wurden von Marinesoldaten kontrolliert. Es galten ganz offensichtlich besondere Sicherheitsvorkehrungen. Sie hatte ich auch an einigen

Verhaltensweisen amerikanischer Bürger bemerkt, mit denen wir im Hochhaus unterhalb des Leuchtturmes unter einem Dach wohnten. Und die den gleichen Weg nahmen, den ich morgens und abends ging.

Mit Amerikanern war ich seit meiner Kindheit nie wieder in direkte Berührung gekommen. Im Mai 1945 tauchten in unserer Stadt amerikanische Soldaten auf. Sie saßen auf schnellen Jeeps und großen Panzern. Sie kamen als Befreier, mit freundlichen Gesichtern, winkend, scherzend, lachend. Sie blieben in Erinnerung, weil sie uns Kindern Schokolade gaben und englische Vokabeln beibrachten.

Wie sich die Welt doch verändert hatte. Und nun stand ich vor der Aufgabe herauszufinden, was Amerika im Nahen Osten tat. Von den Mitarbeitern ihrer Botschaft würde man dies wohl schwerlich erfahren können. Aber von wem denn sonst? Was waren das für Leute, die dort drüben ein- und ausgingen? Hatten sie Einblick in die US-Politik und Verständnis für nachrichtendienstliche Angelegenheiten der DDR? Wie konnte ich mit ihnen in Kontakt kommen und mein Anliegen verständlich machen? War das überhaupt möglich?

Die Verantwortlichen der Zentrale in Berlin hatten mich über meine Aufgaben in Beirut belehrt und zugleich – ganz allgemein – vor den Aktivitäten der amerikanischen Aufklärung, der CIA gewarnt. Mir wurde auch gesagt, daß deren Agenten bemüht seien, in die diplomatischen Vertretungen der sozialistischen Staaten einzudringen und Ahnungslose anzuheuern.

Gleiche Kappen, gleiche Brüder, dachte ich insgeheim, als man mich über amerikanische Praktiken instruierte. Über persönliche Berührungen mit Geheimdiensten anderer Staaten oder gar praktische Erfahrungen aber berichtete keiner meiner Vorgesetzten. Vielleicht gab es keine.

Gewiß hatte die Zentrale ebenso übertrieben wie die Beiruter Zeitungen, die seit geraumer Zeit ziemlich genaue Angaben über Aktivitäten der CIA im Nahen Osten machten. Danach sollte das Beirut der 60er Jahre für die Amerikaner zu dem geworden sein, was für die Briten einst Hongkong und für die Franzosen Tanger gewesen war. Erst kürzlich hatte die führende arabischsprachige »Al Anwar« mit einem 16seitigen Sonderdruck auf Bemühungen der CIA aufmerksam gemacht, den Einfluß Washingtons auf die Entwicklung im Nahen Osten nach dem Sechs-Tage-Krieg zu verstärken. Sie behauptete, dokumentarische Beweise vorlegen zu können, wonach das amerikanische Kulturinstitut ein Geheimprogramm zur Unterwanderung intellektueller Kreise in den arabischen Staaten abwickelte. Zu Beginn des Jahres, so »Al Anwar«, hätten die USA allein in Beirut 70 Leute mit dem Auftrag eingesetzt, Informationen im Rahmen einer Gesamtaufklärung über die politische Situation und die innere Entwicklung politischer Parteien in der arabischen Welt zu sammeln.

Konnte man solchen »Enthüllungen« Glauben schenken? Galten die Araber nicht als Meister der Täuschung und Desinformation?

Aufsehen erregte auch der ehemalige US-Senator William Scranton, den der amerikanische Präsident in arabische Hauptstädte und nach Tel Aviv entsandt hatte. Nach seiner Rückkehr in die USA erklärte er nämlich vor Journalisten, daß »ohne die Amerikanische Universität in Beirut die Situation der USA und der Israelis noch schwieriger« wäre. Damit hatte er den in libanesischen Kreisen seit langem erhobenen Vorwurf bestätigt, daß die Amerikanische Universität ein bedeutendes Zentrum für die amerikanische Aufklärung in der arabischen Region anzusehen sei.

Für die operative Bearbeitung von Botschaften anderer Staaten hatte die Zentrale mir keine Rezepte nach Beirut mitgegeben, auch keine für eine praktische Tuchfühlung mit fremden Geheimdiensten. Selbst eine Kontaktaufnahme mit dem sowjetischen KGB war ausgeschlossen worden. Statt dessen sollte ich die unveränderte Orientierung befolgen, die auch schon für den Einsatz in Mali galt. Das bedeutete, das unter den vorgefundenen Bedingungen Machbare herauszufinden, ohne die offiziellen zwischenstaatlichen Beziehungen zu belasten und den persönlichen Status des Stellvertretenden Leiters der Handelsvertretung in der »Djoumhouria Lubnania«, wie die Republik Libanon auf arabisch hieß, zu gefährden.

Einen grauen Alltag im Libanon gab es nicht. Es war, als ob einen das Leben in diesem Land mit sich riß. Meine Familie gewöhnte sich an die neuen Verhältnisse außerordentlich schnell, ich ebenso. Vermutlich lag das auch daran, daß die früheren Chefs dieser Handelsvertretung die Arbeits- und Lebensbedingungen ihrer Mitarbeiter in sehr großzügiger Weise hatten regeln können. Die Auslandsentschädigung, so nannte man die Auszahlung für den Familienunterhalt in landesüblicher Währung, fiel in Pfunden und Piastern reichlich aus. Man konnte sich auf einem Niveau einrichten, das beträchtlich über heimatlichen Verhältnissen lag. In der Tat, unser Dasein änderte sich schlagartig auf angenehme Weise.

Die Wohnung erinnerte in ihren Ausmaßen an die großzügigen Residenzen unserer Botschafter in Afrika. Sie war wegen zu erwartender Repräsentationsverpflichtungen beinahe luxuriös ausgestaltet und gefiel uns vom ersten Tag an. Bei ihrer Übernahme lobte ich die selbstbewußte Verwaltungsleiterin wegen ihres Talents und ermunterte sie zu weiteren haushaltsbezogenen Zugeständnissen. Unsere wenigen aus Berlin mitgebrachten Habseligkeiten, darunter eine Sammlung von Erinnerungsstücken – Wandteller aus Ägypten, Holzmasken aus Mali – stellten wir mit wirkungsvoller Absicht aus. Gäste sollten angeregt werden, nach deren Herkunft zu fragen.

Die wenigen Begegnungen mit Offiziellen in den ersten Tagen offenbarten, daß man in diesem Land tatsächlich zuerst danach befragt wurde, welche Länder man bereits bereist und in welchen man gedient habe, welche Sprache man beherrsche und welche man für die Konversation bevorzuge. So zeigten sich einige überrascht, daß ich, der aus dem Osten kam, sogar Rom, Athen und Zürich kannte und Afrika bereist hatte. Daß ich in Westeuropa die Flughäfen nicht verlassen durfte, weil die Behörden keine Visa erteilten, vermied ich geflissentlich zu erwähnen. Hochstapelei gehörte mit zum diplomatischen Handwerk.

Auf Äußerlichkeiten achteten meine neuen Partner besonders. Es gehörte dazu, daß man ein großes und schnelles Auto fuhr. Unserer Verwaltungsleiterin dankte ich erst später, daß sie auch daran gedacht hatte. Als ich nämlich in der Tiefgarage der Handelsvertretung zum ersten Mal die schwere Limousine sah, bäumte sich in mir alles auf. Ich war an strenge Sparsamkeit gewöhnt, auch in den Auslandsvertretungen. »Unglaublich, diese Verschwendung«, hatte ich den Cheffahrer angefaucht, der zugleich als Leiter des Fuhrparks und als Hausmeister fungierte. Warum ich mich nicht über diesen »Schlitten« freue, wollte er wissen und zeigte sich wegen meines Ungehaltenseins betroffen. Seine Mühe, mir die Situation zu erklären, honorierte ich dann doch mit Anstand. Nachdenklich akzeptierte ich das mir zugedachte Fahrzeug, weil es standesgemäß und repräsentativ war.

Bald fand ich nämlich bestätigt, daß in meiner neuen Umgebung Vermögen und Einfluß tatsächlich an Firmenschildern und in Motorstärken gemessen wurden. Das galt um so mehr für Ausländer, so man mit ihnen ins Gespräch, sprich Geschäft, kommen wollte. Und erst recht für Diplomaten, hinter denen man verlockende Verbindungen und kapitalträchtige Perspektiven vermutete.

Nach allem, was ich überblicken konnte, schien ich für eine erfolgversprechende Tätigkeit in Beirut ausgerüstet zu sein. Das machte zufrieden, hob das Selbstwertgefühl, ließ Hoffnung aufkommen. Ein akademischer Titel sollte sich ebenso auszahlen wie eine repräsentative Visitenkarte, möglichst mit Reliefdruck in schwarzem Lack und eleganter Kursivschrift. »Chef Adjoint«, Stellvertreter des Chefs der Handelsvertretung der DDR, das klang gut.

Die Handelsvertretung beehrte sich, dem Außenministerium mit diplomatischer Note mein Erscheinen in Beirut und meine Funktion offiziell anzuzeigen. Aber weder im späteren Notenverkehr noch im Diplomatenverzeichnis, weder auf den Visitenkarten noch auf Einladungen der Handelsvertretung wurde jemals mein Rang Attaché vermerkt – jedenfalls nicht bis zur Aufnahme diplomatischer Beziehungen. Es hätte sich nicht gut gemacht, wenn ich zu Zeiten, in denen ich als Chargé d'Affaires a.i. fungieren mußte, lediglich mit dem niedrigsten Rang, den ein diplomatischer Dienst zu vergeben hat, in Erscheinung getreten wäre.

Für mich zählten diese Formalitäten in gewisser Weise doch, weil sie anzeigten, welche Sprosse auf der gesellschaftlichen Stufenleiter ich erklommen hatte. Ein wenig Eitelkeit mußte sein.

Im Rückblick muß ich mir eingestehen, daß Beirut meinen Ehrgeiz, mich als erfolgreicher Aufklärer zu beweisen, besonders provoziert hat. Als leidenschaftlicher Aufklärer empfand ich inzwischen innere Befriedigung, politische Entwicklungen vor Ort beobachten zu können, hautnah die Herausbildung neuer Tendenzen und ihr Umschlagen in neue Situationen zu verfolgen, darüber Informationen zu sammeln und in Analysen zusammenzufassen. Das Prinzip, alles zu sehen, aber nicht gesehen zu werden, galt für mich nicht. Wie sollte ich mich als Diplomat unsichtbar machen? Im Gegenteil, ich hatte in Afrika die Erfahrung gemacht, daß man als Aufklärer erfolgreicher arbeiten konnte, je offizieller man seine Präsenz als Diplomat demonstrierte und Recherchen mit legitimierten Interessen und Wünschen begründete. Heimlich beschaffte Informationen mußten nicht besser sein als offen zugängliche. Und je höher die Stellung in der Auslandsvertretung und je gewichtiger der Rang, desto leichter war der Zugang zu Kreisen, die Politik machten.

In die diplomatische Arbeit fand ich mich schnell hinein. Mit dem Leiter der Handelsvertretung, einem Legationsrat, der schon seit einem Jahr Amt und Würden genoß, mußte ich auskommen. Er war promovierter Völkerrechtler und hatte in jungen Jahren ungewöhnlich schnell Karriere gemacht – als Jugendfunktionär, als Dozent an der Akademie für Staats- und Rechtswissenschaften, als Berater des Ministers und dessen Vertrauter. Soziale Herkunft, Begabung und Ehrgeiz mochten dabei gewiß eine Rolle gespielt haben. Zweifellos ein erfahrener Mann. Wie er gelegentlich erwähnte, hatte er eine schwere Kindheit hinter sich und ungemein hart an sich arbeiten müssen. Und wie er mir ebenso gelegentlich zu verstehen gab, hinge es mit von seinem Gutdünken ab, ob ich als sein Stellvertreter bestehen würde.

Unterschiedlichkeiten in vielerlei Hinsicht hinderten uns nicht, das nötige Maß an Zusammenarbeit zu finden. Manchmal ärgerte mich seine Neigung zur Pedanterie. Aber wichtig war, daß er mir mehr und mehr Verantwortung übertrug und Selbständigkeit gewährte, denn schließlich sollte ich ja in die Rolle des zeitweilig amtierenden Geschäftsträgers hineinwachsen können.

Ich suchte noch immer nach Ansatzpunkten für meinen Einstieg als Aufklärer. Der glückliche Zufall, auf den ich hoffte, ließ auf sich warten. Fast zweifelte ich schon daran, daß ein solcher jemals eintreten würde. Manchmal verlor ich die Geduld und wollte aufgeben. Dann wieder meinte ich, günstige Umstände für einen glücklichen Zufall selbst herbeiführen zu müssen.

Die Residentur, die ich übernahm, hatte in der Vergangenheit bei der Suche nach operativen Vorgängen wenig Glück gehabt. Unter operativen Vorgängen verstand die Zentrale das Kennenlernen von Personen in bedeutenden Positionen von Staat und Gesellschaft, mit deren Hilfe Einschätzungen der Lage und von Perspektiven in der Nahostregion erstellt werden konnten. Es ging dabei auch um Personen, die bei der Wahrnehmung von Interessen der DDR und der Durchbrechung der über sie verhängten diplomatischen Blockade helfen konnten.

Nach und nach gelang es mir, die nachrichtendienstlichen Belange in den normalen Ablauf des Diplomatenlebens einzuordnen. Mich erfüllte ein nicht definierbares Sendungsbewußtsein. War es die eingebildete Gewißheit der Überlegenheit unserer Auslandsaufklärung, die sich wie andere Nachrichtendienste der Welt als Vorhut, als eine Elite betrachtete? Oder was war es sonst? Das Elend der Dritten Welt. Die dortige Not hatte mich zutiefst erschüttert. Und wer sollte denn die Welt mit all ihren Widersprüchen und Gegensätzen verändern, wenn nicht wir, die wir doch die Einsicht in den Gang der Geschichte und die Theorie dazu besaßen. Als »gesetzmäßige Sieger der Geschichte« hatten wir die moralische Überlegenheit und das Recht auf unserer Seite.

Der »Klassenkampf« hatte hier ungewohnte Seiten: Mehrmals am Tag mußte ich die Kleidung wechseln. Mit dem Straßenanzug vom Morgen konnte man am späten Nachmittag nicht auf dem Tennisplatz der Amerikaner erscheinen, wo ein Sportdress unerläßlich war, möglichst das einer bestimmten Marke. Kleider machten selbst hier Leute. Und am Abend durfte man schwerlich an einem Cocktail oder einem Empfang teilnehmen, wenn ausdrücklich Abendanzug oder Smoking vom Gastgeber gewünscht worden war. In Beirut lebte man nicht irgendwo in der Welt, sondern in Klein-Paris. Die oberen Zehntausend legten es darauf an, Eleganz und Luxus zur Schau zu tragen. Da wurden Modellkleider aus Paris getragen, im Notfall noch aus Wien und Rom, und teure Juwelen. Nicht immer erwies sich als Gold, was glänzte. So lüftete sich erst viel später das Geheimnis um ein Ohrengeschmeide, das die ehrenwerte Gattin eines reichen Seereeders und Mitbesitzers der Eurabia-Shipping-Company nach einem vergnüglichen Abend Dagmar zum Geschenk machte.

Aber wollte ich vorankommen und etwas erreichen in dieser Gesellschaft, mußte ich dabeisein und mich so plazieren, daß ich in ihr Blickfeld geriet und ihre Aufmerksamkeit erheischte. Dagmar und ich konnten durch weltläufiges Auftreten und gutes Benehmen die Gastgeber allem Anschein nach davon überzeugen, daß wir aus vornehmen Hause kamen und ihnen fast ebenbürtig waren.

Gelernt hatte ich das nicht. Mir halfen meine Intuition wie mein Ehrgeiz und meine Leidenschaft. Ich gewann Selbstsicherheit, Zweifel schwanden. Innere Gelassenheit kehrte ein.

Um die Jahreswende lud die Regierung der DDR die libanesische Regierung ein, zur Leipziger Frühjahrsmesse 1969 eine offizielle Delegation zu entsenden. Ich trug das Einladungsschreiben in den Serail, den Sitz der libanesischen Regierung. Der Stellvertreter des Premierministers bat mich zum Gespräch, was mich ein wenig überraschte. Nassim Majdalani glich eher einem Mitteleuropäer denn einem Araber. In seinem sichtlich gerötetem Gesicht blitzten zwei listige Augen über einer rotbläulichen Nase, die besonders groß ausgefallen war.

Er danke für die hohe Wertschätzung und gedenke, die Einladung persönlich wahrzunehmen, sagte er mit wohlklingender Stimme und in schlichtem Englisch. Ob es möglich wäre, daß seine Tochter und sein Privatsekretär ihn begleiten könnten.

Selbstverständlich, erklärte ich.

Die Freundlichkeit und die Einfachheit, in der er sich mit mir befaßte, ließen mich jegliche Ehrfurcht vergessen. Exzellenz erkundigten sich nach meinem Werdegang und dem Befinden meiner Familie. Ostdeutschland kenne er nicht, doch interessiere ihn dieses Land, über das er sehr Widersprüchliches vernommen habe. Er sagte »Ostdeutschland«, obwohl doch auf dem Einladungsschreiben der offizielle Name meines Staates in dicken Buchstaben vermerkt war. Ich hielt es für meine Pflicht, ihn mit ein paar auswendig gelernten Sätzen über die Deutsche Demokratische Republik zu belehren. Führende Wirtschaftsmacht, hochentwickelte Industrie, moderne Landwirtschaft und so weiter.

Nassim Majdalani lächelte milde. Ich möge ihm Informationsmaterialien zur Verfügung stellen, damit er sich vor der Reise kundig machen könne. Ich könne ihn auch in seiner Bank besuchen. Na klar, die »Majdalani-Bank«. In diesem Moment beflügelten mich tausend Gedanken und mehr.

Dr. Elias Saba, die Graue Eminenz von Beirut, 1969

Er wolle seinen Privatsekretär beauftragen, mit mir Verbindung aufzunehmen, um die Reise nach Leipzig vorzubereiten. Majdalani klopfte mir beim Aufbruch fast väterlich auf die Schulter. Wir sehen uns wieder, meinte er jovial.

Ich hatte den Eindruck, daß dies ein ehrliches Angebot sei.

Der Privatsekretär meldete sich schon am Morgen des nächsten Tages am Telefon. Er wolle sich gleich auf den Weg zur Handelsvertretung begeben, um sich auftragsgemäß mit mir zu treffen.

Es paßte mir nicht, daß er den Termin und den Ort unserer ersten Begegnung bestimmte. Glaubte dieser Dr. Saba wirklich, daß ich nur für die Leipziger Messe zuständig wäre und ihn sofort empfangen würde? Er ging auf mein Gegenangebot ein, sich mit mir im »Dolce Vita« zu treffen.

Ich fand mich in dem libanesischen Spezialitätenrestaurant rechtzeitig ein, um einen Tisch auswählen zu können. Plötzlich stand neben mir ein hochgewachsener Mann mit einer dunklen Hornbrille, die ihm das Aussehen eines geisteswissenschaftlichen Dozenten verlieh. Da wir die beiden einzigen Gäste im Hause waren – es goß draußen in Strömen –, konnte es sich nur um Dr. Saba handeln.

Wie ich bald erfuhr, arbeitete er seit geraumer Zeit auch als Dozent an der Amerikanischen Universität von Beirut. Und er beriet nicht nur den Stellvertreter des Ministerpräsidenten im Libanon, sondern auch einige Regierungen in der Golfregion.

Er sprühte vor Redseligkeit, stellte sich als eingefleischter Junggeselle vor, als Genießer alles Irdischen, als Mann der Wissenschaft und Kunst. Es freue ihn, die Bekanntschaft mit einem Diplomaten des Ostens zu machen.

Na, und ich freute mich erst. Mehr noch als Nachrichtenmann denn als Diplomat. Ich hatte einen wirklich interessanten Menschen an die Angel bekommen.

Das Gespräch erwies sich in jeder Hinsicht als sehr nützlich. Wir verabredeten, uns regelmäßig zu treffen. Die Reise-Vorbereitungen legimierten dieses Ansinnen hinlänglich.

Die Zentrale stimmte zu, daß ich in meiner offiziellen Eigenschaft als Stellvertreter des Leiters der Handelsvertretung die libanesische Regierungsdelegation nach Leipzig begleitete. Ich wollte und sollte zu Seiner Exzellenz und seinem Privatsekretär eine solche Atmosphäre der Vertraulichkeit schaffen, die es erlaubte, auch andere Fragen zu stellen und – das vor allem – auch Antworten zu bekommen.

Die Tage in Leipzig bewirkten viel. Die Majdalanis verbrachten fast eine ganze Nacht in »Auerbachs Keller«. Seine Exzellenz genoß den milden Weinbrand »Auslese« in vollen Zügen. Ich hielt mit. Jeder vergaß auf seine Weise, daß wir unterschiedlichen Welten angehörten. Daraus entwickelte sich eine langjährige Verbindung zur Familie. Wiederholt kam er auf das Gelage zu sprechen, ohne zu verschweigen, daß seine Leber durch jahrzehntelangen Cognac-Genuß bereits irreparablen Schaden genommen hatte.

Tochter Myrna, eine international bekannte Pianistin im heiratsfähigen Alter, liebte die deutsche Klassik. Sie kam zum Festival von Baalbeck in der Bekaa, um dem Leipziger Gewandhausorchester unter Kurt Masur und anderen Klangkörpern aus der DDR im Carlton-Hotel von Beirut zuzuhören. Als Myrna geraume Zeit später den Rechtsanwalt Dr. Khayam heiratete, zählten Dagmar und ich zu den Gästen einer Hochzeit, wie sie sich in Beirut nur Millionäre leisten konnten.

Ich freute mich jedes Mal darauf, mit Seiner Exzellenz in dessen Bank zusammenzutreffen, auch später, als er nicht mehr Minister war. Ich fragte mich oft nach seinen Motiven. Wahrscheinlich waren es anfänglich erhoffte Geschäftsbeziehungen. Die konnte die DDR kaum erfüllen. Deshalb hätte es auch nicht des persönlichen Verhältnisses bedurft. Konnte es aber im Kapitalismus wirklich Persönliches geben, wo nach Karl Marx selbst die Liebe zur Ware wurde? In Nassim Majdalani lernte ich zum ersten Mal einen richtigen Kapitalisten kennen, einen, der trotz der ewigen Jagd nach Profit offensichtlich Mensch geblieben war.

Ich versorgte Seine Exzellenz in größeren Abständen mit unserer »Auslese«. Wenn ich mich mit dem Präsent zu ihm begab, nahm ich den Weg dorthin durch die berühmte Rue Riad Solh, durch jene Straße, in der nach dem Zweiten Weltkrieg Banken und Bankfilialen wie Pilze aus dem Boden geschossen waren. Über neunzig Banken hatten sich in Beirut niedergelassen. Die durch das Erdölbusiness schnell reich gewordenen Herrscher Saudi-Arabiens und der Scheichtümer und Emirate am Arabischen Golf legten hier ihre märchenhaften Gewinne an. In dieser Straße gab es nur zwei Gebäude, die keine Banken beherbergten: die Hauptpost und die Moschee.

Dr. Elias Saba wurde in meinen Beiruter Jahren ein treuer Wegbegleiter. Er kannte sich in den Wirtschaftsangelegenheiten des Libanon und der ganzen Nahostregion aus wie kaum ein zweiter. Er fertigte im

Nassim Majdalani, Libanons Vizepremier, mit Tochter Myrna und Berater Saba in Berlin-Schönefeld, 1969

Auftrag der Erdölscheiche Analysen von besonderer Relevanz an, wie sie von keiner Akademie in der DDR hätten besser vorgenommen werden können. Saba verschaffte mir Zutritt zur Bibliothek der Amerikanischen Universität und half, einen Studenten zu finden, der mir Arabisch-Unterricht erteilte und sich an der Universität auskannte. Mit Saba aber blieb ich selbst dann noch in ständigem Kontakt, als er enttäuscht von einem Sommerkurs an der Hochschule für Ökonomie in Berlin zurückkehrte.

Der Majdalani-Clan blieb bis zu meiner Rückkehr nach Berlin in meiner Aufklärertätigkeit eine konstante Größe. Über deren Bedeutung für die Aufklärung der DDR im Nahen Osten hat er nie etwas erfahren. Ich achtete ihn sehr und behielt ihn in lebendiger Erinnerung.

Als Mission bemühten wir uns um Kontakte zur Presse des Gastlandes, zu Rundfunk und Fernsehen. Schließlich ging es darum, in den einheimischen Medien ein freundliches Bild über die DDR zu verbreiten. Das ist Anliegen jeder diplomatischen Vertretung, und dafür gibt es Presseattachés. Dazu mußten vertrauliche wie diskrete Verbindungen hergestellt werden. Als effektiv erweisen sich vor allem solche zu freischaffenden, unabhängigen Journalisten, die auf Honorarbasis arbeiten, aber auch fest angestellte Mitarbeiter renommierter

Zeitungen. Beziehungen zu solchen Personen hatten auch nachrichtendienstlichen Wert. Diese Leute unterhielten (und unterhalten) verdeckte Verbindungen in die Chefetagen der Ministerien, Banken und
Konzerne, Verbindungen, auch, um als Nachrichtenträger oder
Ghostwriter steuerfreie Nebeneinkünfte zu beziehen.

Man hatte mir in Berlin gesagt, daß es in der kapitalistischen Welt
überall so sei und ich mich darauf einstellen müsse, daß sich Nachrichtendienste für diskrete Recherchen im Ausland auch Journalisten
anheuerten. Wenn wir das taten, also, daß wir unsere Journalisten bei
ihren Auslandseinsätzen in gleicher Weise nutzten, war das legitim
und normal. Nur die anderen handelten unrechtmäßig.

In Mali gab es nur eine anspruchslose vierseitige Tageszeitung und
einen einzigen Radiosender, der zudem nur stundenweise unter staatlicher Kontrolle ein Programm ausstrahlte. Da gab es für mich nicht
allzu viel zu tun. Anders im Libanon. Dort erschienen so viele Tages-
, Wochen- und Monatsblätter, wie das Jahr Sonnentage zählte. Laut
UNO-Statistik gab es mehr politische Tageszeitungen als anderswo
im Nahen und Mittleren Osten.

Wer Monsieur Elie, den die Handelsvertretung mit der Auswertung der arabischen Presse beauftragt hatte, wirklich war, blieb ein

Rätsel. Er war ein tüchtiger Dolmetscher, zeigte sich freundlich und hilfsbereit und blieb dennoch verschlossen. Er konnte mir nicht helfen, Kontakte in Redaktionen zu knüpfen, weil er weder Journalist war noch über journalistische Anlagen verfügte. Ich brauchte mindestens einen wirklichen Journalist, der den Pulsschlag der Zeit verstand. Zudem: Wer sollte sich in Arabien freier bewegen können als ein freier arabischer Journalist? Noch dazu einer von den libanesischen, von denen man behauptete, daß sie die beweglichsten seien und die gerissensten gleichermaßen.– Wie aber konnte ich einen unter den Hunderten finden, dem man vertrauen konnte? Wo einen suchen, von dem man überzeugt sein durfte, daß er nicht schon von einem anderen Geheimdienst angeheuert worden war.

Ich nahm Verbindung auf zu Melhelm Karam, dem einflußreichen Präsidenten des Verbandes der Journalisten Libanons, und dem noch einflußreicheren Riad Taher, dem Präsidenten des Verbandes der Verleger. Wie groß der Einfluß der beiden auf den Beiruter Blätterwald war, konnte ich bereits am nächsten Tag ermessen. Zahlreiche Zeitungen informierten ihre Leser über die Unterredungen, die sie mit dem Geschäftsträger a. i. »Ostdeutschlands« geführt hatten.

Von verschiedener Seite war ich vor Mehelm Karam gewarnt worden. Er sei eine Art politischer Zuhälter, sagten die einen, ein Gangster von westlichen Gnaden die anderen. Von den Warnungen hielt ich nicht viel, ich wollte mir mein Urteil selber bilden. Von erstem Moment an fühlte ich mich ihm gewachsen. Unkonventionelles Verhalten und kosmopolitische Aufgeschlossenheit machten ihn mir sympathisch. Wir waren nahezu gleichaltrig. Gewiß spielten bei beiden auch Lust und Neugier eine Rolle, die Möglichkeiten und Grenzen des anderen auszuloten.

Mehelm Karam erwies sich weder als hinterlistig noch als aufdringlich. Daß er es liebte, im Mittelpunkt des öffentlichen Interesses zu stehen und Verbindungen nach allen Seiten zu pflegen, daß Eitelkeit und Geltungsbedürfnis ihn fast zerrissen und er gelegentlich hochstapelte, störte mich kaum. Ich mußte es nur berücksichtigen.

Mit dem Präsidenten des Verbandes der Zeitungsbesitzer hatte Karam, wie jeder wußte, Verständigungsschwierigkeiten; zu unterschiedlich waren ihre Neigungen, zu groß ihre Differenzen. Mit dem viel älteren Riad Taher kam auch ich nicht zurecht; ich fand ihn weder sonderlich intelligent noch interessant. Sein demonstrativer Antikommunismus stieß mich geradezu ab.

Ich hielt es aber für angezeigt, Riad Taher nicht zu übersehen und Mehelm Karam nicht zu unterschätzen. In die persönlichen Querelen der beiden Gewaltigen wollte ich nicht geraten.

Riad Taher verlor bald das Interesse an mir, mit Mehelm Karam dagegen ließ es sich vortrefflich streiten. Er war zweifellos ein wichtiger Mann und schätzte es, wenn man ihn als solchen behandelte. Und, was ich für noch wichtiger hielt, er verübelte es einem nicht, wenn man ihn provozierte und mit Fragen kam, die man besser nicht öffentlich stellte. Für mich war wichtig, daß er mir einen Überblick über das Pressewesen im Land und seine Besonderheiten gab und Hinweise zu interessanten Persönlichkeiten, die er so vorzüglich und zutreffend zu charakterisieren verstand. Er versäumte keinen diplomatischen Empfang der Handelsvertretung. Er fand sich ein, auch wenn es nur für wenige Minuten war. Meist war er dabei von einigen Männern umgeben. Auffällig war lediglich, daß diese weder Journalisten waren noch Verleger. Karam erschien in hellen Anzügen und mit weißen Schuhen, er trug dazu popfarbige Krawatten und die passenden Kavalierstücher, und mit der dunklen Sonnenbrille wirkte er wie ein Mafioso.

Mehelm Karam verdanke ich viel. Er schenkte mir seine Sympathie über eine lange Zeit. Wann immer ich in meinen offiziellen Funktionen als Stellvertreter des Leiters der Handelsvertretung oder als Geschäftsträger Aktivitäten für die Öffentlichkeitsarbeit plante, gewährte er mir Flankenhilfe. Er verhalf mir wiederholt zu diplomatischen Pressegesprächen oder -konferenzen, die, da die DDR offiziell noch keine diplomatischen Beziehungen zum Libanon unterhielt, nicht so einfach zu organisieren waren. Auf diese Weise geriet mein Name im Zusammenhang mit Berichten über Veranstaltungen der Handelsvertretung häufiger in die Zeitungen als üblich. Was nicht von Nachteil war: So gelang es, meine Funktion als Resident der Hauptverwaltung Aufklärung zu verwischen.

Bei meiner Suche nach einem geeigneten Journalisten leistete mir die Zentrale in Berlin unerwarteten Beistand. Entweder hatte man dort wirklich gute Vorarbeit geleistet, oder der Zufall mußte ihr in die Hände gespielt haben. Sie übermittelte jedenfalls die Koordinaten zur Kontaktaufnahme mit einem Journalisten und empfahl, dies möglichst bald zu erledigen.

Es stellte sich heraus, daß Antoine Zahrour für mich kein Unbekannter war. Um es vorwegzunehmen: Ich hätte gewiß einen anderen Mann gesucht und wäre einer Zusammenarbeit mit ihm ausgewichen. Seit längerem war mir Zahrour auf diplomatischen Veranstaltungen aufgefallen. Ständig hielt er sich in der Nähe von Diplomaten sozialistischer Länder auf und bemühte sich um ihre Gunst. Er sah nicht aus wie ein Araber, und doch sollte er einer sein. Sein Alter war schwer abschätzbar, seine Gesichtszüge waren kaum zu definieren. Das durch und durch graue, nichtssagende Gesicht wurde von einer dicken Hornbrille verdeckt, ähnlich der, die Dr. Elias Saba trug. Der breite häßliche Mund legte beim Lachen noch häßlichere gelbe Zähne frei. Die klobige runde Nase rieb er unaufhörlich zwischen Daumen und Zeigefinger. Sein Äußeres wirkte abstoßend und machte ihn mir unsympathisch, noch bevor ich auf ihn zuging und ihm die Hand entgegenstreckte. Ob er es bemerkt hatte, daß ich meine Hand hastig der seinen entzog? Das Abstoßende seines laschen Händedruckes, die unangenehme Feuchte glaubte ich noch lange zu spüren. Sollte das tatsächlich der Mann sein, zu dem ich Kontakt aufnehmen sollte? Hielt ihn die Zentrale wirklich für so geeignet, daß er uns besorgen konnte, was wir brauchten?

Antoine Zahrour! So stellte er sich vor, obwohl ich ihn mit »Monsieur Zahrour« angesprochen hatte. Und er lachte dabei aufdringlich laut. Als ob er die Absicht hegte, dem Publikum unüberhörbar mitzuteilen, daß er da sei.

Unsere erste Begegnung blieb mir besonders im Gedächtnis haften, weil Monsieur Zahrour mich ständig zu animieren versuchte, zum Whisky zu greifen und mit ihm anzustoßen. Ich entschuldigte mich nach kurzer Zeit mit dringenden Angelegenheiten und bemühte mich, ihn so schnell wie möglich loszuwerden. Monsieur Zahrour legte eine Hand auf meine Schulter und hielt mich solange zurück, bis ich seine Einladung zu einem Besuch bei ihm annahm. Dabei trat er so dicht an mich heran, daß mir der üble Geruch in die Nase stieg, der aus seinem Mund drang.

Wir trafen uns in der Nähe von Ajaltoun in den Bergen. Dort wie in Bhamdoun, Reyfoun, Faraya und vielen anderen Gebirgsdörfern bewohnten wohlhabende Familien in den heißen Sommermonaten schmucke Häuser. Diese lagen abseits zwischen Pinienwäldern und Olivenhainen. Die feinen Herrschaften genossen die Frische kühler Nächte, wenn es in Beirut unerträglich brodelte. Über welche Einkünfte mußte Zahrour verfügen, um sich ein solches Haus mit Swimmingpool und Kinderspielplatz, mit Liegewiese und offenem

Kamin leisten zu können? Und wie er uns bewirtete! Als ob er eine Heerschar zu versorgen gehabt hätte.

Seine Frau und seine Kinder wirkten eingeschüchtert und wagten sich kaum zu rühren. Zahrour lachte wieder ungebührlich laut, er gab sich ungeniert und zeigte sich mit seinem Besitz zufrieden. Für mich stand fest, daß dieser Mann über seine Verhältnisse lebte.

Unser Achtjähriger nannte ihn nach der Rückkehr den »lachenden Mann«. Familienintern übernahmen wir für Zahrour diesen Namen. Wo die Auslandsaufklärung der DDR auf den »lachenden Mann« aufmerksam und wie er für eine Mitarbeit beim Pressedienst des Ministerrates engagiert wurde, hatte der für den Nahen Osten Verantwortliche der Zentrale vergessen mir mitzuteilen. Erst auf Anfrage erfuhr ich, daß der Wirtschaftsjournalist Zahrour wiederholt als Gast des Messeamtes in Leipzig geweilt hatte und für eine journalistische Mitarbeit angeheuert worden war – vorzugsweise auf dem Gebiet des Außenhandels. Wahrscheinlich war es dem schlauen Orientalen gelungen, sich gegenüber einem unerfahrenen DDR-Funktionär in Szene zu setzen. Operativ interessante Partner mit entsprechenden Verbindungen wurden überall gesucht.

Mit Zahrour war vereinbart worden, daß er schriftliche Beiträge nach vorgegebenen Themen anfertigte und dafür, entsprechend ihrer Verwertbarkeit, ein Honorar gezahlt bekäme. Man hatte ihn wissen lassen, daß es hauptsächlich um Fragen des Erdölgeschäfts und des Devisenhandels gehe. Die Zusammenarbeit müsse vertraulich sein, seine Beiträge würden inoffizieller Verarbeitung zugeleitet.

Ob Zahrour diese Legende jemals glaubte, weiß ich nicht. Legende nannte man in der Aufklärung die Beschreibung eines fiktiven Sachverhalts, der mitunter als glaubwürdiger Hintergrund und Vorwand für nachrichtendienstliche Belange gebraucht wurde. Auf jeden Fall hielt er sich an die Sprachregelungen.

Der Kontakt zu ihm war vor meiner Reise nach Beirut hergestellt worden, doch weil sich Zahrour offenkundig auf Tauchstation begeben hatte, war mir bei der Abreise nichts über ihn mitgeteilt worden. Nun hatte er sich offenbar in Berlin wieder gemeldet und erklärt, er habe mit seinen Recherchen begonnen, was dazu führte, mich in Beirut in Kenntnis zu setzen. So war die Verbindung aufgenommen worden.

Zahrour weigerte sich, Angaben über seine Quellen zu machen und die Umstände preiszugeben, unter denen er in den Besitz der als vertraulich gekennzeichneten Beiträge gelangte. Statt dessen erfuhr ich, daß einige seiner Verwandten hochrangige Funktionen im Libanon, in Jordanien und in Kuwait ausübten. Und daß Familienclans in arabischen Ländern einen unvergleichlich stärkeren Zusammenhalt pflegten als beispielsweise in deutschen Landen, und diesen zu gegenseitigem Vorteil nutzten, wußte ich inzwischen.

An die Ausarbeitungen, die mir Zahrour größtenteils handschriftlich übergab, erinnere ich mich nicht mehr im Detail. Doch daß ich stets große Schwierigkeiten hatte, seine Schriften zu entziffern und die Inhalte zu verstehen, daß ich mich häufig ärgerte und mich mit ihm ebenso häufig darüber auseinandersetzen mußte, das habe ich nicht vergessen.

Zahrour verfolgte offensichtlich die Absicht, sich als Nachrichtenhändler auszuzeichnen. Sofern er Manuskripte zur Verfügung stellen konnte, die aus den Schreibtischen seiner Verwandten stammten und die Schriftzeichen kompetenter Regierungsstellen trugen, schien dies aus meiner Sicht von gewissem Wert zu sein. Aber sobald er eigene Texte anbot, verkrampfte sich mein Inneres und steigerte sich meine Unzufriedenheit in blanke Wut. Unbeherrscht gab ich ihm sein kaum leserliches Papier zurück. Unglaublich, meine Reaktion beeindruckte Antoine Zahrour nicht. Als wenn er die Zurückweisungen überhaupt nicht erlebt hätte, lud er mich anschließend zu einem Essen ein. Er hoffte wohl darauf, auf arabische Weise meine Ablehnung noch einmal verhandeln und sie schließlich doch noch in Honorar umwandeln zu können. In der ersten Zeit hatte ich auch einige seiner Beiträge redigiert, durch einige Erkenntnisse bereichert und für Berlin akzeptabel abgefaßt. Daraufhin fühlte er sich veranlaßt, zu Ostern und Weihnachten meiner Familie kleine Aufmerksamkeiten zukommen zu lassen. Er sei Christ und wolle Freude bereiten. Ich aber spürte, daß er mich »honorierte« und bei Laune halten wollte. Geraume Zeit redete ich mir ein, ihm unrecht zu tun, wenn ich ihm Geldgier unterstellte. Aber es war so. Zahrour war käuflich – für Geld machte er alles.

Auch als Journalist war Zahrour miserabel, er hatte mich nicht von seinen professionellen Fähigkeiten überzeugen können. Seine Leistungen entsprächen nicht seinen Forderungen, die ausuferten und abgewehrt werden müßten, signalisierte ich der Zentrale meine Bedenken .

Zahrour sei ein Orientale, lautete die lakonische Antwort.

Eines Tages unterbreitete er mir die Idee, eine eigene Wirtschafts-

zeitung herausgeben zu wollen. Er behauptete, daß die im Libanon ansässigen Büros der DDR – die »Interflug«, die Deutsche Seereederei,
die Gemischte Gesellschaft Central-Trading-Company – im Land
genügend Umsätze tätigten, um damit eine Zeitung finanzieren zu
können. Zuerst begeisterte mich diese Idee. Was könnte man alles über
eine Wirtschaftszeitung abdecken! Ein ganzes Netz von Korres-
pondenten könnte sich Zahrour in meinem Auftrag in der arabischen
Welt aufbauen und Nachrichten beziehen. Aber wer sollte zahlen? Wir.
    Ich lehnte ab. Sein Angebot war unannehmbar. Eine Zeitung die-
ser Art brauchten wir nicht. Die Zentrale stimmte mir zu. Zahrour
konnte seine Enttäuschung und Unzufriedenheit kaum verbergen,
doch setzte er die Zusammenarbeit in bisheriger Weise fort. Ich reduzierte meine Rolle auf die eines Briefträgers.
    Zahrour schaffte es allein, eine Wirtschaftszeitung herauszugeben.
Ich war ziemlich verblüfft, als er mir ein Exemplar der Erstausgabe
überreichte. Ich hatte nicht erwartet, daß er zu solchem Unternehmen
imstande war. Und wieder lachte er in der von mir verwünschten Art.
Also hatte er doch zahlungskräftige Hintermänner gefunden. Er
schwieg sich darüber aus.
    Überhaupt, wenn es um Fragen ging, die seine Einnahmen
berührten, versiegte seine Beredsamkeit von einem Moment zum anderen. Ich hätte ihn niemals veranlassen können, seine heimlichen
Reserven aufzudecken. Solange ich aber persönlich keinen Schaden
nahm und er sich als der Journalist verhielt, als der er vom Pressedienst
beim Ministerrat angeheuert worden war, konnte ich mit meinem
Unwissen leben.
    Allerdings wollte und mußte ich verhindern, daß die Aufklärung
von ihm hintergangen wurde. Jedoch gelang es mir nie aufzuklären,
für wen Zahrour noch arbeitete. Das beunruhigte mich die ganze Zeit,
in der ich mit ihm zu tun hatte. Als ich Beirut nach fünf Jahren unbehelligt verließ, fiel diese Sorge von mir. Ich nahm mir vor, nie wieder mit Journalisten für die Aufklärung zusammenzuarbeiten. Daran
hielt ich mich bis zum Ausscheiden aus dem aktiven Dienst.
    Obwohl die DDR in Beirut Ende der 60er Jahre offiziell noch
nicht den Status einer diplomatischen Mission besaß, gewährte man
uns vieles. An wen sich die Diplomaten der Handelsvertretung auch
wandten, welche Ämter sie aufsuchten – sie wurden wie Angehörige
der Botschaft eines souveränen Landes behandelt. Mitunter erwies es
sich sogar als vorteilhaft, keiner Botschaft anzugehören, nämlich dann,

wenn bestimmte für Botschaften geltende Regeln bezüglich des Umgangs mit staatlichen Dienststellen oder für den Besuch von Würdenträgern umgangen werden konnten.

Die freundliche Aufnahme hatte aber auch etwas mit der pro-arabischen Haltung der DDR zu tun, die unsere Partei- und Staatsführung bei allen Gelegenheiten vortrefflich zu artikulieren verstand und über die die libanesischen Medien ausführlich berichteten. Vermutlich in der Absicht, die Bundesrepublik zu ähnlicher Haltung zu ermutigen. Die Solidaritäts-Lieferungen von Hilfsgütern für Geschädigte im Südlibanon und für palästinensische Flüchtlinge erzielten ebenfalls Wirkung. Und wir nutzen jede Gelegenheit, die offiziellen Erklärungen der DDR-Regierung zum Nahost-Konflikt persönlich vorzutragen.

Zugleich ging es auch darum, das Geflecht der zwischenstaatlichen Zusammenarbeit auszubauen und für die DDR dringend benötigte konvertierbare Valuta zu beschaffen.

Das Anliegen der DDR und ihre Angebote fanden Gehör. Als das Jahr 1969 seinen Anfang nahm, konnte ich mich der vielen Annäherungen kaum erwehren. Obwohl es bereits seit Jahren aufgebaute Kontakte gab, meldeten sich noch immer ernstzunehmende Leute, die an dauerhaften Verbindungen zur Handelsvertretung und noch mehr an konkreten Geschäftsabschlüssen mit ostdeutschen Unternehmen interessiert waren. Es hatte sich im Libanon herumgesprochen, daß im Staatshandelsland DDR günstigste Zahlungsbedingungen zu erreichen seien und dort manches sogar unter Wert verkauft wurde. Und mitunter stammte manches nicht einmal aus der eigenen Produktion. So hörte ich von den Direktoren der Central-Trading-Company, daß es über irgendwelche Kanäle gelungen war, im Libanon Käse in Büchsen abzusetzen, die aus Bundeswehrbeständen stammten. Solche zuweilen obskuren und einseitigen Geschäfte hatten nicht nur mit dem Bestreben der DDR zu tun, auf äußeren Märkten Fuß zu fassen, sondern waren auch Ausdruck der Devisenknappheit.

Die Handelsgeschäfte mit der DDR erfuhren einen schnellen Aufschwung. Freundliche Hinweise, die korrekte Staatsbezeichnung »DDR« zu verwenden, wurden sofort aufgenommen.

Wie man wirtschaftliche Interessen für politische Zwecke praktisch nutzen konnte, das zu beherrschen mußte gelernt werden. Das hatte man mir auf keiner Universität beigebracht und auch nicht anderswo. Ich bemühte mich darum und mußte mehr als einmal Lehrgeld zahlen. Die ersten Erfahrungen im Umgang mit den listigen und geschäftstüchtigen Libanesen machten deren Prioritäten deutlich. Nirgendwo hatte ich bis dahin die Geldinteressen mit anderen Interessen so verflochten gesehen wie im Libanon. Und ich erlebte jeden Tag, daß man für den Partner so lange interessant blieb, wie man seine Hoffnung auf Vorteile nährte, Vorteile gleich welcher Art, auch wenn diese anfangs noch so vage schienen und erst später wirksam werden sollten.

Für jeden Nachrichtendienst sind solche Personen operativ interessant, die auf Grund ihrer Stellung in der Gesellschaft, ihrer beruflichen Fähigkeiten und persönlichen Eigenschaften geeignet und bereit sind, Auskünfte zu geben, die für eine Aufklärung wichtig sind. Theoretisch war das einfach zu begreifen. Aber wie konnte man praktisch eine Bekanntschaft machen, die sich unter libanesischen Verhältnissen auch für mich als tragfähig erwies? Gewiß, Seine Exzellenz Majdalani wußte Bescheid über die Belange seines Landes, solange er auf dem Ministerstuhl saß. Sein Berater, der allwissende Dr. Saba, war ebenfalls ein Mann von Format. Beide sahen die über ihrem Land aufziehenden Wolken. Und beide zweifelten daran, daß sie sich auf ihren Posten lange würden halten können.

Sie wußten um die tiefen Wurzeln der Konflikte, die das Land zu spalten und die bestehende Ordnung zu sprengen drohten. Seit den 50er Jahren hatte der Libanon seine innere Stabilität verloren. Die politischen Probleme waren dem Land schon in die Wiege gelegt worden, als Frankreich, um seine Präsenz im Nahen Osten zu behaupten, ein libanesisches Staatswesen installierte. Auf diese Weise entsprach Paris seiner Schutzpolitik gegenüber den christlichen Maroniten, die seit den Kreuzzügen im Libanongebirge lebten. Dieser Schritt entsprach aber nicht den Interessen der dort ebenfalls ansässigen muslimischen Bevölkerungsgruppen – den Sunniten, den Schiiten und den Drusen –, die ihre Blicke seit jeher nach Damaskus richteten.

Die Abspaltung des Libanon von Großsyrien erwies sich als politisch-religiöser Geburtsfehler, der nicht mehr zu heilen war. Frankreichs Politik des »divide et impera«, teile und herrsche, hatte schließlich dazu geführt, daß die christlich-maronitische Minderheit alle Macht besaß. Sie stellte den mit Präsidialmacht ausgestatteten Staatspräsidenten, den Oberbefehlshaber der Armee, den Chef des Geheimdienstes. Die demographischen Verschiebungen in den letzten Jahrzehnten zugunsten der Sunniten, Schiiten und Drusen blieben jedoch bei jeder Ämterverteilung unberücksichtigt, weil die Maroniten eine Volkszählung mit der Konsequenz zur Veränderung der Herrschaftsstruktur nicht erlaubten.

Die Konflikte dauerten an, die politischen Skandale lösten einander ab. Krisenhafte Erscheinungen erfaßten alle Bereiche der Gesellschaft. Die Entwicklung wurde mehr und mehr auch von äußeren Faktoren beeinflußt. Die nationaldemokratischen Revolutionen in mehreren arabischen Staaten der fünfziger Jahre, die antiimperialistische und antiwestliche Akzente setzten, wirkten auf den Libanon. Sie trugen wesentlich dazu bei, daß sich die Gegensätze zwischen den machtbewußten Maroniten und den panarabisch orientierten Sunniten, Schiiten und Drusen verschärften.

Als der Libanon in den 50er Jahren eine kurze Gastrolle in der Vereinigten Arabischen Republik (VAR) von Syrien und Ägypten gab, war klargeworden, daß die Herrschaft der prowestlich orientierten feudal- und kommerzialbourgoisen Maroniten in Gefahr geriet und für diese der Konflikt mit Israel, wenn überhaupt, nur ein zweitrangiger war. Die Auseinandersetzungen und Richtungskämpfe um die Politik des souveränen Libanon prägten die politische Kultur des Landes immer stärker, radikalisierten die Verhaltensweisen der einen wie die der anderen und drohten die Staatsgewalten zu lähmen. Wie lange die Herrschenden ihre Oase erhalten und sich aus dem schärfer werdenden Konflikt zwischen Israel und seinen Gegnern in der Nahost-Region heraushalten konnten, wie lange sich das innenpolitische Kräfteverhältnis angesichts des sozialen Sprengstoffes im eigenen Land und der riesigen palästinensischen Flüchtlingslager im Land in der Waage hielt und der Libanon beherrschbar blieb, wußten weder Majadalani noch der fast greise Generalsekretär der Regierung, Nassim Akkari , und einige andere Persönlichkeiten, mit denen ich mich nach und nach bekanntgemacht hatte. Die über Macht und Geld verfügten, suchten mit Israel nach einem Ausgleich, um das Land vor drohenden Übergriffen zu bewahren. Sie befürchteten und sprachen es auch offen aus, daß eine Situation entstehen könnte, in der ihr Land außenpolitisch in die Isolierung gedrängt und innenpolitisch nicht mehr regierbar sein würde.

Unter diesen Unwägbarkeiten wurde es immer schwieriger, Berlin zuverlässig und präzise über die Entwicklungen im Nahen Osten zu informieren. Alles schien im Fluß, feste Koordinaten kaum noch vorhanden.

Bisher hatte ich den Schwerpunkt meiner operativ genutzten Verbindungen absolut auf den regierungsamtlichen Bereich gelegt. Diese brauchte ich ohnehin in Ausübung meiner Funktion als Stellvertreter des Leiters der Handelsvertretung. Im Außenministerium, wo ich in der ersten Zeit häufiger vorsprach, hörte man mich an, ging aber auf meine Bemühungen um ständige Kontakte nicht ein. Dieses Ministerium präsentierte sich als eine Hochburg konservativer, durchweg prowestlich eingestellter Beamter, denen freundschaftliche Kontakte zu östlichen Diplomaten mehr oder weniger suspekt schienen. Schwerer als erwartet war es, unter gleichaltrigen Leuten interessante Partner zu finden, Partner, von denen man annehmen konnte, daß sie eines Tages bereit sein würden, dienstliche Kontakte auch privat zu pflegen. Fast alle diese jungen Männer trugen vergoldete randlose Sonnenbrillen. Sie kritzelten mit vergoldeten Parker-Füllhaltern auf leeren Papieren herum und zündeten sich mit vergoldeten Feuerzeugen gegenseitig Zigaretten an. Die goldenen Zierden schienen ihnen unverzichtbare Utensilien zu sein. Die jungen Herrschaften sahen sich alle irgendwie ähnlich. Sie langweilten sich ungeniert.

Es blieb mir nicht vergönnt, in der Politischen Direktion einen Ansprechpartner zu finden. Wie dort verlautete, beschäftige man sich kaum mit Ostdeutschland und verwies auf staatliche Stellen, die vorzugsweise mit Handel befaßt seien. Es hatte den Anschein, daß man selbst die Sowjetunion, die im Libanon eine große Botschaft unterhielt, nicht sonderlich ernstnahm.

Nur außerhalb der Politischen Direktion gelang es, ein dauerhaftes Verhältnis zu einem der Mitarbeiter herzustellen. Die Bekanntschaft mit Rizkallah Makaroun verdankte ich dem Zufall. Überaus höflich beantwortete er mir die Frage nach dem Weg zur Konsularabteilung, als ich mich absichtlich in sein Arbeitszimmer verirrt hatte. Wir waren uns schon einmal flüchtig begegnet, als ich dem Außenministerium meinen Antrittsbesuch machte und sein Arbeitszimmer passieren mußte, um in die Politische Direktion zu gelangen. Wie eine Sphinx thronte Rizkallah hinter seinem Schreibtisch und las eine Zeitung. Er schien froh zu sein, daß er in seiner Lektüre unterbrochen wurde. Als ich ihm sagte, ich sei Deutscher, hatte ich den Eindruck, daß er sich aufrichtig freute. So kamen wir ins Gespräch. Gewissermaßen als Vorleistung erzählte ich ihm von meinen Kairoer Erlebnissen und von Abdallah.

Er gehöre bedauerlicherweise zu den Mitarbeitern, die ihr Leben lang zum Innendienst verpflichtet seien und keine Chance bekämen, in einer Botschaft eingesetzt zu werden, erzählte er mir. Als Sohn einer kinderreichen Beamtenfamilie habe er eine Verwaltungsschule besuchen dürfen und danach wegen hervorragender Leistungen diesen seinen ersten Posten erhalten. Ein bescheidener Sold zwinge zu bescheidener Lebensweise.

Warum er gerade das betonte und sich entschuldigte, mir keine Erfrischung anbieten zu können, mußte einen Grund gehabt haben. Und auf der Stelle, ohne Rücksichtnahme auf irgendwelche dienstliche Obliegenheiten, akzeptierte er meine Einladung zum Mittagessen im naheliegenden Restaurant »Chez Temporel«..

Ob er ahnte, daß ich damit ein besonderes Interesse verfolgte, eines, das über das Normale eines gewöhnlichen Diplomaten hinausging?

Makaroun erzählte freimütig wie selten einer über sich und seine Lebensumstände, als ob er mich für sich einnehmen wollte. In seiner Jugend sei er faul und bequem gewesen, kaum, daß er die Kaufmannslehre mit Erfolg habe abschließen können. Erst viel später sei er durch Zureden eines einflußreichen Verwandten für die mittlere Beamtenlaufbahn zugelassen worden.

Über die Weltpolitik machte er sich kaum Gedanken. Diese, meinte er wohl auch zurecht, sei von seinem Land ohnehin nicht zu beeinflussen. Für meine Ansichten über die Ost-West-Konflikte bekundete Makaroun nur scheinbares Interesse. Er folgte ihnen nur aus Höflichkeit. Ich war mir nicht einmal sicher, ob er wirklich und mit aller Konsequenz begriff, was sich in der arabischen Welt abspielte und welcher Zündstoff sich in seinem Land angehäuft hatte.

Er sei strenggläubiger Christ, Angehöriger der Glaubensrichtung der Maroniten, plauderte er weiter. Wieder und wieder brachte er die Geschichte der Maroniten ins Gespräch, die seit ewigen Zeiten die Angriffe der Moslems abzuwehren hätten. Der Nationalpakt von 1943 und nichts anderes sei die Grundlage für die Regierbarkeit des Landes. Dieser habe dafür gesorgt, daß die Moslems, die Sunniten und Schiiten, proportional zu ihren Bevölkerungsanteilen an der Macht beteiligt seien. Daß aber die Drusen überhaupt keinen Machtposten erhielten und die Moslems nunmehr danach strebten, die Machtverteilung nach den tatsächlichen Mehrheitsverhältnissen im Land zu ordnen, ignorierte er. Er verlor auch kein Wort darüber, daß die

Moslems die Vorherrschaft der maronitischen Minderheit, die sich als Vorhut der Christenheit im Orient betrachteten, als Stachel in ihrem Fleisch verstanden. Er konnte mir nicht einmal erklären, warum er als Christ einen muslimischen Vornamen trug.

Rizkallah outete sich bald als militanter Anhänger jenes Teils der Maroniten, der sich mit Machteinschränkung und Einflußverlust der christlichen Glaubensbrüder niemals abfinden wollte. Sein Fanatismus wurde durch blindwütigen Haß auf alles Muslimische genährt. Er machte kein Geheimnis daraus, daß er der Kataeb angehörte, der Partei der Phalangisten des Pierre Gemayel, der man faschistoide Züge nachsagte. Gemayel hatte 1936 zu den Olympischen Spielen in Berlin geweilt und sich von der Organisation der Nationalsozialisten beeindrucken lassen. Seitdem hatte er seine straff organisierte paramilitärische Organisation, die den Moslems und den Linkskräften das Fürchten lehrte, aufgebaut. Makaroun zählte zu ihren Fahnenträgern. Aber auch die anderen christlich-maronitischen Gruppierungen, die von einflußreichen Familienclans angeführt wurden, wie die der Chamouns und der Frangiés von Zghorta, unterhielten bewaffnete Einheiten.

Gespräche mit Makaroun im Auftrag der Zentrale lohnten sich, aber nur, wenn man mit ihm das Thema vereinbarte, über das zu gegebener Zeit gesprochen werden sollte. Er machte sich dann bei den Zuständigen sachkundig.

Makaroun verfügte über ein außergewöhnliches Gedächtnis, um Gehörtes wiederzugeben. Das, was uns besonders interessierte – Prognosen über die künftige Entwicklungen in Nahost aus der Sicht der libanesischen Führung und der daran beteiligten Kräfte –, vermochte er uns kaum zu geben. Gab es überhaupt Konzepte in den Tresoren seines Außenministeriums? Wer waren die tatsächlichen Akteure und Geheimnisträger, die um das Schicksal dieses Landes wußten?

Rizkallah Makaroun gab mir manches Rätsel auf. Dienstliches, wie ich es leidenschaftlich verfolgte und ständig in die Gespräche einbrachte, wurde bei unseren Treffen im »Chez Temporel« meist in einer Viertelstunde abgehandelt. Beim Essen, das er über alle Maßen genoß, kam Makaroun regelmäßig auf die Sorgen und Nöte des kleinen Beamten zu sprechen und auf die Umtriebe, denen sich die höheren Beamten in seinem Hause mehr hingaben als dem diplomatischen Alltag.

Er zeigte sich empfänglich für Komplimente, die ihm wohl kaum sonst jemand machte, für Aufmerksamkeiten und Geschenke, die anzunehmen eigentlich nur den höheren Beamten vorbehalten blieb. Seine Frau Josephine schien ihm mit ihren Wünschen und Sehnsüchten arg zuzusetzen. Unzufrieden sei sie, bekannte er, weil sie es den feinen Leuten nicht gleichtun könne. Josephine wolle zu den Emanzipierten gehören, doch verabscheue sie das Eintönige, die stete Wiederkehr von Büroarbeit, Hausführung und die Erziehung des kleinen Samir. Ich lernte sie bald kennen.

Josephine empfing uns überschwenglich. Sie wollte uns auf ihre Art danken, daß sie durch die Bekanntschaft mit einer ausländischen Diplomatenfamilie zum vermeintlich besseren Teil der Gesellschaft aufgestiegen war. Stolz zeigte sie uns eine Vase aus Meißen, die sie ihr eigen nennen durfte. Ihr Mann hatte sie offenkundig darauf vorbereitet und erklärt, daß Meißen in der DDR lag.

Trotz aller Differenzen blieben Rizkallah und ich Freunde bis zum letzten Tag unseres Aufenthaltes im Libanon.

Im Frühjahr 1969 hatte ich eine Krise. Der nüchterne Alltag hatte mich eingeholt, erwartete Erfolge blieben aus. Die verheißungsvollen Anläufe mit Seiner Exzellenz Majdalani und Dr. Saba sowie mit Antoine Zahrour schlugen sich kaum in sichtbare Resultate nieder. Und was ich bislang erreicht hatte, lag unterhalb meiner Erwartungen.

Ich hatte fortgesetzt das Bedürfnis, Fäden aufzunehmen und zu entrollen, Zusammenhänge aufzudecken, Wahrheiten nachzuspüren und über sie nachzudenken. Ich wollte in Unbekanntes eindringen, Erkenntnisse sammeln und Nutzbares für operative Vorgänge festhalten. Mein Ehrgeiz hatte sich noch längst nicht erschöpft, die Leidenschaft des Suchens und des Missionierens, die mich seit Mali beherrschte, hatte mich noch nicht verlassen.

Zweifellos hatte das Leben auch Romantisches parat. Man fand es in den alten Straßenzügen um den Platz der Märtyrer, in den engen Gassen des Hafenviertels, im malerischen Bazar Abou Nasr oder in der Altstadt Aschrafiye. Dort erlebte man noch immer arabische Turbulenz und Farbenpracht, atmete man die würzigen Düfte sonnengereifter Früchte von den Bergen des Libanon ebenso ein wie den herben Geruch der Nargilé, der Wasserpfeife, oder den Qualm der winzigen Holzkohleöfen, auf denen meist Schwarze aus Afrika Maiskolben, Erdnüsse oder Kastanien rösteten. Doch das alles konnte nicht die lärmende Betriebsamkeit und die Hektik verdecken, die in den Beiruter Armenvierteln herrschte.

Unweit der prächtigen Hamra und der Avenue de Paris, in Sichtweite der exklusiven Luxus-Etablissements des weltbekannten »Casino du Liban«, im Schatten des mondänen RassBeirut, lagen die Elendsquartiere der Ärmsten der libanesischen Armen und die trostlosen Bidonvilles der Palästinenser. Tausende miserabler Holz- und Blechhütten drückten sich in schmutzige Ecken, dürftig zusammengenagelt und windschief aneinandergereiht. Letzte Zufluchten für Arbeitslose, Gelegenheitsarbeiter und abgemagerte Lastenträger, Anlaufstellen für Süchtige und Haschisch-Dealer, für lauernde Strichjungen und käufliche Mädchen aller Hautfarben, die ihre Kunden in abscheuliche Absteigen lockten. Wen wunderte es, daß Gewalt und Verbrechen hier Zulauf fanden, aber auch der Widerstand derer, die das Regime der Herrschenden wegen Unfähigkeit und Ohnmacht angriffen und in politische Bedrängnis brachten.

Der Libanon erlebte 1969 eine tiefe Regierungskrise, die schlimmste seit zehn Jahren, als das Land in einen Bürgerkrieg zu stürzen drohte. Die Machtstrukturen ließen sich offensichtlich immer schwieriger funktionsfähig halten, die Mechanismen der bürgerlichen Demokratie gerieten aus den Fugen.

In dieser Zeit vertiefte ich meine Bekanntschaft mit Farid Gebrane. Ich hatte Gefallen gefunden an dem korpulenten, fast weißhaarigen Fünfzigjährigen, der dem Alter nach mein Vater hätte sein können. Er strahlte unbändige Vitalität aus. Gebrane schien ein unerschrockener Volkstribun zu sein. Er genoß landesweite Popularität. Ich freute mich aufrichtig, dieses Mannes Freund zu werden. Er hatte keine Universität besucht und zählte nicht zu den Intellektuellen. Seine Ausbildung zum Buchhalter einer großen Handelsgesellschaft und abendliche Bildungskurse, die er mit eiserner Energie besuchte, schufen die Grundlage für seinen unaufhaltsamen Aufstieg. Gebrane war ein Mann aus dem Volk, der seine Herkunft nicht verleugnete. Seine Vorfahren lebten noch bis zur letzten Generation in den Schluchten des Vorgebirges und nährten sich recht und schlecht von den Erträgen, die die mühsam bestellten Terassenfelder auf den steilen Berghängen erbrachten.

Farid Gebrane kannte die Unvollkommenheit der Ordnung, in der er lebte, und dies war wohl auch die Triebfeder seines unruhigen Lebens. Man sprach noch immer davon, wie er sich furchtlos an die

Spitze streikender Marschkolonnen gestellt hatte, die soziale Mißstände anprangerten, und von der Regierung radikale Veränderungen
der Wirtschaftspolitik verlangten. Aufsehen hatte er 1958 erregt, als er
eine Volksbewegung organisierte, die gegen das Einlaufen amerikanischer Kriegsschiffe protestierte. Seitdem zählte er zu den entschiede-
nen Gegnern einer amerikanischen Überfremdung des Libanon und
zu den konsequentesten Sprechern für gesellschaftliche Veränderungen
im Land. Er verstand sich als Anwalt der Armen.

Seine maronitische Frömmigkeit habe er frühzeitig abgelegt, sagte
Farid mir im Vertrauen, und sich mit sozialdemokratischen Ideen befaßt. Aus denen habe er den Entschluß abgeleitet, daß man den welt-
lichen Herausforderungen mit Reformen begegnen müsse. Und da er
den Kommunismus in der Sowjetunion vielleicht für gut, aber für sein
Land nicht geeignet halte, habe er sich der Sozialdemokratie verschrieben. So habe er der Sozialistischen Fortschrittspartei zur Geburt
verholfen und sei einer ihrer Führer geworden.

Er war ehrlich und offen. Wir wurden Freunde, die sich aufeinan-
der verlassen konnten. Natürlich suchte Farid Gebrane in der
Verbindungen zur Handelsvertretung und zu mir auch persönliche
Vorteile. Er erklärte unumwunden, daß diese Kontakte sein Prestige
im Land erhöhten, es verbesserte sein Image. Das wiederum brachte
Vorteile: Reisen, Studienaufenthalte, für die Söhne Studienplätze, für

Mit Ehefrau bei einer Wahrsagerin, 1972

Verwandte Einstiegsmöglichkeiten in Geschäfte. So übernahm er auch bereitwillig dem ihm angetragenen Posten als Präsident der Nationalen Freundschaftsgesellschaft »Liban-RDA«.

Seinen Beruf hatte Gebrane schon vor Jahren aufgegeben und sich ausschließlich der Politik gewidmet. Er wurde der Mann, der mir bei meinen operativen Aufträgen helfen konnte. Für mich war wichtig, daß er zum inneren Führungskern der Sozialistischen Fortschrittspartei gehörte und als ehrenwerter Abgeordneter der libanesischen Nationalversammlung auch in deren Außenpolitischen Ausschuß agierte.

Farid Gebrane gefiel sich in der Rolle meines vertraulichen »Beraters« in politischen Angelegenheiten und als persönlicher Ratgeber. Kein anderer hätte diese Funktionen besser ausfüllen können als er, auf dessen Gedankenwelt ich immer stärkeren Einfluß nahm. Wir trafen uns mindestens einmal wöchentlich auf Zuruf im Parlament am »Etoile«, in der Parteizentrale, in seinem Privatbüro, mitunter auch in seiner noblen Wohnung in Rass-Beirut und an Wochenenden in seinem gemütlichen »Chalet«, wie er es nannte, das kleine Sommerhaus in den Bergen von Beit Mery. Es gab kaum ein Thema, über das mit Gebrane nicht gesprochen werden konnte. Seine Kommentare zu den internen Beratungen seiner Partei, die im Land eine immer stärkere Position einnahm (und später sogar Minister stellte), waren ebenso interessant wie die Diskussionen, die hinter verschlossenen Türen des Parlaments stattfanden, oder die Streitigkeiten im Außenpolitischen Ausschuß, wenn es um die Beziehungen zu Kairo, Amman oder Damaskus oder gar um die Beziehungen zu beiden deutschen Staaten ging.

Gebrane kannte bald meine täglichen Pflichtthemen gegenüber Berlin, die bei allen Gesprächen eine Rolle spielten. Er unterstützte mich, wo immer es ging. Manchmal hatte ich Mühe, das Zusammengetragene zu Papier zu bringen. Die Bedeutung dieses Mannes für meine nachrichtendienstliche Tätigkeit wuchs in dem Maß, wie sich die innenpolitischen Auseinandersetzungen im Libanon zuspitzten.

Wer sich in der libanesischen Szene auskennen wolle, meinte Farid Gebrane eines Tages zu mir, der müsse es mit Kamal Djoumblat halten. Ohne diesen Mann, der als der unumstrittene Führer aller Drusen im Schuf-Gebirge galt und die Politik der Sozialistischen Fortschrittspartei bestimme, würde im Libanon sich nichts mehr bewegen. In der Tat, Djoumblat hielt seine Gegner durch geschickte Manöver in Schach. Wo immer er auftrat, wurde ihm Respekt gezollt, in Damaskus, Kairo und anderenorts. Gebrane klärte mich über die Drusen und ihre Geschichte auf. Um die 200.000 lebten im Libanon, die übrigen verstreut in Syrien und nicht wenige in Israel. Sie bildeten eine aus dem Islam entstandene mystische Religionsgemeinschaft und waren im Mittelalter aus Furcht vor Repressionen »rechtgläubiger« Moslems aus Ägypten in die libanesischen Berge geflüchtet. Seitdem verteidigten sie ihren Glauben und ihren Zusammenhalt mit Feuer und Schwert gegen jedermann. Sie wehrten sich gegen Angriffe der christlichen Maroniten ebenso wie gegen orthodoxe islamische Inquisiteure. In der Vergangenheit hatten sie sich durch blutige Rachefeldzüge gegen christliche Dörfer einen schrecklichen Ruf erworben.

Als gefürchtete Waffenträger lebten sie noch in diesen Tagen in strenger Abgeschiedenheit und abgekapselt von den übrigen Landesbewohnern. Ihr Einfluß auf die Geschicke Libanons war gewachsen, als sie während der französischen Kolonialherrschaft die nationale Sache der Araber auch zu der ihren machten.

Ich hatte Djoumblat schon bei verschiedenen öffentlichen Auftritten beobachtet. Er hielt seine Zuhörerschaft in Bann, es schien, als ob er sie hypnotisierte. Gebrane machte mich mit ihm bekannt. Der persönliche Eindruck bestätigte das Bild, das ich mir aus den Nachrichten in den Medien gemacht hatte. Er herrschte tatsächlich wie ein Fürst über die Drusen, war umgeben von einer großen Schar Untergebener in schwarzen Pluderhosen und weißen Kopfbedeckungen. Ihre Dolche waren nicht zu sehen, sie trugen diese – wie es bei Schiller heißt – im Gewande.

Djoumblat reichte mir seine spindeldürre Hand, von der ich nur die kalten Fingerspitzen zu fassen bekam. Wahrscheinlich hatte er gerade meditiert – er war kurz zuvor aus Indien zurückgekehrt. Seine tiefliegenden Augen machten einen müden Eindruck, das sonst streng gescheitelte Haar war noch nicht geordnet. Zu meiner Überraschung erhob er sich nicht aus dem korbgeflochtenen Schaukelstuhl. Eine über seine Beine ausgelegte Schlafdecke hinderte ihn daran.

Der Drusen-Führer kam sofort auf den Inhalt des Briefes zu sprechen, den ich ihm überreicht und den er bedächtig wie in einem feierlichen Zeremoniell geöffnet und mindestens zweimal gelesen hatte. Dann sagte er mit metallisch klingender Stimme und ebenso bedächtig lediglich, daß auch er einen Meinungsaustausch für nützlich halte. Weil Kamal Djoumblat den Lenin-Friedenspreis bekommen hatte, hielt es die Partei- und Staatsführung der DDR für an-

Kamal Djoumblat mit seiner Drusen-Delegation in Berlin, 1971

gezeigt, den Sozialistenführer Libanons zu einem offiziellen Besuch einzuladen. Dann blätterte er schweigend und wohl auch ein wenig lustlos in dem Bildband, den ich ebenfalls übergeben hatte. Farid Gebrane, der diesen Mann wie eine Gottheit verehrte, schwieg in aller Ehrfurcht gleichfalls. Nach einer Weile gab er mir ein Zeichen – die Audienz bei Kamal Bey, wie ihn andere Würdenträger im Land nannten, war wortlos zu Ende gegangen.

Ich war um eine Erfahrung im Libanon reicher. Kamal Djoumblat schien mir entgegen anderen Behauptungen kein Scharlatan zu sein. Er verdankte seine Stellung im Land und darüber hinaus nicht nur seinen unbestreitbaren starken Eigenschaften, sondern auch dem Zusammenhalt seines Clans, der von der Geschlossenheit der Drusensekte überlagert wurde. Für die Politik der DDR konnte dieser Mann vielleicht von großem Nutzen sein, sein Hauptquartier für mich als Aufklärer nicht minder.

Ich nährte bei Farid Gebrane die Überzeugung, daß er mir persönlich und der DDR-Führung einen großen Dienst erwiesen hatte.

Kurze Zeit darauf reiste Kamal Bey nach Berlin. Die Gespräche dort bezeichnete er nach seiner Rückkehr als nützlich, doch schwieg er sich über deren Inhalt aus. Seine dortigen Gesprächspartner hielten sich auch bedeckt. Ich erfuhr nichts.

Gebrane engagierte sich für die Aufnahme diplomatischer Beziehungen. Gemeinsam mit mir holte er von den Parlaments-Abgeordneten im Spätherbst 1972 die Unterschriften ein, die er für eine parlamentarische Mehrheit brauchte. Weder er noch die Abgeordneten ahnten jemals, daß der Resident der DDR-Aufklärung in Beirut sie besucht hatte. Es ist schon ein wenig pikant zu erklären, daß der DDR-Geheimdienst die diplomatische Anerkennung der DDR durch den Libanon wenn schon nicht durchgesetzt, so zumindest mit organisiert hat.

Farid Gebrane wurde im Laufe der Jahre zu einem meiner engsten Vertrauten, und ich hatte das Gefühl, daß auch ich in seinem Leben und in seiner Familie einen festen Platz einnahm. Er suchte bei mir Rat auch in persönlichen Angelegenheiten, und die Freundschaft zwischen uns übertrug sich auf unsere Familien. Seine Frau, deren attraktive Erscheinung nirgendwo übersehen wurde, und von der man behauptete, daß sie das Aushängeschild ihres Mannes war, konnte man von den Töchtern kaum unterscheiden. Die älteste Tochter studierte an der Sorbonne in Paris, die beiden jüngeren an der Libanesischen Universität, später die beiden Jungen Joseph und Georges in der DDR Medizin.

Anfang der 70er Jahre gab es Morddrohungen. Ich mußte Farid für einige Tage in Sicherheit bringen. Nach meiner Abreise haben wir uns nie wieder getroffen. Besuche in Brüssel oder Paris, wo ich später tätig war, fanden nie statt. Ich besitze aber noch den Füllhalter, mit dem die Abgeordneten der Nationalversammlung ihre Zustimmung zur diplomatischen Anerkennung der DDR abzeichneten.

Es gab Bekanntschaften im Libanon, an die ich mich aus diesen oder jenen Gründen besonders gern erinnere. 1970 – wir wohnten bereits seit zwei Jahren im Hochhaus hinter der Avenue de Paris fielen uns veränderte Verhaltensweisen unseres 10jährigen Sohnes auf. Er war blaß und magerte sichtlich ab, das beunruhigte uns sehr, erinnerten wir uns doch der schrecklichen Symptome der niemals restlos aufgeklärten tropischen Krankheit.

Der gute Wille und die Mühen einiger Ärzte in Beirut halfen nicht. In unserer Verzweiflung überlegten wir schon, André zu gründlicher Behandlung nach Berlin zu bringen. Ein Libanese, der von unserem Leid erfuhr, gab uns die Anschrift des Kinderarztes Hakim Alemani, der ein Wunderdoktor sei und auf Naturheilkunde schwöre.

Ich nahm unseren Sohn an die Hand und suchte Hakim Alemani auf. Er wohnte »an der Peripherie von Beirut, ganz nahe der blauen Weite des Mittelmeeres«. So hatte er mir den Weg am Telefon beschrieben. Er empfing uns wie einer, der lange auf gute Freunde gewartet hatte und diese nun wiedersah. Er meinte, daß wir Deutschen die Freundlichkeiten von der nichtssagenden Art der Araber nicht nötig hätten und schob uns durch eine Tür in sein Behandlungszimmer. Ich begriff nicht gleich, ob ich daraus unterschwellige Ablehnung arabischer Gepflogenheiten oder ein Zeichen von Arroganz entnehmen sollte. Andere Patienten waren nicht zu sehen, wir schienen die letzten auf der Warteliste gewesen zu sein.

Die Herzlichkeit, mit der er uns nach deutscher Art kräftig die Hände schüttelte, und sein Berliner Dialekt ließen jeglichen Argwohn vergessen. Dem Mann war anzusehen, daß er sich auf unseren Besuch freute und auf die Gelegenheit, mit Landsleuten in der Muttersprache zu reden. Während er meinen Sohn untersuchte, redete er unaufhörlich. Zuerst stellte er die üblichen Fragen. Bei der Untersuchung ließ er sich viel Zeit. Ich verfolgte jede seiner Handlungen. – Was hatte diesen Deutschen bewogen, sich im Orient niederzulassen und sich eine arabische Frau zu nehmen? Hakim Alemani. Im Arabischen bedeutete »hakim« nicht nur Arzt oder Richter, sondern auch Weiser.

Er war ein Mann mittlerer Größe und stämmigen Wuchses. Das dunkle volle Haar, die dunklen, tiefliegenden Augen, die randlose Brille, das schmale Bärtchen über der Oberlippe – alles paßte zu seinem gebräunten Gesicht und machten es irgendwie vollständig. Trotz Arztkittel bewegte er sich zackig, wie ein Militär.

Er bewegte seinen Kopf hin und her, zog die schwarzen Augenbrauen nach oben und schürzte nachdenklich die Stirn. Er brachte, wie mir schien, auch Geduld auf, unendlich viel Geduld, und stellte weitere Fragen, Fragen, die unsere Familie betrafen, Tagesabläufe und Probleme, Ärgernisse und Sorgen. Er wolle den Laborbefunden nicht vorgreifen, doch Physisches sei mit Sicherheit nicht im Spiel und Medizin nicht vonnöten. Aus dem Gehörten müsse er schließen, daß der Junge seelischen Kummer habe, daß er sich einsam fühle, weil zu oft alleingelassen.

Das entsprach der Wahrheit, denn Dagmar hatte inzwischen ihre Tätigkeit bei der Eurabia Shipping Company aufgenommen. Da sie an den Abenden in diplomatische Verpflichtungen eingebunden war, blieb wenig Raum für Privates und Familienleben. Gleichaltrige Freunde gab es nicht in dem großen Haus, das außer uns nur von Amerikanern, Engländern und Filipinos bewohnt wurde. Deren Kinder waren nur selten zu sehen. »Kaufen Sie dem Jungen ein Tier, mit dem er sich anfreunden kann«, schlug Hakim Alemani vor. Er hatte keine Ahnung, wie sehr die Mutter des Patienten gegen Haustiere voreingenommen war. Hunde und Katzen mochte sie nicht, auf gar keinen Fall.

Zu dritt kamen wir mit ihm schließlich doch noch auf eine glückliche Lösung: Hakim Alemani stellte ein Rezept über einen Goldhamster aus, der in einem Käfig gehalten werden durfte.

Wie sich nach einigen Tagen herausstellen sollte, hatte der deutsche Weise als einziger Doktor richtig diagnostiziert. Diese Begegnung wurde zum Ausgangspunkt für eine Bekanntschaft von Männern, deren Alter, Herkunft und politischer Standort sie eigentlich kaum zueinander finden lassen sollten. Und dennoch. Nachdem Hakim Alemani von meinen Stationen in Afrika erfahren hatte, wuchs auch sein Interesse an mir. Ob es Neugier war, einen ostdeutschen Diplomaten näher kennenzulernen und über ihn Zugang zur Kolonie der Ostdeutschen in Beirut zu erlangen, oder das Bedürfnis, sich einem Landsmann mitzuteilen? Warum sollte ich nicht auf sein Angebot eingehen und Hilfe in Anspruch nehmen, wann immer es die Situation erforderlich machte. Und konnte solches nicht jeden Tag geschehen?

Bislang hatte ich Bekanntschaften mit verheißungsvollen Optionen stets selbst gesucht. Hier bot einer Vertrauen gegen Vertrauen an. Lag es da nicht nahe, daß dieser Mann nicht auch Kontakte zur bundesdeutschen Botschaft pflegte oder gar in deren Diensten stand? Und wenn schon, wäre es nicht denkbar, über ihn zu Begegnungen mit Westdeutschen zu kommen – im Geiste guten Willens und der Verständigung, wie es zu dieser Zeit gerade von den Regierungschefs beider deutscher Staaten bei ihren Treffen in Erfurt und Kassel erklärt worden war. Da ich in der Denkdisziplin der Aufklärung gewissen Vorgaben unterlag, brachte ich meine Gedanken in eine geordnete Reihenfolge.

Hakim Alemani, der zeitweilig den Namen Salameh Suleiman trug und in Wahrheit Herbert Pritzke hieß, hatte Medizin studiert und danach als Arzt in Berlin gearbeitet, bevor er eingezogen worden war. Das Schicksal verschlug ihn nach Nordafrika. Nach dem Untergang des Afrika-Korps geriet er in britische Kriegsgefangenschaft und kam nach Ägypten. Im Lager Fanara, in der Suezkanal-Zone am Rande der Wüste, teilte er die qualvollen Leiden Tausender geschlagener Afrika-Kämpfer. Ein erster Fluchtversuch scheiterte und brachte ihm Gefängnis. Die Haft verbrachte er mit Leichenfledderern,

Homosexuellen, Kameradendieben und Kriminellen. Er sei sich der tödlichen Gefahren einer neuerlichen Flucht bewußt gewesen, sagte er mir. Nicht nur, weil in der Nähe der Gefangenenlager sich Banden räubernder Ägypter herumtrieben, die ihn, wäre er in ihre Hände gefallen, der Sorge um das Weiterleben enthoben hätten. Vor allem fürchtete er die Hitze und die Wüste. Dennoch sei er dann abgehauen und hätte sich tagelang durch die Gluthitze der Sahara geschleppt.

Den klassischen Fluchtweg wollte er nehmen, den alle deutschen Kriegsgefangenen genommen hatten: nach Nordwesten bis Ismailia und von dort nach Kairo. »Aber ich hatte bald nicht einmal mehr die Kraft, den Sand im Munde auszuspucken.«

Ein Beduinenjunge fand den Ohnmächtigen, flößte ihm Wasser aus einem Ziegenfellbalg ein und holte ihn ins Leben zurück. Im Stammlager der Ateibeh gab man ihm alles, was er zum Überleben brauchte: Datteln und Zwiebeln, saure Milch und Hammelfleisch. Erst bei El-Kebir, wo er beim Waffenschmuggel Mut bewies und seine ärztliche Kunst einem Schwerverwundeten das Leben rettete, ließen Mißtrauen und Zurückhaltung gegenüber dem Fremden nach. Die Beduinen nahmen ihn auf, doch den Preis dafür bestimmten sie allein. Herbert Pritzke mußte sein Äußeres in das eines Beduinen verwandeln und seinen Namen vergessen. Man nannte ihn nun Salameh Suleiman, den »Friedlichen«, und hielt ihn dazu an, sich an Schmuggelfahrten nach Kahan Jounis zu beteiligen. Von nun an trug er auch die Tracht der Beduinen und wie diese einen Bart, er lernte emsig Arabisch sprechen und wie man ein Kamel besteigt.

Ungefährlich war das Beduinenleben nicht. In Leinwandpäckchen verstecktes Haschisch wurde auf Schleichwegen aus dem Libanon über Palästina nach Ägypten gebracht. Und jeder, der sich der langen Schmugglerkette anschloß, setzte Freiheit und Leben aufs Spiel.

»Wie sollte ich sonst überleben?«, unterbrach Herbert Pritzke meinen Gedankengang und schenkte mir einen weiteren Arrak ein. »Ich galt als ein rechtloser Fremder, dem man nur Essen und Trinken nicht verweigern durfte. Aus dem Geduldeten wurde ich der Hakim Alemani, der Wüstenarzt, mit eigenem Zelt. Mein Ruf und Ansehen wuchs mit der Entfernung der Dörfer, aus denen Beduinen und Fellachen wegen ärztlicher Hilfe kamen. Da ich als Entflohener auf der Liste der gesuchten Ausbrecher stand, habe ich die Rezepte für die Hilflosen lediglich mit ›The Unknown Doc‹ (unbekannter Doktor) unterschrieben. So habe ich vielen weiterhelfen können, auch anderen, die wie ich nach dem Weg in die Freiheit suchten.«

Die Jahre in der Wüste vergingen. Die Kunde über die medizinische Kunst und Hilfsbereitschaft des Hakim Alemani trugen die Beduinen in alle Himmelsrichtungen. Seine Patienten kamen von weit her, und von ihren Geschenken konnte er leben und einiges sogar zur Seite legen. Der Hakim Alemani, der Arzt der Wüste, der überall Salameh Suleiman hieß und den nur die Engländer nicht fanden, hätte eigentlich zufrieden sein können.

Doch er wollte nach Hause, nach Deutschland, wo es seine Eltern gab und einen Sohn, den er noch nie gesehen hatte.

Er ging nach Kairo, um einen Ibrahim Beek zu treffen. In Kairo liefen die Fäden zusammen, an denen man ziehen mußte, um an Pässe, Devisen und Schiffskarten zu gelangen. Ibrahim Beek war aber kein achtbarer Politiker und hilfreicher Fluchthelfer, sondern ein erbärmlicher Betrüger und ein Gangster, der Endabnehmer der aus dem Libanon nach Ägypten gesteuerten Haschisch-Karawanen. Danach geriet Pritzke an einen alten Sudanesen, dem er sich anvertraute. Dieser entpuppte sich als Mitglied eines verwegenen Geheimbundes. Wo Allah uns ein Hindernis in den Weg legt, versicherte er Pritzke, da gibt er uns auch die Mittel, es zu überwinden. Tags darauf führte er ihn der geheimnisumwitterten Ikhwan Muslimin zu, einer fanatischen Moslem-Bruderschaft. Einst in Oberägypten aus einer Bewegung zur Verteidigung des islamischen Glaubens gegen weltliche Verflachung entstanden, war sie inzwischen unter den Einfluß von Ehrgeizigen geraten, die aus ihr ein Instrument zur Durchsetzung eigener politischer Ambitionen machten. »In meiner Verzweiflung ließ ich mich von ihr als Freiwilliger zum Dienst in der Arabischen Armee anwerben, weil sie mir einen Ausweis versprach, Geld und den Weg in eine neue Zukunft.«

Und wieder wurde aus Pritzke ein Salameh. Zusammen mit anderen Heimatlosen gelangte er auf den Kriegsschauplatz Palästina. Dort erlebte er einen schrecklichen Bandenkrieg, einen Krieg ohne Fronten, und erfüllte seine Pflichten als Truppenarzt, bis die Jaffa-Front Ende April 1948 zusammenbrach.

Er flüchtete mit einem Schiff nach Beirut. Dort folgte er einem Ruf nach Saudi Arabien, wo ihm die Leitung eines Krankenhauses angeboten wurde. Er erfuhr bald, warum bislang noch kein Amerikaner oder ein Europäer dieser Einladung gefolgt war.

Er wurde Leibarzt eines Feudalen und Gerichtsarzt an dessen Palast in Hofuf. Er erlebte Sklaverei und eine entsprechende Justiz. 1952 bekam er vom Kinderhilfswerk der Vereinten Nationen das Angebot, als Kinderarzt in einem Palästinenser-Lager im Libanon zu arbeiten. Er flüchtete aus der Wüste und dem Mittelalter. Der Libanon wurde seine Heimat.

Im Hause von Dr. Herbert Pritzke ging es nach arabischer Sitte zu. Und dennoch spürte man die ordnende Hand des Hausherren, der von deutschen Eltern erzogen worden war und sich den Sinn für Sauberkeit und Gemütlichkeit bewahrt hatte.

Vor fast zwei Jahrzehnten war er auch Bürger des Staates Libanon geworden. Auch wenn ihn die Vergangenheit gelegentlich einholte und er auf sie zu sprechen kam, hatte er sich mit seinem Schicksal ausgesöhnt. Sooft er mich in seinem Hause empfing, strahlte er innere Ausgeglichenheit aus, Zufriedenheit und Zuversicht.

Er wollte nicht mehr zurück nach Berlin. Er hatte hier eine neue Heimat gefunden. Und man schätzte ihn hier als kundigen Arzt und Helfer, als Ratgeber in allen Lebenslagen und Freund in Nöten. In seinem Wartezimmer saßen Leute aus der Nachbarschaft und von weither angereiste Beduinen, Politiker aus Syrien und vertraute Weggefährten aus Saudi Arabien, mit denen die Verbindungen nie abgerissen waren. Beim Hakim Alemani fanden sich auch einflußreiche Libanesen ein, solche mit Rang und Würden, mit Verbindungen und Geld. Daß er eine Libanesin zur Frau genommen hatte, brachte ihm wohlwollendes Verhalten ihrer Landsleute ein, Anerkennung und manches mehr.

Madame Pritzke entstammte nämlich einer weit verzweigten gutsituierten Familie, die schon viele Politiker hervorgebracht hatte, von denen einige in höchste Positionen aufgestiegen waren. Als Nichte des Premierministers Saeb Salam verfügte sie über weitreichende Beziehungen und befaßte sich leidenschaftlich mit politischen Angelegenheiten.

Auch wenn Madame Pritzke aus den Kreisen der Westdeutschen abfällige Bemerkungen hörte, die die Ehe eines Deutschen mit einer Araberin betrafen, und sie deshalb die BRD-Kolonie mied und sich mehr den Ostdeutschen hingezogen fühlte, pflegte Herbert Pritzke zu den Vertretungen beider deutscher Staaten Kontakte. Dadurch wurde unsere anfänglich private Bekanntschaft sowohl unter politisch-diplomatischen Gesichtspunkten als auch unter operativen (für den Aufklärer) immer wertvoller. Zumal Herbert Pritzke auch Kontakte zu den Amerikanern unterhielt und Anschluß bei den Sowjets suchte.

Pritzke war bis zu meiner Abreise eine interessante Quelle. Ich erfuhr nichts Sensationelles von ihm, was meine Chefs in Berlin von den Stühlen gerissen hätte, aber vieles, was ich von ihm erfuhr, floß in meine Analysen mit ein. Davon wußte er nichts. Auch habe ich ihn nie gefragt, ob es noch andere Gründe gab, weshalb er nicht mehr nach Deutschland zurückkehren wollte. Als wir uns im August 1973 verabschiedeten, wußten wir beide nicht, daß wir uns nie wieder begegnen würden. Das Buch, das er über seine dramatische Lebensgeschichte geschrieben hatte, erschien in der deutschen Ausgabe bei Ullstein unter dem Titel »Nach Hause kommst du nie«.

»Als Zeichen unserer Freundschaft« schrieb er mit groben Buchstaben in das Exemplar, das er mir zum Präsent machte.

Das Kapitel Beirut sollte ich nicht abschließen, ohne die Begegnungen mit Yassir Arafat zu erwähnen. Bevor ich jedoch auf diesen zu sprechen komme, möchte ich nachdrücklich feststellen, daß ich, aus welchen Gründen auch immer, von der Aufklärung in Berlin nie einen Auftrag erhielt, mich mit der Palästina-Problematik zu befassen oder Kontakte zu Palästinensern und ihren Organisationen zu suchen. Ich handelte eigenmächtig, weil ich es für angezeigt hielt.

Vor meinem Eintreffen in Beirut hatte ich von der Existenz einer Palästinensischen Befreiungsorganisation kaum Notiz genommen. Natürlich wußte ich, daß auf einer Gipfelkonferenz arabischer Staatschefs in Kairo vor einigen Jahren die Gründung der PLO beschlossen worden war und die Organisation seither in den meisten arabischen Staaten eigene Büros unterhielt. Mir war ferner bekannt, daß es unter arabischem Himmel zahlreiche Flüchtlingslager der Palästinenser gab, in denen Hunderttausende ihr Leben fristeten. Doch welche Rolle die Befreiungsorganisation in den einzelnen arabischen Ländern wirklich spielte, welche Kräfte hinter ihr standen, wen sie vertrat und mit welchen nationalen Kräften sie in den jeweiligen Aufnahmelagern kooperierte, darüber wußte ich soviel wie über die Entstehungsgeschichte des Staates Israel, den die PLO bekämpfte – nämlich nichts. Über diesen Teil der jüngsten Weltgeschichte war zu der Zeit, in der ich die allgemeinbildende Schule in der DDR besuchte, nichts vermittelt worden. Später, als sich aus der Nahost-Region ein permanenter Konfliktherd von internationaler Dimension entwickelte und die Außenpolitik der DDR Möglichkeiten sah, auch in diesem Raum aktiv zu werden, erfuhr ich einiges. Allerdings wurde die Gründung

Israels reduziert auf politischen Zionismus und kapitalistische Kolonialpolitik Englands, Frankreichs und vor allem der USA. Ich sah für mich keinen Anlaß, nach einer anderen als dieser Begründung für die Politik meines Staates gegenüber Israel zu suchen oder an einzelnen Positionen meiner Regierung zum Nahost-Konflikt zu zweifeln.

Yassir Arafat, der die Al-Fatah führte, übernahm den Vorsitz des Exekutivkomitees der PLO. Bis dahin waren die Aktivitäten der Palästinenser mit kritischer Distanz verfolgt worden. Es hieß, die extrem nationalistischen Parolen, die offen dazu aufriefen, die Israelis ins Meer zu stürzen, nützten dem berechtigten Anliegen der Vertriebenen wenig. Einige Palästinensergruppen wollten in der Tat die Israelis kompromißlos verjagen, andere zielten auf eine radikale soziale Revolution hin, und wiederum andere orientierten lediglich auf eine »nationale Revolution«. Die politische Verwirrung unter den Palästinensern war kaum zu begreifen, ein Klärungsprozeß kam nur mühsam voran, viel zu langsam, wie wohlwollende Beobachter befanden.

In den arabischen Ländern, die die Aktivitäten der PLO auf ihren Territorien duldeten und förderten, gab es unterschiedliche Ambitionen. Einfluß auf die jeweiligen Führungskräfte wollten sie alle gewinnen. Die einzelnen Organisationen der Palästinenser wurden manipuliert und für eigene Interessen genutzt. Die Regierenden in Kairo, Damaskus, Bagdad, Beirut oder in anderen arabischen Hauptstädten unterschieden sich da kaum voneinander. Offiziellen Meldungen konnte man kaum Glauben schenken.

Der Einfluß Yassir Arafats nahm jedoch erkennbar zu. Trotz vieler Widersprüche setzte sich in der Palästinensischen Widerstandsbewegung der Wille nach einheitlicher Führung und die Bereitschaft durch, eine Widerstandsfront aller politischen Orientierungen zu formieren und den bewaffneten Kampf auf palästinensischem – also israelischem – Boden aufzunehmen. Die meisten Palästinenser, die ich kennenlernte, sahen im Kampf das einzige Mittel, ihr Recht auf die Rückkehr in die Heimat Palästina zu erzwingen. Sie fühlten sich ein wenig als Elite der arabischen Nation. Die Regierenden in den meisten der arabischen Länder ließen sie gewähren.

Die PLO gewann unter Arafat – oder Abou Ammar, wie sein Kriegsname lautete – zusehends an Profil. Sie baute ihren Einfluß systematisch aus, vor allem im Libanon, bis sie den Bogen zu überspannen begann. Sowohl im Libanon als auch in Jordanien wurde die PLO zu einem gefährlichen innenpolitischen Machtfaktor. Sie beherrschte die Flüchtlingslager, stellte eigene Milizen auf, schuf sich Machtstrukturen und wuchs zu einem Staat im Staate. Mit der im Kairoer Abkommen von 1969 den Palästinensern zugebilligten Selbstverwaltung und der anerkannten Unverletzlichkeit der Militärstrukturen in ihren Camps wurde nicht nur die Souveränität des Staates Libanon ernsthaft in Frage gestellt. Vieles deutete darauf hin, daß die PLO zumindest die kleineren Nachbarländer Israels als Ausgangsbasis für die »Rückeroberung der Heimat Palästina« ausbauen wollte.

Es war zudem nicht zu übersehen, daß die PLO nicht nur die verbale Unterstützung der radikalen Pan-Araber besaß, der »Nasseristen« und militanten Moslems. Sie wurde auch immer prononcierter von den libanesischen Linkskräften und von den Drusen protegiert, die selbst bewaffnete Formationen und Sicherheitskräfte unterhielten. Es war furchterregend, wie sich jede Seite auf einen Bürgerkrieg vorbereitete. Obwohl das Leben in Beirut wie bisher Sorglosigkeit zu erkennen gab, brodelte es unter der Oberfläche.

Zuerst hatte ich keinerlei Zugang zu den Palästinensern und ihren Problemen gefunden. Gewiß, ich sah ihre Lager im Libanon, zunächst von weitem, dann aus der Nähe, ich besuchte Tellel Zataar, Bordsch Barayneh, Sabra, Schatila und Nabatye. Ich sah ihre bescheidenen Werkstätten, die provisorischen Schulen und notdürftigen Krankenstationen. Eine halbe Million Menschen lebten dort seit über dreißig Jahren, angewiesen auf die Rationen, die die UNRWA, die Hilfsorganisation der Vereinten Nationen, verteilte, und auf die Spenden, die Landsleute im Ausland sammelten.

Die Palästinenser hatten keine Wurzeln geschlagen, sie waren Vertriebenene, und sie verstanden sich selbst in der zweiten Generation als heimatlos. Sie kamen aus einem Land, dessen Name in keiner politischen Landkarte zu finden war: Palästina.

Mir wurde zunehmend bewußt, daß der Nahost-Konflikt solange nicht gelöst werden könnte, solange die Frage nach der Rückkehr dieses Volkes in seine Heimat nicht beantwortet wurde. Ich sah mich um im Palästina-Forschungszentrum in Beirut, sammelte Dokumentationen, sortierte Kartenmaterial, las Übersichten und suchte das Gespräch mit Palästinensern. Daß sich ein Vertreter des »demokratischen Deutschland«, wie man die DDR dort nannte, für Palästina interessierte, nahm die dortigen Mitarbeiter sehr ein. Bergeweise stellte man mir Bücher und Broschüren zur Verfügung, Zitatensammlungen und Kopien von Schriftstücken.

Meine Kontakte zu den Palästinensern blieben zunächst auf dieses Institut beschränkt. Das sollte sich jedoch mit dem »Schwarzen September« 1970 ändern, als König Hussein, haschemitischer Herrscher von Jordanien, seine Beduinen – die berühmte Arabische Legion – gegen die Palästinenserlager in Amman und Irbid in Marsch setzte. Irbid, eine kleine Stadt im Länderdreieck zwischen Jordanien, Israel und Syrien, war eine waffenstarrende Zentrale radikaler Palästinensergruppen. Sie hatte sich der Kontrolle des Königs entzogen. König Hussein sah die Souveränität seines Landes ernsthaft gefährdet. Übergriffe der PLO auf israelisches Gebiet lieferten den Anlaß, die ungeliebten, weil schwerbewaffneten Fedayins, die Kämpfer der PLO, zu verjagen und die Ordnung im Königreich Jordanien wieder herzustellen. Kein arabischer »Bruder« stand den Palästinensern wirklich bei – weder Syrien noch der Irak.

Die schwerbewaffneten Formationen der Palästinenser flohen über den Berg Hermon in das Grenzgebiet zwischen Libanon und Israel, ihrer letzten Station einer vermeintlich siegreichen Schlacht um Palästina. Von da an lösten sich Vergeltungsschläge der einen wie der anderen Seite ab, eskalierten die barbarischen Überfälle der einen gegen die anderen. Der Libanon wurde erkennbar in Mitleidenschaft gezogen. Das kleine Land taumelte zwischen labilen Ausgangssperren und sich wiederholenden Ausnahmezuständen.

Zu jener Zeit wurde das DDR-eigene Hochhaus in RassBeirut, in unmittelbarer Nähe zum Meer, fertig. Wir bezogen im 9. Stock eine neue Wohnung. Das Haus hatte viele Vorzüge, aber auch unverzeihliche Nachteile. Es lag auf der Anhöhe einer strategisch wichtigen Landspitze und an der Küstenstraße nach Südlibanon, unweit vom Internationalen Flughafen. In unmittelbarer Nähe befanden sich aber auch zwei Lager der Palästinenser.

Meldungen über bevorstehende Militäraktionen der Israelis zirkulierten und wurden dementiert. Gerüchte schwirrten durch den Äther. Die Spannungen nahmen zu. Unruhe und Nervosität wuchsen. Ich spürte, daß der Konflikt zwischen Palästinensern und Israelis keine Episode mehr war, sondern ein von gegenseitigem Haß und tiefer Verachtung geprägter Kampf auf Leben oder Tod. Die Libanesen sahen sich zu Vorhersagen über die weitere Entwicklung außerstande. Einige von ihnen, darunter Farid Gebrane, das Führungsmitglied der Sozialistischen Fortschrittspartei, unterhielten ständige Kontakte zu den Palästinensern. Aber auch sie zeigten sich beunruhigt und unwissend darüber, was der nächste Tag bringen könnte. – Heute bin ich mir sicher, daß weder Gebrane noch andere Führer der sogenannten Front der progressiven Kräfte des Libanon über die geheimen Absichten und die Strategie der PLO im Bilde waren. Gebrane meinte zwar, daß die PLO die Strategie des Guerillakrieges verfolge, daß sie den bewaffneten Kampf vorbereite nach dem Vorbild der Algerier, Vietnamesen und Kubaner, daß sie einen revolutionären Volkskrieg zur Befreiung Palästinas führen wolle und entsprechende Kommandostrukturen bereits aufbaue. Aber das meinte er nur, Genaueres wußte auch er nicht.

Ich hielt es für unerläßlich, persönliche Kontakte zur PLO zu suchen. Den Zeitpunkt dafür sah ich gekommen, als die Israelis die palästinensischen Attacken an der Grenze zu Libanon mit immer schwereren Vergeltungsschlägen erwiderten und offen zu militärischen Aktionen gegen die Stützpunkte der PLO und die Flüchtlingslager auf libanesischem Territorium übergingen.

Seit 1971 schlugen die Raketen und Bomben in Sichtweite unseres Hauses ein. Als zeitweiliger Geschäftsträger ordnete ich an, daß die Vertreter unserer Mission die Keller aufsuchten.

Eines Nachts beobachtete ich auf der unterhalb unserer Wohnung liegenden Küste die Landung israelischer Marineeinheiten. Amphibienfahrzeuge rollten in nur wenigen hundert Meter Entfernung in Richtung Palästinenserlager. Das Resultat vermeldeten anderntags die Medien des In- und Auslands. Im Rahmen dieser Militäroperation hätten Angehörige des Mossad, des militärischen Geheimdienstes Israels, einen palästinensischen Führungsstab ausheben wollen, doch die Operation sei ergebnislos geblieben.

Schon bald tauchten über dem Himmel Beiruts tagsüber israelische »Phantom« und »Kfir« auf. Vom Fenster unseres nach Norden liegenden Wohnzimmers sah ich den Sturzflügen der Bomber mit dem Davidstern zu, die ihre Raketen in geringer Höhe abfeuerten. Der Boden bebte. Auch unser Wohnhaus wurde von mehreren Splittern getroffen.

Berlin reagierte unverzüglich auf unsere Signale und schickte Hilfssendungen des Deutschen Roten Kreuzes für die Opfer der Überfälle. Bei ihrer Übergabe auf dem Flughafen in Beirut lernte ich den Leiter des Palästinensischen Halbmondes im Libanon kennen, Dr. Azmi Awadi, einen talentierten Arzt, der – wie es schien – alle Tugenden eines wahrhaften Revolutionärs in sich vereinigte. Awadi lebte für sein Volk, für Palästina, für die Revolution … Und er wußte über interne Vorgänge der Palästinensischen Befreiungsbewegung Bescheid.

Wie die Kontakte zwischen der Führung der DDR und der PLO auf höchster Ebene zustandekamen, entzog sich meiner Kenntnis. Yassir Arafat war mit seinem Besuch in Berlin äußerst zufrieden. Er war wie ein offizieller Staatsmann behandelt und von »Comrade Honecker«, wie er sagte, empfangen worden. In die Berliner Gespräche war keiner unserer Diplomaten einbezogen worden, doch als Geschäftsträger wurde ich beauftragt, Arafat nach seiner Rückkehr auf dem Flugplatz in Beirut zu begrüßen.

So machte ich mit bei Arabern üblichen Bruderküssen vor aller Öffentlichkeit die Bekanntschaft mit Yassir Arafat und auch mit ranghohen PLO-Funktionären, an die sich einige wegen meines einprägsamen Namens noch Jahre danach erinnerten, als ich meine Tätigkeit in Brüssel aufnahm.

Es ist wahr, daß die Palästinenser die Dunkelheit lieben und Arafat seine Verabredungen gern in die späten Nachtstunden verlegte. Ich erhielt Ende 1972 den Auftrag, ihm eine persönliche Einladung zu den Weltfestspielen der Jugend und Studenten im Sommer 1973 in Berlin zu überbringen. In Beirut herrschte eine angespannte Situation. Weder die libanesischen Konservativen noch die Linkskräfte, von den Palästinensern unterstützt, konnten bei den innenpolitischen Auseinandersetzungen die Oberhand gewinnen. Die Palästinenser hatten in den letzten Monaten von den Israelis schwere Schläge hinnehmen müssen.

Ich hatte keinen weiten Weg bis zur verabredeten Stelle, wo mich libanesische Ordnungskräfte an Angehörige eines PLO-Sicherungskommandos übergaben. Dunkle Nacht war über Beirut hereingebrochen. Nirgendwo brannte eine Straßenlampe. In diesem Stadtviertel hatte man überall Vorkehrungen gegen Überfälle von Eliteeinheiten der Israelis getroffen. Hinter Straßensperren standen auf den Zufahrtsstraßen zum Flüchtlingslager gut getarnte Bewaffnete. Das Licht aufblendender Taschenlampen erfaßte in kurzen Augenblicken Gestalten in graugrünen Uniformen, die über die Schultern gehängte Kalaschnikows trugen. Die Gesichter waren von schwarzweißen Tüchern, den Keffieh, verhüllt. Totenstille, nur unterbrochen von halblauten Kommandostimmen, die die Dunkelheit verschlang.

»Folgen Sie mir genau auf dem Pfad«, flüsterte mir ein Bewaffneter zu, »unsere Wege sind vermint und für Fremde gefährlich«. Ich stolperte vorbei an halbzerstörten Häusern und gespenstischen Ruinen, ich passierte Gräben und mit Sandsäcken gesicherte Stellungen, Stacheldrahtverhaue und Barrikaden von Autoreifen.

Wir betraten ein verwahrlostes Gebäude, das früher vermutlich ein Wohnhaus gewesen war und jetzt einer Betonfestung glich. Als wollte er sich für die ungewöhnliche Tour entschuldigen, meinte mein bewaffneter Begleiter, daß die Sicherheitsvorkehrungen seit geraumer Zeit verschärft worden seien und Yassir Arafat jede Nacht sein Quartier wechsle.

Arafat trat auf uns zu, zuerst auf mich, dann auf meinen deutschen Begleiter. Diesmal begrüßte er mich nur mit einem kraftlosen Handschlag. Mehrere Palästinenser verließen ohne Aufforderung den Raum. Nur ein Berater, an dessen Namen ich mich nicht erinnere, blieb zurück. Arafat bot mir einen Platz auf einer mit Kissen belegten Holzbank. Im Raum standen noch ein Schreibtisch, eine Liege und ein paar Bücherschränke. Arafat sah völlig verändert aus, er wirkte übernächtigt, abgespannt, müde.

Seiner Stimme fehlte männliche Härte, seinen Gesten militärische Straffheit. Nein, wie ein Befehlshaber wirkte er nicht gerade. Die entzündeten Augen blinzelten im grellen Licht der schirmlosen Lampe, sie glänzten eigenartig und ließen List vermuten.

»Wir sehen in der DDR einen Verbündeten für unsere gerechte Sache«, leitete Arafat das Gespräch wie selbstverständlich in englischer Sprache ein, die er perfekt beherrschte. Ich empfand, daß er zu hastig, fast aufgeregt sprach. »Wir nehmen die Einladung nach Berlin an.«

Ich hatte den Eindruck, daß er jedes Mal das Pronomen »wir« betonte. »Wir haben starke Verbündete.« Seine Stimme klang monoton.

Dann äußerte er sich über die Ziele der PLO, wie sie mir aus vorangegangenen Gesprächen mit seinen Funktionären und aus offiziellen Verlautbarungen bekannt waren. Dieser Mann aber schien aus tiefster Überzeugung zu allem entschlossen zu sein.

Im August 1973, als Arafat im Stadion der Weltjugend in Berlin von der Jugend der Welt gefeiert wurde, trat ich nach fünf Jahren in Beirut meine Heimreise an.

Unser Sohn André hatte uns schon vor einem Jahr verlassen, weil es in der Beiruter Botschaftsschule keine 6. Klasse gab. Er hatte uns seither nicht ein einziges Mal geschrieben.

Der Abschied von Beirut fiel uns schwer. Wir hatten hier Wurzeln geschlagen und Freunde gefunden. Doch nach fünf Jahren war meine Zeit abgelaufen. Und Dagmar mußte dringend untersucht werden. Sie litt an einer Krankheit, deren Ursachen bislang nicht gefunden worden waren.

Ich hatte auch als Geheimdienstmann sehr viel gelernt. Wenn man es geschickt anstellte und verstand, Komplimente zu verteilen, konnte man Aufmerksamkeit erheischen und schließlich auch Vertrauliches erfahren oder absetzen. Mit einer gewissen Dreistigkeit konnte man von einer Persönlichkeit zur nächsten weitergereicht werden, an diesen oder jenen Gesprächen teilnehmen und diskret Antworten provozieren. Ich fand in der Tat großen Gefallen daran, mich umzusehen, mich zu erproben, Zufallsbekanntschaften herbeizuführen und mich möglichst einflußreichen Mitgliedern der Gesellschaft vorstellen zu lassen. Man mußte nur die Zusammenhänge und personellen Verflechtungen kennen, geduldig nach Ansatzpunkten suchen und Gelegenheiten herbeiführen.

Ich hatte beispielsweise erfahren, daß der Vorsitzende der Kommunistischen Partei Libanons ein Schulfreund von Ministerpräsident Rachid Karame war. Warum sollte ich nicht Nicolas Chaoui bitten, mich bei einem diplomatischen Empfang dem Regierungschef vorzustellen? Und so registrierte man, daß der Premier mit mir freundlich redete. Dadurch geriet ich wie von unsichtbarer Hand geführt in die nächste Gesprächsrunde von Würdenträgern. Zu Erinnerungsfotos fanden sich alle gern bereit: Iskander Ghanem, der Oberkommandierende der libanesischen Armee, General Jamil Lahoud, dem man Chancen bei den bevorstehenden Präsidentschaftswahlen einräumte, Abou Haidar, der konservative, aber freundliche Gouverneur aus Tripolis, der alle Konzertabende der DDR in den Hotels »Alcazar« oder »Carlton« besuchte, ebenso wie Marouf Saad, der beleibte sozialistische Bürgermeister der südlibanesischen Hafenstadt Saida, den seine politischen Gegner später heimtückisch umbringen ließen.

Mit den Jahren war es mir gelungen, ein breites Spektrum politischer Richtungen zu erfassen, deren Vertreter sich alle kannten und die aus den verschiedenen Motiven heraus den Einladungen von Botschaften folgten. Auch die Kirche war präsent, so der päpstliche Nuntius Mgr. Bruneira und der Patriarch der maronitischen Gläubigen, Seine Seligkeit Paul Butros Meouchi. Bei letzterem stimmten Seine Exzellenz Majdalani und Antoine Zahrour überein: Kein Libanese verfügte über mehr Macht und Einfluß im Staat als er.

Gewiß, Begegnungen mit solchen Leuten hatten Seltenheitswert, und ein Wortwechsel mit ihnen enthielt mehr Höflichkeitsfloskeln denn nachrichtendienstlich Bedeutendes. Aber diese Begegnungen wurden öffentlich registriert, so auch von den Leuten, die im Verborgenen Verantwortung für die Landessicherheit trugen. Ich war davon überzeugt, daß mir solche Begegnungen Rückhalt geben konnten und von meinen eigentlichen Intentionen ablenkten.

Wegen anderer Verpflichtungen blieb wenig Zeit für die Pflege von Kontakten mit Wirtschaftsbossen. Den Erfahrungen, die ich mit dem verehrten Bankier Majdalani und seinem Sekretär Dr. Saba machte, konnte ich noch weitere durch die Bekanntschaft mit einigen anderen Leuten hinzufügen. Diese nahmen zwar bedauerlicherweise im Regierungsapparat keinen Platz ein, spielten aber im Beiruter Business eine gewisse Rolle. Sie behaupteten, weitreichende Verbindungen zu wichtigen offiziellen Kreisen zu haben und konnten das auch beweisen. Sie pflegten ihre vertraulichen Verbindungen sehr diskret und nutzten sie, wenn immer sie diese benötigten, auch für bestimmte Interessen ausländischer Mächte. Ich brachte mich in Position. Als Leiter der Politischen Abteilung gab es für mich kaum etwas Geschäftliches zu regeln, aber warum sollten diplomatische Aktivitäten Kommerzielles nicht begleitend fördern können? Mich interessierten vor allem Leute mit Geschäftsmöglichkeiten in alle Richtungen, die es unter dem arabischen Himmel gab.

Über fünf Jahre stand ich mit manchem Geschäftsmann in freund-

Mit Ministerpräsident Rachid Karamè, 1970

145

schaftlicher Verbindung. Einer von ihnen war Wael Leheta, ein Ägypter, der sich wegen unsicherer Geschäftslage und noch unsicherer politischer Perspektiven in seiner Heimat nach neuen Pfründen im Libanon umsah. Er hatte Glück. Weil er einer reichen Familie entstammte und viel Kapital mitbrachte. Wael Leheta wurde noch reicher, seit er mit Geschäftsfreunden aus Syrien und Libanon und mit der DDR die Agentur Eurabia Shipping Company gegründet hatte. Die machte er bald zu einer der bedeutendsten am östlichen Mittelmeer. Die Geschäfte liefen gut.

Weil die Deutsche Seereederei Geschäftsanteile besaß und zwischen den Häfen an der Ostsee und am östlichen Mittelmeer alles vorzüglich vonstatten ging und noch mehr Gewinn in Aussicht stand, erschien dem Wael Leheta der Kontakt zur Nummer Zwei der DDR im Libanon – also mit mir – von Interesse zu sein.

Anfänglich schockte es mich, wie dieser Mann seine Welt verstand, wie er sein Kapital einsetzte, um Kontakte anzubahnen und Profite zu machen. Als er Dagmar, mich und einige Freunde einmal zum amerikanischen Roulette ins berühmte »Casino du Liban« mitnahm, gab Leheta ein Lehrbeispiel, wie knickrig man sein mußte, wenn es um den Mehrwert ging. Die Chips, die er uns allen beschaffte, brachten Dagmar Glück. Der Millionär Wael Leheta strich den Gewinn bis auf den letzten Piaster schmunzelnd und zufrieden sein.

Libanesische Absolventen von DDR-Universitäten und -Hochschulen zu Gast in der Vertretung der DDR in Beirut

Wie die meisten Ägypter hegte er gegenüber Deutschen große Sympathien. Und die zeigte er ganz offen, besonders gegenüber den blonden Frauen. Er liebte das fröhliche Leben und vergnügte sich gern. Er gab gut besuchte Parties in seiner Wohnung, in seinem Bungalow am Strand von Acapulco oder in gemütlichen Restaurants inmitten der Berge. Ich kann mich nicht erinnern, daß er jemals einem Anliegen oder einer Frage ausgewichen wäre. Und er überraschte mich immer wieder, wie vortrefflich er über die arabische Welt informiert war, wie er politische Entwicklungen erkannte und zu bewerten verstand, obgleich er doch nie Politische Wissenschaften studiert hatte

Ein anderer Bekannter aus Beiruter Geschäftskreisen war Joseph Hayek. Auch er wurde ein Freund der Familie und feierte, obgleich Libanese, mit seinen Töchtern und den Familien der Nummern Eins und Zwei der DDR im Libanon die christlichen Feiertage – mal in Beirut, mal in Beitschabab, wo er einen Landsitz und eine riesige Plantage besaß. Joseph Hayek war ein berühmter Kaufmann und Mitbesitzer einer Schuhfabrik in Zahlé und Aktionär in mehreren Unternehmen. Hayek galt als einer, der aus dem Nichts etwas zu machen wußte und seine Freunde nie im Stich ließ. Und Freunde hatte er erklärtermaßen viele.

Doch als cleverer Sohn der Levantiner verstand er es wie kaum ein anderer seiner Generation, Geschäft und Politik in einen Guß zu bringen. Von der Marxschen Werttheorie hatte Hayek bestimmt noch nie gehört, doch den Austausch der Werte beherrschte er. Bewundernswert, wie emsig dieser Mann in den besten Jahren, dieser lustige Witwer und gutmütige Familienvater, sich in Geschäftlichem auskannte und es verstand, Konjunkturen zu nutzen. Die Rolle, in die er hineingewachsen war in Zeiten, als die DDR seiner bedurfte, hatte ihm gefallen. Er war ein ehrenwerter Berater der Vorgänger der Chefs der DDR-Vertretung geworden. Und beim Vermitteln von Geschäften erwarb er sich große Verdienste.

Er leitete auch das Beiruter Büro des Leipziger Messeamtes und residierte im größten und teuersten Bürohaus der Stadt. Von diesem Büro aus steuerte er ein System schier unübersehbarer Verbindungen, wahrnehmbare und weniger sichtbare, ein Netz, das je nach Bedarf und Dringlichkeit Geschäftsleute und Politiker, Funktionäre und Beamte gleichermaßen bediente.

Ich traf mich mit ihm oft im zentral gelegenen Starco-Building, wo er mich je nach Jahreszeit bei kalten Drinks oder heißem Mokka

DDR-Diplomaten vor ihrer Akkreditierung in Beirut, 1972

über das Neueste unterrichtete. Da erfuhr ich, was ihm seit unserer letzten Begegnung zu Ohren gekommen war, natürlich zu allererst die Neuigkeiten, die das Land betrafen, das ich als Diplomat vertrat. Warum er gerade damit begann? Joseph Hayek mochte erklärtermaßen meinen Vorgesetzten in Beirut nicht sonderlich. Es bereitete ihm offensichtlich Vergnügen, mir von Zeit zu Zeit den Inhalt von Gesprächen mitzuteilen, die der DDR-Chef in Beirut geführt und über die der eine oder andere seiner Partner ihm berichtet hatte. Er war meist gut informiert. So erhielt ich von ihm vorher Nachricht, wer aus dem libanesischen Außenministerium der Handelsvertretung an welchem Tag und zu welcher Stunde die diplomatische Anerkennung der DDR durch den Libanon mitteilen werde. So kam es dann auch.

Die fünf Jahre über war ich auch darauf vorbereitet gewesen, gelegentlich Abgesandten aus anderen Lagern zu begegnen. Es mußte ja nicht unbedingt ein diplomatischer Mitarbeiter der CIA oder des Bundesnachrichtendienstes sein. Vielleicht bin ich dem einen oder anderen begegnet, aber ich habe es nicht bemerkt. Immer, wenn ich durch die Rue Hamra fuhr, wo die Botschaft der Bundesrepublik Deutschland lag, oder in Yarzé aufkreuzte oder in Ramlet El Baida, wo die Deutschen von der anderen Seite wohnten, verdrängte ich die Versuchung, einen von ihnen anzusprechen. Ich wollte nicht noch einmal so behandelt werden wie damals in Mali, als mich Dr. Alois Schlegel so schnöde stehen ließ.

Botschaftsrat Dr. Walter Nowak war im Sommer 1968 zeitgleich mit mir in Beirut eingetroffen. Bei diplomatischen und anderen Veranstaltungen vermied er es, meinen Weg zu kreuzen. Die Zeit des Kalten Krieges war noch nicht vorbei und das Eis in den deutsch-deutschen Begegnungen bislang nicht gebrochen, auch nach den Begegnungen der Regierungschefs beider deutscher Staaten nicht.

Der Bonner Botschafter Dr. Christian Lankes, der wohl annahm, seine Ausweisung aus der Republik Guinea sei Intrigen der DDR zu-zuschreiben, sah selbst nach der Unterzeichnung des Grundla-genvertrages zwischen beiden deutschen Staaten und ihre Aufnahme in die Organisation der Vereinten Nationen keinen Anlaß, meine Grüße auf diplomatischem Parkett zu erwidern.

Ich räume ein, ein wenig enttäuscht gewesen zu sein, daß ich in diesen Jahren keinen Aufklärern fremder Mächte begegnete und gehe davon aus, daß ich bei ihnen keine Aufmerksamkeit erregte.

Bei Präsident Souleiman Frangié, 24. Dezember 1972

Nach Westeuropa.
Zeit der Verantwortung

Im Januar 1976 schickte mich die Zentrale nach Brüssel. Wie immer war ich vorher nicht gefragt worden, und wenn die Frage gestellt worden war, hatte sie allenfalls rhetorische Bedeutung. Die Würfel waren gefallen.

Für ganz Europa war ein strenger Winter angekündigt worden. Über Berlin lag eine dünne Schneedecke, grauer Morgennebel versperrte die Sicht. Das Barometer zeigte einige Grade unter Null an. Das unfreundliche Wetter schien sich unserer Abschiedsstimmung anzupassen. Wir fanden uns auf dem Flugplatz Schönefeld rechtzeitig ein, um ohne Hast die üblichen, selbst für Diplomaten ungebührlich langen Abfertigungsformalitäten hinter uns zu bringen. Mit nur wenigen Passagieren bestiegen wir die vorbereitete, aber kaum geheizte TU-134. Pünktlich hob sie vom Boden ab, stieg schnell auf und durchstieß nach wenigen Minuten die graue Wolkendecke. Bald hatte das Flugzeug die normale Flughöhe erreicht. Ein herrlicher Flug, keine Schwankungen, keine Erschütterungen.

Die Sicht durch das kleine Bullauge gab den Blick frei, auf die in der Sonne glitzernde und im Sturm vibrierende Tragfläche. In der Ferne, so schien es, türmten sich weiße Wolken zu gewaltigen Schneebergen auf. Mit einiger Phantasie konnte man sich so den Weg in ein Winterparadies vorstellen.

Der geltenden Flugroutenvorschrift zufolge überflogen wir zunächst dänisches Territorium, um dann in Richtung holländischer Küste abzudrehen. Die Interflug durfte nicht über das Territorium der Bundesrepublik fliegen, wie die Lufthansa auch die DDR nicht überfliegen durfte. Die Luftverbindung zwischen dem Bundesgebiet und Westberlin war das Privileg der einstigen Alliierten.

Dagmar saß neben mir, still, unbeweglich, aber innerlich doch erregt. Ich kannte sie nun schon lange genug, um ihre Gedanken erraten zu können. Unser Leben war alles andere als ruhig und gutbürgerlich. Der Einsatz in Afrika und Nahost hatte uns beiden Tribut abverlangt. Zwei Jahre laborierte Dagmar an einer schweren Hepatitis, die sie aus Beirut mitgebracht hatte. Monatelang hatte sie im Nordmark-Krankenhaus im Prenzlauer Berg gelegen. Ich selbst trug bereits im fünften Jahr ein Korsett. Nach einer schwierigen Nieren-operation mit nachfolgendem Narbenbruch war mir die Korsage ver-ordnet worden. Danach stand ärztlicherseits fest, daß das Leben unter tropischen und subtropischen Belastungen seinen Tribut gefordert hatte – ein weiterer Einsatz in diesem Bereich war für alle Zeiten aus-geschlossen.

Wir hatten, um es pathetisch zu formulieren, dem Vaterland un-sere Gesundheit geopfert.

Die Vorbereitung auf Belgien war, wie stets, unzureichend. Nie-mand von jenen, die uns präparierten, war jemals dort gewesen. Wir kannten nur Allgemeines.

Dagmar hatte täglich Unterricht gehabt und sich ausbilden lassen, um in der Botschaft in Brüssel die Leitung des Sekretariats zu über-nehmen. Ich war an der »Waldschule«, die noch immer als GST-Stützpunkt getarnt wurde, mehrere Monate weitergebildet worden. An der Abendschule der Humboldt-Universität lernte ich niederlän-disch. Tagsüber studierte ich Akten und Dossiers. Von dem, was wir uns vorgenommen hatten, fiel das meiste flach: Konzerte, Theater, Ausflüge, Urlaub, Verwandtenbesuche – gestrichen. Keine Zeit.

Neben dem Ausbildungs-Pensum hatte ich im Außenministerium Dienst zu leisten. Die portugiesische »Nelkenrevolution« 1975 führ-te in der DDR zur Bildung einer interministeriellen Arbeitsgruppe, die unterstützende Maßnahmen der DDR koordinieren sollte. Das Außenministerium schickte mich in dieses Gremium.

Der sowjetische Außenminister Andrej Gromyko legte sein Buch »Sozialistische Diplomatie« vor – und ausgerechnet ich wurde be-auftragt, »eine gründliche Auswertung« für die Abteilung Westeuropa vorzunehmen.

So notwendig und interessant solche Aufträge auch erschienen, sie standen in keinem direkten Zusammenhang mit meinen unmittelba-ren Vorbereitungen auf das neue Einsatzgebiet.

Und außerdem hatte ich ja noch einen zweiten Job, von dem je-doch im Außenministerium niemand etwas wußte.

Seit Wochen bereits warteten wir auf die Erteilung der Einreisevisa durch die belgischen Behörden. Natürlich entschieden darüber nicht die Belgier allein – Brüssel war schließlich auch Sitz des Nordatlantikpaktes und der Institutionen der EG. Alle Abgesandte aus dem Osten, und nicht zuletzt die Diplomaten, erfreuten sich besonderer Aufmerksamkeit.

Wir hatten uns schon von unserem Sohn, von Eltern und Geschwistern verabschiedet. Unmittelbar vor dem Jahreswechsel eröffnete mir Kurt Nier, der zuständige Stellvertreter des Ministers, daß nicht mehr länger auf die belgischen Visa gewartet werden könne. Man erwäge meinen Einsatz in London.

Drei Tage nach diesem Schock wurde die Erteilung der Visa signalisiert. Einen Tag vor der geplanten Abreise konnte ich endlich Paß und Flugticket entgegennehmen. »Das Ministerium für Auswärtige Angelegenheiten bittet im Namen der Regierung darum, den Inhaber frei und ungehindert reisen zu lassen und ihm nötigenfalls Schutz und Hilfe zu gewährleisten.«

Obwohl ich zum DDR-Jahrestag am 7. Oktober 1975 aus den Händen des Ministers die Ernennungsurkunde zum Botschaftsrat bekommen hatte, enthielt mein drei Monate später ausgestellter Paß für den Einsatz in Brüssel die Rangbezeichnung »1. Sekretär«. Sollte ich Einspruch erheben? Ich unterließ es. Schließlich hatte man mir vor meiner Abreise nach Beirut erklärt, daß ich als Aufklärer entsandt würde und der diplomatische Rang eine untergeordnete Rolle spiele.

Zwischenlandung in Amsterdam, Paß- und Zollkontrolle. Ich hatte den Eindruck, noch sorgfältiger als zu Hause, nur wesentlich schneller und dem äußeren Anschein nach technisch perfekter gefilzt zu werden. Terroraktionen veranlaßten Sicherheitsbehörden weltweit zu verstärkter Aufmerksamkeit. Ein Warnsignal wurde ausgelöst. Eine energische Beamtin forderte mich auf, alles in den Mantel- und Anzugtaschen Befindliche auf den Abfertigungstisch zu legen. Noch einmal durchlief ich die Kontrollstrecke. Dasselbe. Weder ich noch die hinzugetretenen Beamten konnten das Signal erklären.

War es eine Provokation? Endlich dämmerte es: die Stahleinlagen meines Korsetts …

Der erste Tag in Belgien sollte mit überwältigenden Eindrücken enden. So hatten es Freunde gewollt, die schon lange Dienst hier taten. Sie freuten sich auf die Heimat und wollten ihren Abschied mit unserer Begrüßung feiern.

Als erstes besuchten wir den berühmten Grand Place. Welch imposante Silhouette der im Flutlicht erstrahlenden Fronten mit vergoldeten Fassaden alter Gildehäuser und Paläste. Die prachtvollsten

Bildbände und Reiseführer hätten uns auf ein solches Erlebnis niemals vorbereiten können. Wir hatten in anderen Ländern schon manches Sehenswürdige menschlicher Schaffenskraft bewundern können, Vergleichbares jedoch noch nicht. Von der Geschichte und den Legenden, die den Großen Markt umspinnen, ging ein glanzvoller und bezaubernder Reiz aus. Warum sollten wir nicht dem Rat folgen, uns von diesem leichten Rausch mitreißen lassen?

Wir fanden uns wieder in einem Restaurant im Obergeschoß eines der mittelalterlichen Patrizierhäuser. Unsere Freunde sagten, daß man hierzulande auf gutes Essen und Trinken Wert lege. Wir nahmen ihre Einladung und die Ratschläge an.

Ich glaubte, daß wir in Europa am Beginn einer neuen Entspannungsphase stünden. Im Vorjahr hatten in Helsinki 35 Staats- und Parteichefs die Schlußakte der Konferenz für Sicherheit und Zusammenarbeit unterzeichnet. Natürlich legten die Westmächte besonderen Wert auf den sogenannten Korb 3, in dem es um die Menschenrechte ging, während die sozialistischen Staaten besonders die Entspannung und die wirtschaftliche Kooperation im Auge hatte.

Der Ost-West-Konflikt war nie statisch, aber als Diplomat und Aufklärer mußte ich vielleicht stärker auf die Dynamik achten, vor allem mußte ich unterscheiden, was Propaganda und was tatsächliche Politik war. In der zweiten Jahreshälfte 1971 war ich aus Beirut zu ei-

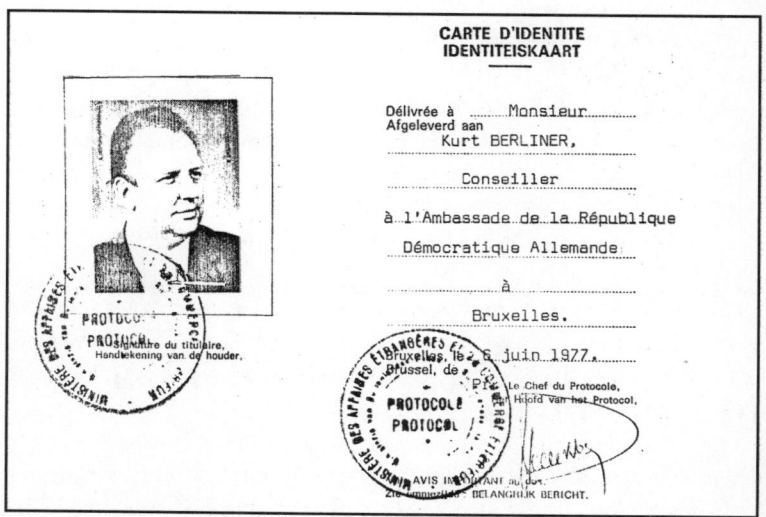

nem mehrwöchigen Weiterbildungslehrgang für Führungskader nach Potsdam-Babelsberg geholt worden. Ich kam in eine Arbeitsgruppe, die sich mit »Problemen und Erfordernissen des Kampfes der DDR um europäische Sicherheit« befaßte. Damit erhielt ich erstmalig Gelegenheit, mich unmittelbar mit Fragen der Ost-West-Konfrontation in Europa zu befassen und tiefer in jene Kategorien einzudringen, in denen auf beiden Seiten der Trennlinie zwischen den größten Militärallianzen der Welt zu dieser Zeit gedacht wurde. Je deutlicher die Konferenz für Sicherheit und Zusammenarbeit in Europa Konturen annahm, um so angestrengter wurde in der »Fischer-Hütte« – so nannte man das Außenministerium nach seinem Chef Oskar Fischer – darüber nachgedacht, welche Konsequenzen sich für die außenpolitischen Perspektiven der DDR ergeben könnten.

In der Abteilung Westeuropa, deren Sektion Benelux-Staaten ich nach Rückkehr aus dem Nahen Osten 1974 zugeordnet wurde, wurde über praktische Aufgaben nachgedacht, die sich für die Gestaltung der Beziehungen zum Westen ergeben müßten. Wie die meisten Mitarbeiter verfolgte auch ich die Stimme des anderen Deutschland und verschiedene Radiostationen Westeuropas, vor allem BBC London und Radio Paris. Das gegenseitige Mißtrauen dauerte an. Das war für uns ganz natürlich, denn der Grundwiderspruch unserer Epoche, wie er uns in den Schulen gelehrt worden war, nämlich der zwischen Kapitalismus und Sozialismus oder Kapital und Arbeit, war ja keineswegs aufgehoben worden.

Ich bewertete die Unterschiede bei der Interpretation als natürlichen Ausdruck fortdauernder gegensätzlicher politischer Interessen und Ziele. Aber warum sollte deshalb nicht allgemein anerkannt werden, daß Fragen der Sicherheit von grundlegender Bedeutung für die Geschicke Europas waren?

Und: Warum sollten solide zwischenstaatliche Beziehungen in Wirtschaft, Verkehr, Kultur und im humanitären Bereich nicht auch von vertrauensfördernder Wirkung für eine grundsätzliche und allgemeine Verbesserung des Ost-West-Verhältnisses sein?

Es war für mich absolut klar, daß nur ein ausgewogener Ausgleich der Interessen auch Grundlage für Kompromisse in der Politik der Entspannung sein konnte. Vor dem Hintergrund interner Vorkehrungen für die neue Phase in den Beziehungen der sozialistischen Staaten zu den Staaten Westeuropas war ich von der Richtigkeit unserer Strategie und des eingeschlagenen Kurses überzeugt. Ich hatte keine Illusionen. Für mich gab es keinerlei Zweifel, daß von nun an die Auseinandersetzung beider Weltsysteme um Überlegenheit im weitesten Sinne des Wortes mit anderen als militärischen Mitteln stattfinden würde. Jede Seite sah in der Zusammenarbeit zugleich auch das Element der Auseinandersetzung. Ich glaubte allerdings an die Kraft unserer Ideen und die Überlegenheit unserer Weltanschauung, glaubte an die Möglichkeit friedlichen Wettbewerbs zugunsten des Sozialismus.

Aber hatten wir auch die ökonomischen Potenzen, um diese Auseinandersetzung zu gewinnen? Lenin hatte gesagt, daß in letzter Konsequenz die Arbeitsproduktivität über Sieg oder Niederlage entschiede. Ich räume ein: Wir schlossen die Möglichkeit völlig aus, auch an eine Niederlage für uns zu denken.

Wir billigten dem Westen keine Glaubwürdigkeit zu und unterstellten, daß er – gleich uns – eine Doppelstrategie verfolgte. Er wollte siegen, ohne Atomwaffen einsetzen zu müssen.

Nach meiner Überzeugung hatte die Zentrale folgerichtig mich angewiesen, alles zu tun, um friedensstörende und entspannungsfeindliche Kräfte bloßzustellen. Alles sollte vermieden werden, was dem Entspannungsprozeß hätte schaden können. Nichts durfte die Normalisierung der zwischenstaatlichen Beziehungen und das allgemeine Tauwetter in Europa stören. Der beginnende europäische Frühling sollte nicht beeinträchtigt werden. Aber die Doppelstrategie der NATO-Strategen mußte bloßgestellt werden.

Zum ersten Mal in meinem Leben fühlte ich mich mit einer Verantwortung beladen, die mich zu erdrücken drohte.

Westeuropa bedeutete für mich Neuland in vielerlei Hinsicht.

Mir war schon in den ersten Wochen meines Aufenthaltes in Brüssel bewußt geworden, daß ich dem Studium der Regimebedingungen und der Suche nach realen Ansatzpunkten für die operative Arbeit wesentlich mehr Aufmerksamkeit als je zuvor widmen mußte. Unter Regimebedingungen verstand man im Nachrichtendienst die Gesamtheit der politischen, ökonomischen, sicherheitspolitischen und abwehrmäßigen Umstände, unter denen die Aufklärer ihre Aufgaben wahrnehmen mußten. Vom ersten Tag an konzentrierte ich mich auftragsgemäß auf die vorgegebenen Schwerpunkte.

Am schwierigsten, das zeichnete sich immer deutlicher ab, war es, Leute zu finden, die nicht nur wegen ihrer Voraussetzungen geeignet erschienen, sondern auch bereit waren, aus Überzeugung mich in meiner Arbeit zu unterstützen. Ich war ehrgeizig und entfaltete vom ersten Tag an eine immense Kontaktarbeit. Das Informationsbedürfnis der Zentrale war groß. Mir schien es größer zu sein, als ich in der Lage zu liefern war. Es gab einen ganzen Katalog, der alle interessierenden Fragen enthielt.

Als ich meine offizielle Tätigkeit in der Botschaft in der Avenue St. Michel 81 aufnahm, zählte ich zu den wenigen, die ihrer Herkunft nach tatsächlich das Profil von Karrierediplomaten aufwiesen. Ich war ziemlich enttäuscht darüber, daß eigentlich nur der Botschafter sein Handwerk richtig beherrschte und die überwiegende Mehrheit seiner Mitstreiter statt dessen ihren ersten Auslandseinsatz absolvierte. Sie kamen aus verschiedenen Teilen des Landes, die meisten von ihnen aus Sachsen und Thüringen. Fast alle erwiesen sich als einsatzbereite, fleißige, freundliche und zugängliche Leute, waren einfach in ihrer Lebensweise, unkompliziert im Umgang miteinander, aufgeschlossen gegenüber den Neuen. Fast die ganze Mannschaft litt unter mangelnden Sprachkenntnissen und war daher bedauerlicherweise in mancher Hinsicht nicht ausreichend beweglich und produktiv. Das war nicht ihre Schuld. Was immer die Beweggründe gewesen sein mögen – Geldmangel oder Berührungsängste mit dem Westen –, jetzt wirkte sich negativ aus, was daheim sträflich vernachlässigt worden war. Jeder wußte das, fast jeder bemühte sich einsichtig um täglichen Zuwachs in einer der amtlichen Sprachen Belgiens, denn deutsch wurde nur im Ostkanton gesprochen.

Die Bekanntschaft des Botschafters hatte ich bereits während dessen Aufenthaltes in Berlin gemacht. Er und seine Frau folgten mit größtem Interesse einer Einladung in unsere Wohnung. Er wollte seinen künftigen Mitarbeiter vorab kennenlernen, vor allem aber wohl auch seine künftige Sekretärin. So sollte unser erstes Treffen auf privater Ebene in Berlin der Anfang einer langen, über die Jahre in Brüssel hinaus währenden Freundschaft werden. Wie sich in gemeinsamer Arbeit bald herausstellte, war auch er von Ehrgeiz geprägt. Mir gefiel, daß er an sich selbst hohe Anforderungen stellte und von seinen Mitarbeitern nicht weniger hohe Leistungen verlangte, mitunter nicht gerade feinfühlig.

Seine Exzellenz – im Hause freundschaftlich, aber nur heimlich »Höchstselbst« genannt – kannte Umfang und Inhalt meines Doppellebens nicht. Im Außenministerium hatte er sich über meinen Werdegang lückenlos informieren lassen. Da ich dort mit der

Personalnummer 0078 zu den »Stammkadern« gehörte, hatte er die richtigen Schlüsse gezogen. Vom Tag der Aufnahme meiner Tätigkeit in der Botschaft an war die Rivalität zu spüren, mit der er demonstrierte, daß er einer der besseren Botschafter war. Wir wurden im Laufe der Jahre gute Freunde und führten unseren privaten »sozialistischen Wettbewerb«. Außerhalb der Botschaft tauschten wir bei Spaziergängen oder gemeinsamen Fahrten an die Nordsee unsere Gedanken aus. In Berlin konstatierte man nach einigen Jahren erstaunt, daß es zwischen Botschafter und Residenten in Brüssel kaum Unterschiede bei den Bewertungen von politischen Entwicklungen gebe.

Meine Lage in dieser Zeit verglich ich mit der des Goldonischen »Diener zweier Herren«. Nur war die meine weniger amüsant, zeitweilig sogar bedrückend. »Höchstselbst« zeigte sich als ein vorzüglicher Leiter mit straffem Zügel, der sich durch zielstrebige Beobachtungen einen ziemlich genauen Überblick über persönliche Voraussetzungen und Fähigkeiten seiner Mitarbeiter verschaffte. Er verstand es vortrefflich, jedermann effektiv in die vielfältige Arbeit der Botschaft einzusetzen. Noch heute schätze ich die Art und Weise, wie er die Leistungen von Mitarbeitern zu würdigen wußte. Er erkundigte sich nie nach dem Aufwand, wohl aber nach den Ergebnissen.

Seine liebenswürdigen Schwächen kamen meinen Bestrebungen entgegen. Mitunter setzte »Höchstselbst«, wenn ein Arbeitsgang der Politischen Abteilung seinen Vorstellungen von Tempo und Qualität nicht entsprach, alle nachgeordneten Leitungsentscheidungen und sonst übliche Regeln außer Kraft. Dadurch avancierte ich allmählich zu einer Art persönlichen Berater mit der Konsequenz, daß ich in alle seine Überlegungen über die Arbeit der Botschaft einbezogen wurde. Diese offenkundige Sonderstellung wurde von den Mitarbeitern argwöhnisch beobachtet. Sie verschaffte mir jedoch das dringlich erstrebte Maß an Unabhängigkeit und Bewegungsfreiheit in der Politischen Abteilung. Deren Chef war schon als leitender Funktionär bei der Deutschen Post, dem früheren Dienstherrn, für pedantische Genauigkeit und gewissenhafte Planerfüllung bekannt.

Mein Doppelleben nahm mich voll in Anspruch. Aus dem Studium der in der Zentrale vorhandenen Unterlagen hatte ich eine grobe Übersicht über die allgemeinen Regimebedingungen erhalten. Meine Aufmerksamkeit galt in den ersten Wochen eventuellen gegnerischen Beobachtungen.

Berührungsängste verspürte ich nicht. Aber es gab auch keinen Anlaß zu Hochmut oder Überheblichkeit gegenüber den Landessicherheitsbehörden. Ich konnte mir ohnehin keine klaren Vorstellungen von den Sicherheitsvorkehrungen machen, die die Gegenseite anwandte, um die Zentralen der NATO-Stäbe und Verwaltungen der Europäischen Gemeinschaften in Brüssel zu schützen. Die Mechanismen und Methoden nach innen und außen waren für mich ein Buch mit sieben und mehr Siegeln. Und es war davon auszugehen, daß die meisten der hier ansässigen Institutionen – Botschaften aus 97 Ländern, diplomatische Vertretungen bei der NATO und der EG (manche Länder unterhielten gar drei Botschaften) sowie 144 ausländische Presseagenturen, Rundfunk- und Fernsehstationen und über 500 internationale Organisationen – auf Abschirmung bedacht waren.

Die Deutsche Demokratische Republik hatte in den letzten Jahren ihre Vertretung in Belgien mit eigenen Kräften umgestaltet. In Brüssel unterhielt sie die modernste ihrer Missionen im westlichen Europa – mit einem Festsaal von der Größe, wie er in kaum einer anderen Botschaft in Brüssel zur finden war. Auch nach innen war das Botschaftsgebäude sehr funktionell und arbeitsfreundlich gestaltet.

Als ich meine Tätigkeit in der Botschaft aufnahm, überreichte mir der Presseattaché bei der Begrüßung lachend diesbezügliche Karikaturen aus der belgischen Boulevardpresse. Nach außen präsentierte sich das Gebäude tatsächlich wie eine mystische graue Festung mit einem von außen auch wahrnehmbaren, solide funktionierenden Missionsschutz.

Bald fand ich bestätigt, daß die Kollegen von der anderen Feldpostnummer auch nur mit Wasser kochten. Sie wandten die gleichen Methoden an, wie sie unseren Anwärtern schon beim Dienstantritt beigebracht wurden. An einem Vormittag folgten mir auf dem Weg zum Außenministerium mindestens drei Leute. Ich tat so, als habe ich sie nicht gesehen. Ich wurde auch später auf diese auffällige Weise observiert. Ich weiß noch immer nicht, ob es sich um eine demonstrative Maßnahme oder nur um Dilettantismus handelte.

Ab und an kam eine Spionagehysterie hoch, wenn etwa in London sowjetische Kundschafter enttarnt und ausgewiesen wurden oder »Sekretärinnen« in die DDR gingen, nachdem sie bei NATO-Dienststellen ihre Arbeit für den Frieden erledigt hatten. In Belgien korrespondierten solche Meldungen mit dem starken Antikommunismus, der im Land zu Hause war. In der Bundesrepublik war er konstitutiver Bestandteil, aber in Belgien? Die Dienste reagierten jedenfalls umgehend schärfer und härter, wenn es eine Meldung von der Front der Spionage gab.

Es fügte sich, daß ich bei der Aufgabenverteilung im Politischen Bereich der Botschaft mit der Außenpolitik Belgiens betraut wurde. Nach Auffassung des Botschafters galt ihre Bearbeitung und vor allem die Untersuchung ihres Einflusses auf die Europäische Politische Zusammenarbeit (EPZ) als verbesserungswürdig. Ich sollte mich vorrangig damit beschäftigen.

Über die Rolle Belgiens in Westeuropa hatte ich schon allerhand gelesen: Belgien bewertete das 20. Jahrhundert als das Jahrhundert der internationalen Organisationen und brachte dem internationalen Zusammenwirken auf allen Gebieten reges Interesse entgegen, und das schon seit vielen Jahren. Aus Tradition und Überzeugung dem Freihandel zugewandt und sich seiner vorzüglichen geographischen Lage bewußt, hatte Brüssel schon vor dem Ende des Zweiten Weltkrieges Anstrengungen für eine Kooperation im europäischen Rahmen unternommen. Zusammen mit den Niederlanden und Luxemburg verhalf es einer Entwicklung zum Durchbruch, die mit den Römischen Verträgen 1957 zur Bildung der Europäischen Wirtschaftsgemeinschaft (EWG) und schließlich zu den Europäischen Gemeinschaften (EG) führten. Pierre Harmel, der belgische Außenminister, hatte auf einer Tagung der NATO schon im Dezember 1966 den Vorschlag unterbreitet, die seit ihrer Gründung eingetretenen internationalen Veränderungen neu zu bewerten. Vom Harmel-Bericht hatte ich wohl schon gehört, ihn aber noch nie gelesen.

Wieder einmal stellte ich fest, daß mir wie anderen Diplomaten der DDR bestimmte Fakten und Dokumente einfach nicht bekannt waren. Wir hatten auch Bildungslücken über die Geschichte vor 1945. Ich beschaffte mir ein Exemplar des französisch-englischen Originaltextes der Ausgabe des NATO-Informationsdienstes von 1969.

Harmel war ich bereits mehrere Male bei diplomatischen Empfängen begegnet, doch ansprechen wollte ich ihn erst nach genauer Kenntnis seiner Ideen. Ich las den Text mehrmals. Er beschäftigte mich längere Zeit. Ich war völlig überrascht. Bislang war ich felsenfest davon überzeugt, daß die Politik der Entspannung der 70er Jahre von den sozialistischen Staaten erzwungen, gleichsam dem Westen aufgezwungen worden war. Doch nun las ich, daß bereits zehn Jahre zuvor von der NATO die »Aufgaben zur Stärkung der Allianz als Element dauerhaften Friedens« beschlossen worden waren. Harmel konstatierte 1966, daß sich »die internationale Lage bemerkenswert verändert« habe und »die politischen Aufgaben der Allianz eine neue Dimension« angenommen hätten. Zwar wäre die Sowjetunion »eine der beiden Weltsupermächte«, doch »die kommunistische Welt nicht mehr monolithisch«. Die »sowjetische Doktrin der friedlichen Ko-existenz«, hieß es allerdings auch, habe »die Natur der Konfrontation mit dem Westen verändert, nicht aber die Grundprobleme beseitigt«.

Und dann begründete Harmel, warum von nun an die NATO zwei wichtige Funktionen zu erfüllen habe. Die erste wäre »die Aufrechterhaltung einer militärischen Stärke und politischen Solidarität, die ausreicht, um eine Aggression abzuschrecken und im Falle einer Aggression das Territorium der NATO-Mitgliedsstaaten zu verteidigen«. Also doch militärische Stärke als Vorkehrung gegen potentielle Gefahren aus dem Osten, dachte ich – unser Argumentationsmuster stimmte: »Je stärker der Sozialismus, desto sicherer der Frieden«. Ich kam nicht im entferntesten auf den Gedanken, daß die Gegenseite das gleiche Recht hatte so zu denken. Statt dessen warfen wir ihr es vor. Weil wir ja die moralisch Besseren zu sein glaubten.

Und dann las ich wohl das Wichtigste in dieser Broschüre: Man könne »die Möglichkeit einer Krise solange nicht ausschließen, wie die politischen Hauptfragen in Europa und darunter die deutsche nicht gelöst sind.« Ergo müsse »ein ausreichendes Militärpotential aufrechterhalten bleiben, um das Gleichgewicht der Kräfte zu sichern und auf diese Weise ein Klima der Stabilität, der Sicherheit und des Vertrauens zu schaffen«.

Nach Pierre Harmel waren militärische Sicherheit und militärische Stärke kein Widerspruch zur Entspannung, sondern ihre Chance. Ein militärisches Gleichgewicht sorgte für stabile Verhältnisse – logisch, denn das zerstörte die gefährliche Illusion militärischer Überlegenheit, die zu einem Konflikt führen könnte.

Erst die Anerkennung des atomaren Patts zwischen Washington und Moskau, das in den 60er Jahren erreicht worden war, führte zur Entspannungspolitik. Die Verträge zwischen Bonn und Moskau, Bonn und Warschau, das Vierseitige Abkommen über Berlin (West) und der Grundlagenvertrag zwischen der BRD und der DDR wären ohne dieses Eingeständnis der Großmächte nicht möglich gewesen.

Besonders interessant fand ich die zweite Funktion der NATO, die »Beibehaltung der Bemühungen zur Herstellung stabilerer Beziehungen, um die politischen Grundprobleme lösen zu können«. Die kollektive Verteidigung sei »ein Stabilitätsfaktor in der Weltpolitik«, stand da, »eine notwendige Bedingung für eine auf weiteren Abbau der Spannungen gerichtete wirksame Politik«. Es seien »die Teilnahme der UdSSR und der USA für die Regelung politischer Probleme in Europa notwendig«.

Das waren kühne Gedanken für eine akzeptable politische Strategie, den Bedingungen unseres Jahrhunderts angemessen und zwischen den Verteidigungsbündnissen verhandelbar. Waren damit nicht die grundlegenden Probleme für die Existenzbedingungen der Menschheit und ihren Fortbestand angesprochen? So oder so, fand ich, bedurfte der Harmel-Bericht wegen seiner Logik sorgfältiger Prüfung. Kannte man den Bericht in Berlin nicht? Warum hatte ich nichts von ihm gehört? Ich schickte ein Exemplar an Bekannte in der für derartige Fragen im Außenministerium zuständigen Abteilung. Ein Echo gab es nicht.

Harmel traf ich zwar einige Male, doch ich sprach ihn wegen seines Papiers von 1966 nicht an. Schließlich war ich keine Privatperson – hätte ich Interesse oder gar Zustimmung bekundet, wäre das einer offiziellen Stellungnahme der DDR gleichgekommen, zu der ich nicht ermächtigt war. Nie zuvor war mir dieser Zwiespalt bewußt geworden. Daß es sich gar um einen Widerspruch handeln könnte – nämlich dem zwischen persönlicher Meinung und DDR-offizieller Haltung – kam mir erst gar nicht in den Sinn.

Die belgische Außenpolitik erschien mir – trotz einiger Ungereimtheiten – außerordentlich interessant. Brüssel schien der DDR gegenüber aufgeschlossener zu sein als andere NATO-Staaten. Immerhin, Belgien war der erste westeuropäische Staat, der diplomatische Beziehungen zur DDR aufgenommen und einem Militärattaché der DDR das Agreement erteilt hatte.

Das tägliche Arbeitspensum wuchs von Tag zu Tag. Die ständige Auswertung aller zugänglichen Presseerzeugnisse und das Verfolgen der Nachrichten aus Rundfunk und Fernsehen war eine zeitraubende Angelegenheit. Vom Politischen Bereich der Botschaft wurde für Berlin das sogenannte »Presse-OT«, eine unverschlüsselte telegrafische Zusammenfassung von wichtigen Auszügen der bedeutendsten Zeitungen des Landes angefertigt und täglich zur gleichen Stunde per

Funk abgesetzt. Für alle daran Beteiligten bestand die Kunst darin, effektiv und schnell das Wichtigste zu erfassen, Wesentliches für das eigene Ressort zu speichern und Ansatzpunkte für Gespräche und Recherchen zu notieren.

Das alles gehörte auch zur täglichen Aufgabe des Aufklärers. Je besser man Fremdsprachen beherrschte, um so schneller konnte man das vielseitige Angebot verdauen, morgens, mittags, abends. Die Vielzahl der Berichte und Kommentare und die Differenziertheit der Aussagen und Bewertungen machte es dem Beobachter schwer, das wirklich Wesentliche herauszufinden. Wer regelmäßig die »Novelles Atlantiques« oder »Atlantic News« (Atlantische Nachrichten) las, wurde recht sachlich über den Verlauf der Ost-West-Verhandlungen auf dem Gebiet der Abrüstung und Rüstungsbegrenzung informiert. Mich überraschte, mit welcher Offenheit, Detailliertheit und Präzision über Verhandlungen berichtet wurde, die man als intern bezeichnete oder die als vertraulich galten. Mit welcher Deutlichkeit unterschiedliche Positionen erläutert und Streitigkeiten ausgetragen wurden, konnte einen auf ND und Berliner Zeitung trainierten Leser nur staunen machen. So etwas hatte ich bisher noch nicht erlebt. Selbstverständlich gab es auch unter den Mitgliedsstaaten des Warschauer Vertrages unterschiedliche Auffassungen und Interessen, aber diese wurden gewissermaßen als nicht bestehend ausgegeben und, wenn überhaupt, hinter den Kulissen ausgetragen.

Ähnlich erging es mir bei der Auswertung halboffizieller Informationsmaterialien, die über wirtschafts- und währungspolitische Auseinandersetzungen innerhalb der Europäischen Gemeinschaft berichteten. Darin wurde offen und ziemlich scharf über Konflikte informiert, die zwischen der EG und anderen westlichen internationalen Organisationen und einzelnen Staaten, vor allem den USA, auftraten. So etwas war für mich bis dahin unvorstellbar.

Ich hielt es für legitim, mich auf diese und andere Materialien, sowohl für die nachrichtendienstliche Arbeit als auch für die analytische Auswertung in der Botschaft zu stützen. Und ich gewann Zeit für Gespräche außerhalb des Hauses. Nicht nur, weil es der Botschafter gern sah, wenn seine Mitarbeiter nicht nur am Schreibtisch saßen. Er begrüßte es, wenn diese »wie die Hirten auf die Weide« gingen.

Mitunter kehrte ich erst kurz vor dem offiziellen Dienstschluß in die Botschaft zurück, sehr oft hingegen erst lange danach direkt nach Hause.

Mein Arbeitstag ließ sich nicht formal in einen offiziellen und inoffiziellen Teil trennen. Er wollte überhaupt kein Ende nehmen. Die Erledigung nachrichtendienstlicher Aufgaben mußte zu einem großen Teil in der regulären offiziellen politisch-diplomatischen Arbeit erfolgen. Daraus ergab sich zwangsläufig, daß die Abfassung von offiziellen Informationen und Analysen für das Außenministerium häufig spät abends oder an Wochenenden vorgenommen werden mußten.

Für den Botschafter und den Leiter des Politischen Bereiches galt schnelle Berichterstattung an das Außenministerium ebenso als heilig wie für mich die sofortige Weitergabe von relevanten Informationen und Sachverhalten an die Zentrale. Zwischen der Botschaft und der Residentur entwickelte sich nun eine Art heimlicher Wettlauf. Je besser es mir durch die Fülle zufließender Neuigkeiten gelang, weltpolitische Fragen aus der Sicht von Brüssel zu bewerten, um so mehr freute ich mich über jeden Vorsprung, den ich für die Zentrale herausholen konnte. Außerdem, die Informationen meiner Residentur wurden wie die der anderen Residenturen von der Zentrale mit Noten bewertet, auf der Skala von »Sehr gut« bis »Makulatur«; ähnlich wie in der Schule.

Bald war erkennbar, daß irgendwo in Berlin für Botschaften wie für Residenturen die gleichen Themen – teilweise mit identischen Formulierungen – vorgegeben wurden. (Vielleicht durch die Abteilung Internationale Verbindungen im Zentralkomitee initiiert?) Das merkten natürlich nur die Residenten – doch die fragten nicht danach, sonst hätten sie sich dekonspiriert.

So ergab sich, daß, wie früher, im bestimmten Umfang gleiche Fragen zweimal durch den Äther beantwortet wurden, von der Botschaft und von der Residentur, zu gestaffelten Zeiten, auf unterschiedlichen Kanälen. Niemand in der Botschaft erfuhr davon, daß vom Residenten zum Funker geheime Fäden liefen, über die dieser die verschlüsselten Texte zur Weitergabe nach Berlin erhielt. Der Funker kannte jedoch weder den Inhalt noch die Dringlichkeit der Informationen, die wie die Texte der Botschaft in Buchstabenkolonnen verwandelt und in Gruppen geordnet worden waren. Meistens vom Chiffreur, nur gelegentlich von mir, der ich einen eigenen Code besaß. Unsere verschlüsselten Texte waren, wie in Berlin behauptet wurde, »sechzigmillionenfach« gesichert. Mir war nie zu Ohren gekommen, daß der Code von Auslandsresidenturen der Aufklärung irgendwann von Unbefugten gebrochen wurde.

Ich fühlte mich immer mehr in die Rolle des »Dieners zweier Herren« gedrängt. Warum aber in der Informationsarbeit die gleichen Vorgaben? War das Absicht? War das eine gängige, zweckmäßige Methode zur Verdichtung von Informationen oder gar zu ihrer gegenseitigen Überprüfung? Oder lag am Ende eine falsche Orientierung für die spezifische Form der Aufklärungsarbeit vor? Bei der nächsten Operativberatung in Berlin warf ich diesbezüglich eine Frage auf. Das habe sich bei den Sowjets bewährt, lautete die Antwort, dies sei ihre Stärke und gebe einer Entscheidungshilfe für die Politik mehr Sicherheit

Ach so, na ja dann …

Mit dem heutigen Wissen und der zeitlichen Distanz zu meiner Arbeit damals stellt sich die Sinnfrage natürlich viel schärfer. Zweifellos wertet jeder Geheimdienst systematisch alle zugänglichen, also Medien-Quellen aus. Das so gewonnene Bild ist ziemlich dicht an der Wirklichkeit. In der DDR folgte man – auch in diesem Bereich – der Orientierung: je mehr desto besser.

Daß die DDR auch außerhalb ihrer Landesgrenzen prägend auf unser Leben war, hatten wir schon beim Einzug in unsere Wohnung in der Avenue Lebon Nr. 170 bemerkt. Es war nicht nur die Bescheidenheit der Einrichtung, die uns die Haare zu Berge stehen ließ. Daran waren wir gewöhnt. Als Nachmieter von Diplomatenkollegen hatten wir wiederholt feststellen müssen, daß die Vormieter den ihnen vertrauten DDR-Standard in die neue Heimat übertrugen. Wenn man Gäste einlud, quasi den diplomatischen Verkehr in die Privatsphäre hineinnahm – wozu ich gern neigte –, war ein solches Ambiente einfach nur peinlich. Hier jedoch hatte sich die Botschaft noch übertroffen. Weil kein Geld da war, hatte man ausrangiertes Mobiliar, Teppiche und Hausrat in unsere Wohnung gestellt.

Es bedurfte keiner Verrenkungen, den Botschafter davon zu überzeugen, daß ich keinen Gast einladen könne. »Höchstselbst« ließ die uralten Gardinen, Teppiche und Polstermöbel auswechseln und bewilligte sogar das Geld für Grünpflanzen in unserer Dienstwohnung. So schwer es uns fiel: Für vieles andere opferten wir unsere privaten Ersparnisse und einen Vorschuß aus der Botschaftskasse.

In meiner Arbeit fühlte ich mich sehr gefordert und dadurch sehr befriedigt. Allerdings blieben meine Bemühungen, Kontakte zu Mitarbeitern der NATO oder der EG zu knüpfen, lange Zeit ohne Erfolg. Um so mehr erfreute ich mich der Aufgeschlossenheit der

Mitarbeiter im belgischen Außenministerium. Dort fand ich kaum jemanden, der die Zeichen der Zeit nicht verstanden hatte. Mehr als anderswo schien die KSZE Resonanz gefunden zu haben.

Es gab nur wenige Leute, die mir gegenüber reserviert oder gar kühl auftraten. Sie brachten von vornherein das Trennende ins Gespräch. Andererseits: Mit Botschaftsrat André Onkelinx, Botschaftsrat Jacques Laurent und Botschafter Adriansens lernte ich Vertreter dieses Hauses kennen, mit denen mich im Laufe der Jahre mehr als nur formelle Arbeitsbeziehungen verbanden. Bei den häufigen Treffen mit ihnen verletzte ich nie die üblichen protokollarischen Gepflogenheiten und achtete streng auf meinen diplomatischen Status. Ich war überzeugt davon, daß meine neuen Partner, sofern sie ihrerseits nicht selbst Angehörige eines königlichen Aufklärungsdienstes waren, von der Abwehr oder entsprechenden NATO-Diensten Hinweise erhielten, wie sie mich als Abgesandten des Ostens zu behandeln hatten.

André Onkelinx war als früherer Vertreter bei den Wiener Verhandlungen über die gegenseitige Reduzierung der Streitkräfte und Rüstungen in Mitteleuropa (MBFR) ein ausgezeichneter Kenner der Materie. Und auch jetzt wurde er schnell, aktuell und gründlich über die Verhandlungsrunden informiert.

Berlin forderte von mir immer wieder Details über die interne Haltung Belgiens: wie es sich bei Vorabstimmungen mit anderen NATO-Mitgliedsstaaten verhalte usw. Ganz klar, unsere Seite wollte sich auf diese Weise für die nächsten Verhandlungsrunden präparieren. Aber das, was uns aus Berlin mitgeteilt wurde, war sehr dürftig. So fehlten nicht nur mir Hintergrundwissen und Details, die benötigt wurden, um bestimmte Äußerungen unserer belgischen Gesprächspartner werten und einordnen zu können. Mitunter stocherte man ganz schön im Nebel und verriet die Wissenslücken. Onkelinx zeigte sich gutwillig, hilfsbereit und gesprächig. Er kannte, wie jeder aus dem außenpolitischen Dienst, die Sorgen und Nöte der Diplomaten aus eigenem Erleben, da er jahrelang auf verschiedenen Posten des Königreiches Belgien in aller Welt gedient hatte. Er füllte des öfteren meine Wissenslücken, verdeutlichte mir die aktuellen Probleme in den Verhandlungen von Wien und sprach selbstverständlich auch sehr freimütig über unterschiedliche Positionen, die gelegentlich unter westlichen Teilnehmerstaaten auftraten und zum Teil erst durch langwierige Erörterungen überwunden wurden.

Er las auch hin und wieder aus Depeschen vor, die seinem Amt gerade von der belgischen Vertretung in Wien übermittelt worden waren.

Onkelinx hatte stets viel zu tun, unsere Gespräche in seinem Büro wurden häufig unterbrochen. So fanden wir es bald sinnvoller, uns in nahegelegenen Restaurants zum Mittagessen zu treffen. Gemeinsame Essen sind seit jeher eine bevorzugte Beschäftigung aller Diplomaten. So angenehm ich die Konversation an Brüsseler Tafeln fand, so quälend war die Fülle, die man verkraften mußte – im Kopf das Gehörte und im Magen die diversen Gänge.

Die Treffen dehnten sich mitunter bis zu drei Stunden aus. Sie verliefen ungestört, harmonisch und ohne Protokoll. Weil wir nur französische Weine tranken, lebten wir in diesen Stunden wie »Gott in Frankreich«. Mitunter verließen wir als Letzte das Lokal.

Unsere freundschaftlichen Begegnungen fanden ihr Ende, als André Onkelinx eines Tages zum Stellvertreter des Leiters der Ständigen Vertretung Belgiens bei der NATO avancierte und es ihm wohl angeraten schien, unsere Beziehungen ruhen zu lassen. Einige Jahre später, im Frühjahr 1986, trafen wir uns zufällig in Frankreich wieder. Dagmar und ich besuchten das berühmte Orgelfestival in der Kathedrale von Chartres. Onkelinx war inzwischen Botschafter und Leiter der Ständigen Vertretung Belgiens bei der UNESCO in Paris. Er beglückwünschte mich sehr aufrichtig zu meinem neuen Posten als Bevollmächtigter Minister und Außerordentlicher Gesandter in Frankreich. Es wurde ein Abschied ohne Wiedersehen.

Auch mit Jacques Laurent, als Spezialist für die Bearbeitung von KSZE-Fragen zuständig, arbeitete ich über Jahre hinweg angenehm zusammen. Er war wesentlich älter und als Diplomat sehr erfahren. Ich schätzte ihn nicht nur wegen seiner Sachkompetenz und Zuverlässigkeit bei Absprachen, sondern vor allem wegen seiner Aufgeschlossenheit. Er bemühte sich um einen Interessenausgleich zwischen Ost und West und trat DDR-Deutschen unvoreingenommen gegenüber.

Auch in Laurents Arbeitszimmer läutete ständig das Telefon, gingen Mitarbeiter ein und aus und brachte die Hauspost fortwährend irgendwelche Papiere. Sehr gern willigte auch Jacques Laurent ein, unseren Begegnungen einen angenehmeren Rahmen zu geben und sie in die Mittagszeit zu verlegen. Er vermittelte mir ein klares Bild über die von westlicher Seite mit der Schlußakte von Helsinki verfolgten

Politik gegenüber den sozialistischen Staaten. Laurent verhehlte in keiner Weise die damit verbundene Hoffnung des Westens, im friedlichen Wettbewerb die Überlegenheit westlicher Wertvorstellungen herauszustellen. Er war ein überzeugter Verfechter der Doppelstrategie der NATO und bemühte sich, mir einzureden, daß der Osten überhaupt keine Chancen habe, den Wettbewerb mit dem Westen über längere Zeit zu bestehen. Jacques Laurent verwies auf den im Osten immer größer werdenden Rückstand der Produktivität, was vor allem mit dem technischen Fortschritt zu tun hatte, wo man eindeutig den Anschluß an die internationale Spitze verloren habe. Einzig im militärischen Bereich könne der Osten mithalten, zuweilen habe man dort sogar die Nase vorn. Aber insgesamt sei man nicht in der Lage, die entwickelten Innovationen in den zivilen Bereich der Volkswirtschaft zu überführen. Hinzu käme der politisch-moralische Zerfall der Gesellschaft, der nicht zuletzt in der wirtschaftlichen Stagnation wurzele.

Zwar hatte Laurent mein Land noch nie bereist, doch überraschte er mich mit Feststellungen, die nicht unbedingt aus tendenziösen Propagandabeiträgen der NATO zu stammen schienen.

Ich konterte. Der Osten werde aufholen, nicht zum ersten Mal. Die Russen seien in ihre Revolution mit Bastschuhen marschiert und hätten fünfzig Jahre später als erste einen Weltraumsatelliten gestartet.

Und ich verwies auf die Unzulänglichkeiten der westlichen Form des Wirtschaftens, auf die sozialen Probleme, die sich notgedrungen aus dem Kapitalismus ergaben. Die gepriesene Freiheit hatte dort ihre Grenzen, wo sie nicht mehr bezahlbar war. Den Wohlhabenden stünden viele Arme im eigenen Land gegenüber – nicht zu reden von fortschreitender Not und Verelendung in der Dritten Welt, wo bekanntlich die meisten Menschen lebten.

Laurent lächelte verlegen und behauptete gleichermaßen zuversichtlich wie ausweichend, daß die Zeit gegen den Kommunismus arbeite, abendländische Kultur und Kommunismus seien nicht vereinbar.

Wir stritten uns sehr oft, taten das aber in kulturvoller Weise, ohne einander zu verletzen. Jacques Laurent offenbarte sich als liebenswürdiger Anti-Sozialist. Jede seiner Bemerkungen brachte mehr oder weniger die auf innere Zersetzung der sozialistischen Ordnung gerichteten westlichen Strategien zum Ausdruck. Er gab sich redlich

Mühe, mir die Gleichwertigkeit der Prinzipien der Schlußakte von Helsinki aus westlicher Sicht zu erläutern. Anschließend skizzierte er in aller Offenheit jene Positionen, die unausweichlich und in aller Schärfe auf den verschiedenen Folgekonferenzen nach Helsinki zu erwarten wären. Er gab sich überzeugt, daß ohne ein Nachgeben der sozialistischen Staaten im humanitären Bereich das Ganze scheitern würde.

Manchmal konnte ich mich des Eindrucks nicht erwehren, daß Laurent wie Onkelinx auftragsgemäß über mich bestimmte Meinungen zur Weiterleitung äußerten. Ich war offenkundig der Backchannel, der Kanal, durch den Berlin ins Bild gesetzt werden sollte.

Oftmals ging unser Frage-Antwort-Spiel ins Scherzhafte über, bei diesem subtilen Ping-Pong wollte ja jeder vom anderen etwas – und bekam es schließlich auch. So wurden Gelegenheiten genutzt, in der Grauzone informeller Gespräche den Dialog mit der anderen Seite in geeigneter Weise fortzusetzen. Eines Tages wurde Laurent wunschgemäß zum Generalkonsul in Kanada berufen. Von dort ließ er mir Grüße übermitteln – gesehen habe ich ihn nie wieder.

Mit Botschafter Adriansens, den ich später kennenlernte, konnte ich ebenfalls über alles sprechen. Von Einladungen in Restaurants hielt er allerdings nichts. Wir trafen uns zunächst in seinem Büro, später in Bibliotheken oder, da er es so wünschte, bei Spaziergängen. Adriansens war ein aufgeklärter Mann, der eine flexible Außenpolitik und im Interesse seines Landes eine größere Ausgewogenheit in den Beziehungen zu den sozialistischen Staaten anstrebte. Seinen Angaben zufolge unterhielt er bereits zu Zeiten, als noch tiefster kalter Krieg das allgemeine Klima in Europa beherrschte, freundschaftliche Kontakte zu Repräsentanten der DDR in Budapest und Wien, wo er mehrere Jahre als Botschafter residierte. An diese erinnerte er sich gern. Eine Rückfrage in Berlin bestätigte seine Selbstdarstellung.

Von seinem Posten in Wien war er, wie auf dem diplomatischen Parkett gemunkelt wurde, aus undurchsichtigen Gründen vorzeitig abberufen worden. Schon bei unserer ersten Begegnung im Palais Egmont sprach er recht offen über sich und seine kritische Haltung zu politischen Entwicklungen. Das hatte mich sehr überrascht. Immerhin ein Botschafter des Königreiches Belgien … Das ließ mich aufhorchen und machte ihn mir auf unerklärliche Art vertrauenswürdig.

Adriansens lebte allein in Brüssel, eingestandenermaßen vereinsamt. Seine Frau, eine gebürtige Ungarin, war erst vor kurzem unter mysteriösen Umständen verstorben. Die einzige Tochter studierte in Wien. Botschafter Adriansens war sichtlich unglücklich über seine Versetzung zum Innendienst in das Außenministerium, zumal ihm kein konkreter Job übertragen worden war. Als »Beauftragter für Sonderaufgaben« befaßte er sich unter anderem mit Untersuchungen des Verhältnisses der westeuropäischen Staaten zu den USA und mit globalen Aspekten der Ost-West-Konfrontation.

Den einzigen Vorteil seiner Lage sah Adriansen darin, daß er seinen Arbeitstag nach Belieben gestalten konnte und genügend Zeit hatte, Bibliotheken und wissenschaftliche Einrichtungen zu besuchen. Adriansens liebte den Meinungsstreit. Ich empfand es als wohltuend, daß er auch die Standpunkte solcher Leute respektierte, die, wie ich, aus einer anderen Welt kamen.

Er billigte das Prinzip der friedlichen Koexistenz und sah in einer gesamteuropäischen Zusammenarbeit Vorteile für alle Beteiligten.

Ich recherchierte, warum Adriansens von seinem Posten in Wien entfernt worden war. Er hatte zwei Schwächen. Er verleugnete nicht seinen Anti-Amerikanismus und redete viel – zu viel.

Und das fast druckreif. Ich erfuhr von den unterschiedlichen Positionen einzelner Staaten und Gruppierungen in der NATO zu Grundfragen der Ost-West-Auseinandersetzung und vor allem über Differenzen zwischen europäischen Mitgliedstaaten und den USA. Und er mochte es, wenn man ihm aufmerksam zuhörte und das von ihm Gesagte für wichtig hielt. Ich begann, seine Ausführungen im Wortlaut zu notieren, was ihm offenkundig schmeichelte. Seine Kommentare zu einzelnen Punkten meines Informationskatalogs enthielten bedeutende Details, die Trends der politischen Entwicklung bestätigten.

Ich bin heute mehr denn je davon überzeugt, daß zu den »Sonderaufgaben«, mit denen Adriansen »beauftragt« worden war, auch die Gespräche mit mir gehörten. Die Zentrale war mit dem, was ich aus dem »Gedankenaustausch« mit ihm lieferte, sehr zufrieden, und vielleicht bestand darin auch der eigentliche Sinn unserer Verbindung. Ich war der von Brüssel bewußt genutzte Kanal.

Adriansens rief mich an, wenn er in Brüssel weilte. Das wurde immer seltener. Wie ich später erfuhr, hatte er in Paris tatsächlich Quartier bezogen. Von dort aus unternommene Versuche zu erneutem Kontakt verliefen jedoch ergebnislos.

Als ich meine regelmäßigen Besuche in der Rue Quatre Bras, im Außenministerium aufnahm, gab es dort eine Art Empfangsbüro mit einigen Beamten und Wachpersonal in der Vorhalle des Erdgeschosses. Niemand verlangte jedoch die Identitätskarte oder den Diplomatenpaß zu sehen, fragte zur Person oder trug Besuchszeiten ein. Gäste wurden weder im Foyer abgeholt noch dorthin zurückbegleitet. Wegen meiner häufigen Besuche kannte mich das Empfangspersonal schon nach kurzer Zeit, es nickte mir stets freundlich zu, ohne nach dem Woher und Wohin zu fragen.

Im belgischen Außenministerium fühlte ich mich bald wie zu Hause. Atmosphäre, Ordnung, Arbeitsweise, alles erschien großzügig und unbeschwert. Die Leute eilten von einer Tür zur nächsten. Mitarbeiter diskutierten oft vor ihren Zimmern. Fast immer standen auch welche vor den Fahrstühlen und warteten geduldig. Fremden wurde keine Beachtung geschenkt, im Bedarfsfall jedoch freundliche Auskunft erteilt. Schließlich kannte ich mich ganz gut aus und war schon in vielen Zimmern höflich empfangen worden. Es gab nur wenige Menschen. Einige, die man besser nicht ansprach, und andere, die es sich nicht nehmen ließen, dem Abgesandten aus dem Osten zu sagen, daß die Entspannung noch weit entfernt sei.

Monsieur Denormes, vor geraumer Zeit Botschafter in Peking, nun Zuständiger für den wichtigen Bereich Analyse und Prognose, kam gleich zu Beginn unserer Begegnung darauf zu sprechen, wie er die Chancen des europäischen Frühlings und eine gesamteuropäische Kooperation beurteilte. Und ich verteidigte mit aller Vehemenz die Politik der Staaten des Warschauer Vertrages »mit der Sowjetunion an der Spitze«, weil ich diese nicht korrekt beurteilt fand. Unsere Standpunkte prallten so heftig aufeinander, daß ich am liebsten aufgebrochen wäre. Schließlich fanden wir doch noch zu einer halbwegs sachlichen Diskussion. Monsieur hatte sich beruhigt.

»Kennen Sie eigentlich die Rolle Ihrer Sowjetunion vor dem Zweiten Weltkrieg?«, fragte er. Natürlich, erklärte ich beleidigt.

Botschafter Denormes erhob sich ruckartig von seinem Schreibtisch, schritt behend auf einen der vielen Schränke seines Arbeitszimmers zu und reichte mir wortlos eine aufgeschlagene Dokumentationsmappe herüber. Es war die »Publication No. 3023« über die »Nazi-Soviet-Relations 1939-1941« aus dem State Department der Vereinigten Staaten, Washington 1948. Auf ihr war vermerkt, daß sie aus den Archiven des Deutschen Auswärtigen Amtes stammte.

Zum ersten Mal las ich den Text des deutsch-sowjetischen Nichtangriffsvertrages, den von Ribbentrop »für die Regierung des Deutschen Reiches« und Molotow »namens der Regierung der UdSSR« am 23. August 1939 in Moskau unterschrieben hatten. Ich kannte den Vertrag aus dem Geschichtsunterricht mit der Lesart, die Sowjetunion habe sich um andere Bündnispartner bemüht, sei aber abgeblitzt, und um Zeit zu gewinnen für den Ausbau der Verteidigung – schließlich habe Moskau immer mit einem Überfall Berlins gerechnet – habe man den Pakt mit den Teufel schließen müssen. Hinweise über angebliche Geheimabsprachen zwischen Stalin und Hitler, die mir später zu Ohren kamen, hatte ich stets als antisowjetische, antikommunistische Verleumdung zurückgewiesen. Ich mußte mich offenkundig korrigieren – oder doch nicht. Ich las ein »Geheimes Zusatzprotokoll«, in dem die »in streng vertraulichen Gesprächen erzielten Übereinkommen über die Frage der Grenze ihrer Einflußsphären in Osteuropa« in vier Punkten zusammengefaßt waren. Je länger ich über dem in die englische Sprache übersetzten Text saß, um so erregter wurde ich. Ich reichte die Mappe wortlos zurück und bat um eine Kopie, die mir Denormes bereitwillig von seiner Sekretärin anfertigen ließ.

Diese Kopie bewahrte ich zunächst in meinem Privatarchiv in unserer Brüsseler Wohnung auf.

Aus der Sicht der Amerikaner, hieß es in einem kleingedruckten Kommentar, wäre der Vertrag für beide Seiten politisch wichtig gewesen: »Deutschland war der Sorge hinsichtlich einer Ostfront enthoben, wenn Großbritannien und Frankreich im Fall eines deutschen Angriffs Polen helfen würden. Und die UdSSR erhielt beides: Zeit, ihre Industrialisierung im Rahmen des Dritten Fünfjahresplanes voranzubringen und die deutsche Zustimmung für ihre imperialistischen Pläne gegen die Baltischen Staaten, Polen und Rumänien.«

Ich schenkte dem »Geheimen Zusatzprotokoll« ebenso wenig Glauben wie der amerikanischen Wertung. Es konnte sich nur um eine Geschichtsfälschung handeln, die im Kalten Krieg geboren war.

Oder konnte es doch so gewesen sein? Ich dachte an die Geheimrede Chruschtschows auf dem XX. Parteitag der KPdSU, als »der große Stalin«, den zu verehren ich während meiner ganzen Schulzeit angehalten worden war, ungeheurer Verbrechen bezichtigt wurde. Vielleicht war das Zusatzprotokoll doch echt?

Der Zweifel war gesät. Ich versuchte ihn jedoch hartnäckig zu unterdrücken.

In den folgenden Jahren gab ich manchem Vertrauten das Papier zu lesen.

Ich habe noch heute diese Kopie.

Die Vielzahl der Kontakte zum Außenministerium gab mir allmählich die Chance, den Anforderungen der Zentrale gerecht zu werden und auch die Aufträge des Botschafters zu erfüllen. Und vermutlich war es auch die Routine, die nach und nach einkehrte. Ich mußte ja nicht zwei unterschiedliche Berichte formulieren. Es genügte ja wohl, wenn ein Bericht unterschiedlich verschlüsselt und dann abgesetzt wurde.

Ich begann mich zunehmend wohlzufühlen. Die Belgier – Wallonen und Flamen – sind ein selbstbewußtes, aufgeschlossenes und humorvolles Volk, das unter den Umständen seiner wechselvollen Geschichte immer wieder seine Freiheit behauptete und ein ausgeprägtes Gefühl für Recht und Gesetz besitzt. Dieses Volk hatte in vergangenen Jahrhunderten alle Okkupationen überstanden. Die wichtigsten Erfahrungen der ersten Hälfte des 20. Jahrhunderts waren der jetzigen Generation noch in lebendiger Erinnerung, in beiden Weltkriegen wurden viele Opfer beklagt. In Brüssel gehörte jeder fünfte Mitbürger einer anderen Nation an, aber Fremdenhaß oder Vorbehalte gegenüber Ausländern bemerkte ich kaum.

Trotz historischer Belastungen und böser Erinnerungen an deutsche Stiefel waren auch Deutsche willkommen. Sie wurden nicht zuletzt wegen ihrer Beiträge zur europäischen Kultur und Wissenschaft geachtet. Viele meiner Bekannten erklärten mit höflicher Bestimmtheit, keine Unterschiede zwischen Ost- und Westdeutschen zu machen – die Teilung Deutschlands habe am Wesen der Deutschen nichts geändert. Andere sahen durchaus die Unterschiede in den gesellschaftlichen Verhältnissen beider deutscher Staaten. Was sie jedoch nicht hinderte, zu allen Deutschen ein gutes Verhältnis anzustreben. Die meisten wünschten den Deutschen ein geregeltes, normales Miteinander und perspektivisch eine gemeinsame Zukunft.

Ich traf in Belgien niemanden, der durch die Existenz zweier deutscher Staaten den europäischen Frieden gefährdet sah. In den Etagen der verschiedenen Regierungsdienststellen wurde deutliches Interesse am Ausbau der Beziehungen zum zweiten deutschen Staat signalisiert. Die Herstellung diplomatischer Beziehungen und die KSZE hatten dafür ein besseres Klima geschaffen. Ich hatte als DDR-Deutscher weder Minderwertigkeitskomplexe noch Schuldgefühle. Als Deutscher wähnte ich mich mitverantwortlich für eine friedliche Zukunft in Europa.

Seit Beginn meines Aufenthaltes in Belgien bemühte ich mich um Kontakte zu Personen, die für mich als Aufklärer interessant waren, das heißt: entweder selber über wichtige Kenntnisse verfügten oder Verbindungen zu wichtigen potentiellen Quellen hatten. Ich hatte schon einiges gelesen über Freimaurerlogen, Rotary-Clubs und sogenannte Private Klubs, deren Mitglieder wichtige Positionen im Staat und in der Wirtschaft einnahmen und in einem Geflecht wechselseitiger Abhängigkeit ihre Interessen durchsetzten. Wie man hörte, lief deren Eigenleben nach festen Regeln und in gewisser Anonymität ab. Ausländer hatten Mühe, in solche Vereine aufgenommen zu werden, ausländische Diplomaten überhaupt keine Chance.

Schließlich stieß ich bei meinen Recherchen auf einen Club, der mein höchstes Interesse fand. Eines Tages besuchte ich das in einem wunderschönen Park gelegene »Chateau Sainte-Anne« (Schloß Heilige Johanna), in der Nähe der Rue du Vieux Moulin, in dem am westlichen Rand von Brüssel gelegenen vornehmeren Stadtteil Auderghem. In dem prächtigen weißen Schloß war der »Club International Chauteau Sainte-Anne« zu Hause. Der Club wiederum war das Dach für eine gemeinnützige Vereinigung mit dem hochtrabenden Namen »Maison Européenne du Val Duchesse« (Europäisches Haus). Diese Vereinigung war vor etlichen Jahren von belgischen Persönlichkeiten, von Mitgliedern der Europäischen Bewegung und EG-Funktionären aus der Taufe gehoben worden. Gemäß ihrem Statut wollte sie »mit allen Mitteln die kulturellen und gesellschaftlichen Beziehungen zwischen den Belgiern und Bürgern ausländischer Nationalität, darunter in besonderem Maße mit leitenden Beamten in Brüssel ansässiger internationaler Institutionen«, fördern. Welche »Mittel«, welche »gesellschaftlichen Beziehungen« gemeint waren, konnte ich nicht erkennen. Also ging ich hin.

Eine freundliche Dame, die ich später noch öfter zu Gesicht bekam, begrüßte mich und hieß mich Platz zu nehmen. Ihren Erläuterungen nach war der Internationale Klub etwas Besonderes, tatsächlich der einzige seiner Art in Brüssel. Allein der erste flüchtige Blick auf die Liste der Mitglieder und Förderer bestätigte meine Erwartungen. Unter den Schirmherren waren die Minister für Auswärtige Angelegenheiten, für Finanzen und Öffentliche Dienste, ranghohe Beamte internationaler Organisationen, etwa der Präsident

CLUB INTERNATIONAL
CHATEAU SAINTE-ANNE
Rue du Vieux Moulin, 103
1160 BRUXELLES

NAME M. Kurt BERLiNER

YEAR 1976   N° 4680/11

TREASURER   MEMBER

Tél. 672 80 93 - 673 40 24 - 673 40 25

der EG und der Generalsekretär der NATO, sowie die Doyens der beiden Organisationen und beim König der Belgier akkreditierte Diplomaten. Es war eine gute Tat der belgischen Regierung, dieses Schloß für einen besonderen Klub zur Verfügung gestellt zu haben. Trug die gemeinnützige Vereinigung ihren Namen »Maison Européenne« deshalb, weil Vertreter des europäischen Adels in diesem Hause den größten Einfluß ausübten?

Jedenfalls war ich erstaunt, zumindest aber verwundert über die vielen Grafen und Barone im Verwaltungsrat, einige im Rang von Botschaftern. Hochkarätige Funktionäre der Europäischen Bewegung, der EG und des belgischen Außenministeriums waren ebenfalls adliger Herkunft und besetzten Schlüsselposten auch im Exekutivkomitee des Internationalen Klubs. Diesem, »ursprünglich für Diplomaten, hohe Funktionäre der EG und NATO vorgesehen«, gehörten zum Zeitpunkt meines Beitritts Diplomaten aus 44 Staaten an, auch

Industrielle und Bankdirektoren, Ärzte und Wissenschaftler, Kulturschaffende und Journalisten. Eine Vielzahl rühriger Kommissionen und Komitees, ebenfalls mit internationaler Besetzung, sorgten für Abwechslung auf vielen Gebieten. Einladungen und Gegeneinladungen spielten hier eine große Rolle. Ja, und wer über genügend Zeit verfügte und finanziell ausreichend ausgestattet war, der konnte sich in den Räumen des Schlosses und in den gepflegten Sportanlagen im Park bis Mitternacht tummeln, geselliges Beisammensein pflegen und die Schätze von Küche und Keller des »Chateau Sainte-Anne« genießen. »Chaqun á son goùt«, jeder nach seinem Geschmack! Tatsächlich konnte man sich nach seinem Belieben frei bewegen, war jedoch »angehalten, wochentags eine Krawatte zu tragen« und »mit Rücksicht auf den Koch und aus Höflichkeit gegenüber den Tischnachbarn nicht zu rauchen«. Angehörigen der unteren Schichten bin ich in all den Jahren nicht begegnet, wahrscheinlich war für sie der Jahresbeitrag mit über 5.000 Franken nicht zu bezahlen.

Am 16. Juni 1976 erhielt ich einen Brief mit der Mitteilung, daß das Exekutivkomitee meinem Antrag auf Mitgliedschaft (nach dreimonatiger bürokratischer Bearbeitung) »mit Vergnügen zugestimmt« habe und sich freue, mich »beim Cocktail am 6. Juli abends« als neues Mitglied begrüßen zu können. – Die Zentrale hatte inzwischen ebenfalls meinem Vorhaben zugestimmt und die Mittel, Smoking eingeschlossen, bewilligt.

Dagmar begleitete mich. Es beeindruckte, wie sich die schweren blitzsauberen Karossen, eine größer und teurer als die nächste, fürstlich langsam über den Parkkies knirschend dem Schloßportal entgegenschoben. Welche Garderobe, welche Vornehmheit, welche Eleganz. Die meisten der Gäste kamen mit einem Chauffeur. Das Sekretariat des Klubs gab regelmäßig ein Bulletin heraus mit einer Vorschau auf zu erwartende, seltener mit einem Rückblick über gelungene Veranstaltungen. Die für mich interessantesten waren die »diners-débats«, Essen, die meist mit gewichtigen Ausführungen hochgestellter Persönlichkeiten zu aktuellen Fragen der Weltpolitik und anschließender Diskussion verbunden waren, teils offen, teils beim vertraulichen Tete-à-tete.So saßen Dagmar und ich getrennt an verschiedenen Tischen, tauschten mit den jeweils neuesten Nachbarn Visitenkarten aus und bemühten uns, Wesentliches von Unwesentlichem zu unterscheiden. Unsere private Auswertung nahmen wir manchmal noch um Mitternacht vor.

Gleich zu Beginn unserer Klubbesuche ergab sich, aller Wahrscheinlichkeit nach zufällig, die Gelegenheit für die Bekanntschaft mit Herrn Nikolaus von Mach und seiner liebenswürdigen Frau. »Nicky« hatte als hochrangiger Beamter bei der EG gedient, lebte nun aber schon seit vielen Jahren mit Frau und drei Kindern im Land. Als Pensionär hatte er beides, Zeit und Muße zur Wahrnehmung vielerlei Mitgliedschaften und Ausübung mancherlei Funktionen, so im Mouvement Européen (Europäische Bewegung), im Verwaltungsrat der »Maison Européenne du Val Duchesse« und im »Club International du Chateau Sainte-Anne« als Vizepräsident. Beide von Machs waren offensichtlich die belebenden Seelen im Klubgeschäft, in mehreren Kommissionen und Komitees wirksam. »Nicky« war immer und überall anwesend, stets in guter Verfassung, durch seine kraftvolle Stimme weithin wahrnehmbar.

Er zeigte sich erfreut, in seinem Klub »auch endlich einmal einen Deutschen von der anderen Seite des Eisernen Vorhangs zu haben«. Und dann sollte er mich auch »haben«. Nicky und ich kreuzten häufig die Säbel, denn unsere politischen und gesellschaftlichen Auffassungen und Wertvorstellungen klafften allzuweit auseinander. Ihn interessierte »nur Deutschland als Ganzes wie es einmal war, groß und stark«. Beide deutsche Staaten würden eines Tages wieder »ein einziges Deutschland« sein und »in einem großen Europa wieder eine große Rolle spielen«. Wann und wie das geschehen sollte, darüber schwieg er sich jedoch aus. Daß Nicky bedeutend älter war als ich und gewiß auch lebenserfahrener, stellte für uns beide kein Hindernis für einen Disput dar. Wir provozierten uns gegenseitig, wahrscheinlich in der beiderseitigen Absicht, eigene Vermutungen über etwaige geheimnisvolle Rollen des anderen im anderen Lager bestätigt zu bekommen.

Nicky vertrat unerschüttert seinen Standpunkt und redete gern, schnell und viel. Gesprächigkeit hatte ihr Nützliches, ich hörte ihm zu. Gewollt oder ungewollt verhalf er mir zu Erkenntnissen über die Stimmungslage in diesen oder jenen Kreisen vor Ort und über Ansichten, die in seinem Umfeld hier und dort vertreten wurden, über die Weltpolitik und über internationale Entwicklungen. Durch seinen Einfluß im Klub verschaffte er mir auch Zutritt zu exklusiven Veranstaltungen, darunter zu den erwähnten diners-débats, beispielsweise zu der mit dem Oberkommandierenden der NATO-Streitkräfte Europa, dem amerikanischen Vier-Sterne-General Alexander Haig, oder zu solchen mit Kommissaren der EG.

So sehr ich auch über die Gründe nachdenke, die Herrn von Mach zu dieser Aufmerksamkeit mir gegenüber bewogen haben könnten, nie habe ich irgendwelche Hintergründe erkennen können. Allmählich reduzierte sich meine Distanz ihm gegenüber. Mitunter denke ich heute an seine Vision in bezug auf »Deutschland als Ganzes«. Da er mich bei verschiedenen Gelegenheiten – ob beim hochsommerlichen Barbecue im Garten, beim Wiener-Walzer-Abend im Schloß oder beim schwedischen Weihnachtsabend – anderen Klubmitgliedern vorstellte, konnte ich nach und nach interessante Kontakte und Verbindungen knüpfen. Über fünf Jahre hinweg füllte ich die Rolle eines aufmerksamen Zuhörers aus. Die Investition der Zentrale in meinen Smoking hatte sich wirklich gelohnt.

Bei einem der häufigen Empfänge, in diesem Fall in einer afrikanischen Botschaft, machte ich auch die Bekanntschaft mit einem älteren, graumelierten Herrn, der mir bereits im Chateau Sainte-Anne aufgefallen war, wo er wiederholt in meine Nähe drängte. Er war von kleiner Statur, untersetzt, auffallend elegant gekleidet, stets guter Laune, fast vergnügt. Durch sein gepflegtes Äußere besaß er den Anschein eines biederen Geschäftsmannes.

Eines Tages trat er auf mich zu. Er stellte sich als »Mitarbeiter der amerikanischen Botschaft« vor, für mich überraschend in tadellosem, akzentfreiem Deutsch. Richard Bull, zuvor in Afrika, zuletzt in Libyen, nunmehr in Brüssel tätig, berichtete er.

Das war nichts Außergewöhnliches, wenn Diplomaten, die wegen ihrer Spezialisierung jahrelang auf verschiedenen Posten in den Tropen oder Subtropen arbeiteten, in fortgeschrittenem Alter und höherem Rang in klimatisch gemäßigteren Regionen eingesetzt wurden. Und ging es mir nicht auch so? Wir waren beide fast im gleichen Alter.

Der Rang Attaché, so wurde mir später bestätigt, entsprach bei den Amerikanern einer Zwischenstufe zwischen Botschaftsrat und 1. Sekretär. Obwohl ich schon mehrfach an Empfängen in der US-Botschaft in Brüssel teilgenommen hatte, war ich Richard Bull dort niemals begegnet. Er dagegen tat so, als ob er mich schon geraume Zeit kenne. – Ich verhielt mich nach meinem bewährten Grundsatz, daß Schweigen und Diskretion mehr als Witz und Gewandtheit vermögen.

Bull interessierte sich für die Politik der osteuropäischen Staaten gegenüber den westeuropäischen und wollte dazu einen Meinungsaustausch. Ob ich dazu bereit wäre, fragte er neugierig.

Vielleicht konnte ich jetzt das nachholen, was mir in Beirut nicht gelungen war: Verbindung zu einem Ami zu knüpfen. Ich bekundete also Interesse, aus berufenem Munde die Sicht der Amerikaner auf Europa und die neue Phase der Ost-West-Beziehungen erläutert zu bekommen.

Stehend im Gewühl der gemischten Gesellschaft und, wie bei solchen Anlässen üblich, ein Glas in der Hand, erörterten wir eine Weile verschiedene Aspekte. Richard Bull bedurfte offensichtlich meiner Meinung über Westeuropa nicht, auch nicht der über die Dritte Welt, die ihn seinen Angaben zufolge jahrelang beschäftigt hatte. Hörte er eigentlich meinen Ausführungen ernsthaft zu? Nein, statt dessen erkundigte er sich nach meinen »ganz persönlichen Urteilen« zu politischen Vorgängen und Entwicklungsrichtungen in Osteuropa. Ich sagte ihm, daß ich ohne Vorbehalte eine gesamteuropäische Kooperation gutheiße und für die Zukunft keine Alternative sehe.

Andererseits hielt ich es nicht für unbedingt erforderlich, dem Amerikaner gegenüber auf kritische Äußerungen zu Teilfragen der außenpolitischen Strategie des Warschauer Vertrages zu verzichten.

Aus eigenen Erlebnissen in Afrika war ich zu der Überzeugung gekommen, daß militärische Aktionen wie in Moçambique und Äthiopien nicht geeignet waren, den Sozialismus in der Welt zu verbreiten. Revolutionen ließen sich nicht exportieren und seien für einen Interessenausgleich zwischen Ost und West ungeeignet, sagte ich, für den Frieden und die Sicherheit in der Welt sogar höchst gefährlich.

Ich fügte an, um nicht mißverstanden zu werden: Natürlich freue ich mich über jeden Schritt auf dem Weg einer revolutionären Veränderung der Welt. Aber die würden wohl eher zu Hause als in instabilen Vorposten gemacht werden.

Ob Richard Bull meine dialektischen Überlegungen überhaupt verstehen konnte, bezweifelte ich. Und dennoch blieb sein Interesse an mir ungebrochen. Er lud mich und Dagmar wiederholt zu Squash oder Tennis in den Schloßpark von Sainte-Anne ein, er verteidigte, wenn er sprach, weder den Westen noch griff er den Osten an. Er schien, je länger wir uns kannten, wie ein Rätsel. Ich beobachtete jede Begegnung, jede Geste, jedes an mich gerichtete Wort.

Um Pfingsten 1976 erkrankte ich an einer Grippe. Ich erwog, eine Einladung zu einem Treffen mit Bull abzusagen. Freundlich, ein wenig aufdringlich fast machte er sich trotzdem anheischig, mich von meiner Wohnung abholen zu lassen. Zu verabredeter Zeit fuhr ein kleiner Lieferwagen französischer Produktion vor, im Volksmund »Ente« genannt. Am Steuer saß Richard. Meine Verwunderung war mir gewiß anzumerken, denn der Herr Attaché entschuldigte sich wegen der »ungewöhnlichen Umstände« und seines Unvermögens, mit diesem Gefährt zurechtzukommen. Wir suchten ein modernes, vermutlich unter amerikanischer Regie geführtes Restaurant in der Avenue Franklin Roosevelt auf. Ich fühlte mich ernsthaft krank, war mürrisch, schweigsam, nahm kaum die Bemerkungen von Richard Bull auf. Er kümmerte sich redlich um mein Wohlbefinden, ließ sich jedoch nicht davon abhalten, entgegen diplomatischen Gepflogenheiten ungewöhnliche Fragen an mich zu richten. Ich hatte den Eindruck, Mister Bull unternahm an diesem Tag den Versuch, meine Gemütsverfassung tiefer auszuloten. In allem lag Methode, Zielstrebigkeit, Absicht. Ich war überzeugter denn je, daß ich es mit einem Mann von der anderen Feldpost zu tun hatte. Und ich wurde noch eine Spur mürrischer.

Mister Bull gab sich bis zu Ende unseres Aufenthaltes im Restaurant dennoch gleichbleibend freundlich. Er schrieb vermutlich den ungewohnten Stil meines Verhaltens meinem Unwohlsein zu oder auch den ständigen Störungen, denen wir durch die lautstarken Unterhaltungen an den dicht zusammengedrängten Tischen um uns herum ausgesetzt waren.

Es vergingen Tage und Wochen, ohne daß ich Richard Bull begegnete. Hatte ich ihn angesteckt? Ich hielt es für angebracht, mich nach dem Grundsatz zu verhalten: Hüte dich vor Katzen, die vorne schnurren und hinten kratzen. Meinerseits hatte ich nichts getan, um die Bekanntschaft mit Richard Bull zu vertiefen. Ich hatte nicht einmal meinen Vorgesetzten darüber berichtet, weder in der Botschaft noch in der Zentrale.

Und nun, da ich mir seiner Absicht so gut wie sicher war, sah ich mich auch nicht mehr veranlaßt, Versäumtes nachzuholen.

Die Episode zu vergessen schien mir das Beste.

Eines Abends erreichte mich ein Anruf. Der unverändert freundliche Richard Bull lud mich in scheinbar bester Stimmung ein und schlug ein gemeinsames Mittagessen in einem renommierten Restaurant vor. Dieses lag außerhalb der Stadt, ich kannte es noch nicht. Der Weg dorthin führte mich durch den Waldpark von Wolluwe, ich genoß die saubere Luft und den milden Duft der Frühlingsblumen. Um die Mittagszeit herrschte auf den Zufahrtswegen zum Restaurant reges Treiben. Ich fand es mühelos. Das Nobelrestaurant war eines der vornehmsten und teuersten der Weltstadt Brüssel. Heute muß im Leben des Richard Bull ein besonderer Tag sein, dachte ich. Bull war schon da und rief mir sein »Hallo!« zu. Der Tisch war bereits gedeckt, eine kleine Zierkerze brannte, hier schienen Vorbereitungen für etwas Bedeutendes getroffen zu sein.

Nachdem wir uns auf das Menü und den Wein geeinigt hatten und ein genüßlicher Aperitif serviert war, begann unser Gespräch mit belanglosen Bemerkungen über langweilige Pflichterfüllungen im diplomatischen Leben. Schon da hätte ich protestieren können, denn ich konnte mir kaum einen interessanteren, anspruchsvolleren und abwechslungsreicheren Beruf als den des Diplomaten vorstellen.

Mehrere in elegantem Schwarz gekleidete Bedienstete hatten unauffällig die Vorspeise serviert. Dann stießen wir auf unsere Gesundheit und eine erfolgreiche Zeit in Brüssel an.

»Ich habe Ihnen ein Geschenk mitgebracht«, sagte unvermittelt Mister Bull, zog etwas in Zeitungspapier Eingewickeltes hinter seinem Rücken hervor und legte es behutsam zwischen unsere Gläser auf den Tisch. Dann enthüllte er sein Geschenk – ein in Buchform gebundenes Material. Er sah mich erwartungsvoll an und meinte, daß alle östlichen Geheimdienste, »auch die Asch Vau A«, sich bisher erfolglos um dieses Dokument bemüht hätten. Mit »Asch« meinte er wohl den ersten Buchstaben der Abkürzung von HVA (Hauptverwaltung Aufklärung). Für mich war unerklärlich, weshalb er ausnahmsweise die französische Aussprache für den Buchstaben »H« benutzte. Im ersten Moment hatte ich deshalb nicht sofort die Bedeutung von »Asch Vau A« erfaßt und ihn völlig verständnislos angesehen.

Mit einem kurzen Blick hatte ich zugleich registriert, daß es sich um ein gewichtiges Dokument der NATO handelte, über das in den »Atlantic News« bereits andeutungsweise berichtet worden war. Es zuckte in meinen Fingern, danach zu greifen. Aber das durfte ich nicht. Die Situation war klar und eindeutig: Ich sollte auf amerikanisch überrollt, provoziert und geoutet werden!

Ich stand entschlossen auf, trat einen Schritt zurück und wies »solche Geschenke« mit aller Entschiedenheit ab. Ich erklärte Mister Bull, daß Bekanntschaften solcher Art unter meiner Würde lägen. Hätte ich je seine Absicht geahnt, sagte ich, wäre ich seinen Einladungen nie gefolgt.

Richard Bull verschlug es die Sprache. Vielleicht täuschte ich mich auch, doch mein Gefühl sagte mir, daß er diese Reaktion nicht erwartet hatte. Ohne Dank, ohne Gruß, ohne jedes weitere Wort ließ ich ihn stehen. Er rief mir nach, als ich das Restaurant verließ, ohne mich noch einmal nach ihm umzudrehen.

Ich habe Richard Bull nach jenem Vorfall nie wieder gesehen. In der Folgezeit gab es auch keine zufälligen Begegnungen mehr, weder im Klub noch auf dem diplomatischen Parkett. Richard Bull schien wie vom Erdboden verschwunden zu sein.

Ich war um eine Erfahrung reicher. In Vertretung unseres Botschafters begingen Dagmar und ich geraume Zeit darauf mit anderen Amerikanern den 200. Jahrestag der Erklärung der Unabhängigkeit der Vereinigten Staaten von Amerika im festlich geschmückten Brüsseler Botschaftsgarten. Ohne Bull.

Ebenfalls im Frühjahr 1976 machte im Hafen von Antwerpen das sowjetische Passagierschiff »Gruzia« fest. Es war auf dem Weg zu einer Kreuzfahrt nach dem Süden. Solch ein Ereignis gab es nicht häufig, um so mehr ein Grund für den sowjetischen Botschafter, Persönlichkeiten von Rang und Würden aus der ganzen Region zu einem Bankett an Bord der »Gruzia« einzuladen. Einige wenige Einladungen waren auch an die Chefs befreundeter Botschaften gegangen. Dagmar und ich durften auf Wunsch unseres Botschafters ihn und seine Frau begleiten. Ich räume ein, daß ich diese Gelegenheit sehr gern wahrnahm, nicht zuletzt mit der Absicht, Kontakte auch zu den konsularischen Vertretern in Antwerpen knüpfen zu können.

Um das Schiff noch bei Tageslicht besichtigen zu können, waren wir frühzeitig von Brüssel aufgebrochen. Wir wurden an der Gangway als erste Gäste begrüßt. Der sowjetische Botschafter, der Kapitän und einige seiner Offiziere – alle in Galauniformen – ließen es sich nicht nehmen, uns das Sehenswerte auf ihrem Luxusdampfer zu zeigen. Schließlich stiegen wir über das Oberdeck die breite Treppe zum Mitteldeck hinunter, wo sich der Empfang der Gäste abspielen sollte. Auf dem Weg dorthin verloren wir das Botschafterehepaar aus dem Blick. Wir fühlten uns verlassen und allein und tasteten uns im Halbdunkel zum Bankettsaal vor. Glücklicherweise stießen wir auf einige höfliche Matrosen, die wir in ihrer Muttersprache begrüßten. Sie geleiteten uns durch das Labyrinth von Etagen und Fluren.

Endlich standen wir in der Flügeltür zum lichtüberfluteten und großartig hergerichteten Bankettsaal. Es sah zunächst so aus, als wären wir auch hier die ersten Gäste. Doch ganz hinten an einem breiten

Fenster zur Seeseite saß ein Paar am Tisch, vermutlich ein Ehepaar, das wir aber nicht zu kennen meinten.

Der Mann erhob sich, schritt langsam über den langen Teppich direkt auf uns zu und hielt vor mir. Wir standen uns gegenüber, er sah mir für Sekunden in die Augen und reichte mir die Hand. »Wir kennen uns«, sagte er in Französisch mit eigenartigem Akzent. Seine Stimme klang warm, irgendwie vertrauensvoll, sympathisch.

Ich sah in sein gebräuntes, zerfurchtes Gesicht, das schon so manche Stürme des Lebens mitgemacht zu haben schien, in hellwache, forschende, gutmütige Augen. Nein, diesen Mann glaubte ich noch nie gesehen zu haben. Er war von mittelgroßer, stämmiger Figur, einst gewiß ein trainierter Sportler. Eine Strähne seines ergrauten Haares fiel ihm immer wieder ins Gesicht. Er sprach nur einige Worte, zurückhaltend, langsam, mehr in fragendem Tonfall. Afrika? Ich horchte auf, nickte zustimmend. Mali? Ich wühlte krampfhaft in meinem Gedächtnis und konnte mich nicht erinnern. »Du bist …« sagte er, und nannte meinen Namen, nun in seiner Muttersprache Russisch. Ungläubig sah ich den Mann an, auch Dagmar schüttelte verneinend den Kopf. Aber er hatte Afrika, Mali gesagt! Unser Aufenthalt dort lag zwölf bis fünfzehn Jahre zurück.

Verlegen, vielleicht auch ein wenig melancholisch-traurig, lächelte der für mich noch immer Unbekannte und nannte seinen Namen: Sergej Komarjow. Natürlich! Anfang der 60er Jahre waren wir beide als 3. Sekretäre in Bamako gewesen. Nun erinnerte ich mich auch eines Fotos, das während eines diplomatischen Empfangs im Grand Hotel von uns gemacht worden war und das ich noch in einem Album in Berlin aufbewahrte.

Wir waren beide damals fast noch Jugendliche. Konnte sich denn ein junger Mensch derart verändern, daß ein Freund für den Freund nicht mehr erkennbar war?

Wir umarmten uns mehrmals nach russischer Sitte und begrüßten einander wie Brüder, die sich füreinander schon verloren glaubten. Nun kümmerten wir uns nur noch um uns selbst, niemand interessierte uns mehr. Sergej teilte einem hinzugetretenen Schiffsoffizier das soeben erlebte Wiedersehen »alter Kameraden« mit. Der holte seinen Fotoapparat, bat uns auf die Kommandobrücke der »Gruzia« und hielt unser unerwartetes Wiedersehen in Bildern fest.

Dieser Tag verging viel zu schnell. Es ist allgemein bekannt, daß Diplomaten seit jeher im Ruf stehen, mit Freund Alkohol gut vertraut zu sein. Für Sergej Komarjow und mich, die wir nun schon den älteren Jahrgängen angehörten, traf das im allgemeinen nicht mehr zu. Aber an diesem Abend wurde eisgekühlter Wodka serviert und Kaviar gereicht. Das Stimmungsbarometer stieg. Die Afrikakämpfer hatten »Hitze und Hölle überstanden«, somit auch das Recht erworben, auf Vergangenheit, Gegenwart und Zukunft anzustoßen, auf alle Zeiten, auf die Gesundheit, auf die Freundschaft.

Nun nannte ich Sergej Komarjow wieder wie damals »Serjoscha«. Wir redeten viel in dieser Nacht über Vergangenes, Bleibendes, Hoffnungsvolles. Daß wir beide auch in geheimer Mission tätig waren, verrieten wir einander nicht. Dann trennten wir uns, ohne zu ahnen, daß wir uns schon bald wieder sehen würden.

Vor der Ausreise nach Belgien hatte die Zentrale mich zwar wissen lassen, daß im künftigen Operationsgebiet ein Zusammenwirken mit dem sowjetischen Nachrichtendienst vorgesehen sei und die Chefs der Residenturen in den Botschaften einander kennenlernen würden. Zum ersten Mal sollte ich es also wissentlich, offiziell und doch geheim mit einem Vertreter des KGB zu tun bekommen. Doch bis dato hatte ein solches Treffen noch nicht stattgefunden. Obgleich ich doch viele Fragen hatte, die ich gern mit dem Genossen Großen Bruder erörtert hätte. Dann kam die Nachricht, ich solle in die sowjetische Vertretung fahren.

Die meisten der mir bekannten Botschaften der UdSSR befanden sich außerhalb und oft weitab vom jeweiligen Stadtzentrum und lagen

Mit Sergej Komarjow, dem Freund und Genossen vom KGB, auf der »Gruzia«. Er starb in Afghanistan

183

in schöner Umgebung. Ihnen standen stets großzügige Missions-gebäude zur Verfügung, von weitläufigen gepflegten Parkanlagen um-geben. So auch die Brüsseler Botschaft, in der ich mich zu vorgegebe-ner Stunde einfand.

Pünktlich auf die Minute erschien der Resident des KGB: Bot-schaftsrat Sergej Komarjow – der Serjoscha aus Afrika, den ich erst vor einigen Wochen an Bord der »Gruzia« getroffen hatte. An der Zufälligkeit der dortigen Begegnung wagte ich langsam zu zweifeln.

Wir begannen Erfahrungen und Erkenntnisse hinsichtlich der Regimebedingungen im Einsatzland auszutauschen, und verabrede-ten, uns gegenseitig über vermutete oder erkannte gegnerische Kräfte in Kenntnis zu setzen und ohne jeglichen Zeitverlust Hinweise auf ge-plante Provokationen zu signalisieren. Gleich beim ersten Treffen gab Komarjow nützliche Hinweise zu Orten, die aus vielerlei Gründen besser gemieden werden sollten, nicht zuletzt wegen »fataler Er-scheinungen« – Kriminalität, Drogenszene, Prostitution und Zuhäl-terei. Komarjow warnte auch vor gegnerischen Annäherungen. Gefährlich wären insbesondere »Selbstanbieter.« Das waren Leute, die aus verschiedenen Gründen ausländischen Vertretungen ihre Dienste anboten – sei es, um sich damit Nebeneinkünfte zu sichern, sei es, um sich aus persönlichen Gründen an der eigenen Gesellschaft zu rächen oder aus reinem Abenteuertum. Selbstanbieter würden als Einstiegspreis sogar »Geheime Dienstsachen« nennen und diese gleich mehreren Botschaften anbieten.

Gefahren solcher Art, meinte er, würden täglich und überall lau-ern. Es gäbe einflußreiche Kräfte im Land, die alles unternähmen, um den Ausbau der Beziehungen, auch der wirtschaftlichen, zu den ost-europäischen Staaten zu verhindern. Sie würden sich sogenannter agents provocateurs bedienen. Das waren an ausländische Vertre-tungen herangeschleuste Schufte, die darauf aus waren, deren Mitarbeiter in dubiose Geschäfte zu verwickeln und in Abhängig-keitsverhältnisse zu bringen. Komarjow hatte in den zwei Jahren, die er vor mir nach Brüssel kam, schon mehrere solcher Besucher emp-fangen. Jede Botschaft sei gut beraten, sich vor solchen Elementen zu hüten und zu deren Demaskierung mit den offiziellen Behörden Kontakt aufzunehmen.

Wer die Geschichte internationaler Beziehungen kennt, weiß, daß solche Methoden seit jeher zur Vergiftung der Atmosphäre zwischen den Staaten angewandt wurden. Doch wir lebten im 20. Jahrhundert,

184

und jede Belastung der zwischenstaatlichen Beziehungen dieser Art würde sich zu einem Eklat ausweiten und den gerade in Gang gekommenen Entspannungsprozeß gefährden. Seltener war laut Komarjow, daß Landesbürger oder Angehörige von Drittstaaten infolge wirklicher Notlage oder aus politischer Überzeugung vorsprachen.

Unsere erste Beratung zog sich wie später viele andere über mehrere Stunden hin und war für mich höchst ergiebig. Es war eine Lektion in meinem Fach, wie ich sie selten bekommen hatte.

Über manches wurde jedoch nicht gesprochen. Weder bei diesem noch bei den folgenden Treffen wurde einander jemals Einblick in die eigene Organisation oder in die konkrete personengebundene Informationsarbeit des anderen gegeben. Es wurden auch nie gemeinsame Projekte erwogen oder Namen von Kontaktpartnern des anderen erwähnt, geschweige denn ausgetauscht.

Der Alltag wurde angesichts neuer Forderungen der Zentrale immer härter. Sie überhäufte mich mit Fragen, die sich nach ihrer Analyse der Lage ergaben. Ich sollte für die in Berlin erklärte Annahme, daß »das historisch gewachsene Gleichgewicht« der Kräfte »der größten Militärallianzen der Welt« vom Westen verändert würde, die Belege liefern. Wenn der Sozialismus auch nicht überrannt werden sollte, so doch mindestens totgerüstet. Auch Serjoscha war in dieser Sache unterwegs. – Und vermutlich nicht nur er.

Die Schule unseres bisherigen Aufklärerlebens hatte uns jedoch gelehrt, daß es auf der Jagd nach operativen Erkenntnissen keinerlei Rezepte gab. Und es führte kein Weg daran vorbei, daß die Tatsachen nur bei mühsamen Langzeitbeobachtungen gewonnen werden konnten. Berlin wollte aber umgehend Fakten, Fakten, Fakten.

Ich traf mich mit Komarjow in mehr oder weniger großen Abständen. In der ersten Zeit beschränkten wir uns auf gegenseitige Besuche in den Botschaften. Hier gab es abhörsichere Räumlichkeiten ohne Störungen, ohne Einblick von Dritten, ohne Mithörer. Dort informierte ich meinen Verbündeten, wie mich zivile Beamte und Fahrzeuge verschiedener Art auf meinen Wegen begleiteten. Und dies, obwohl ich für Diplomaten geltende Regeln nicht verletzte oder landesübliche Gepflogenheiten mißachtete. Komarjow versicherte mir, daß er ähnliche Erfahrungen gemacht habe. Das seien »Routineübungen der zuständigen Landesbehörden«, meinte er lächelnd. »Sehr oberflächlich, ohne Belang.«

Aus seinen Darlegungen entnahm ich jedoch auch etwas Neues. Das KGB hatte offensichtlich einen völlig anderen Arbeitsstil als die HVA. Er bestätigte mir, daß die sowjetische Aufklärung in den Botschaften ebenso wie westliche Nachrichtendienste arbeitete. Auf dem belgischen Büchermarkt hatte ich eine Fülle von Veröffentlichungen über »Spionagedienste« aller Welt gefunden. Einige Publikationen, darunter eine umfangreiche über den chinesischen Geheimdienst und je eine über die CIA und über das KGB, hatte ich Wort für Wort durchgearbeitet und nach Verwertbarem durchforstet. Die Veröffentlichungen machten mich neugierig, denn in der »Waldschule« und auch später hatte ich wenig von anderen Diensten gehört. Einige Bücher stellte ich nach ihrer Durchsicht der Zentrale zur Verfügung.

Das Wesentliche für mich aber bestand darin, daß andere Nachrichtendienste weniger Rücksicht auf den Status der diplomatischen Vertretungen nahmen. Ich fand, daß die Anweisung aus Berlin, entsprechende internationale Konventionen strikt und unter allen Umständen zu befolgen, Ausdruck falscher Redlichkeit sei und die Zentrale in dieser Hinsicht irrte. Die Praxis des Anheuerns von Hilfskräften zur Unterstützung der »unsichtbaren Front« hielt ich für gerechtfertigt und legitim. Warum eigentlich sollte diese Praxis nicht auch für Mitarbeiter der Auslandsaufklärung der Deutschen Demokratischen Republik gelten? Warum diese Einschränkung? Noch immer fürchteten wir eventuelle diplomatische Verwicklungen.

War dies möglicherweise die Erklärung dafür, daß noch nie ein DDR-Diplomat ausgewiesen worden war? Mit Komarjow wollte ich über solche Themen lieber nicht sprechen. Seine Hochachtung vor der »deutschen Aufklärung« war ungemein hoch. Ich stellte mir manchmal die Frage, ob der Respekt, den er mir entgegenbrachte, vielleicht doch nur Anerkennung für die Leistungen anderer war. Zwar hatten weder ich noch andere im diplomatischen Dienst tätige Aufklärer persönlichen Anteil an diesen Erfolgen, doch wollte ich Komarjow mit gegenteiligen Erklärungen auch nicht enttäuschen. Soweit mir aus westlichen Quellen bekannt war, hatte das KGB in den verflossenen Jahren in Westeuropa erhebliche Verluste hinnehmen müssen – wir hingegen nicht.

Nach einer Zeit vertrauensvollen Miteinanders kamen wir uns näher. Auf dem diplomatischen Parkett begegneten wir uns nach außen freilich so, als ob uns miteinander nicht mehr verband als das für Diplomaten von befreundeten Staaten übliche Band. Aber nichts Menschliches war uns fremd. Wahre Freundschaft sprengt jede Fessel, die sich bei nüchterner Betrachtung als überflüssig erweist. Und so kam es, wie es kommen mußte. Warum sollten wir uns immer nur in abhörsicheren, absolut nüchternen, sauerstoffarmen, in kühlen Jahreszeiten sogar ungeheizten Räumen verständigen dürfen? Warum sich nicht auch mit Dagmar und Sonja treffen? Hatten beide Frauen nicht auch ein anstrengendes, entnervendes Dasein an unserer Seite zu bestehen? Komarjow fand meinen Gedanken »revolutionär«. Sonja und Dagmar beteiligten sich schließlich an meiner Revolution auf ihre Weise, mit guten Ideen und sorgfältigen Vorbereitungen auf die bald folgenden »rencontres familiales«. So nannten wir die Freundschaftstreffen nach heimatlichen Traditionen.

Eines Tages lernten wir auch die Unterkunft und die einfache, fast spartanische Lebensweise des KGB-Chefs im Königreich Belgien kennen. Ausländern wurde dazu selten Gelegenheit gegeben. Ein schlichtes, weißgetünchtes, in Sichtweite der Botschaft gelegenes Nebengebäude war Herberge der ranghöheren Diplomaten der Supermacht Sowjetunion, eines der größten und reichsten Staaten der Erde. In diesem Betonklotz waren einst sowjetische Bauarbeiter untergebracht, die den Pavillon der UdSSR zur Brüsseler Weltausstellung 1958 errichtet hatten. Hätte Komarjow uns nicht schon an der Toreinfahrt zum Park in Empfang genommen und dorthin geleitet, wären wir garantiert an dem Betonkasten vorbeigelaufen. Welche Enge und kasernenmäßige Nüchternheit, welche Kontrast zum prachtvollen, ja prunkhaften Palast des Botschafters. Der Zar und seine Muschiks – der Gegensatz war nicht zu übersehen.

Sergej und Sonja lebten in einer aus zwei kleinen Zimmern bestehenden Wohnung, die ohne Vorraum direkt von einem langen dunklen Korridor aus zu erreichen war, fern von jeglichem Luxus, der Diplomaten nachgesagt wird. Sonja, die hübsche Tochter eines hochgestellten sowjetischen Diplomaten aus dem Fernen Osten der Sowjetunion, begrüßte uns sichtlich verlegen. Seit ihrer Kindheit war sie von Land zu Land gezogen, zuerst an der Seite ihrer Eltern, später an der Seite von Sergej.

Immer in der Fremde, nur auf dem Reisegepäck, fast ein Leben lang. Wenn sie in die Heimat fuhr, benötigte sie vierzehn Tage mit der Transsibirischen Eisenbahn bis Magadan. Sonja litt unter der Trennung von ihren Kindern, die sie zurücklassen mußte. Sie konnte sie nur alle zwei Jahre besuchen, der riesigen Entfernung und der Kosten wegen.

Sonja zeigte uns alle Winkel ihrer dürftig ausgestatteten Wohnung, zerschlissene Gardinen und Vorhänge, alte Möbel und abgenutzte Teppiche. Ein abgetrennter Teil eines Zimmers verbarg hinter einem Vorhang eine kleine Küche und diente zugleich als Abstellplatz für irgendwelche Kisten und Koffer. Auf dem Herd und einem Beitisch standen Töpfe, Schüsseln, Teller, eine unüberschaubare Menge verschiedener Küchengeräte, die wahrlich nur ein Meister für die Zubereitung einer ordentlichen russischen Mahlzeit benötigen konnte. Dies sei das Reich von Sergej, sorgsam behütet und heilig, erklärte sie. Sergej blinzelte vielsagend mit den Augen und schmunzelte vergnügt vor sich hin. Kochen wäre für ihn bereits in seiner Moskauer Studentenzeit Pflicht gewesen, mit der Zeit jedoch eine Leidenschaft geworden.

Er servierte eine phantastisch gewürzte, sehr schmackhafte Fischsuppe, bewundernswert gleichförmige, appetitlich duftende Pelmeni, selbstgesuchte süßsaure Waldpilze, »alles nach altrussischer Hausmacherart«. Sergej verstand es ausgezeichnet, auf seine ihm eigene Weise zu leben und den Rest der Welt zu vergessen. Mit Wodka wurde diese erträglicher.

In Stimmung geraten, nahm er schließlich eine vom Vater geerbte Mandoline zur Hand und offenbarte mit schwermütigen Liedern seine urwüchsige russische Seele. Einige dieser Lieder kannte ich aus der Schulzeit, am liebsten hätte ich ihn mit dem Akkordeon begleitet. An diesem Abend beschlossen Sergej und ich, uns während des offiziellen Empfanges zu Ehren des 60. Jahrestages der Oktoberrevolution einem öffentlichen Konzert im großen Festsaal der Botschaft zu stellen. Einige Übungsstunden sicherten uns ein halbes Jahr später, im Herbst 1977, riesigen Applaus vor Hunderten von Gästen.

Wir beschlossen noch mehr. Anlaß waren die verspeisten Pilze, die Sergej im vorigen Sommer in den Wäldern der Ardennen gesammelt und eingelegt hatte. Pilze, Wald, Ardennen – ich dachte an unsere ausgedehnten, erholsamen Wanderungen durch die märkische Heide. Benötigten wir nicht auch hier Freizeit und Entspannung, Bewegung und Erholung in würziger Luft? Und lagen nicht Meldungen vor, daß irgendwo in den Ardennen Vorbereitungen getroffen würden für den Bau von Startrampen für Raketen?

Nach einigen Stunden Autofahrt – jedesmal aus anderer Richtung und auf verschlungenen Wegen kommend, fanden wir in dieser einzigartigen schönen Landschaft zwar nirgendwo Hinweise auf eine Raketenstationierung, statt dessen aber nahe Suxy, einem anmutigen Dorf inmitten der Berge, einen kleinen See in einer Talsenke. Sergej wußte von dieser Oase, war in allem gut vorbereitet, was zu einem zünftigen Piquenique in freier Natur gehörte. In der Pilzsaison war er in diese Ecke schon des öfteren aufgebrochen. Hier ging KGB-Chef Komarjow seiner liebsten Beschäftigung nach – er kroch begeistert durch das Unterholz des dichten Waldes. Unserem Äußeren nach durften wir durchaus für Touristen gelten. Wir blieben unbehelligt.

Es gibt »viele Pilsen«, meinte er, die beiden letzten Worte auf deutsch, als wir das erste Mal dort zusammentrafen. In seiner Schulzeit wollte er die deutsche Sprache gut beherrscht haben, und tatsächlich konnte er noch immer ganze Passagen des »Wintermärchens« von Heinrich Heine zitieren. Nach einer Weile kehrte er mit zerzaustem Haar zurück, das Gesicht vom langen Bücken gerötet, wunderschöne riesige »Pilsen« im Beutel.

Am »Suxy-See« weilten wir oft. Am offenen Feuer bereiteten wir Schaschlik und Gemüse zu. Dort blieben wir viele Stunden, bis die Dämmerung hereinbrach und Nebel sich über dem Wasser ausbreitete.

In späteren Jahren erinnerten wir uns gern dieser Treffen und dachten an Sergej und Sonja. Wir standen uns sehr nah. Sergej hatte nie darüber gesprochen, nur Sonja erwähnte es einmal ganz beiläufig, daß Vater Komarjow und mehrere Familienangehörige, die an Partisanenkämpfen teilgenommen hatten, aus dem Krieg nicht zurückgekehrt waren. Sergej hegte keinerlei Groll gegenüber den Deutschen. Für ihn galt das deutsche Volk als arbeitsam, schöpferisch und kulturell hochstehend, das Goethe und Schiller hervorgebracht hatte, Bach und Beethoven, Leibniz und Einstein. Er kannte viele deutsche Namen und vieles aus der Geschichte der Deutschen und mochte sie dennoch.

Ein paar Jahre später, 1980 war es, erörterten Sergej und ich die internationale Lage und mögliche Entwicklungen. Zum ersten Mal äußerte sich Sergej Komarjow kritisch über sein Land und dessen Außenpolitik, vor allem über die Aktion gegen Afghanistan. Er bezeichnete das Vorgehen als militärische Intervention. Dies werde sich eines Tages als schwerer Fehler erweisen. Er bemängelte die Unbeweglichkeit der sowjetischen Führung, die, statt auf neue Entwicklungen politisch zu reagieren, traditionell auf militärische Stärke setze.

Wir diskutierten natürlich auch über den Sinn der Aufklärungsdienste. Was nützten deren Signale, wenn sie von den Regierenden nicht verstanden würden? An tüchtigen Aufklärern habe es der Sowjetunion nie gefehlt, meinte Komarjow, ganze Divisionen hätten sie aufgewogen.

Mir fiel der tragische Lebensweg des Deutschen Dr. Richard Sorge ein, der als Kundschafter der UdSSR aus Japan die Vorbereitungen und sogar den Termin des Überfalls auf die Sowjetunion funkte. Auf seine Warnungen hatte Stalin nichts gegeben, auch nicht auf die anderer Aufklärer. Was der sowjetischen Seite wohl fehlte, waren präzise Weltkenntnis und welthistorische Übersicht, um mit den von außen eingehenden Analysen etwas Vernünftiges anzufangen. Komarjow befürchtete, daß die Sowjetunion den militärischen Wettlauf, der die Wirtschaft immer mehr belastete und den Lebensstandard des Volkes beeinträchtigte, nicht durchstehen würde. Er zeigte sich so skeptisch wie mitunter meine westlichen Gesprächspartner sich optimistisch gaben.

Ende 1981 sah ich Sergej Komarjow auf dem Brüsseler Bahnhof »Gare du Midi« das letzte Mal. Die halbe Botschaft der UdSSR hatte sich eingefunden. Und ich, als einziger Ausländer, entgegen den Regeln der Konspiration, auch. Sieben Jahre hatte er auf seinem Posten ausgeharrt und freute sich nun, wie dereinst Serjoscha in Afrika, auf die Heimreise. Ein Jahr später erreichte ich ihn telefonisch in Moskau. Sonja war schwer erkrankt, vermutlich eine Spätfolge der Tropenzeit. Ein zweites Telefongespräch eine Woche später wurde abrupt abgebrochen, weitere kamen nicht mehr zustande. Aus unerklärlichen Gründen durften Sergej und Sonja 1982 weder einer Einladung nach Berlin folgen noch Briefe schreiben.

Einige Jahre später erfuhr ich auf Umwegen in Paris, daß Sonja verstorben war und Sergej Komarjow sich kurz darauf freiwillig für den Dienst in Afghanistan gemeldet hatte. – Wir waren erschüttert. Hatte Sergej Komarjow seine Auffassung von der sowjetischen Afghanistan-Aktion korrigiert? War es der Schmerz über den Verlust seiner geliebten Sonja, der diesen seinen Entschluß ausgelöst hatte? Wollte er, der Iranistik studiert hatte und fließend persisch sprach, in den afghanischen Bergen sein eigenes Ende suchen?

Antworten auf diese Fragen sind wohl nun nicht mehr zu erwarten. Komarjow ist tot.

Mein Bekanntenkreis in Belgien dehnte sich nach allen Richtungen aus. Es fiel mir nicht schwer, in relativ kurzer Zeit eine beachtliche Zahl nützlicher Kontakte herzustellen. Im westlichen Diplomatischen Korps ließ man dem Abgesandten aus dem zweiten deutschen Staat gegenüber kaum Zurückhaltung spüren. Die Diplomaten der kleinen und mittelgroßen europäischen Staaten erklärten sich freimütig gesprächsbereit, akzeptierten sie doch die DDR als einen der 35 Unterzeichnerstaaten von Helsinki...

Die Diplomaten der meisten Länder der Dritten Welt bekundeten sogar offen Sympathie. Sie zeigten sich überrascht von meinem Verständnis für die Probleme ihrer Länder. Dies war erklärlich. Noch immer hatte ich die schrecklichen Bilder der Not und des Elends in Mali vor Augen.

Besonders herzlich gestalteten sich meine Kontakte zu einigen Diplomaten, die in zurückliegenden Jahren ihre akademische Ausbildung an deutschen Universitäten erhalten hatten. Sie sprachen gern von ihrer Studentenzeit in Dresden, Leipzig oder Berlin. Einige von ihnen hatten danach bereits hohe Funktionen in ihren Heimatländern wahrgenommen und waren schließlich nach Westeuropa entsandt worden. Bei den vielfältigen Anlässen, die das Diplomatenleben in Brüssel mit sich brachte, lernte man sich ziemlich rasch kennen. So wird wohl manchem nicht entgangen sein, mit welcher Herzlichkeit einige afrikanische Bekannte mich begrüßten – ohne protokollarische Rücksichtnahme auf Rang und Würde, in gutem Deutsch, zwei Botschafter sogar in einwandfrei sächsischem Tonfall.

Wann immer ich das Verlangen hatte, sie wegen wichtiger Ereignisse in Afrika zu konsultieren, fand ich in ihren Residenzen Einlaß und Gehör. Einige meiner Bekannten fungierten gleichzeitig als offizielle Vertreter ihrer Regierungen bei der EG. Sie nahmen an Beratungen teil, die die EG von Zeit zu Zeit mit den Vertretern assoziierter Staaten Afrikas, der Karibik und des Pazifik veranstalteten. Die gemeinsamen Beschlüsse, die bei diesen Beratungen erörtert und gefaßt wurden, spiegelten die Interessen ungleicher Partner wider. Sie gaben zugleich Einblick in die Rolle, die den Entwicklungsländern im Ost-West-Konflikt zugedacht war. Wenngleich dieser Problematik nicht der Vorrang gebührte, so konnten doch vertrauliche Informationen darüber an die Zentrale von Interesse sein, zumindest zeitweise auch Lücken in meinen Berichten zu anderen Fragen des Informationskatalogs kompensieren.

Von besonderem Interesse waren die Absichten, die die EG gegenüber den Staaten des Nahen und Mittleren Ostens verfolgten. Gute Dienste eines afrikanischen Diplomaten verhalfen mir, den Anschluß an die arabische Welt in Brüssel zu finden und Einblick in den auf hoher Ebene geführten Euro-Arabischen Dialog zu nehmen. So wurde ich während eines Empfangs in der saudiarabischen Botschaft dem Vertreter der Palästinensischen Befreiungsorganisation PLO vorgestellt.

Naim Khader erwiderte meinen Gruß freundlich. Bei der sich anschließenden lebhaften Unterhaltung mit mehreren mir unbekannten Personen blieb er jedoch zurückhaltend. Nach geraumer Zeit ergab sich der Moment, da seine Gesprächspartner, die offensichtlich einander gut bekannt waren, im Gewühl Neuankommender verschwanden. Nun stand ich ihm allein gegenüber. Mir war wieder der Informationskatalog in den Sinn gekommen. Könnte dieser Mann nicht geeignet sein, bei der Beantwortung wenigstens einiger Fragen behilflich zu sein? Blitzartig kam mir der Gedanke, schon bei dieser ersten Begegnung sein Interesse an einer Fortsetzung unseres Gespräches zu wecken, seine Bereitschaft zu baldigem Wiedersehen zu prüfen. Daher begrüßte ich ihn jetzt noch einmal in seiner Muttersprache.

Naim Khader war davon sichtlich angetan. Ich brachte die noch im Gedächtnis gebliebenen Höflichkeitsfloskeln in Arabisch in wenigen Sätzen unter und freute mich, daß mir das nach all den Jahren in Kairo und Beirut noch gelang. Naim Khader lachte herzlich, meine Aussprache verdiene Lob. Mir schien, daß er von diesem Augenblick an aufgeschlossener zuhörte. Ich erwähnte flüchtig die Stationen meines Diplomatenlebens und streifte dabei die Begegnungen mit Yassir Arafat. Naim Khaders Augen leuchteten auf. Er nickte mir fortwährend freundlich zu. Ich hatte bald das Gefühl, als neue Bekanntschaft angenommen zu werden.

Aus dieser unserer ersten Begegnung erwuchs eine tiefe Freundschaft. Naim Khader nahm in meinen Brüsseler Jahren einen herausragenden Platz ein. Das begründet, warum ich über ihn und unsere Zusammenarbeit ausführlicher berichten möchte.

Naim Khader lernte ich als feinfühligen Partner und aufmerksamen Zuhörer kennen, als interessierten und interessanten, aber auch anspruchsvollen Menschen. Auf unsere Begegnungen bereitete ich mich ebenso gründlich vor wie auf Gespräche mit den Leuten im Außenministerium, ich registrierte, notierte, analysierte. Unser

Verhältnis wurde bald immer enger, wir nannten uns schließlich beim Vornamen und gingen zum vertraulichen Du über.

Ich sagte ihm, daß ich über lange Jahre hinweg mit der Nahost-Problematik beschäftigt war. Als langgedienter Mitarbeiter der Nahost-Abteilung im Außenministerium hatte ich einige Spezialkenntnisse erworben. Ich gab Naim Khader zu verstehen, daß seine Informationen sowohl meiner wissenschaftlichen Forschungsarbeit als auch praktischen Erfordernissen der diplomatischen Tätigkeit dienen sollten. Er zeigte Verständnis.

Naim Khader war als sechstes von sieben Kindern geboren worden. Er wuchs in einer Bauernfamilie im palästinensischen Zababdeh auf. Begabung und Lerneifer empfahlen ihn für das Katholische Priesterseminar von Beit Jala in der Nähe von Betlehem. Er erzielte brillante Studienergebnisse, verzweifelte aber an der Enge des Seminarbetriebes und brach ein Jahr vor der Priesterweihe das Studium ab. Er ging nach Belgien, arbeitete als Aushilfskellner in

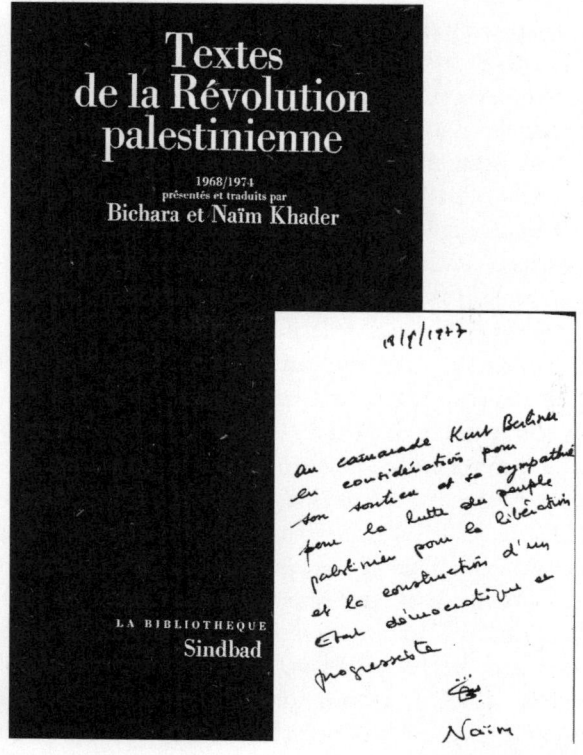

Cafés, als Blindenlehrer und schaffte es bis zum Doktor der Rechtswissenschaften.

Den ersten Kongreß der Palästinensischen Befreiungsorganisation 1964 in Jerusalem verfolgte er ohne innere Anteilnahme. Nach dem Sechs-Tage-Krieg 1967 und mehreren Reisen in der Region begriff er das Drama seines Volkes – er ging zur »Al Fatah«.

In Brüssel stellte er sich gänzlich der PLO zur Verfügung. Als Mitarbeiter der Botschaft Saudi-Arabiens und Pressebearbeiter im Büro der Arabischen Liga wurde er ihr offiziöser Repräsentant. Als ich ihn kennenlernte, war er gerade zum Leiter des Informations- und Verbindungsbüros der PLO in Brüssel berufen worden.

Bald verstand ich die Auffassungen und Absichten von Naim Khader. Vor allem ging es ihm darum, der vorherrschenden PLO-feindlichen Propaganda entgegenzuwirken. Er unternahm größte Anstrengungen, um die belgische Öffentlichkeit über die Probleme der Palästinenser zu informieren. Er schrieb Artikel und Stellungnahmen, hielt Pressegespräche ab und gab Interviews. Andererseits suchte er nach Möglichkeiten, die legitimen Interessen seiner Organisation durch europa- und weltweit umspannende politische und diplomatische Aktionen zu verteidigen. Nur dieser Weg war seiner Ansicht nach ein erfolgversprechender, um realpolitische Kräfte für die politisch-diplomatische, moralische und materielle Unterstützung seines Volkes zu gewinnen.

Verbündete und Freunde suchte Naim Khader nicht nur in fortschrittlichen Parteien und Organisationen, er fand sie auch unter Mitgliedern der Regierungen Belgiens und angrenzender Länder, unter hohen Beamten internationaler Organisationen und im Europa-Parlament. Khader war überzeugt, an den tatsächlichen Interessen der Europäer und an ihrer Einsicht in geschichtliche Erfordernisse anknüpfen zu können. Er schätzte ihre Objektivität, vor allem glaubte er an die Macht der Vernunft.

In unseren Diskussionen spielten die unterschiedlichen Interessen von Staaten und Machtblöcken eine große Rolle. Ich war bestrebt, Naim Khader auf nutzbare Gegensätze zwischen den USA und den Europäischen Gemeinschaften aufmerksam zu machen und die Amerikaner als gemeinsamen Hauptfeind der sozialistischen Staaten und der arabischen Welt darzustellen. Zugleich sah ich Möglichkeiten, die Rolle der EG und einzelner Mitgliedstaaten in der Weltpolitik differenzierter zu beleuchten. Für mich kam es vor allem darauf an, die zwielichtige Politik der Bundesrepublik Deutschland gegenüber den arabischen Ländern mit Fakten zu belegen. Das hatte ich mit Erfolg Anfang der 70er Jahre in der Zusammenarbeit mit dem Palästinensischen Forschungszentrum in Beirut praktiziert.

Naim Khader hörte geduldig zu. Er verhehlte seine Überzeugung nicht, sprach offen über Probleme, Fehler und notwendige Korrekturen seiner Organisation. Er verschwieg allerdings nicht, daß er auch Angehöriger einer Organisation des bewaffneten Kampfes war und die Notwendigkeit des militärischen Kampfes bejahte, wenngleich er terroristische Aktionen außerhalb der besetzten palästinensischen Gebiete verurteilte. Die Diplomatie hatte für die »Palästinensische Revolution« lediglich auf der Ebene von Staaten zu operieren – ihr Ziel war die Bildung einer »Demokratischen Republik von Palästina«.

Vom Sozialismus hatte Naim Khader eigene Vorstellungen. Er verstand darunter »die gerechte Verteilung der Reichtümer, Privilegien und Verantwortlichkeiten ebenso wie Kontrolle der Macht durch freie Wahlen«. Er zog einen »demokratischen Staat« ohne den Zusatz »sozialistisch« einem »sozialistischen Staat« vor, dessen Bezug auf Sozialismus und soziale Gerechtigkeit nur auf sein Etikett beschränkt blieb. Außerdem: Zu viele Parteien, Gruppen und Regimes beriefen sich seiner Meinung auf »den Sozialismus« und hätten diesem jegliche Substanz entzogen.

Für mich war Naim Khader ein aufrichtiger Patriot, der für sein Volk, für seine Überzeugungen und Ideen lebte. Es gab für mich keine Anhaltspunkte, einer Kooperation mit Naim Khader auszuweichen. Vermutlich hatte auch er von seiner Zentrale keinerlei Einwände erhalten.

Je mehr ich von ihm und seinen Ansichten wußte, um so bewußter wurde mir, daß unser Zusammenwirken in mehrfacher Hinsicht belastet werden könnte, vielleicht nicht heute, doch möglicherweise schon morgen. Wegen unserer politischen Herkunft standen wir beide im Blickfeld der Öffentlichkeit. Jeder hatte Grund genug, die Beziehungen zu den Landesbehörden nicht zu belasten. Die Palästinensische Befreiungsbewegung war in Westeuropa im allgemeinen, in Belgien teilweise arg umstritten. Eine allzu demonstrative Kontaktpflege der DDR-Botschaft zum gerade eröffneten PLO-Büro könnte Befürchtungen wecken. Khaders Auftritte im belgischen Fernsehen machten ihn mehr und mehr bekannt – nicht nur bei Freunden der PLO und bei Sympathisanten einer euroarabischen

Annäherung. Den Gegnern der PLO konnte auf Dauer nicht entgehen, daß Naim Khader eine autorisierte und wichtige Stimme war. Sein Name wurde oft in offiziösen und offiziellen Gesprächen genannt. Er warb um Gehör bei Regierungsvertretern und Persönlichkeiten des gesellschaftlichen Lebens. Als Mitglied der Kommission für Auswärtige Angelegenheiten des Palästinensischen Nationalrats, der Vereinigung Palästinensischer Juristen und der Union der Palästinensischen Schriftsteller nahm er alle Gelegenheiten zu beispielhafter Aufklärungsarbeit im besten Sinne des Wortes wahr. Ich lenkte seine Aufmerksamkeit auf das Diplomatische Corps und das Außenministerium.

Auf der anderen Seite: Dadurch wurde er immer interessanter für mich. Als offizieller PLO-Repräsentant erhielt er Einladungen zu den regelmäßigen Beratungen der Botschafter der arabischen Staaten in Brüssel. Er nahm an allen Tagungen teil, die die EG und die arabischen Staaten abhielten. Das alles war für die Zentrale von allerhöchstem Interesse.

Umgekehrt waren relevante Hinweise und erkennbare Ansätze zu realen Einschätzungen in belgischen Kreisen gegenüber der PLO für Naim Khader von Bedeutung. Ich verschaffte sie ihm aus mir zugänglichen Kreisen oder auf Umwegen.

Wir hatten uns zu einer »sinnvollen Arbeitsteilung zwischen uns durch gegenseitige Information« verabredet.

Mir ging es dabei nicht darum, die Lage in einzelnen arabischen Ländern oder in der Gesamtregion einzuschätzen. Das konnte in Kairo, Beirut, Bagdad und anderswo und durch die Auswertung in der Zentrale viel exakter geschehen. Die Zentrale wollte von mir wissen, wie die westeuropäischen Staaten einzeln oder gemeinsam auf bestimmte Entwicklungen im Nahen Osten reagierten, welche Strategie und welche konkreten Pläne EG und NATO in dieser Region verfolgten.

Im Kalkül der Politik der westlichen Verbündeten spielten Rohstoffe, vor allem Erdölreserven, und deren gesicherte Lieferungen eine zentrale Rolle. In der globalen Auseinandersetzung zwischen Warschauer Vertrag und NATO hatte die Nahostregion als Versorgungsbasis eine überragende Bedeutung für den Westen. Die Einsicht in Naim Khaders Notizen und in Protokolle von wichtigen Beratungen half uns sehr. Aus vielen Details formte sich ein Bild.

Naim Khader seinerseits interessierte sich natürlich für die Haltung der »Ostblockstaaten« zur Entwicklung im Nahen Osten und vor allem zur Politik der NATO und EG gegenüber den arabischen Staaten. Für ihn waren die Positionen der DDR und der Sowjetunion zu Grundfragen der Weltpolitik von Bedeutung. Ebenso entnahm er unseren Gesprächen Anregungen zu Problemen, die mich weniger interessierten. Er reiste nämlich oft im Auftrag seiner Zentrale zu diversen Zusammenkünften, da er in verschiedene diplomatische Missionen der PLO einbezogen war. So leitete er u.a. Abordnungen zu UNO-Vollversammlungen.

Unsere Zusammenkünfte bewertete Naim Khader als willkommene Ergänzung seines ansonsten äußerst ausgefüllten Programms, denn sie dienten gelegentlich auch der Entspannung und Erbauung. Schon längst trafen wir uns nicht mehr nur in Cafés oder Restaurants. Wir verständigten uns darauf, unseren Treffen eine angenehme Atmosphäre zu geben. Was lag näher, als freundschaftliche Abende im Kreise der Familien und Bekannten zu verbringen? Unsere Ehefrauen, deren erste Begegnung wir im Restaurant des Hilton-Hotels herbeiführten, verstanden sich prächtig. Naim Khader hatte 1972 Bernadette Reynebeau, die Tochter eines belgischen Ingenieurs, geheiratet. Mit dieser charmanten, außerordentlich sympathischen Frau schlossen Dagmar und ich bald Freundschaft. Bernadette zeigte sich sehr aufgeschlossen, war belesen und beherrschte mehrere Fremdsprachen. Als wir ihre Bekanntschaft machten, belegte sie gerade an der Universität einen Kurs für Arabisch. Es gab kaum ein Thema, zu dem sie sich nicht äußern mochte, sie tat es temperamentvoll und mit Esprit.

In ihren ersten Ehejahren hatten es die Khaders augenscheinlich recht schwer. Zu jener Zeit, als wir ihre Bekanntschaft machten, bewohnten sie eine kleine, äußerst bescheiden eingerichtete Wohnung. Selbst im Sommer drang kein Sonnenlicht in die zu ebener Erde gelegene Bleibe. Im Winter mochte der kleine Gasheizer kaum Behaglichkeit aufkommen lassen. Für Naim war es die Fortsetzung des gewohnten anspruchslosen Lebens, Bernadette ertrug alles mit entwaffnender Gelassenheit. Beide Khaders liebten klassische Musik. Naim hatte Klavierspielen gelernt und war mit Werken von Beethoven, Mozart, Haydn, Händel und Richard Strauß vertraut. Unvergeßlich sind uns die langen Winterabende am Kaminfeuer bei uns zu Hause, die sich bis Mitternacht hinzogen und mitunter erst in den Morgenstunden ein Ende fanden.

197

Hier verbrachten wir viele Stunden bei interessanten Gesprächen und leidenschaftlichen Disputen. Immer wieder ging es um Israel. Naim Khader meinte, Israel spiele von Beginn an die Rolle eines Gendarmen in der Region. Das sei kreuzgefährlich. Die Nahost-Kriege von 1967 und 1973 hätten gezeigt, zu welcher Gefahr dieser Konfliktherd für den Weltfrieden werden konnte. Die Europäer, die Araber, die Israelis, die Palästinenser müßten daraus ihre Schlüsse ziehen. Das war richtig. Allerdings wurde auch das Dilemma der politischen Wahrnehmung in der Zeit des Kalten Krieges – in der wir uns unverändert befanden – in solcher Debatte sichtbar. Aus der Überzeugung »Wir sind die Guten« wurde jeder Schritt der Gegenseite beargwöhnt und Aggressivität unterstellt. Ein legitimes Sicherheitsinteresse, das jeder für sich selbst reklamierte, wurde offenkundig der anderen Seite nicht zugestanden. Und daß Israel, dessen staatliche Integrität von den Arabern seit Anbeginn bestritten wurde, sich besonders bedroht fühlen mußte, spielte in den Überlegungen kaum eine Rolle. Israel war der Agressor und Störenfried per se.

An manchen Abenden beteiligten sich Moaz El-Assem und seine Frau an der Diskussion. Sie kamen aus Syrien und lebten seit vielen Jahren im Ausland. Assem fungierte bis zu unserer Abreise als Direktor des Büros der Liga der Arabischen Staaten in Brüssel und wurde ebenfalls ein Verbündeter. Er füllte einige Informationslücken aus, die in Zeiten längerer Abwesenheit von Khader nicht anders abzudecken waren. Unsere Freundschaft währte sechs Jahre. Zu unserer Verabschiedung gaben El-Assem und seine Frau ein Essen im Nobelrestaurant »L'Auberge de Boendael«. Es war ein Abschied für immer. Die Speisekarte im Kunstdruck mit der handschriftlichen Widmung und den Initialen von Moaz El-Assem bewahren wir noch immer auf.

Mein Verhältnis mit Naim Khader war nahezu »blind« – bei diplomatischen Empfängen oder politischen Veranstaltungen genügte bereits eine Verständigung mit den Augen. Gab es aus irgendeinem Grund etwas Dringliches, so verständigten wir uns auf Zuruf.

Naim Khader war natürlich gefährdet. Bei Attentaten und Anschlägen hatte die PLO allein in Westeuropa acht Funktionäre bereits verloren. Wir sprachen darüber offen, doch er tat so, als fühle er sich sicher. Jahre später las ich einen Brief, den er im August 1978 geschrieben hatte. Er war an einen Vertrauten gerichtet.

»Ich habe keine Angst um mich. Ich fürchte den Tod nicht. Als ich mich entschloß, ein Kämpfer für Palästina zu sein, kannte ich die

Risiken«, offenbarte er. »Das, was ich möchte, ist, daß man weiß, daß ich nicht für eine politische Doktrin gekämpft habe, weder für den Kampf an sich noch aus Geschmack an der Gewalt. Ich kämpfe, weil ich Palästina liebe, meine Erde, meine Heimat ... Ich denke nicht oft an den Tod, ich denke mehr an das Leben und sehe den Tag voraus, nach Zababdeh zurückzukehren. Sollte ich aber vorher sterben, wünsche ich nur, nicht feige ermordet zu werden, sondern meinem Feind ins Gesicht zu sehen.«

Wenige Monate nach diesem Schreiben wurde der PLO-Vertreter in Frankreich ermordet. Auf eine diesbezügliche Frage antwortete Naim Khader am 8. März 1979: »Es kommt nicht in Frage, daß wir uns verstecken, denn wir arbeiten in der PLO zusammen, mit Palästinensern. Das Risiko gibt es fast täglich, und wenn es darum ginge, sich bei jedem Alarm zu verstecken, glaube ich, würde man die meiste Zeit im Versteck verbleiben.«

Meine Hinweise hinsichtlich unserer persönlichen Sicherheit nahm er mit Verständnis auf. Er hielt sich konsequent an alle Absprachen, die wir mit Rücksicht auf meinen Diplomatenstatus trafen. Dennoch: Am 1. Juni 1981 erreichte mich die schreckliche Nachricht im Arbeitszimmer des Botschafters. Bernadette teilte mit kaum wahrnehmbarer Stimme schluchzend mit, daß Naim vor wenigen Minuten ermordet worden sei.

Wie die belgische und internationale Presse in den folgenden Tagen berichtete, war Naim Khader zu früher Stunde auf dem Weg in sein Büro mit vier Revolverschüssen niedergestreckt worden.

Seine Mörder wurden nie gefaßt.

Bernadette sahen wir letztmalig am Sarg ihres geliebten Naim. Hunderte waren gekommen, Freunde, Bekannte, Kampfgefährten. In Anwesenheit des Apostolischen Nuntius Monseigneur Cardinale schwor sie weinend, den Kampf ihres Mannes an der Seite seiner palästinensischen Brüder fortsetzen zu wollen.

Einige Jahre später – ich hatte schon geraume Zeit in Paris Quartier bezogen – wurde mir noch einmal Khaders Format deutlich. Einer aus unserer Zentrale berichtete mir, daß meine aus Brüssel nach Berlin übermittelten Einschätzungen zum Nahen Osten und zum euro-arabischen Dialog – die ja im wesentlichen auf Khaders Wertungen fußten – zeitweilig umstritten waren. Erst später hätten sie sich als richtig erwiesen, was zur Hebung meines Ansehens geführt hatte. Davon hatte ich jedoch wenig gemerkt.

Meine Aufgabe als Chef der Residentur bestand vor allem darin, auf der Grundlage des von der Zentrale bestätigten langfristigen Arbeitsplanes die Bewegungen aller nachrichtendienstlich wirkenden Mitstreiter, die der Residentur angeschlossen waren, auf die jeweiligen Schwerpunkte zu konzentrieren. Mir fiel es anfänglich schwer, diesen komplizierten Mechanismus zu beherrschen, denn ich hatte niemals in der Zentrale Dienst getan, kannte weder deren innere Leitungsstrukturen noch personelle Verflechtungen. Andererseits schätzte ich das auch als Vorteil: Ich bekam nie militärisches Gehabe oder direkte Abhängigkeitsverhältnisse zu spüren, nie plagten mich Verhaltensmuster oder Denkweisen, die nun einmal in solchem Dienst existieren. Dieser Teil des Nachrichtendienstes blieb für mich verschlossen. Meine Vorbehalte gegen einen Einsatz in der Zentrale, selbst einen zeitweiligen, hätte die Zentrale nie ausräumen können. Ich hatte mich an die Selbständigkeit in der Arbeit und an die Freizügigkeit des Diplomatenlebens im Ausland gewöhnt. Zu sehr fühlte ich in mir den Drang, in Tuchfühlung mit den politischen Gegnern und unter ständiger Spannung zu leben. Ich fürchtete den vermutlich langweiligen Alltag in der Zentrale.

Als Resident trug ich die Gesamtverantwortung für alle Belange der Aufklärung, für die politischen, wirtschaftlichen, wissenschaftlich-technischen und abwehrmäßigen sowie die für die Funktionsfähigkeit des Verbindungswesens innerhalb des eigenen Netzes vor Ort und mit der Zentrale. Die verschiedenen Bereiche wurden von meinen »Operativen Gehilfen« geleitet, die sich mit mir berieten. Ausreichend kompetent hielt ich mich allerdings lediglich für die Politische Aufklärung. Dort hätte ich, wurde mir später konzediert, eine gewisse Meisterschaft erlangt.

Als ich Anfang Januar 1976 in Brüssel eintraf, war ich gerade vierzig Jahre alt geworden. In diesem Alter hat man sich längst Grundsätze und einen geordneten Lebenslauf zugelegt. Da denkt man hin und wieder darüber nach, ob der zurückgelegte Weg eigenen Erwartungen und persönlichen Idealen entspricht oder gewisser Korrekturen bedarf. Ich fühlte mich weder als Abenteurer noch als Fanatiker, Korrekturen waren nicht erforderlich.

Nichts im Leben schreckte mich so ab wie stumpfsinniger Müßiggang, sinnloses Treiben. Ich wollte nicht Amboß sein.

Ich stellte mich den Herausforderungen, die mit dem Auftrag eines Chefs einer »legalen« Residentur der Auslandsaufklärung verbunden waren. Als »legal« wurde sie deshalb bezeichnet, weil deren Angehörige in Botschaften, Konsulaten, Handelsvertretungen und anderen Institutionen tätig sind. Somit arbeiten sie »legal«, obwohl sie als getarnte Mitarbeiter dieser Dienststellen in Wirklichkeit geheime nachrichtendienstliche Arbeit leisten. Die »legalen« Residenturen sind keinesfalls illegalen gleichzusetzen, die unter Legende wirken und streng konspirativ abgeschirmt sind. Ich hielt dieses »legal« nie für zutreffend, denn Struktur, Organisation und Arbeitsweisen blieben für Außenstehende ebenso wie bei jedem anderen Nachrichtendienst in der Welt streng geheim.

Am liebsten bemühte ich mich dabei um die Entwicklung eigener »Vorgänge«. In früheren Jahren kam ich mir vor wie ein Angler an einem stillen Teich, der mit dem Kescher Wasserflöhe zu fischen versucht, statt die Angel mit einem Köder zum Fischfang auszuwerfen. Das konnte es ja wohl nicht sein.

Aber konnte diese Art der Aufklärung auf ewig Ultima Ratio eines echten Nachrichtendienstes sein? Worin bestanden denn eigentlich die wesentlichen Unterschiede in den Arbeitsweisen von Aufklärern und diplomatischen Mitarbeitern in den Botschaften? Gab es solche überhaupt? Während meiner Einsätze in Mali und im Libanon kamen diesbezüglich Zweifel auf, sie verstärkten sich, weil ich auch jetzt kaum Unterschiede fand. Und war es nicht so, daß die Botschaften des Ostens im Westen und die Botschaften des Westens im Osten sich gegenseitig der Zuhälterei für die jeweiligen Nachrichtendienste verdächtigen?

Meine Informationen aus Recherchen im Außenministerium, in Kommissionen des Parlaments, im Königlichen Institut für Internationale Beziehungen, in den internationalen Abteilungen von Parteien und Organisationen, in einschlägigen Ressorts großer Banken und Unternehmen erhielten in Berlin noch immer anerkennende Bewertungen. Aber zugleich hatte ich keine Illusionen über ihren tatsächlichen Wert. Der Wahrheitsgehalt so gewonnener Nachrichten und ihre Treffsicherheit blieben zu einem gewissen Grad fragwürdig. Und die Desinformationsabteilungen der Dienste bedienten sich gern der Medien und Multiplikatoren.

Dadurch stellte sich mir auch die Frage, ob auf diesem Weg gewonnene Informationen nicht eigentlich unnütz waren.

Die Zentrale orientierte ihre Auslandsaufklärung generell darauf, die gegnerischen Entscheidungszentren direkt anzugreifen. Ich hatte davon gehört, daß es Residenturen der Hauptverwaltung Aufklärung gelungen sein sollte, selbst in sensibelste Bereiche der EG und der NATO vorzudringen und Bereitwillige zur Mitarbeit zu verpflichten. Aber solche Ergebnisse waren vermutlich von den illegalen Residenturen erreicht worden, die mit »legalen« Residenturen in diplomatischen Vertretungen keinerlei Berührung hatten.

Zu Zeiten, da die DDR diplomatisch noch weitgehend isoliert war, schien mir die Rücksichtnahme auf den offiziellen Status der Botschaften taktisch prinzipiell richtig zu sein. Aber jetzt? Warum sollte der in den Botschaften angesiedelte Nachrichtendienst der DDR nicht ebenso legal arbeiten können wie die CIA, das KGB oder der BND? War es denn nicht legitim, in diesem Sinne auch die Möglichkeiten und Aktionsfelder »legaler« Residenturen in den DDR-Vertretungen auszuschöpfen?

Bei allem Respekt, ich hielt die Zeit für gekommen, neue Wege zu beschreiten.

Es ergab sich, daß ich im belgischen Außenministerium mitunter für einen einzigen Tag zwei bis drei Gespräche vereinbaren konnte. Wenn das der Fall war, hatte ich mich zu den vorgegebenen unterschiedlichen Zeiten in verschiedenen Bereichen dieses Hauses einzufinden. Dieses Verfahren ersparte mir längere Anfahrten durch den entnervenden dichten Straßenverkehr und die ewige Suche nach Parklücken. Dort herrschte reges Kommen und Gehen. Es war angebracht, meinen Zeitplan so abzustimmen, daß das letzte Gespräch vor oder nach der Mittagszeit stattfinden konnte. So bot es sich an, in naheliegenden Cafés bei einem Aperitif oder Kaffee einen Blick in ausliegende Zeitungen zu werfen und Mitarbeiter des Ministeriums anzutreffen. Auf diese Weise machte ich die »rein zufällige« Bekanntschaft mit Anselm van der Kerk. Er gehörte zur Politischen Generaldirektion. Ich hatte beobachtet, daß van der Kerk um die Mittagszeit sein Büro stets allein verließ und in der Regel in einem bestimmten Café nur einen Imbiß zu sich nahm. Er kam allein, er ging allein. Er traf sich mit niemandem, sprach mit keinem. Offensichtlich war er ein Einzelgänger.

Mühelos kam ich mit ihm ins Gespräch. Van der Kerk stellte sich vor. Mit kehliger Stimme, in fließendem Niederländisch. Als habe er nur auf die Gelegenheit gewartet, sich über alles, was ihn ärgerte, auszulassen. Er redete und redete, pausenlos, ohne Halt, über sein Leben, seine Familie, seine Unzufriedenheit mit seinem Ministerium. Ohne

Rücksicht auf seine Umwelt, zu laut, zu offen. An jenem Tag unserer ersten Begegnung war es eine Auseinandersetzung mit seinem Vorgesetzten. Der hatte ihm, zum wiederholtem Mal, einen Rapport als mangelhaft zurückgereicht. Van der Kerk war die Erregung noch immer anzusehen. Offenkundig litt er an Bluthochdruck, sein Gesicht war rot angelaufen, seine Augen glitten eigenartig flatternd, ziellos über die Köpfe der Gäste hinweg.

Seit Jahren habe er seine Pflichten korrekt erfüllt, leiste er tüchtige Arbeit, doch er warte noch auf Beförderung.

Mit fahriger Geste wischte er Schweißperlen von der Stirn. Er sprach in Windeseile, sein Redefluß nahm kein Ende. Allmählich ließ das nervöse Zittern seiner groben Hände nach.

Ich bestellte Kaffee und Cognac.

Die Szene hätte mir unter normalen Umständen nichts ausgemacht, dieser Mann war ja für mich ein Fremder. Doch das Café war zu dieser Zeit besetzt bis auf den letzten Platz, und die Damen und Herren blickten von den Nachbartischen wegen des ungebührlichen Verhaltens meines Gegenübers zu uns herüber. So geriet auch ich in das Blickfeld der Gäste.

Der Kellner servierte. Erst jetzt bekam ich Gelegenheit, mich vorzustellen. »Deutscher, von der Botschaft.«

»Sehr erfreut, dann können wir uns ja auch in Ihrer Sprache unterhalten«, meinte van der Kerk.

Nach dem Cognac hellte sich seine Miene auf, verflog sein Ärger, gab er sich wie verwandelt. Ich fügte – allerdings etwas leiser – meiner Vorstellung noch hinzu: »Ostdeutscher, aus der DDR-Botschaft«.

Das störe ihn nicht, sagte mein Tischnachbar, sein Verhältnis zu den Deutschen sei nicht gespalten. Deutscher sei für ihn Deutscher, und Tatsache sei, daß beide Deutschlands »wegen ihrer Tüchtigkeit auf jeder Seite die Nummer Eins« seien.

Van der Kerk liebte das Wort »Tüchtigkeit«, er gebrauchte es bemerkenswert oft. Sein Vater habe ihm gesagt, daß die Deutschen sehr tüchtig seien. Van der Kerk wollte gar nicht bemerken, daß die Mittagszeit längst abgelaufen war und die meisten Gäste das Café bereits verlassen hatten. Er schlug die Einladung zu einem zweiten und einem dritten Glas nicht aus. Er schien froh zu sein, als ebenbürtiger Partner anerkannt und als solcher behandelt zu werden. Das Lob, das ich ihm für seine ausgezeichneten Sprachkenntnisse spendete, für seine professionellen Fähigkeiten und sein kritisches Verständnis der

Situation, in der wir lebten, nahm er dankbar auf. Mit Betroffenheit und Anteilnahme hörte er sich auch Ungerechtigkeiten an, die mein Schicksal betrafen. Nach Dienstjahren und Verdiensten hätten wir beide schon längst Botschafter sein müssen. Wir waren Leidensgefährten.

War er die Quelle, die ich suchte, um an interne Informationen im Außenministerium zu gelangen?

Anselm van der Kerk kostete mich einige Zeit. Er wurde für mich eine ungewöhnliche Herausforderung. Ich mußte auf der Hut sein, denn die für die Abwehr zuständigen Behörden, zu deren Aufgaben auch die Beobachtung der Botschaft gehörte, konnten unauffällig allgegenwärtig sein. Anselm van der Kerk war schließlich Mitarbeiter eines sensiblen Bereiches in einem sensiblen Ministerium. Mein erster Besuch in seinem Büro erfolgte für ihn gleichsam en passant – ich hatte mich intensiv darauf vorbereitet.

Nachdem ich mich wieder einmal mit Monsieur Onkelinx über aktuelle Probleme der Wiener Verhandlungen beraten hatte, begab ich mich inoffiziell zu van der Kerk. Offenbar hatte dieser mit meinem so kurzfristigen Auftauchen nicht gerechnet. Es war ihm anzusehen, daß er überrascht und erfreut zugleich war. Noch ehe er mich begrüßte, bestellte er beim Etagenservice Mokka. Dann kam er hinter seinem riesigen, mit Stapeln von Papieren fast gänzlich verdecktem Schreibtisch hervor und rückte mir den einzigen kleinen Sessel zurecht, der vor dem Schreibtisch stand. Es ist gut, dachte ich, daß er über ein Arbeitszimmer für sich allein verfügt. Das Mobilar stammte gewiß noch aus der Gründerzeit des belgischen Staates, es verstrahlte keine Atmosphäre, eher Nüchternheit und sachliche Kühle.

Die Tür wurde mehrmals geöffnet. Einige Leute schlossen sie gleich wieder, nachdem sie mich gesehen hatten. Andere kamen dennoch herein und verlangten irgendwelche Papiere oder Auskünfte. Van der Kerk stellte mich ihnen jedes Mal vor: »Von der deutschen Botschaft«. Kein Name, kein weiteres Wort.

Es war unerträglich. Zu einem Gespräch konnte es unter diesen Umständen nicht kommen. Van der Kerk entschuldigte sich, er sei eben nur ein kleiner Beamter. Ich meinte mit gedämpfter Stimme verständnisvoll, daß wir uns ja »wie mit anderen Kollegen dieses Hauses« zu einem Essen außerhalb treffen könnten. Ich nannte einige Namen, mit denen ich das bereits praktizierte. Daß er zu diesem Kreis gewichtiger Funktionäre gehören würde, schmeichelte ihm. Darum gefiel mein Vorschlag ungemein. Ohne jegliches Zögern, ohne in irgendeinem Notizbuch oder Kalender nach freien Terminen zu suchen, schlug er den nächsten Tag vor.

Wir trafen uns zu vereinbarter Zeit in einem von ihm empfohlenen Restaurant an der nach Süden führenden Weinstraße außerhalb von Brüssel. Es war dafür bekannt, daß es hervorragend zubereitete Muscheln offerierte. An diesem Tag stellten wir die Weichen für die kulinarischen Freuden unserer häufigen und ausgedehnten mittäglichen Begegnungen. Schon tags zuvor hatte ich registriert, daß meine bestimmende und überzeugende Art auf Anselm van der Kerk wirkte. Van der Kerk war höflich, zuvorkommend, ein wenig nachgiebig. Er sei angenehm davon berührt, daß ich das Leben so unkompliziert angehe und Fragen offen, einfach und direkt stellte.

»Ich erwarte von Ihnen das Gleiche«, erwiderte ich.

Mir schien es ratsam, van der Kerk von Anfang an glauben zu machen, daß er bei Fragen, die unser Verhältnis betrafen, stets die Initiative behielt und wechselseitige Unterstützung für jeden von uns Vorteile brächte. Ich glaubte, ihm das Gefühl zu geben, daß ich ihm eine moralische Stütze in der Auseinandersetzung mit seinen Vorgesetzten sei. Gegebenenfalls, so mein Angebot, könnte ich Hilfe bei der analytischen Verarbeitung außenpolitischer Ereignisse geben.

Van der Kerk reagierte darauf zustimmend. Unverhohlen bemerkte er, daß ihm seine Tätigkeit keine Befriedigung gebe, da seine Vorgesetzten ihn bevormundeten, gängelten, am liebsten loswerden wollten. Van der Kerk fühlte sich anscheinend in seinem Umfeld völlig mißverstanden, verlassen, vielleicht sogar vereinsamt.

Seine Probleme könne ich nur allzu gut verstehen, bemerkte ich behutsam. Unseren Widersachern sollten wir gemeinsam widerstehen.

Bei diesem ersten gemeinsamen Essen machten wir uns bei reichlichem Weingenuß etwas näher bekannt. Ich wollte vor allem seinen politischen Standort erfahren. Wir verteidigten gemeinsam die Fortführung des Entspannungsprozesses und begossen die vermeintliche Beendigung des Kalten Krieges, als ob dieser allein der unsere gewesen wäre. Die edlen Grundsätze der Schlußakte von Helsinki, so versprachen wir uns gegenseitig, sollten für uns beide Gebote des Handelns werden und uns selbst das Leben erleichtern. Wir boten uns das Du an.

Anselm vertraute mir an, daß sie von Zeit zu Zeit in der Politischen Generaldirektion belehrt wurden, daß sie über Kontakte zu Mitarbeitern von Botschaften Mitteilung zu machen hätten. Er bestätigte damit Hinweise, die ich sowohl aus der für die DDR zuständigen Abteilung im belgischen Außenministerium als auch von KGB-Chef Sergej Komarjow erhalten hatte. Wie sollte ich aber auf seine Offenbarung reagieren? Ich sah ihm fest in die Augen und gestand »ganz im Vertrauen«, daß im DDR-Außenministerium und in den Botschaften weltweit die gleiche Praxis herrsche. Ich halte dies für eine Einschränkung meiner persönlichen Freiheit und würde mich nicht an derartige Weisungen gebunden fühlen. Gleiches würde ich auch von ihm erwarten.

Van der Kerk sah mich für einige Sekunden unentschlossen an. Dann preßte er seine Lippen zusammen und sprach ruhig und beherrscht. Ihm würde auch keiner die Anschriften der Freunde seiner Vorgesetzten sagen, meinte er. Also einverstanden.

Mein neuer Freund behauptete, seinen Stammbaum bis in jene Zeit zurückverfolgen zu können, als der Untergang des napoleonischen Reiches bei Waterloo besiegelt worden und Belgien, das man damals die »katholischen Niederlande« nannte, unter holländische Herrschaft geraten war. Soweit er die Geschichte seiner Ahnen überblickte, gehörten alle Generationen ausnahmslos der flämischen Bauernschaft an. Der Familienbesitz wurde den Kindern und Kindeskindern samt Traditionen und katholischem Glauben vererbt.

Seinen Vorfahren war es leider nicht vergönnt, ihren Besitz zu vergrößern oder durch sonstige Verdienste in höhere Kreise des Landadels aufzusteigen. Statt dessen wurde das Land der Väter, Söhne und Enkel kleiner und weniger ertragreich, bis es eines Tages nicht mehr für den Unterhalt aller ausreichte. Dieser Tag kam, als Anselm van der Kerk geboren wurde. Anselm konnte daher kein Bauer mehr werden. Wäre es nach dem Willen des strenggläubigen Vaters gegangen, würde er heute als Pfarrer tätig sein. Schließlich trugen Patenonkel und Tanten dazu bei, daß Anselm eine höhere Schule besuchte, um Beamter zu werden.

Van der Kerk behauptete von sich selbst, schon als Heranwachsender gewissenhaft, zuverlässig und »tüchtig« gewesen zu sein. Frühzeitig habe er begriffen, daß er nur durch löbliche Eigenschaften und herausragende Leistungen auffallen konnte. Die Tätigkeit auf subalterner Verwaltungsebene behagte ihm nicht und war zudem wenig einträglich. Er fühlte sich zu Höherem geboren.

Van der Kerk hatte jung geheiratet. Therese, die einer durchschnittlich situierten Beamtenfamilie entstammte, war ausgebildete

Bibliothekarin und bestritt ihren Lebensunterhalt selbst. Anselm und Therese fanden, daß die altehrwürdige Stadt Mecheln nicht ewig ihr Brotgeber sein durfte. Gemeinsam suchten sie nach gesellschaftlichem Aufstieg. Er folgte dem Ruf der Königlichen Regierung und bewarb sich um eine Anstellung in Belgisch-Kongo, einer Kolonie in Zentralafrika, die später Zaire hieß.

Wer einmal die Tropen erlebte, weiß um die Probleme von Leuten, die sich, wenn auch nur zeitweilig, nach Schwarzafrika begeben. Therese, die bis zu ihrer Ehe mit Anselm ein ruhiges Leben geführt hatte, schlug sich tapfer. Die Familie überstand die dramatischen Umstände des gesellschaftlichen Umbruchs in Belgisch-Kongo und kehrte Anfang der 60er Jahre wohlbehalten in den sicher geglaubten Schoß der Heimat zurück. Van der Kerk hatte sich pflichtbewußt, aufopferungsvoll und diszipliniert auf den steinigen Pfaden eines Staatsdieners bis zur mittleren Ebene hochgedient. Aber die großen Sprünge sollten ihm nicht gelingen, seine Hoffnungen und Träume sich nicht erfüllen.

Anselm van der Kerk war frei von Gier und Neid. Wenn er aber auf Schicksale und Erfolge von Schulkameraden zu sprechen kam, erfaßten ihn Verärgerung, Empörung, sogar Haß. Dann sprach er von Intrigen und Vetternwirtschaft. Er sei davon überzeugt, daß seine Leistungen und Verdienste absichtlich vergessen worden waren.

Seit ihrer Rückkehr aus Afrika kämpften Anselm van der Kerk und seine Therese gegen die Widrigkeiten des Alltags in der neuentdeckten Heimat. Sie sahen sich im Land um, stellten Berechnungen an und entschlossen sich zum Kauf eines Stückchen Ackerlandes und zum Bau eines Eigenheimes. Das Vorhaben verschlang ihre Ersparnisse, weil sich das Leben von Jahr zu Jahr verteuerte, und ihre Kräfte schwanden, weil sie mittlerweile älter geworden waren. Die Sehnsucht der van der Kerks nach sorgenfreiem Leben in Flandern erfüllte sich nicht. Vier Kinder waren selbständig geworden, bedurften aber noch elterlicher Hilfe. Therese suchte wieder eine Anstellung in ihrem Beruf. Anselms Bemühungen um einen Aufstieg blieben erfolglos. Die Jahre in Afrika hatten Spuren hinterlassen, es stand nicht gut um Seele und Leib. Wen wundert es, daß er unzufrieden war, mit dem ihm beschiedenen Los und mit sich selbst? Als ich van der Kerk kennenlernte, machte er wohl die bittersten Tage seines Lebens durch.

Je tiefer ich in seine Lebensumstände eindrang und sein Wesen erfaßte, um so deutlicher sah ich die Schranken, die sich mir in den Weg stellten. Es zeichnete sich immer klarer ab, daß der weitere Ausbau meiner Beziehungen zu ihm nicht allein nach den üblichen Gepflogenheiten von Diplomaten erfolgen konnte.

Ich geriet zunehmend in Konflikt mit meinen eigenen moralischen Auffassungen. Mir wurde bewußt, daß ich dabei war, van der Kerk zu manipulieren und die Vertiefung unserer Bekanntschaft dem Ziel nachrichtendienstlicher Tätigkeit unterzuordnen. Eigentlich war ich ja deshalb nach Belgien gekommen. Rechtfertigte mein Verhalten gegenüber van der Kerk wirklich die Absicht, die ich verfolgte? Andererseits: Betrieb er ein Doppelspiel, indem er sich mir – angeblich – derart auslieferte?

War er ein »agent provocateur«, von der Gegenseite beauftragt, mich in eine Falle zu locken? In diesem Falle standen wir uns als Gegner gegenüber. Ich mußte van der Kerk in seiner Ganzheit als Mensch und Mitglied der bürgerlichen Gesellschaft begreifen. Und wenn ich mich täuschte? Wenn der Minderwertigkeitskomplex echt und nicht inszeniert war? Dann täuschte, dann enttäuschte ich ihn, weil ich ihn als Quelle benutzte.

Bei unseren nächsten Begegnungen ließ Anselm van der Kerk durchblicken, welche Wünsche er mit unserer Bekanntschaft verband. Er tat dies recht umständlich, fast verklemmt. Er überreichte mir Visitenkarten, die seinen Namen in kunstvoll gedruckten Buchstaben trugen. Dann zeigte er mir Einladungskarten zur Teilnahme an Veranstaltungen der EG und des Königlichen Instituts für Internationale Beziehungen, die seinen Namenszug enthielten. Visitenkarten von Diplomaten oder Einladungen von Botschaften waren nicht darunter. Eines Tages fragte er, ob er nicht auch Einladungen zu diplomatischen Empfängen der DDR-Botschaft erhalten könne. Er wolle Mitglied des Internationalen Diplomatenclubs zu werden.

Ich schaute ihn fassungslos an. Wollte er auf eigene Faust Diplomatie betreiben?

Von anderen Diplomaten hatte ich bestätigt bekommen, daß an Mitarbeiter des belgischen Außenministeriums gerichtete Einladungen, insbesondere von Botschaften sozialistischer Staaten, in der Regel kaum oder nur auf einer bestimmten Ebene reagiert wurde – und dies nur nach vorheriger Abstimmung mit der zuständigen Länderabteilung und der Protokollabteilung. Ob diese Regelung einer zentralen internen Weisung entsprach, konnte keiner eindeutig sagen. Wahrscheinlich war dem so. So war auch erklärlich, daß van der Kerk für nicht würdig, vor allem nicht für wichtig genug befunden wurde, solche Einladungen zu erhalten.

Ich versicherte ihm zunächst, bei geeigneter Gelegenheit eine Einladung übermitteln zu lassen. Die heimlichen Wünsche des Anselm van der Kerk bereiteten mir jedoch Sorgen. Ich hatte mir fest vorgenommen, meine Bekanntschaft mit ihm völlig aus dem Blickfeld der Kollegen im Diplomatischen Corps und der Mitstreiter in der Botschaft herauszuhalten. Der Hintergrund meiner Beziehungen zu ihm sollte absolut unbemerkt bleiben. Ich hoffte inständig, daß es mir gelingen möge, Anselm an die praktische Befolgung dieses Gedankens zu gewöhnen und seinen Wünschen in besonderer Art Rechnung zu tragen. Andererseits sollte mein Verhalten über jeden Zweifel erhaben sein und glaubwürdig bleiben. Die Zeit war noch nicht gekommen, ihm zu erklären, daß ich seine Wünsche angesichts der Grenzen meiner Kunst nur zum kleineren Teil erfüllen konnte. Sonst hätte ich auch die Gründe offenlegen müssen, warum in der Geheimdiplomatie nicht alles sofort lösbar war. Zudem schien es mir unerläßlich, vorher die Frage zu beantworten, ob van der Kerk nicht doch zu steifbeinig für das nachrichtendienstliche Parkett war.

Und: Ging es ihm wirklich nur um gesellschaftliche Anerkennung, um Reputation? Oder wollte er einen Versuch starten, sich für einen »Nebenverdienst« anzubieten?

Es stellte sich bald heraus, daß ich meine Erwartungen in seine Potenzen als Quelle zu hoch geschraubt hatte. Seine Vorgesetzten lagen offenkundig richtig mit ihrer Einschätzung. Er verfügte über keine besonders entwickelten Fähigkeiten zur selbständigen Analyse und Beurteilung politischer Vorgänge. Es fiel ihm sichtlich schwer, auf vorgegebene Fragen komplex zu antworten. Andere Herren aus seinem Hause erwiesen sich weitaus befähigter, doch leider nicht so willig. Der Gedankenaustausch mit van der Kerk erreichte zu meinem größten Bedauern nicht das Niveau, das für die Aufträge der Zentrale erforderlich war. Anselm las vieles und gewiß auch für seinen Posten Wichtiges. Er zeigte sich kulturell gebildet. Wenn er mich zu den historischen Baudenkmälern von Mecheln führte, kannte er sogar Details aus der Geschichte der Sankt-Roumbouts-Kathedrale und der Kirche »Unserer lieben Frau jenseits der Dyle«. Seine Geschichtskenntnisse verblüfften mich ebenso wie die Fähigkeit, sich an historische Begebenheiten und Daten zu erinnern. Als wir einmal die Grand Place in Brüssel überquerten, erwähnte er ganz nebenbei, daß 1695 der französische Marschall de Villeroy ohne jegliche Gründe das Stadtzentrum beschießen und fast völlig zerstören ließ. Aber auch solche Daten hatte er für die Ewigkeit gelernt, daß in Brüssel 1835 die erste kontinentaleuropäische Eisenbahn und 1886 die erste internationale Fernsprechverbindung nach Paris aufgenommen wurde. Ich wurde jedoch das Gefühl nicht los, daß er bestimmte Daten vor unseren Treffen auswendig lernte, um mir zu imponieren. Andererseits erschreckend, wie oft auf van der Kerk die einfachsten Dinge tagtäglicher Gewohnheit vergaß oder zeitliche Abläufe verwechselte.

Im Mai 1976 verabredeten wir uns zu einer gemeinsamen Fahrt nach Luxemburg. Van der Kerk war von seinem Amt zu einer ganztägigen Beratung der EG nach Luxemburg delegiert worden. Und ich sollte offizielle Gespräche im luxemburgischen Außenministerium und mit dem Generalsekretär des Ministerrates führen. Die DDR unterhielt aus Kostengründen keine Botschaft in Luxemburg, und so mußten anstehende Aufgaben dort von Diplomaten aus Brüssel wahrgenommen werden.

Kurzfristig änderte ich jedoch Einzelheiten unseres Unternehmens aus Gründen der Konspiration. Wie sollten wir denn im Bedarfsfall erklären können, warum ein ostdeutscher Diplomat mit einem ministeriellen Angehörigen des Königreiches Belgien auf großherzoglichem Boden in Luxemburg in einem Auto unterwegs war? Außerdem schien es mir zweckmäßig, angesichts des bevorstehenden umfangreichen Gesprächsprogrammes schon am Vortag in die Ardennen zu reisen, um am folgenden Morgen von Wiltz aus, einem kleinen Städtchen hinter der belgisch-luxemburgischen Grenze, frühzeitig die Reise fortzusetzen. Da das belgische Finanzressort für solche Fälle die Übernahme der Übernachtungskosten vorsah und ich van der Kerk zu einem Abendessen einlud und somit keine zusätzlichen Kosten entstanden, stimmte er wohlgelaunt zu. Am späten Nachmittag des nächsten Tages fanden wir uns in Wiltz ein, unbehelligt von der Grenzpolizei und den Zollbehörden, die offensichtlich ein lockeres Grenzregime führten. Sie nahmen keine Notiz von uns, weder von dem Belgier noch von mir, dem DDR-Deutschen mit dem eindeutigen Pkw-Kennzeichen CD 1222.

Es war schwül an diesem Tag, an einen Spaziergang war nicht zu denken. Das Museum der Ardennenschlacht im Schloß der früheren Grafen von Wiltz war bedauerlicherweise geschlossen und für eine Besichtigung der Unterstadt, die sich im Tal an beiden Ufern der

Wiltz ausdehnte, reichte die Zeit nicht mehr. Wir ließen uns unter schattenspendenden Bäumen nieder. Anselm lag in einem bereitgestellten Liegestuhl, die Arme verschränkt, die Beine ausgestreckt, die Augen verschlossen, nachdenkend. Ob er wohl erwartete, daß ich an diesem Abend für uns beide bedeutsame Fragen stellen würde? Was hatte ihn bisher dazu bewogen, keinerlei materielle Interessen anzudeuten? Wartete er auf ein entsprechendes Angebot? Anselm van der Kerk war lange im außenpolitischen Dienst tätig und sicherlich oft genug vor Annäherungsversuchen östlicher Nachrichtendienste gewarnt worden.

Zum Abendessen begaben wir uns in das feudale Restaurant des »Beau Séjour«, das alle Vorzüge Luxemburger Gastlichkeit auf internationalem Niveau bot. Der Chef des Hauses persönlich geleitete uns wie Ehrengäste in eine von hohen Gewächsen halb verdeckte Ecke. An einem Tisch unmittelbar gegenüber meterlangen Aquarien sollten wir Platz nehmen. Darinnen Forellen, Hummern, Krebse und andere »Meeresfrüchte«, die hier ihre letzten Stunden erlebten. Van der Kerk deutete mit dem Zeigefinger auf einen großen, leblos wirkenden Hummer und bestimmte ihn zu unserer Vorspeise. Sodann nahmen wir »Hasenpfeffer nach Luxemburger Art« und einen Moselwein. Van der Kerk war es anzusehen, daß er sich in eine andere Welt versetzt fühlte. Hier war er Mensch, hier durfte er es sein. Und wie weltmännisch er sich gab! Das war es also, was ihm fehlte: Tuchfühlung mit ausländischen Diplomaten, Teilhabe am Weltgeschehen, wenn auch nur über einen Hummer …

Ich hatte mir eine Legende ausgedacht, die einerseits mein Anliegen glaubhaft machen sollte und andererseits ihren nachrichtendienstlichen Charakter verschleierte. Mein Minister habe entschieden, mir die lückenlose Berichterstattung über die Prozesse innerhalb der EG und die sich herausbildende Europäische politische Zusammenarbeit zu übertragen. Ich stapelte tief. Damit sei ich überfordert, es sei denn, Anselm helfe mir. Er könne mir als vertraulicher Berater Unterstützung geben, selbstverständlich auf Honorarbasis. Auch wäre ich zu Gegenleistungen in gleicher Weise bereit.

Mein Gegenüber wuchs um einige Zentimeter. Ja, er wolle mir helfen, mir ganz allein. Er versicherte mir seine Hilfe aus voller Überzeugung, so schien es. Ein Honorar aber lehnte er ab, er wolle nicht »gekauft« sein. Van der Kerk verwies auf seinen Stuhl in der Politischen Generaldirektion des Außenministeriums des Königreiches

Belgien, wo ihm »die Welt zu Füßen« liege, wo über seinen Tisch »Berichte aus der ganzen Welt« eingingen. In doppelter Ausfertigung. Weder er noch seine Kollegen könnten aus Zeitgründen alles lesen. Viele Papiere passierten sein Büro, ohne gelesen zu werden. Sie würden lediglich im Archiv gestapelt.

»Du wirst zufrieden sein«, meinte er.

Er war wirklich ein liebenswerter Hochstapler.

Noch vor unserer Rückkehr aus Luxemburg bat er mich, ihn am Mittwoch der folgenden Woche in den späten Nachmittagstunden aufzusuchen. Die meisten Kollegen würden sich dann schon von ihren Schreibtischen verabschiedet und das Haus »in Richtung Brücke« verlassen haben. Wie überall in Belgien war auch im Außenministerium das »faire le pont« – eine »Brücke machen« – sehr beliebt. Wenn ein kirchlicher oder gesetzlicher Feiertag auf einen Mittwoch oder Donnerstag fiel und es sich nicht lohnte, den Arbeitsplatz in der Zeit zwischen den Feiertagen und dem folgenden Wochenende aufzusuchen, verlängerte man das Wochenende. Van der Kerk versicherte, davon noch nie Gebrauch gemacht zu haben. An solchen Tagen sei im Ministerium aber kaum jemand anzutreffen. Er liebe es, in diesen Stunden Liegengebliebenes aufzuarbeiten und in seinen »Papieren« Ordnung zu schaffen.

Dem Vorschlag van der Kerks folgend richtete ich es ein, zu angegebener Zeit bei ihm aufzutauchen. Tatsächlich fand ich ein fast leeres Außenministerium vor. Selbst beim Empfang schien es nur eine Notbesetzung zu geben, und in der sonst überfüllten Presseabteilung, die ich »routinemäßig« wegen eines Bulletins aufsuchte, herrschte ungewöhnliche Stille. Nur die Geräusche einiger Fernschreiber waren zu vernehmen. Keiner fragte mich nach dem Woher und Wohin.

Die Tür zum Arbeitszimmer van der Kerks stand offen. Hinter dem Schreibtisch kauernd hantierte Anselm mit allerlei Schriftstücken, die Hemdsärmel hochgekrempelt, die Krawatte halb geöffnet, lässig, schwer deutbar lächelnd. Ich sei im rechten Augenblick gekommen, meinte er mit einem Blick auf seine Armbanduhr. Als ob er seit Stunden auf mich gewartet habe. Meinem Aktenkoffer entnahm ich einen noch im Karton verpackten »Remy Martin«. »Auf die Gesundheit«, sagte ich und ließ mich ebenso aufgelockert und lässig vor seinem Schreibtisch nieder. Während er den »Remy Martin« mit weitschweifigen Dankesfloskeln quittierte und ihn in einem Seitenfach seines Schreibtisches verstaute, holte er eine braunfarbene Keramikflasche hervor, ohne Etikett, nur mit dem handschriftlichen, schwarz eingebrannten Vermerk »Genever 1966«. Zwei bereitgestellte Gläser schienen ebenso wie mein lieber Anselm auf das Anstoßen gewartet zu haben. Anselm füllte sie, zu hastig, ungeschickt. »Auf alles, was wir lieben«, meinte er, und leerte sein Glas in einem Zug. Es wäre Selbstgebrannter, ein Geschenk seines Onkels, der ihn regelmäßig beliefere. Ob van der Kerk sich dessen auch ebenso regelmäßig bediente? So machte ich erstmalig mit einem Vertrauten von Anselm Bekanntschaft – doch sympathisch fand ich ihn nicht, den scharfen »Genever«..

Der Möchtegerndiplomat kam unvermittelt auf unsere letzten Debatten zu sprechen, bei denen es um friedliche Koexistenz und wirtschaftliche Zusammenarbeit der Staaten gegangen war. Seit unserem ersten Treffen hatte ich mich ernsthaft bemüht, in Van der Kerks Weltbild vorhandene Restbestände aus der Zeit des Kalten Krieges abzubauen. Dreißig Jahre nach dem Zweiten Weltkrieg spukten noch immer alte Klischees in seinem Kopf. Nicht, daß ich es mit einem politischen Analphabeten zu tun gehabt hätte. Im Gegenteil – van der Kerk wußte eigentlich, was er wollte, er hatte sich vor einigen Jahren der Christlichen Volkspartei und den Christlichen Gewerkschaften angeschlossen. Seine Ansichten waren deutlich durch die katholische Glaubenslehre bestimmt.

Er wolle also auf den letzten Gedankenaustausch zurückkommen und mir dazu sagen, daß er Kriege nicht als Naturgesetz oder Gottes Wille ansehe, sondern für vermeidbar halte und mir zustimme, daß Kriege im 20. Jahrhundert ohne Gefahren für die menschliche Existenz nicht mehr führbar seien. Als Alternative bleibe tatsächlich nur die Suche nach Interessenausgleich der politischen Systeme und eine weltumspannende Kooperation.

Endlich, dachte ich, hat mein lieber Anselm die neue Welt begriffen. Meine weltanschaulichen und politischen Positionen hatte ich ihm nie verschwiegen. Ich glaubte sogar, daß er mir mein eindeutiges Bekenntnis hoch anrechnete. Gelegentlich eines ausgedehnten Spazierganges an der Nordseeküste hatte ich ihm ausführlich geschildert, wie ich in der Jugendzeit zu meinen politischen Überzeugungen gelangt war und warum ich später so und nur so handeln konnte. Ich meinte, daß das aufrichtige Bekenntnis zu meinem Standort van der Kerk beeindruckte.

Anselm füllte die Gläser wieder und stieß erneut an, dieses Mal

»auf den gegenseitigen Beistand«. Mit einer kräftigen Armbewegung schob er mir einen nicht gerade sorgfältig zurechtgelegten Haufen von Papieren zu, einige davon in gebundener Form von beachtlichem Umfang, andere schlicht mit kupfernen Klammern geheftet. Er könne sich vorstellen, daß mich »solche Papiere« interessieren. Ich sah auf die Deckblätter und blätterte in den Seiten herum. Es handelte sich ausschließlich um vertrauliche, mit »confidentiel« oder »très confidentiel« klassifizierte Dokumente der EG. Es gab darunter auch zusammenfassende Berichte von Einschätzungen, wie sie in gemeinsamen Beratungen der Botschaften der EG-Mitgliedsstaaten in aller Welt erarbeitet und nach dem Rotationsprinzip von jeweils einer Botschaft abgefaßt und den Beratungsteilnehmern zugeleitet wurden. Ein erster Einblick verdeutlichte mir den gewaltigen Aufwand, mit dem die EG die politische, vor allem jedoch die wirtschaftliche und soziale Entwicklung auf allen Kontinenten verfolgte. Es fanden sich ferner Einzelberichte mit zahlreichen statistischen Angaben und präzisen Wertungen und Schlußfolgerungen.

Ich wußte nicht, wie lange ich da so gesessen und die »Papiere« durchgeblättert hatte. Sie faszinierten mich. Alles um mich war vergessen. Van der Kerk hatte ausnahmsweise mit seiner Erklärung recht behalten: »Du wirst zufrieden sein!«

Kurzzeitig flackerte noch einmal Zweifel auf. War das eine andere Variante von »Mr. Bull«, eine Falle, mit der ich der Spionage überführt werden sollte?

Ich warf einen Blick auf Anselm. In diesem Moment schien er zufriedener zu sein als ich, völlig unbefangen, unbekümmert, frei von jeder Arglist, aufrichtig. Er lächelte, nickte freundlich, wortlos. Mit unmißdeutbarer Geste gab er mir zu verstehen, daß alles zur Verfügung stehe. Er könne mir diese »Papiere« für eine Woche zur Einsicht überlassen. Wenn es noch Fragen gäbe, könnten wir uns über sie »beim nächsten Essen« unterhalten.

Fieberhaft überlegte ich. Wie kam ich mit den »Papieren« auf die Straße? Wie, wenn jemand auf die Idee käme, meinen Aktenkoffer zu kontrollieren? Mir wurde ganz heiß. Der »Genever« hatte seine Wirkung nicht verfehlt, wir waren beide in gehobener Stimmung. Ach was, ich riskierte es.

Er begleitete mich hinunter zur Empfangshalle. Wagemutig nahm ich meinen übervollen Aktenkoffer und überschritt die Schwelle. Unbehelligt traf ich zu Hause ein.

Der Bericht an die Zentrale über den bisherigen Vorgang »Luc« nahm viel Zeit in Anspruch. Ich wollte darin einige grundsätzliche Fragen zur Auslandsaufklärung aufwerfen. Meinen ersten ausführlichen Bericht über die freilich noch sehr kurze Praxis in Belgien faßte ich dahingehend zusammen, daß meine Erfahrungen und Erkenntnisse in Afrika und im Nahen Osten überprüft werden müßten. Ich schilderte meine Erlebnisse mit van der Kerk und bat darum, beigefügte Papiere als Belege für die Realisierung eines neuen Arbeitsstils »legaler« Residenturen zu betrachten. Um meinen Ideen noch mehr Gewicht zu geben, übermittelte ich erneut mehrere Veröffentlichungen aus der Westpresse und einige Publikationen, die auf verschiedene Weise Aktivitäten der Nachrichtendienste in Botschaften beleuchteten.

Es gingen viele Tage ins Land, ehe sich meine Vorgesetzten von ihren Beratungen über meinen Rapport erholt hatten und mir eine erste Antwort übermitteln ließen. An den Text des entsprechenden Telegramms kann ich mich nicht mehr genau erinnern, doch schien die letzte Post große Aufregung ausgelöst zu haben. Meine Vorgesetzten kündigten die Entsendung eines hochrangigen Beauftragten an, der »das weitere Vorgehen« mit mir »vor Ort beraten« sollte. Bald darauf stellte sich heraus, daß das Interesse der Zentrale an meinen Vorstellungen zur Fortsetzung der Arbeit nicht geringer als an van der Kerk selbst war. Für mich entstand tatsächlich eine neue Situation. So erfolgversprechend sich die Zusammenarbeit mit van der Kerk auch angelassen hatte, so problematisch erschien der Zentrale die weitere Pflege meiner persönlichen Kontakte zu ihm.

Das Neue in der Arbeit, das ich durch die Entdeckung van der Kerks gemacht zu haben glaubte, fesselte mich ungemein. Es forderte mich heraus, stellte höhere Ansprüche an Wissen und Können. Es konnte mir, so hoffte ich, die Chance bieten, aus den traditionellen Arbeitsmethoden herauszukommen. Neue Wege brachten größere Erfolgsaussichten, davon war ich überzeugt. Sie vergrößerten jedoch auch Risiken und Gefahren. Natürlich galt es, gründlich das Für und Wider meiner Überlegungen abzuwägen, doch aufgeben wollte ich nicht.

Die Beratung, die schließlich in Brüssel stattfand, brachte für mich Genugtuung in doppelter Hinsicht. Etwa zum Zeitpunkt des Eingangs meiner Anselm-Papiere fand zwischen den Auslandsaufklärungen von Moskau und Berlin gerade eine Tagung statt, bei der das KGB wohl eine noch effektivere Mitwirkung der HVA bei der Durchkreuzung westlicher Strategien gewünscht und auch Empfehlungen gegeben hatte, dazu unsere Botschaften stärker zu nutzen. Dies ließ der Beauftragte der Zentrale, der nach Brüssel kam, durchblicken. Geschah das alles zufällig? Oder hatte KGB-Komarjow seine Hand im Spiel? Ich hatte mit ihm zwar nicht über van der Kerk gesprochen, aber er kannte meine Überlegungen. Schließlich hatten wir uns wiederholt darüber ausgetauscht.

Meine Hoffnung erfüllte sich. Einerseits wurde keine Möglichkeit gesehen, mich in den Beziehungen zu Anselm van der Kerk zu ersetzen, andererseits sollte auf seine Papiere nicht verzichtet werden. Also Business as usual.

Selbstverständlich durften meine Vorgesetzten einen Einzelgänger nicht darüber entscheiden lassen, was richtig oder undurchführbar sei. Es durfte schließlich auch nicht unberücksichtigt bleiben, daß der Entspannungsprozeß im ersten Jahr nach Helsinki durch Aktionen der Auslandsaufklärung gefährdet werden konnte. Das wurde mir auch dieses Mal wieder eingehämmert. Und ich selbst hielt mich ja auch für einen überzeugten Anhänger der Politik der friedlichen Koexistenz. Also legte ich die Hände an die Hosennaht.

Im Westen lebte man nach der Devise, daß einen Betrüger zu betrügen noch lange kein Betrug ist. Und sollte ich bei entsprechenden Vorkehrungen nicht doch erfolgreich sein können?

Ab jetzt lebte ich in Brüssel mit unendlich größerem Risiko. Die Gefahren, durch zielstrebige gegnerische Abwehrarbeit enttarnt, durch Fehler oder durch Zufall entdeckt zu werden, waren größer geworden. Von nun an galt: stets auf das Beste hoffen, immer aufs Schlimmste gefaßt sein.

Meine Treffen mit van der Kerk mußten völlig in das offizielle und operative Dienstgeschehen sowie in das Privatleben meiner Familie eingeordnet werden. Die Absicht, die »Beziehungen besonderer Art« zu Anselm van der Kerk für den offiziellen Teil dieser Welt unsichtbar zu machen, war leichter zu verkünden als zu befolgen. Mein Verhältnis zu Anselm sollte so gestaltet werden, daß bei niemandem Neugier aufkam oder unerwünschte Rückfragen provoziert würden. Die schwierigste Aufgabe bestand nunmehr darin, dem Begehren van der Kerks nach Anerkennung nachzukommen und seine Bereitschaft zu vertiefter Zusammenarbeit aus Überzeugung heraus zu stärken.

An einem Sonntag Ende August 1976 wollten Dagmar und ich

einen Ausflug an die Nordsee machten. Wir mußten aber den Plan ändern. Anselm und Frau Therese hatten nach Mecheln eingeladen. Er drängte seit geraumer Zeit darauf, daß wir sein Landhaus besuchten und seine Frau und Kinder kennenlernten. Wäre es nach ihm gegangen, würden wir diesen Tag vom Morgengrauen bis zur Abenddämmerung mit ihnen verbringen müssen. Wir richteten es aber so ein, daß wir kurz vor dem Mittagessen eintrafen. Van der Kerk befolgte allmählich einige meiner Grundsätze. Ich liebe Pünktlichkeit. Nun wollte er hervorkehren, wie sehr er sich an sie gewöhnt hatte. Die ganze Familie erwartete uns – in Reih und Glied aufgestellt –, als wir kamen. Zweifellos hatte van der Kerk seinen Lieben über uns berichtet und seine Kinder, die uns mit gespannter Aufmerksamkeit erwarteten, zu ordentlichem Verhalten instruiert. Anselm stellte uns als »die Freunde von der deutschen Botschaft« vor.

Die Familie war gerade vom Kirchgang zurückgekehrt. Etwas verspätet, meinte Therese verlegen. Sie nahm Dagmar sogleich unbeschwert an den Arm, und beide zogen durch den liebevoll gepflegten Garten davon.

Das Anwesen, von Bäumen und Stauden idyllisch eingefaßt, lag weitab von einer nach Holland führenden Fernverkehrsstraße. Ein bewachsener Hügel verbarg es vor der Außenwelt.

Dort lebte jeder für sich. Mit weitausholender Armbewegung deutete Anselm an, was alles sein Reich sei: Garten, Wiese, Acker, alles Land bis zu den kaum noch erkennbaren schmalen Waldstreifen. Selbst ein Pony fehlte nicht, es gehörte der Kleinsten, der hübschen Marleen. Dann führte mich Anselm ins Haus. Dagmar warf mir einen vielsagenden Blick zu, ich hatte sie sofort verstanden. Das ist das Zuhause eines belgischen Beamten, sagte sie auf diese Weise, der nach Ausbildung, Berufsjahren und gesellschaftlicher Position mit dir vergleichbar wäre. – Wir hatten in Berlin eine bescheidene Mietwohnung.

Auch ich war beeindruckt. In einem weiträumigen Salon ließen wir uns in riesige weiße, weichgepolsterte gefällige Sessel nieder. Der Salon befand sich auf gleicher Höhe wie die um das Landhaus führenden Wege, ausgelegt mit weißen Kieselsteinen und begrenzt durch das Grün der Wiese. Unser Blick ging hinaus durch offenstehende gläserne Schiebetüren, die von Aluminiumrahmen zusammengehalten wurden. Welch Symphonie von Zivilisation und Natur. Faszinierend der breite Kamin aus rotem Ziegel, die funkelnden Kristallleuchter an der

Decke und den Wänden, das Ruhe ausstrahlende Piano auf hellem Teppich.

Das war also das »bescheidene Landhaus« von innen. Ich hatte noch seine Klagen im Ohr, seine Unzufriedenheit im Gedächtnis. Der müßte mal unser Quartier daheim sehen!

Später führte er mich in die Bibliothek. Dort überreichte er mir wieder einige Papiere, wortlos wie immer. Darunter war auch ein von ihm erstelltes Gutachten zu einer Problematik, zu deren Fassung seine Regierung wie die übrigen Regierungen der Mitgliedsstaaten von der EG-Kommission aufgefordert worden war. Schließlich meinte er, daß ihn meine Meinung zu seinem Elaborat interessiere, möglichst mit ergänzenden, verbesserungswürdigen Hinweisen.

Er suchte in der Tat einen Menschen, mit dem er über alles sprechen konnte, über Fragen weltanschaulicher, politischer, aber auch persönlicher Natur. Warum aber gerade einen Deutschen – gab es keinen Belgier, befreundet oder verwandt, dem er sich anvertrauen konnte? Ich habe nie einen solchen zu Gesicht bekommen.

In seiner Bibliothek säße er nächtelang, informiere sich vor allem über die wirtschaftlichen und sozialen Probleme nicht nur der Länder Westeuropas sondern auch Osteuropas, »Rußlands«, Chinas, Japans und Amerikas. Aus allem ziehe er den Schluß, daß die Bipolarität in der Welt zu Ende gehe und neue Machtzentren entstünden. Das werde lange Zeit brauchen, doch auf diese Perspektive müsse man sich einstellen. Darin stimme er mit seinem Minister überein.

Die übrigen Papiere kommentierte er nicht. Das einzige, worum van der Kerk bat, war, daß wir uns des öfteren und für längere Zeit treffen sollten. Keine materiellen Interessen, keine Geldforderungen. Jetzt stand für mich fest, daß seine mehrfach bekundete Unzufriedenheit keineswegs geldbezogen war. Van der Kerk sprach offen über seine Einkünfte und Ausgaben, über Außenstände und Erbschaftsangelegenheiten. Nach allem , was ich hörte und sah, lebte er in einer komfortablen Konsumgesellschaft, unermeßlich weit von sozialem Notstand entfernt. Wenn nur die Vorgesetzten nicht ihr Spiel mit ihm treiben würden und er gesellschaftliche Achtung genösse – dann könnte er glücklich und zufrieden sein.

Ich folgte seiner Einladung zu einem Spaziergang über sein Land hinweg in die angrenzenden Felder, die sich in der weiten Landschaft verloren. Unsere Beziehung müsse so felsenfest sein, versicherten wir uns gegenseitig, daß niemand und nichts sie erschüttern könne. Wir gaben uns das Versprechen, einander zu helfen, wann immer es erforderlich sein würde. Und alles abzuwehren, was unsere vertrauliche Zusammenarbeit beeinträchtigen oder uns gar persönlich gefährden könnte. Am Ende vereinbarten wir, dazu erforderliche Vorkehrungen zu treffen. Das alles wirkte reichlich pathetisch.

Wir kehrten zurück. Die beiden Frauen hatten es sich bequem gemacht und einen selten schönen Sonnenuntergang verfolgt. Sie nannten sich bereits beim Vornamen.

Aus welchen Gründen auch immer: Die belgische Regierung verschärfte schlagartig alle Sicherheitsmaßnahmen. Im Außenministerium wurden die üblichen Kontrollen strenger gehandhabt und Festlegungen zum Teil verschärft. Ab sofort gab man Passierscheine aus, auf denen die Namen der Besucher und die gewünschten Gesprächspersonen, Datum, Uhrzeit des Betretens und Verlassens des Hauses vermerkt werden mußten. Vom gleichen Tag an galt für den Einlaßdienst die Weisung, Besucher zu ihren Gesprächspartnern zu begleiten und für den Empfangenden die Order, den Besucher persönlich oder durch einen untergebenen Mitarbeiter wieder zum Empfang zu geleiten.

Was sonst noch angewiesen wurde, blieb selbst für van der Kerk verborgen und damit ungewiß. Er blieb dennoch erstaunlich ruhig und tat so, als würde uns dies überhaupt nicht betreffen.

Im Gegenteil: Er schien Gefallen daran zu finden, in unsere Beziehung noch mehr Wichtigkeit und Geheimnistuerei hineinzulegen. Unglaublich, was dieser Mann in dieser Situation an Charakter und Nervenstärke bewies.

Ich stellte meine »zufälligen« Besuche in seinem Büro und alle Telefonate nach dort ein. Anselm erklärte, daß er viel lieber zu mir nach Hause käme. Von jeglicher Hektik befreit wolle er in aller Ruhe und Besinnlichkeit seinen Arbeitstag ausklingen lassen. Wir verabredeten unsere Begegnungen ohne starres System. Anselm stellte seinen Wagen in der Regel auf einen in unmittelbarer Nähe befindlichen EG-eigenen Parkplatz ab. Wenn er sich gemächlichen Schrittes auf unser Wohnhaus zubewegte, sah man seinem Äußerlichen nicht an, daß er in vertraulicher Mission unterwegs war. Neun Monate im Jahr trug er einen dunkelgrünen Lodenmantel, einen etwas verbeulten gleichfarbigen Hut und oft ungeputzte Schuhe. In der Hand hielt er einen stark abgenutzten Diplomatenkoffer.

Meist beobachtete ich sein Kommen und Gehen hinter der

Gardine unseres in der zweiten Etage gelegenen Wohnzimmers. Nur im Frühjahr, wenn die japanischen Kirschen vor unserem Haus blühten, war die Sicht verdeckt.

Obwohl er sich Mühe gab, pünktlich zu verabredeter Stunde einzutreffen, verpaßte er hin und wieder die Zeit. Entweder war er aufgehalten worden, oder er hatte etwas vergessen. Seine Vergeßlichkeit und Nachlässigkeit waren ein beachtliches Sicherheitsrisiko. Gelegentlich berichtete er treuherzig, wie er einmal beim Ablichten der für mich bestimmten Papiere einige Seiten versehentlich im Kopierapparat vergessen hatte und diese ihm von einem Kollegen nachgereicht werden mußten.

Ein anderes Mal begründete er sein verspätetes Eintreffen damit, daß er den Platz, auf dem er seinen Wagen parkte, nicht so schnell wiedergefunden habe. Aber vergessen hat er ein Treffen nie. Und er kam nie ohne seinen abgenutzten Diplomatenkoffer.

Hin und wieder gab er mir Erläuterungen zu ausgewählten Papieren oder verwies auf interessante Aussagen. Aber seine Papiere sprachen für sich selbst. Ich erinnere mich, wie ich einmal Einblick in eine vertrauliche Einschätzung der EG über die gesamte Auslandsverschuldung der Volksrepublik Polen Ende der 70er Jahre erlangte. Das war alarmierend und gab zu denken. Einen derartigen präzisen Bericht über die kritische Wirtschaftslage eines sozialistischen Landes hatte ich bis dahin noch nicht in den Händen gehabt. Die ökonomische Entwicklung in allen sozialistischen Ländern war unbefriedigend, das wußte ich aus internen Einschätzungen. Aber hier lag mir erstmals konkretes Faktenmaterial vor, das Zweifel an der Stabilität des Sozialismus in Polen auslöste. Hatten die sozialistischen Länder wirklich eine Chance, im Wettlauf mit dem Westen zu bestehen, fragte ich mich angesichts dieser niederschmetternden Zahlen.

Und dann hatte ich noch ein, wenngleich geringeres Problem: Wie sollte ich van der Kerk für seine Mühe danken, wie mich erkenntlich zeigen für den Aufwand an Kraft und Zeit? Kaum einen seiner heimlichen Wünsche konnte ich erfüllen. Ein einziges Mal trafen wir uns auf sein Drängen zu einem Essen im Internationalen Diplomatenclub Sainte Anne. Es war um die Mittagszeit, und wir begegneten einigen meiner Brüsseler Bekannten, denen ich van der Kerk eigentlich nicht präsentieren wollte. Diese Begegnung hätte bei Nachforschungen der anderen Seite unangenehme Folgen haben können. Es gelang mir, van der Kerk einzureden, auf weitere Treffen hier oder auf solche in der

Botschaft gänzlich zu verzichten. Als Äquivalent für seine Einsicht übergab ich ihm Auszüge aus DDR-wissenschaftlichen Publikationen zu Grundfragen der internationalen Politik und halbinterne Beurteilungen zu verschiedenen Aspekten der westeuropäischen Integration aus unserer Sicht. Und den »Remy Martin« nahm er auch gern entgegen.

Schließlich stellte Anselm keine Fragen mehr, auch nicht, als ich vor seinem Landhaus mit einem privaten »Golf« und einem Berliner Kennzeichen und nicht mehr mit meinem offiziellen CD-Fahrzeug auftauchte. Um die Jahreswende 1977/78 war mir nämlich nach jahrelanger Wartezeit vom IFA-Vertrieb in der Rummelsburger Straße in Berlin telegrafisch der Kauf eines solchen Autos angeboten worden. Ich liebte den Wagen sehr, nicht nur, weil er klein, wendig, spritzig und billig im Unterhalt war, sondern vor allem wegen seiner Unauffälligkeit. Der Verkehrssünder mit dem Kennzeichen IBN 1-83 konnte überall verkehrswidrig parken und dennoch nirgendwo zugeordnet werden – weder in Belgien und Luxemburg, noch in Holland oder Frankreich. Alle diese Vorteile bewogen mich, den Golf außerhalb der offiziellen Dienstzeit und nicht zuletzt an den Wochenenden zu reinen »Privatfahrten« zu nutzen. Auf diese Weise wurden meine Besuche bei Anselm und anderen interessanten Bekannten weniger aufregend.

Van der Kerk stellte auch keine Fragen, als ich ihm empfahl, beim Verlassen unserer Wohnung mit dem Lift bis in das Kellergeschoß zu fahren und über den Kellerflur einen Nebenausgang zu nutzen. Zu dieser Empfehlung fühlte ich mich verpflichtet, nachdem die begründete Vermutung aufkam, daß unsere Wohnung aus einem auf gleicher Höhe befindlichen Fenster auf der gegenüberliegenden Häuserseite fotografiert wurde.

Die Jahre vergingen ohne Mißverständnisse, ohne Zwischenfälle, ohne Enttarnung. Gewiß gab es Zeiten, in denen er mit den Belastungen des Alltags nicht mehr zurechtzukommen glaubte, in denen er niedergeschlagen erklärte, als Schikane empfundene Belehrungen seiner Vorgesetzten und manche Tücken seines Amtes nicht länger ertragen zu können. Aber nie uferten seine Empfindungen in Gefühlsausbrüche aus oder verlor er die Kontrolle über sich selbst.

Er blieb zuverlässig und absolut verschwiegen bis zum letzten Tag unserer Kooperation. Als wir uns zum letzten Mal begegneten, standen van der Kerk Tränen in den Augen. Er verlor – so glaubte er – für immer den Freund. Wir wußten beide, daß dies ein Adieu für immer war.

Die Ergebnisse der Zusammenarbeit mit van der Kerk fanden in der Zentrale höchste Anerkennung. Ungeachtet dessen wurde an bisher gültigen Arbeitskonzepten festgehalten. Sie untersagten mir, van der Kerk gegenüber den tatsächlichen Hintergrund meiner Beziehung zu ihm preiszugeben. Ich habe Pionierarbeit geleistet, müsse aber damit leben, daß dieser Erfolg zu keiner grundsätzlichen Änderung der Arbeitsweise »legaler« Residenturen führe und keinen Freibrief für mich bedeute. Das wurde mir unmißverständlich aus Berlin gesagt.

Dennoch: Die Anerkennung und der Erfolg beflügelten mein Denken. Ich sah die Grenzen meiner Handlungsräume nicht mehr so schrecklich eng. Ich hatte die wichtige Erfahrung gemacht, daß unterschiedliche Wertvorstellungen und politische Standpunkte für ein Miteinander an der unsichtbaren Front nicht unüberbrückbar waren.

Daß Aufklärer – sowohl in den eigenen Reihen als auch anderswo – davon lebten, sich Erfolge einzureden, hatte ich natürlich schon gehört. Das unterband ich in meiner Residentur ebenso wie ich mich innerlich gegen die zunehmende Tendenz wehrte, politische Nachrichten als besonders wertvoll zu bewerten, wenn diese in einer ganz bestimmten, weil gewünschten Richtung abgefaßt waren. Ich hielt es für eines Aufklärers unwürdig, »in NATO- und EG-nahestehenden Kreisen« zirkulierende Ansichten als fundierte Informationen an die Zentrale abzusetzen.

Van der Kerk half mir dabei, mich zumindest bei einem Teil des Informationsbedarfes auf authentische Quellen stützen zu können und zu wichtigen Punkten des Informationskataloges Originaldokumente zu übermitteln. Wenn er dafür auch keinen Einblick in die intimen Zusammenhänge unseres Nachrichtendienstes erhielt.

Der Entspannungsprozeß in Europa verlief keineswegs wie erhofft. Im Genfer Abrüstungsausschuß, in dem über einen umfassenden Teststopp von atomaren Waffen und das Verbot chemischer und anderer Massenvernichtungswaffen verhandelte wurde, gab es keine Fortschritte. Die sowjetisch-amerikanischen Gespräche zum Abschluß eines weiteren Abkommens über die Begrenzung der strategischen Rüstungen (SALT II) kamen nicht voran. Die Verhandlungen zur Reduzierung von Streitkräften und Rüstungen in Mitteleuropa (MBFR), die 1973 in Wien aufgenommen worden waren, traten auf der Stelle.

Aus Berlin erhielt ich seit 1977 fortwährend Hinweise, wonach Regierungen und Generalstäbe der europäischen NATO-Mitgliedstaaten ihre Anstrengungen verstärkten, über die wirtschaftliche Zusammenarbeit und inzwischen vorangetriebene Europäische Politische Zusammenarbeit (EPZ) im Rahmen der EG auch zu engeren Formen der politisch-militärischen Integration überzugehen. In der Tat wurde in einigen Brüsseler Publikationen offen von der Notwendigkeit gesprochen, die Führungsorganisationen und Streitkräftestrukturen zu verbessern und sie auf die Anforderungen einer flexibleren Militärstrategie und modernerer Militärtechnik einzustellen. Die Europagruppe der NATO forcierte in diesen Jahren ihre Rüstungsproduktion. Die Koordinierung erreichte mit der Bildung der europäischen Programmgruppe im Jahre 1976 sowie der Mitarbeit von Frankreich, das 1966 faktisch aus der NATO-Militärorganisation ausgeschieden war, eine neue Qualität. Schließlich erhielt ich von der Zentrale eine Einschätzung, wonach das auf dem Washingtoner NATO-Gipfel im Mai 1978 beschlossene »Langfristige Verteidigungsprogramm« als die unmittelbare Vorbereitung der NATO für einen überraschenden Angriffsschlag gegen die Staaten des Warschauer Vertrages zu bewerten sei. Es wären vor allem die USA und die BRD, die das bestehende ausgewogene militärische Kräfteverhältnis zugunsten der NATO verändern wollten. Sie würden ihre Streitkräfte in die Lage versetzen wollen, begrenzte konventionelle und atomare Kriege in Europa zu führen. Vieles sprach demnach dafür, daß der Entspannungsprozeß in Gefahr geriet.

Ein Jahr zuvor hatte auch die Führung der Volksrepublik China allen Ernstes von der »Unvermeidlichkeit des Krieges« gesprochen. Die internen Bewertungen, die mir die Zentrale hierzu übermittelte, mußte ich dahingehend verstehen, daß man in Moskau wie in Berlin glaubte oder glauben machen wollte, daß sich eine strategische Allianz China-USA gegen die Sowjetunion anbahne. In geheimen Einschätzungen wurde China in seiner Gefährlichkeit für die Staaten des Warschauer Vertrages den USA gleichgestellt und die Aufgabe formuliert, China auch von Brüssel aus nachrichtendienstlich zu bearbeiten.

Die mit dem NATO-»Langzeitprogramm der Verteidigung« angestrebte Entwicklung wurde von der DDR-Partei- und Staatsführung jedenfalls ebenso eindeutig als in Widerspruch zum politischen Entspannungsprozeß stehend erklärt wie die »auf allen Gebieten ver-

stärkten subversiven Aktivitäten des Imperialismus gegen die sozialistischen Staaten«.

Von nun an wurde ich von der Zentrale angehalten, den mit dieser Entwicklung in Zusammenhang stehenden Fragen größere
Aufmerksamkeit zu schenken. Noch eindringlichere Weisungen zur
politischen Aufklärung erhielt ich schließlich, als die höchsten NA-
TO-Führungsgremien am 12. Dezember 1979 beschlossen, in Westeuropa neue Mittelstreckenraketen des Typs Pershing II und
Marschflugkörper (»Cruise Missiles«) zu stationieren. Damit wurde
nach Auffassung des Politisch Beratenden Ausschusses des Warschauer
Vertrages »eine neue Runde des Wettrüstens eingeleitet und die militärische Konfrontation verschärft«.

Es war »eine neue Lage« entstanden. Da dem NATO-Beschluß zufolge bis 1983 solche Raketen auch in Belgien stationiert werden sollten, meinte ich, auch unmittelbar angesprochen zu sein. Ich wollte herausfinden, inwieweit die belgische Zustimmung zum NATO-Beschluß
der tatsächlichen Haltung der belgischen Regierung entsprach.
Zugleich versuchte ich auszuloten, welche politischen Kräfte im Land
in der Lage sein könnten, einer Raketenstationierung entgegenzuwirken. Die innenpolitische Entwicklung in Belgien verlief recht kompliziert. Bei ihren Bemühungen, die Konflikte im Land und die
Auseinandersetzungen von Befürwortern und Gegnern aus nächster
Nähe zu verfolgen, waren Beobachter gut beraten, sich nicht dem
Vorwurf der Einmischung in innere Angelegenheiten auszusetzen. Für
einen Diplomaten aus dem Osten war es ohnehin nicht ganz pro-
blemfrei, Kontakte zur politischen Opposition oder gar zu Regime-
gegnern zu unterhalten.

Gab es denn nicht in einigen sozialistischen Staaten Vorkomm-
nisse, in deren Folge Angehörige westlicher Botschaften wegen »an-
rüchiger Beziehungen« zu politischen Kräften, die man im Westen als
Regimekritiker, Menschenrechtsverteidiger oder Dissidenten bezeichnete, des Landes verwiesen worden waren? Hätte die belgische Regierung somit nicht Argumente, Gleiches mit Gleichem zu vergelten?
Bis dahin war solches nicht geschehen. So vereinfacht durfte ich die
Fragen nicht stellen, sagte ich mir, denn es ging ja um Krieg oder
Frieden. Wozu sich zu äußern jedermann das Recht besaß.

Andererseits wunderte ich mich, wie das Regime Seiner Majestät
nach üblicher pluralistischer Selbstverständlichkeit der KP Belgiens
zubilligte, Ideen und Schriften zu verbreiten, die ihren Aussagen nach

potentiell an den Festen des Königreiches rüttelten. Das verwunderte mich um so mehr, als es bei uns eben nicht so selbstverständlich war, daß die Freiheit auch immer die Freiheit der Andersdenkenden zu sein hatte. Im Königreich Belgien gehörte es zu kulturvoller Politik, bei aller politischer Gegnerschaft Streitigkeiten im Parlament oder in der Öffentlichkeit in gehöriger Form und offen auszutragen.

Politisch gut informiert zu sein und Rechte in Anspruch zu nehmen gehörte ebenso zur politischen Kultur. Und auch informelle Kontakte zu pflegen, zu Botschaften, zu Ausländern.

Ich hielt es für zeitgemäß, mich nach Leuten umzusehen, die nach moralischem Empfinden oder aus politischer Überzeugung den verhängnisvollen NATO-Raktenbeschluß nicht mittragen wollten. Mit Vertretern der sozialistischen Opposition und der Kommunistischen Partei kam ich schnell ins Gespräch. Viele ranghohe Funktionäre der Sozialistischen Partei Belgiens setzten auch dann den Dialog fort, als sie Regierungsämter übernahmen. Sie erwiesen sich als aufrichtige Bündnispartner.

Zu keinem Augenblick kamen mir Zweifel über die Richtigkeit meines Handelns. Ich hatte eine politische Vision, an die ich glaubte, für die ich lebte. In der geplanten Modernisierung des Waffenpotentials der NATO und der geplanten Stationierung atomarer Mittelstreckenraketen sah ich Gefahren. In der Tat hätten von belgischen Startrampen abgefeuerte Raketen mittlerer Reichweite ost- und westdeutschen Boden gleichermaßen erreichen können. Um alles in der Welt: die Stationierung solcher Waffen mußte doch verhindert werden! Ich betrachtete entsprechende nachrichtendienstliche Aufgaben als erstrangigen politischen Auftrag, den zu erfüllen ich fest entschlossen war. An eine Überrüstung der Staaten des Warschauer Vertrages, die von der NATO stets als »latente Gefahr aus dem Osten« dargestellt und noch immer als Vorwand für eine »westliche Nachrüstung« dienen sollte, mochte ich einfach nicht glauben.

Ich war vom Bestehen einer militärischen Parität überzeugt. Das Kräftegleichgewicht zwischen Ost und West mußte im Interesse des Friedens aufrechterhalten werden. Mit dem Wissen von heute war die Sache allerdings nicht so simpel und eindeutig, wie sie sich damals für mich und meinesgleichen darstellte. Beide Seiten betrachteten den KSZE-Prozeß und die Schlußakte von Helsinki als eine Chance, den eigenen Ideen und Überzeugungen zum Sieg zu verhelfen. Der Klassenkampf war nicht beendet worden, er wurde jetzt nur auf andere Weise fortgesetzt. Der Osten, namentlich die Sowjetunion, drosselte darum keineswegs die Rüstung – der Westen verhielt sich ebenso. Die von der NATO in Westeuropa stationierten atomar bestückten Raketen wurden quasi turnusgemäß erneuert und mit dem Hinweis auf die – tatsächlich erfolgte – Verstärkung der konventionellen Streitkräfte des Ostens legitimiert. Es gab natürlich eine militärstrategische Parität: Beide Seiten waren in der Lage, die andere Seite auszulöschen, und das mehrfach. Staats- und Parteichef Breshnew kleidete das in den zutreffenden Satz: Wer als erster schießt, stirbt als zweiter.

Aber während die Sowjetunion als Kontinentalmacht naturgemäß auf Bodentruppen setzte, forcierte die NATO ihre Rüstung in anderen Bereichen. Dadurch entstand logischerweise auf einzelnen Feldern Disparität. Der Westen versuchte nunmehr durch die Pershings und Cruise Missiles seine Unterlegenheit bei den Panzern auszugleichen. Die neue Generation der Mittelstreckenraketen flog aber weiter und konnte damit die strategischen Raketensilos in der Sowjetunion erreichen. So wurden aus den Mittelstreckenraketen zwangsläufig strategische Waffen, deren Obergrenze jedoch durch SALT I festgelegt worden war. Die Sowjetunion fühlte dadurch den Vertrag unterlaufen und ihr legitimes Sicherheitsinteresse massiv verletzt. Ihre Antwort darauf war die SS-20, eine atomar bestückte Mittelstreckenrakete, die sie in der DDR und in der ČSSR stationierte.

Dadurch verkürzten sich die Vorwarnzeiten auf wenige Minuten. Der Frieden war objektiv extrem gefährdet. Das sah man auf beiden Seiten. Doch wir gläubigen Kommunisten schoben die Schuld für diese Entwicklung ausschließlich dem Westen zu. Wir waren schließlich die Humanisten der Tat, das Bollwerk des Friedens in der Welt. Ergo: Der Kampf um Abrüstung mußte ausschließlich in diese eine Richtung vorgetragen werden.

Und dabei wollte ich meinen Teil als Aufklärer leisten.

Unmittelbar nach den ersten Signalen aus Berlin ging ich auf die Suche nach Verbündeten. Aber wo sollte ich sie finden? Meine Partner im belgischen Außenministerium kamen dafür nicht in Frage. Sie vertraten alle mehr oder weniger überzeugt den Standpunkt, daß ihre Regierung bei der Unterstützung der NATO-Beschlüsse über das Langzeitprogramm zur Modernisierung westlicher Rüstungsarsenale rechtens handelte. Und sie verteidigten ihre Argumente mit der vorgegebenen einheitlichen Sprachregelung ebenso unverdrossen und hartnäckig wie ich die meinen. In endlosen Diskussionen mit ihnen glaubte ich mich mitunter in die Zeit der Hallstein-Doktrin versetzt, mit der alle Verbündeten der BRD übereinstimmend und mit gleicher Hartnäckigkeit die Herstellung diplomatischer Beziehungen zur DDR verweigerten.

Hingegen erwiesen sich die Gespräche mit Repräsentanten von politischen Parteien und ihnen nahestehenden Organisationen wesentlich angenehmer. Insbesondere die Vertreter der Sozialistischen Partei Belgiens und der Kommunistischen Partei Belgiens verhielten sich aufgeschlossen, wobei bei ersteren alte Traditionen und bei letzteren die ideologische Nähe eine Rolle spielten. Es war erstaunlich und stimmte optimistisch, in welchem Maß sich die belgischen Sozialisten eine selbständige und kritische Betrachtungsweise der NATO-Politik gegenüber den osteuropäischen Staaten bewahrten und wie sie die Antiraketenbewegung in ihrem Land unterstützten.

Zuerst lernte ich den sehr sympathischen Generalsekretär der Sozialistischen Partei Belgiens (wallonischer Flügel) kennen. Von ihm sagte man, daß er seine Aufgaben gewissenhaft und konsequent erfüllte. Wegen seiner Volksverbundenheit und sprichwörtlichen Hilfsbereitschaft gegenüber einfachen Menschen genoß er außerordentlich große Popularität. Schon bei unserer ersten Begegnung empfand ich für diesen fülligen, schwergewichtigen Mann Sympathie. André Leonard war aufgeschlossen, einfühlsam, gutmütig. Bald wurden wir Freunde. Er werde nie seine soziale Herkunft vergessen und auch nicht seinen ungemein konfliktbeladenen schweren Aufstieg vom einstigen militanten Kommunisten zum Generalsekretär der Sozialistischen Partei. Ich glaubte ihm, daß er »kein Mann großer Worte« war und nicht zu jenen zählte, die für eine aussichtsreiche Karriere Freunde und politische Positionen preisgaben. Der Grund für seinen Parteiwechsel waren ausschließlich Differenzen im ideologischen Bereich gewesen.

André Leonard zählte nicht zu den theoretischen Köpfen seiner Partei. Man schätzte ihn als hervorragenden Organisator, der ein dichtes Netz von Strukturen und Verbindungen fest in den Händen hielt. Erst als sich die Sozialistische Partei in den späten 70er Jahren zum Eintritt in die Regierung entschloß und konservative Kräfte in den Führungsgremien mehr und mehr den Kurs bestimmten, geriet auch sein Büro im Parteihaus Rue de l'Empereur unter Beschuß von rechts. Leonard verlor seinen Einfluß in der Parteihierarchie. Wahrscheinlich blieben auch die Besuche östlicher Diplomaten im Umfeld nicht unbemerkt und ohne Folgen.

Er spürte zugleich immer deutlicher, daß es um seine Gesundheit nicht bestens bestellt war und seine Kräfte mit dem Alter nachließen. In Zeiten besonderer Anspannung, so im Vorfeld von Wahlen oder Parteikonferenzen, blieb er in Estaimburg, wo er sich in seinem ruhigen Zuhause, fernab von Brüssel, intensiv mit Problemen seiner Partei befaßte. Von aller Welt abgeschieden und ungestört empfing er mich am liebsten dort. Er bereitete für mich Visiten beim Stadtrat und bei Honoratioren der Region vor und gab somit meinen Besuchen in dieser Gegend nahe der belgisch-französischen Grenze einen höchst offiziellen Anstrich.

André Leonard machte mich auch mit einigen Persönlichkeiten, die er als besonders Vertraute bezeichnete, bekannt. Sie alle nahmen wichtige gesellschaftliche Positionen ein. Über sie wollte ich Aufschluß über die tatsächlichen Perspektiven einer Stationierung von atomaren Mittelstreckenraketen erlangen und Hinweise aus Berlin über infrastrukturelle Vorbereitungen für den Bau von Startrampen überprüfen.

Freundschaftliche Kontakte unterhielt ich auch zu General Guy Sokay und Robert Denison, beide waren Mitglieder der Militärkommission der Sozialistischen Partei und maßgeblich daran beteiligt, die Haltung dieser Partei zum NATO-Doppelbeschluß zu begründen. Zu Guy Sokay fühlte ich mich besonders hingezogen. Er wurde in der Boulevardpresse wiederholt als »roter« General angegriffen.

Als 19jähriger hatte er sich freiwillig militärischen Operationen gegen die deutsche Wehrmacht angeschlossen, und nach Kriegsende war er vom Leutnant bis zum General der Luftstreitkräfte aufgestiegen. Seine »schlechteste Zeit als Militärangehöriger« erlebte er als Hauptmann der belgischen Armee in Belgisch-Kongo, wie er mir einmal gestand.

Als er auf Anforderung seiner Partei von der Armee zeitweilig in das Innenministerium abkommandiert und als Kabinettschef eingesetzt wurde, waren wir schon miteinander bekannt. Ich besuchte ihn regelmäßig in seinem großzügigen, königlich ausgestatteten Büro. Da es unmöglich war, in der Rue Belliard zu parken, machte ich mich zu Fuß auf den Weg ins Innenministerium. Der Name des Generals genügte beim Portier als Legitimation, ich wurde nicht kontrolliert.

Nicht einmal meinen Namen und meine Dienststelle mußte ich angeben.

Gemeinsam fuhren wir in seinem Regierungswagen mit Chauffeur und Funktechnik nach St. Gilles oder nach Uccle zu standesgemäßem Essen. Einmal trafen wir in einem Restaurant ganz zufällig den sowjetischen Botschaftsrat Sergej Komarjow. Ich war sehr verwundert, als sich General Sokay und KGB-Resident Komarjow mit Handschlag begrüßten und sich, ebenso wie wir, beim Vornamen nannten. Sokay lachte kräftig und herzlich und fragte scherzhaft, ob sich denn hier das »Hauptquartier des Warschauer Paktes« befände.

Er liebte den Meinungsstreit und vertrat dabei stets – auch in der Raketenfrage – eindeutig die Positionen der Sozialistischen Partei. Das Teufelszeug müsse stationiert werden, damit der Osten einlenke.

Ich ging davon aus, daß er seine Zentrale über den Inhalt unserer Gespräche ebenso informierte wie ich die meine. Wir bewegten uns wohl beide in jener Grauzone, in der der Ost-West-Dialog über informelle Kontakte weitergeführt wurde.

Dankbar denke ich an die Bekanntschaft mit Frédéric Dahlmann sen. und dessen Familienclan zurück. Als ich Dahlmann Anfang 1976 in Brüssel kennenlernte, befand er sich längst im Lebensalter eines Pensionärs und hätte sich aus dem Streß eines lebenslang gejagten Geschäftsmannes zurückziehen können. Aber mit Vehemenz wies er jeden Gedanken an einen Rückzug aus dem Geschäftsleben zurück. Er dachte noch lange nicht daran, das Steuerrad seiner weltweit verzweigten Unternehmungen in die Hände eines seiner Söhne zu legen. In urwüchsiger Vitalität verfolgte er von seinem Stammsitz in Val de Bécasse am Brüsseler Stadtrand seine seit einigen Jahrzehnten bewährten Geschäftsstrategien. In fast genialer Weise hatte er es seit jeher verstanden, weltpolitische Konstellationen für sein Fortkommen zu nutzen und jeweils im rechten Moment für geschäftliche Interessen zu nutzen. Immer hatte er meisterhafte Anpassungsfähigkeit bewiesen.

Seinem Äußeren jedoch sah man das Wechselvolle in seinem Leben keineswegs an. Er wuchs in einer gutbürgerlichen Familie auf. In den bewegten 20er Jahren hatte er in Deutschland studiert. In seinem »jugendlichen Eifer«, wie er sagte, schloß er sich zeitweilig dem Sozialistischen Studentenbund an. In Schanghai, wo er danach 18 Jahre zubrachte, freundete er sich auch mit dem etwa gleichaltrigen Chinesen Tschou En Lai an, der im Hause Dahlmann Quartier nahm.

Auch als dieser 1949 Ministerpräsident der Volksrepublik China wurde, blieb die Freundschaft bestehen. Sie endete erst durch den Tod Tschous.

Nach seiner Rückkehr wurde Dahlmann Direktor des belgischen ACEC-Stahlwerkes und Berater des belgischen Außenministeriums. Er förderte die belgischen Ostgeschäfte sowohl während des Kalten Krieges als auch danach. Seine Aufmerksamkeit galt vor allem Ostdeutschland, dem er sich als Deutschstämmiger und durch Jugenderinnerungen noch immer verbunden fühlte. Und für China, das ihm lange Zeit Wahlheimat war und zu dem er über alle Perioden hinweg unverdrossen auf verschiedenen Ebenen enge Verbindungen aufrechterhielt. Die Chinesen sahen in ihm einen zuverlässigen Freund in komplizierten Zeiten.

Mit diesem Mann bekannt zu sein, der in cleverer Manier das Zusammenspiel von Politik und Wirtschaft beherrschte und dabei sogar Augen und Ohren für die Schönen Künste hatte und diese ebenfalls förderte, war in jeder Hinsicht von Nutzen. Aus mir bis heute unerklärlich gebliebenen Gründen zeigte Frédéric Dahlmann sen. seinerseits unermüdliches Interesse an ständigen Kontakten auch zu mir. War er eine »chinesische Antenne« in Westeuropa, über die Peking die Haltung Moskaus und seiner Verbündeten in Erfahrung bringen wollte?

Ich weiß es bis heute nicht.

Obwohl Dahlmann sen. häufig mit Zeitnot zu kämpfen hatte und oft längere Auslandsreisen unternahm, schickte er mir Kartengrüße aus Paris, Zürich oder Hongkong zu. Wenn er im Land weilte, lud er mich zu einem Essen in den »Goldenen Drachen«, ein gemütliches Chinarestaurant in der Nähe seines Stammsitzes. Weil er es liebte, trafen wir auch einige Male in fröhlicher Runde der Familien zusammen. Manchmal kamen auch der Botschafter und unser Handelsrat dazu, aber meistens lud er mich allein ein. Stolz zeigte er mir dann seine wertvollen Kunstschätze aus Asien und Afrika, seine Sammlungen von echten Masereel-Holzschnitten und wertvollen Schriften, von alten Möbeln und teurem Porzellan. Als hätte er all seinen Besitztum vergegenständlicht.

Er führte ein gastfreundliches Haus und bewirtete so manchen. Hier fanden diskrete Treffen mit Persönlichkeiten der Wirtschaft, der Politik und der Diplomatie statt, hier wurden Verbindungen geknüpft, Kontakte geschlossen, Absprachen getroffen.

Freimütig und großzügig verhalf mir Dahlmann sen. zu Wertungen aus der Sicht des Kapitals. Bis zum Höhepunkt des Konfliktes zwischen China und der Sowjetunion erwiesen sich seine Berichte und Kommentare über vertrauliche Gespräche in Peking und seine Eindrücke von dort als besonders wertvoll. Er bot mir schließlich Gelegenheit, in seinem Haus mit chinesischen Diplomaten und Geschäftsleuten zusammenzutreffen. Das passierte zu einer Zeit, als die Beziehungen der Sowjetunion und ihrer Verbündeten auf dem Nullpunkt waren.

Die Zentrale in Berlin signalisierte höchstdringlichen Bedarf an Informationen zur Lage in China und wollte alles wissen, was Auskunft gab über die Kooperation von Peking und Washington und wie in Westeuropa die Lage bewertet wurde.

In Frédérik Dahlmann sen. meinte ich einen Partner mit profunder Sachkenntnis und treffsicherem Urteilsvermögen gefunden zu haben. Er wirkte stets beruhigend auf mich ein. Mit unglaublicher Sicherheit verkündete er, daß der Tag kommen werde, da »Rußland« und China sich wieder verständigen.

Überhaupt hatte ich allen Grund, den Weitblick und politischen Spürsinn dieses Mannes zu bewundern. Seit Jahren beobachtete er die Befreiungsbewegung in Afrika, unterstützte er diese in vielfacher Weise – auch finanziell. In seinem Brüsseler Quartier fühlten sich die Chefs der Befreiungsbewegungen von Simbabwe wie zu Hause. Noch heute bedaure ich, daß eine von Dahlmann arrangierte Zusammenkunft zwischen Robert Mugabe und mir nicht zustande kam oder vielmehr nicht zusammenkommen durfte. Berlin hatte die Rivalitäten und das politische und militärische Kräfteverhältnis zwischen den Führungskräften des entstehenden Staates Simbabwe völlig falsch beurteilt und auf Joshua Nkomo gesetzt. Während ich die Weisung aus Berlin erhielt, ein Zusammentreffen mit Mugabe zu vermeiden, hatte dieser bereits meinen väterlichen Freund und Helfer Dahlmann als offiziellen Gast zu den bevorstehenden Feierlichkeiten zur Staatsgründung von Simbabwe nach Harare eingeladen.

Robert Mugabe wurde Staatspräsident von Simbabwe – und bald darauf heiratete Dahlmanns jüngster Sohn eine Tochter Afrikas. Auf solche Weise wurden die politischen Kontakte in geschäftliche Verbindungen des Familienclans verwandelt. Das war Usus im Hause Dahlmann, womit er eigentlich nur die dynastische Politik adliger Herrscherhäuser fortsetzte. Der älteste Sohn Nils hatte schon vor

Die grundlegende Eigenschaft eines Diplomaten ist die Offenheit ! Denn wenn er die Wahrheit spricht, dann glaubt sie ihm doch niemand !

En l'honneur de S. E. Monsieur O. Fischer, Ministre des A.E de la D.D.R.

Le Ministre des Affaires Etrangères prie Monsieur K Berliner, Conseiller et Madame de lui faire l'honneur d'assister au dîner qu'il offira au Palais d'Egmont le Mardi 16 mai à 20 heures.

P.M.
R.S.V.P.   Rue des Quatre Bras 2

Jahren in erster Ehe eine Schwedin, später in zweiter Ehe eine Deutsche zur Frau genommen. Die einzige Tochter lebte in der Schweiz.

Als ich 1982 von Frédéric Dahlmann und seinem Clan Abschied nahm, überreichte er mir eine Kopie des Holzschnittes »Passionnement« seines Freundes, des belgischen Malers und Grafikers Frans Masereel als Geschenk – »aus Zuneigung und zur Erinnerung an die Verrücktheiten eines alten Mannes«, wie er meinte. Und damit ich unsere »Chinese Connection« nicht vergaß, schenkte er Dagmar und mir einen überdimensionalen kostbaren Bildband »Die Liebe in der chinesischen Kunst in sechs Jahrhunderten«.

Seine wiederholt ausgesprochenen Einladungen, ihn in den Schweizer Bergen zu besuchen, wo er in Flims eine Sommerresidenz besaß, konnte ich wegen meiner anstehenden Berufung nach Paris nicht mehr wahrnehmen. Danach verloren wir uns für lange Zeit aus den Augen.

Die Frage, wie ich es mit meinen Kollegen von der anderen Feldpostnummer in Brüssel hielt, habe ich bislang noch nicht berührt. Ich gestehe, daß mein Verhältnis zu Repräsentanten des zweiten deutschen Staates im Laufe der Jahre beachtliche Wandlungen erfuhr. Bis in die zweite Hälfte der 80er Jahre hinein teilte ich die Wertungen aus Berlin. Sie schienen logisch, einleuchtend und überzeugend. Die Bonner Republik und ihre Institionen waren unser politischer Gegner, weil sie uns – der DDR – nach dem Leben trachteten.

Ungeachtet dessen trieb mich Neugier immer wieder in die Nähe bundesdeutscher Vertreter. Längere Zeit hatte ich die naive Vorstellung, mit ihnen als »Privatperson« ins Gespräch kommen zu können. Zu gern hätte ich die Möglichkeit wahrgenommen, von diesseits des Eisernen Vorhangs einen Draht in die bundesdeutsche Wirklichkeit zu entwickeln.

Aber das Verhältnis der beiden deutschen Staaten zueinander, das offenkundig von unüberwindbarem Mißtrauen geprägt war, wirkte sich automatisch auf das Verhalten ihrer Diplomaten aus. Diese hielten sich strikt an ihre Order und an ihre Aversionen.

1978 startete der Bundesnachrichtendienst den ersten Versuch, den DDR-Botschafter politisch zu kompromittieren. Allerdings wurde den BND-Leuten eine Verwechslung zum Verhängnis. Sie waren der Annahme, bei Heinz Hoffmann handele es sich um jenen Mann gleichen Namens, der einst in der Ost-CDU gegen die DDR gearbeitet hatte. Sie unterstellten einen Gesinnungswechsel bzw. karrieristische Motive, die ihn zum Übertritt in das Lager der Kommunisten veranlaßt hatten. Eine solche Verwechslung war mehr als peinlich; sie offenbarte die erschreckend schlechte Qualifikation des Dienstes.

Botschafter Heinz Hoffmann bekam am Rande eines diplomatischen Empfangs, der aus Anlaß des DDR-Staatsfeiertages in einem Luxemburger Hotel gegeben wurde, einen Brief zugesteckt. Darin teilte ein Herr Dreßler mit, er sei im Besitz einer silbernen Uhr, die er vom Vater des Botschafters während des Krieges erhalten habe und nun bei Gelegenheit eines Gespräches gern übergeben möchte. Um die Legende plausibel erscheinen zu lassen, wurden persönliche Daten von Heinz Hoffmann aufgelistet, die aber nicht auf den Botschafter, sondern auf den Namensvetter aus der CDU zutrafen. Der Botschafter reagierte aus verständlichen Gründen nicht. Daraufhin versuchte Herr Dreßler in der Folgezeit auf andere Weise mit ihm in Kontakt zu kommen. Als diese aufdringlichen Bemühungen nicht aufhörten, wurde Bonn via den Ständigen Vertreter der DDR Günter Gaus ersucht, diesen Unsinn zu lassen.

Danach blieb der Botschafter mehr als drei Jahre unbehelligt. 1982 veröffentlichte das Königliche Institut für Internationale Beziehungen Belgiens in der Avenue de la Couronne in Brüssel das regelmäßig erscheinende offizielle Diplomatenverzeichnis des belgischen Außenministerium. Darin war plötzlich zu lesen, der DDR-Botschafter wäre Unteroffizier der deutschen Wehrmacht gewesen. In einem Land, das von eben jener Wehrmacht besetzt worden war, wirkte eine solche Offenbarung keineswegs als Empfehlung.

Heinz Hoffmann war bereits seit zehn Jahren im Land. Noch nie war unter seinen biographischen Angaben eine vermeintliche Zugehörigkeit zur Nazi-Wehrmacht ausgewiesen worden. Unser Botschafter unterhielt zum Generalsekretär dieses Institutes, dem ehrenwerten Prof. Emmanuel Coppieters, seit vielen Jahren eine freundschaftliche Verbindung. Coppieters zeigte sich selbst überrascht, wie es zu diesem nachweisbaren »Irrtum« in seiner Publikation gekommen war. Von offizieller Seite jedenfalls war diese Falschinformation nicht ins Diplomatenverzeichnis geraten. Und an Zufall mochten weder ich noch der Botschafter glauben.

Ein anderer Versuch, einen DDR-Bürger zu kompromittieren, wurde in Antwerpen unternommen. Der Präsident der Gemischten Gesellschaft SOGEMAR der Deutschen Seereederei erhielt eines Tages im verschlossenen Umschlag einen persönlich gehaltenen »Dank für die erhaltenen Informationen« mit beigefügten 300 US-Dollar. Er hatte nie irgendwelche »Informationen« verfaßt und sah in diesem Vorgehen zurecht eine Provokation, über die er den Botschafter in Kenntnis setzte. Seine Exzellenz ließ in freundschaftlicher Absicht dem Absender mitteilen, daß die Dollar in der Botschaft wieder abgeholt werden könnten. Da aber niemand kam, wurde der Betrag der Staatskasse zugeführt.

Die Bemühungen beider deutscher Nachrichtendienste, sich im jeweils anderen Lager umzusehen, nahmen mitunter kuriose Formen an. So offenbarte sich uns eine Belgierin, die in der Residenz des Botschafters als Raumpflegerin beschäftigt war. Sie sei »von Beamten in perfektem Deutsch« gebeten worden, über Besuche in der Botschaft zu berichten. Sie habe das Angebot protestierend zurückgewiesen. Wenige Tage darauf sprach sie erneut vor und und kündigte. Unter Tränen berichtete sie, daß ihre Wohnung nächtlich demoliert worden sei und unterstellte, daß wir auf diese Weise ihre Zuverlässigkeit haben prüfen wollen. Wir konnten ihr das nicht ausreden, sie ging.

Im großen und ganzen jedoch verstrichen die Jahre in Brüssel ohne belastende Folgen für beide Seiten.

Und dann kam die Zeit, da Beauftragte beider deutscher Nachrichtendienste im Rahmen diplomatischer Gepflogenheiten sich gegenseitig besuchten und aufklärten. Sehr gern erinnern sich Dagmar und ich der Einladungen von der anderen Seite, namentlich der des Grafen Karl von Bassewitz-Levetzov und der Gräfin Ute, die eine große Residenz in einem gepflegten Garten in der Avenue de l'Aviation bewohnten. Graf von Bassewitz-Levetzov war offiziell als Rat an der Botschaft tätig. Unter dem Dach seiner Residenz lernte ich interessante westliche Diplomaten, Persönlichkeiten des belgischen Wirtschafts- und Kulturlebens sowie bei der EG akkreditierte angesehene Journalisten kennen.

Graf von Bassewitz-Levetzov verdanke ich auch eine Begegnung mit Willy Brandt. Der vormalige Bundeskanzler und jetzige SPD-Vorsitzende hatte im Königlichen Institut für Internationale Beziehungen eine mich sehr beeindruckende Rede zu Fragen der Europapolitik gehalten und sollte am nächsten Tag auch vor den flämischen Sozialisten in Antwerpen sprechen. Graf von Bassewitz-Levetzov, dem gegenüber ich mich ohne jegliche Absicht anerkennend über die Ostpolitik Brandts äußerte, erbot sich demonstrativ, mich Brandt vorzustellen. Zuerst zögerte ich, auf das Angebot des Grafen einzugehen. Was wollte er bezwecken? Ich willigte ein und wurde sehr korrekt als der »diplomatische Vertreter der DDR in Brüssel« vorgestellt.

Brandt stand gedankenversunken mit einem Glas an der Fensterfront des Saales und sah mir sekundenlang ins Gesicht, lächelte dann und reichte mir die Hand. Ich brachte meinen Respekt vor seinen Ausführungen zum Ausdruck, die er soeben in diesem Institut gemacht habe. Ich berichtete ihm über jene Pressekonferenz, die ich nach seiner Begegnung mit DDR-Ministerpräsident Willi Stoph im März 1970 in Beirut abgehalten hatte. Das Erfurter Treffen der beiden deutschen Regierungschefs fand damals weltweites Interesse.

Brandt reagierte freundlich, aber allgemein. Ja, das Treffen sei kompliziert, gut und bedeutsam gewesen. Und er hoffe, daß Europa den damals eingeschlagenen Weg der Entspannung fortsetzen werde.

Offen gestanden: Ich war froh, daß er seinen durch Guillaume provozierten Sturz unerwähnt ließ. Was hätte ich darauf auch sagen sollen? Daß es mir leid täte, daß ich die Aktion bedauert habe? Aber was heißt das? Ich arbeitete als Diplomat – die Kundschafter arbeiteten auf einer anderen Linie. Wir wußten voneinander nicht. Ich wußte nicht einmal, wer von diesen in Belgien für die HVA arbeitete. Geheimdienstarbeit war kein demokratisches Forum, in dem Mehrheiten für diese oder jene Aktion gesammelt wurden. Und die Konspiration zwang zu solchem Verhalten: Jeder mußte nur das wissen, was er zur Erfüllung seines Auftrages wissen mußte.

März 1982. Das siebte Jahr meines Aufenthaltes in Brüssel war angebrochen. Über zweitausendzweihundertfünfzig Tage lagen hinter mir und nur noch wenige bis zur Abreise vor mir. Nun, da der Aufbruch bevorstand, schienen nervliche Erschöpfung und Schlafstörungen, die durch die jahrelange Anspannung der Kräfte ein besorgniserregendes Ausmaß angenommen hatten, wie verschwunden. Bald konnte ich erleichtert aufatmen. Ich fühlte mich wie einer, der sich aus einem gefährlichen Labyrinth befreit hatte und den Gefahren entronnen zu sein glaubt.

Ich hatte, dessen wurde ich mir erst jetzt bewußt, unter erheblichem Druck gestanden. Die Furcht zu versagen, zu scheitern, vielleicht gar aufzufliegen und zur Persona non grata erklärt zu werden, hatte ständig in meinem Hinterkopf gewohnt.

Meine beruflichen Kenntnisse und Fähigkeiten sowie meine Denk- und Verhaltensweisen sollten von meiner Originalität ebenso überzeugend wirken, wie mein formaler Tagesablauf und Lebensinhalt. Mein Auftreten in der Botschaft, auf dem diplomatischen Parkett und in der Öffentlichkeit entsprach den Erfordernissen. Geradlinigkeit und Konsequenz in meinen Äußerungen, Unvoreingenommenheit, Toleranz und das Vermögen, mich in die Gedankenwelt meiner Partner zu versetzen, fanden Anerkennung. Allen meinen Bekanntschaften in diesem Land trat ich ausnahmslos als Diplomat eines souveränen Staates gegenüber und verhehlte niemals meine politischen Auffassungen. Vielleicht war es gerade mein Wesen, meine Aufgeschlossenheit, Offenheit und Bereitschaft zum Zuhören, die mich als Partner annehmbar machten. Ich kam mir wie ein umgewandelter Seismograph zur Früherkennung politischer Entwicklungen und Ereignisse vor, ich registrierte, analysierte und signalisierte – auch unbequeme und unerfreuliche. Ich tat dies sachlich, nüchtern, klar. Unter Wagnis verstand ich das, was durch gründliche analytische Vorarbeit begründet und mit Mut, Risikobereitschaft und Entschlossenheit erreichbar schien. Ich bemühte mich darum, bei allem Abwägen die Geschehnisse überschaubar zu halten. Mitunter erwiesen sich Anzeichen auf Drohendes bei näherem Betrachten als unbegründet, harmlos. Selbstverständlich müssen Diplomaten, und erst recht die, die gleichzeitig Aufklärer sind, auf Gefahren vorbereitet sein. Und auch darauf, unbeabsichtigt in die Lichtkegel der Medien zu geraten, insbesondere dann, wenn nachrichtendienstliche Themen auf dem Spiel stehe

Eines Tages erhielt ich zu später Stunde einen Telefonanruf von dem bekannten belgischen Journalisten Kurt Grünebaum. Er wolle mir ein Dokument zur Verfügung stellen, das mir unter Umständen helfen könnte, Licht in meine Ahnengalerie zu bringen.

Er befasse sich als Hobbyhistoriker mit deutschen Einflüssen auf die belgische Geschichte und sei dabei auf ein »Teilnehmerverzeichnis des Kaiserlichen Deutschen Fernsprechamtes von Brüssel« aus dem Jahre 1918 gestoßen. Unter dem Abschnitt, der die Mitarbeiter der »Exzellenz Generaloberst Freiherr von Falkenhausen, Generalgouverneur in Belgien« aufzähle, rangiere auch ein »Dr. Berliner, Gerichtsassessor, Abteilung Handel und Gewerbe beim G. G.«. Außerdem machte mich Grünebaum darauf aufmerksam, daß das Brüsseler Bulletin Téléfonique mehrere Personen gleichen Namens aufführte, deren Ursprung seinen Recherchen zufolge auf französische Hugenotten hindeute, die vor etwa dreihundert Jahren als Glaubensflüchtlinge vom preußischen König aufgenommen worden waren.

Warum nur hatte mich dieser Journalist vom deutschsprachigen »Grenzecho« in so später Stunde angerufen? War die Berufung auf das Kaiserliche Deutsche Fernsprechamt oder die Erwähnung des Gerichtsassessors Dr. B. wirklich nur eine Geste persönlichen Interesses, das er mir entgegenbrachte? Oder sollte das alles nur als Warnsignal verstanden und ich in Unruhe versetzt werden? In mir arbeitete das berufsbedingte Mißtrauen. – Fast noch aufregender sollte eine Einladung werden, die dieser Journalist und seine Frau an mich und Dagmar gegen Ende unseres Aufenthaltes in Brüssel richteten. Wir erlebten bei den Grünebaums zuerst aufregende, dann nachdenkliche Stunden. Es stellte sich heraus, daß Kurt Grünebaum ein Verfolgter des Naziregimes war und seine jüdische Frau von belgischen Familien während der deutschen Besatzungszeit mehrere Jahre versteckt und so vor Deportation gerettet worden war. Bis in die späte Nacht erzählten beide, wie es dazu gekommen war.

»Wußten Sie übrigens«, fragte mich unser Gastgeber schließlich beim Aufbruch, »daß Ihr Name auf einer französischen Liste steht?«

Wieder erschrak ich. Auf was für einer Liste? Mit Frankreich hatte ich bisher kaum Berührungspunkte, von einigen Begegnungen mit französischen Beratern vor vielen Jahren in Mali abgesehen. Aber das lag lange zurück. Und zwei- oder dreimal war ich bei Ausflügen »versehentlich« und ohne Visum auf französisches Territorium geraten. Aber sollte ich deshalb in irgendeine Liste eingetragen worden sein? Ich schaute fragend in das blasse, zerfurchte Gesicht dieses Aufrechten, dem das Leben so schrecklich mitgespielt hatte, daß er als fast Siebzigjähriger noch immer sein Brot als Journalist verdienen mußte.

Er überreichte mir ein Papier, auf dem tatsächlich deutlich lesbar und korrekt mein Vor- und Familienname geschrieben stand. Handschriftlich hatte jemand darauf oben hinzugefügt »Zuverlässige Liste der aus Vichy-Frankreich nach Ausschwitz Deportierten«.

»Das könnte Sie vielleicht auch einmal interessieren«, meinte er, und schüttelte mir kräftig beide Hände.

Dann war es soweit. Brüssel adieu.

Diplomaten wie Aufklärer leben wie umherziehende Zigeuner. Sie leben auf Abruf. Bekanntschaften haben meist ein Verfallsdatum. Im letzten Jahr waren André Onkelinx, Jacques Laurent und Botschafter Adriansens auf Auslandsposten berufen worden, meine afrikanischen Freunde gingen zurück nach Angola, Somalia und Äthiopien und Sergej Komarjow nach Moskau. Im gleichen Jahr war Naim Khader, der Leiter des Informations- und Verbindungsbüros der Palästinensischen Befreiungsorganisation, ermordet worden. Der Bekanntenkreis lichtete sich mit den Jahren, zu neuen Bekanntschaften fehlten mir Kraft und Zeit.

Dagmar, die mir in diesen Jahren trotz schmerzender Sehnsucht nach unserem Sohn und ewigem Heimweh, trotz Alltagsbelastungen und langwieriger Erkrankung die Treue gehalten hatte, stand am letzten Abend in Brüssel neben mir auf dem Grand Place, unbeweglich, still, fast atemlos. So war sie immer, wenn sie sich erregte. Vor Freude, alles überstanden zu haben, weinte sie.

In den frühen Morgenstunden des folgenden Tages brachen wir in Richtung Heimat auf.

Auf dem Weg nach Paris.
Wahrheiten und Abberufung

Im November 1985 brachen wir mit einer der kleinen Maschinen der Interflug nach Paris auf. Noch immer mußte der Umweg über Dänemark und Holland genommen werden. In Amsterdam mußte ich in ein Flugzeug der Air France umsteigen. Allein. Seit ich mit Dagmar verheiratet war, reiste ich zum ersten Mal ohne sie zum Auslandseinsatz. Ausgerechnet als es nach Paris ging und sich für mich der Traum jedes Diplomaten erfüllte.

Aber wie so oft mußte sie auch diesmal eine meiner eigenwilligen Entscheidungen hinnehmen. Vielleicht hätten meine Vorgesetzten sogar Verständnis aufgebracht, wenn ich erklärt hätte, daß ich ein paar Tage später reisen möchte, um die Goldene Hochzeit der Schwiegereltern feiern zu können. Aber ich war zu stolz, zu empfindlich und auch verletzt. Zu tief hatte mich seinerzeit eine schroffe Absage getroffen. Ich war dienstlich von Brüssel nach Berlin gerufen worden. Wir waren seit sieben Jahren von unserem Sohn André getrennt, und der hatte soeben in Wernigerode sein Abitur gemacht. Ich bat um einen Tag Urlaub und um die Verschiebung meiner Rückkehr nach Brüssel um 24 Stunden, um an der Abschlußfeier meines Sohnes teilnehmen zu können. Nein, hatte es geheißen: zurück auf den Gefechtsposten.

Diesmal hatte ich erst gar nicht angefragt. Aus Stolz, aus Pflichtgefühl. Ich weiß es nicht. Aber wenigstens Dagmar sollte bei den Eltern sein.

Noch bevor ich meinen Posten in Brüssel endgültig verlassen hatte, war ich zum Ersten Stellvertreter des Leiters der Abteilung Westeuropa im Außenministerium berufen worden. Von da an geriet ich in den Sog eines Strudels, der meine Kräfte fast überstieg. Dennoch war ich über diese Wende in meinem Leben nicht unglücklich. Auf eine solche hatte ich hingearbeitet. Schon in Kairo war der heimliche Wunsch geboren worden, später einmal eine der obersten Sprossen der diplomatischen Stufenleiter zu erreichen. Ich ahnte jedoch nicht, welche Verwicklungen und persönlichen Konsequenzen aus solchem Wunsch dereinst auf mich zukommen würden. Im afrikanischen Bamako überschaute ich nicht die Konsequenzen, die die Einbindung eines Diplomaten in den geheimen Nachrichtendienst für den beruflichen Aufstieg mit sich brachte. Genauere Hinweise darüber hatte ich nie in Erfahrung bringen können, vor keiner neuen Etappe. Die Vorgesetzten in der Zentrale schwiegen sich aus.

So war es auch 1982. Keiner von ihnen vermochte mir ein Jahr vor Ende meines Einsatzes in Brüssel zu sagen, ob überhaupt, wann und wo ich erneut zum Einsatz kommen würde. Der Chef, den ich wegen seiner Aufgeschlossenheit für meine Ideen schätzte, hatte mir aber schließlich vor meinem Dienstantritt im Außenministerium »Paris« zugeflüstert.

Im Außenministerium nahm man die Kriterien ziemlich genau, die von jedem für ein Vorwärtskommen im Innen- und Außendienst zu erfüllen waren. Die soziale Herkunft allein genügte schon längst nicht mehr, um den nächsthöheren Rang oder gar einen Leitungsposten auf der mittleren und der höheren Ebene zu erhalten.

Ob einer als Aufklärer mit den Anforderungen hier zurechtkam oder nicht, ob er im Laufe der Zeit als Diplomat an irgendeiner Hürde hängenblieb und fortan subalternen Dienst versah, was er dachte, was ihn beschäftigte, was er fühlte – das interessierte die Zentrale nicht. Und im Außenministerium interessierte man sich nur für das Schicksal der Diplomaten – nicht für das der Aufklärer.

Ein Aufklärer im Diplomatenrock, der vom Auslandseinsatz heimkehrte, ging meist in die Startlöcher zurück, von denen er für ein weiteres Mal in die Welt ausschwärmen durfte.

Bei mir war alles anders gekommen. Meine Abneigung gegen einen anonymen Apparat, von dem man behauptete, daß das Klinkenputzen eine der Haupttätigkeiten seiner Mitarbeiter sei, hatte zugenommen. Gewachsen war auch mein Widerwille gegen militärische Ein- und Unterordnung. Meine Abneigung gegen eine eventuelle Verwendung in der Zentrale war auch dadurch genährt worden, was ich von Aufklärern hörte, die im diplomatischen Dienst selten über den Rang eines 1. Sekretärs, noch seltener über den eines Botschaftsrates hinwegkamen und an Jahren bedeutend älter waren als ich. Das war keine Perspektive für mich, so wollte ich nicht enden.

Viel jüngere Leute stiegen hingegen im Außenministerium auf und kamen zeitig zu Ehren. Ob sie jemals den Nachweis besonderer

Leistungen für dieses Land erbrachten blieb dahingestellt. Ich fragte nicht danach. Für Vetternwirtschaft gab es kaum Beweise, und die wenigen, die als Söhne von Hochgestellten Karriere machen wollten, waren, weil den Anforderungen nicht gewachsen, irgendwann gescheitert und ausgestiegen. Von Reibereien zwischen Instanzen, die bei der Auswahl förderungswürdiger junger Leute mitwirkten, hatte ich auch nichts gehört.

Seit ich Aufgaben der Aufklärung in der Außenpolitik erfüllte und wo immer ich im diplomatischen Dienst eingesetzt worden war, strebte ich stets danach, mich als Gleicher unter Gleichen zu beweisen, Schritt zu halten, um als ebenbürtig und förderungswürdig zu gelten. Manche Leute von der Aufklärung meinten kritisch bemerken zu müssen, ich würde meine Kräfte für den falschen Herren verwenden. Andere wiederum ließen mich wissen, daß es für den Nachrichtendienst wichtig wäre, wenn ich dort auch auf höheren Etagen tätig werden könnte.

Eigentlich hätte ich zufrieden sein können, denn dieses Mal waren Zielstrebigkeit und planmäßiges Vorgehen erkennbar und die Weichen für meinen nächsten Einsatz am Ende doch noch rechtzeitig gestellt worden. So langfristig und gründlich hatte ich mich noch niemals vorbereiten können. Die für mich Zuständigen hatten Markus Wolf, den Chef der HVA, von der Zweckmäßigkeit überzeugt, mich nach Paris zu entsenden.

Zum ersten Mal hatte man mir die Entscheidung überlassen, ob ich als Resident nach Paris oder als Botschafter in irgendeine westeuropäische Hauptstadt gehen wollte. Niemand drängte mich, das Angebot als Botschafter anzunehmen, aber es gab auch niemanden, der mir nahelegte, es abzulehnen. Dem Traum meiner Jugend war ich nun ganz nahegerückt. Sollte ich weiter in der Anonymität des Aufklärers verbleiben und somit nur im zweiten Glied der Diplomatenhierarchie? Oder sollte ich doch das Angebot aufgreifen, um mir meinen Jugendtraum zu erfüllen?

Ich stand vor der schwierigsten Entscheidung meines bisherigen Berufslebens.

Ich entschied mich für Paris.

Damit war eigentlich klar, daß ich nur für kurze Zeit in Berlin bleiben würde. Machte es da Sinn, Stellvertreter des Leiters einer der größten Territorialabteilungen des Außenministeriums zu werden? Ja, gab ich mir selbst die Antwort, denn von dieser Ebene aus bekäme ich

Einblick in das Räderwerk, in die Mechanik der Außenpolitik eines Staates. In dieser Funktion würde ich am diplomatischen Leben auf einer Ebene teilnehmen können, wie es sonst nur den höheren Rängen dieses Hauses vorbehalten war.

Befreit von jeglichen Aufgaben der Aufklärung nutzte ich alle Gelegenheiten, jede freie Minute, um mich mit Fragen außenpolitischer Führungstätigkeit zu beschäftigen sowie mit der Analyse- und Informationstätigkeit insbesondere unter gesamteuropäischen Aspekten. Das war verwirrend, denn die Aufgaben in den bilateralen Beziehungen und die protokollarischen Verpflichtungen gegenüber den Botschaften nahmen immer mehr Raum ein.

Ich suchte den Gedankenaustausch mit Leuten aus jenen Bereichen des Ministeriums, die in die Ausarbeitung von strategischen Papieren mit einbezogen waren. Nicht nur, daß ich damit Vorlauf für Paris schaffen wollte. Ich wollte auch als Partner der in Berlin akkreditierten Botschafter und ranghohen Diplomaten im politischen Gedankenaustausch bestehen. Für diesen Dialog wollte ich mich rüsten. Er war die einzig vernünftige Alternative zur Konfrontation. Dialog bedeutete für mich Bewegung, um aus den Schützengräben des Kalten Krieges herauszukommen.

Ich freute mich, daß die Politik der DDR-Regierung auf wachsendes Interesse der Westeuropäer stieß und diese über ihre diplomatischen Vertreter in zunehmendem Maße Bereitschaft signalisierten, die Gespräche auch in Berlin zu führen. Andererseits beunruhigten mich die Differenzen, die immer deutlicher zwischen Moskau und Berlin auf höchster Ebene zutage traten. Auf jeder Ebene, zu der ich Zugang hatte, wurden sie offen und heftig debattiert.

In jenen Monaten hatte ich häufig Kontakte zu Vertretern der Botschaft der UdSSR. Zwischen dem Gesandten Valentin Koptelzew – über den »Der Spiegel« berichtete, daß er ein General des sowjetischen Geheimdienstes sei – und mir entwickelte sich ein freundschaftliches Verhältnis. Ohne Vorbehalte und ohne Tabus diskutierten wir die Innen- und Außenpolitik unserer Länder, natürlich auch die umstrittenen Aspekte der Rüstungsbegrenzung und nuklearen Abrüstung.

Koptelzews Bemerkungen bestätigten mir, daß es in einigen Grundfragen keine vollständige Übereinstimmung mehr gab. Die Sowjetunion setzte unverändert auf eine Politik der Stärke gegenüber den USA und auf Konfrontation mit der NATO. Sie kritisierte die

DDR vor allem wegen ihrer Westgeschäfte, die sie angeblich in Abhängigkeit von Bonn brächte. Koptelzew meinte sinngemäß, daß dies alles auf eine Schwächung der gemeinsamen Positionen hinausliefe.

Bei den freundschaftlichen Essen im nahegelegenen Diplomatenclub wurde mir bewußt gemacht, daß die Sowjetunion einen Alleingang der DDR weder in der Außenpolitik noch in anderen Fragen zulassen würde.

Hatte sie dazu ein Recht? Warum wurde über bestehende Meinungsunterschiede nicht offen gesprochen wie Koptelzew und ich es vermochten? Die Spannungen auf der Ebene der Führungen hatten sich also bereits so stark ausgeprägt, daß sie sich schon auf den unteren Etagen auszuwirken begannen.

Der Bruch wurde offensichtlich bei der Stationierung der westlichen und der östlichen Mittelstreckenraketen. Moskau brach alle Gespräche mit den Westen ab – Honecker erklärte: Jetzt erst recht! Und bezeichnete die Raketen als Teufelszeug, das wegmüsse. Da er »das Teufelszeug« ohne Attribut versah, waren offenkundig darunter auch die sowjetischen SS-20 zu verstehen. Zunächst kürzte Moskau seine Erdöllieferungen in die DDR und hoffte, damit Ostberlin gefügig zu machen. Dann bestellte Tschernenko, der Andropow auf dem Posten des Generalsekretärs beerbt hatte, welcher auf den 1982 verstorbenen Breshnew gefolgt war, in den Kreml ein und untersagte E. H. im August 1984, eine Einladung nach Bonn anzunehmen.

Sicherung des Friedens ist Staatsdoktrin, lautete die Leitlinie der Außenpolitik der DDR. Das hieß zunächst Schadensbegrenzung. Der sowjetische Elefant hatte bereits genügend Porzellan zerschlagen: Afghanistan, der Abschuß der koreanischen Maschine, Olympia-Boykott, Abbruch der Abrüstungsgespräche.

Die Differenzen mit der Sowjetunion versetzten mich in Unruhe. Im Außenministerium war mir als Amtierendem Abteilungsleiter vom Stellvertreter des Ministers sogar angeraten worden, das mit der UdSSR-Botschaft zum 35. Jahrestag der Gründung der DDR vereinbarte Freundschaftstreffen zwischen meiner Abteilung und der Politischen Abteilung der Botschaft auszusetzen. Ich sprach über diese Fragen auch mit meinen Vorgesetzten von der Aufklärung. Wir setzten auf Zeit, weil wir der Meinung waren, daß die dunklen Wolken vorüberziehen würden. Und die Partei- und Staatsdisziplin waren uns so wichtig wie die Freundschaft zur Sowjetunion.

Beim Freundschaftstreffen, das wir zu Weihnachten nachholten, verlas ich die Festansprache in Russisch. Ich sagte zu Koptelzew und allen Anwesenden, daß uns gemeinsame Ideen und Ziele verbinden würden. Mit dem heutigen Wissen um das Ende der DDR stellt sich natürlich die Frage, ob das wirklich so war. Verfolgte die UdSSR in bezug auf die DDR nicht spätestens seit 1987 ganz andere Absichten? War die DDR Verbündeter, den man nicht im Stich lassen durfte, oder nur ein Faustpfand, ein Einsatz beim Pokern?

Gesandter Koptelzew und Botschaftsrat Valerij Bukow galten als ausgezeichnete Deutschlandexperten. Sie hatten viele Jahre in der Bundesrepublik Deutschland und in der DDR gelebt und wußten, worüber sie sprachen. Bei unserem letzten Treffen meinten sie, daß der Kurs der derzeitigen DDR-Führung in Moskau kaum noch Verständnis fände und wohl selbst in der DDR sehr umstritten sei. Die sowjetische Botschaft besaß von der DDR offensichtlich ein differenzierteres Bild als ich, der ich ihre innere Entwicklung über längere Zeit nur aus der Ferne und nach regierungs- und parteioffiziellen Einschätzungen verfolgt hatte. Kritische Bemerkungen von Freunden und Bekannten zu dieser oder jener negativen Erscheinung im gesellschaftlichen Leben der DDR, die ich bisher für übertrieben hielt, sah ich nach den eindringlichen Worten der sowjetischen Genossen in einem anderen Licht. Zudem war ich seit meiner Rückkehr aus Brüssel auf Kritikwürdiges gestoßen, auf Erscheinungen und Unzulänglichkeiten, die nicht meine Billigung fanden. Mußte ich in letzter Zeit, in der ich als Abteilungsleiter tätig war, nicht selbst beobachten, wie die Selbstherrlichkeit einiger unserer politischen Größen ins Uferlose zu wachsen drohte? Vom Leipziger Messerundgang gab es Dutzende Fotos mit dem Generalsekretär.

War das Streben nach außenpolitischer Eigenständigkeit vielleicht doch ein Ausdruck mangelnder Bescheidenheit oder gar von Arroganz? Hatte Koptelzew recht? Die ausländischen Vertretungen verfolgten die Entwicklung in der DDR mit Interesse, zum Teil auch mit offen erklärter Sympathie. Erhoffte man sich im Westen tatsächlich eine Aufspaltung der Gemeinschaft der sozialistischen Staaten? Ich hielt dies nicht für möglich.

Der politische Dialog mit den westlichen Staaten schien mir wichtig genug zu sein, um die internationale Entwicklung nicht aus den Bahnen bringen zu lassen. Alles Übrige mußte zweitrangig bleiben. Ich hatte den Eindruck, daß die Aufklärung dies auch so bewertete.

Regierungschefs und Politiker aus den Ländern Westeuropas kamen nach Berlin ohne Ende, die Mitarbeiter meiner Abteilung waren pausenlos mit solchen Treffen beschäftigt. Koptelzew & Co. befanden sich mit ihrer Einschätzung offenkundig auf dem Holzweg. Die DDR war in die Bresche gesprungen, die der Rückzug Moskaus aus dem weltpolitischen Dialog hinterlassen hatte. Nun nahm der Kreml übel.

Zum ersten Mal nahm ich als Beauftragter des Außenministeriums an Gesprächen auf höherer Ebene teil. Horst Sindermann, Präsident der Volkskammer, verstand sich darauf, Atmosphäre zu schaffen und mühte sich ehrlich, seinen ausländischen Gästen die Rolle der Demokratie in der DDR zu erklären und sie von der Aufrichtigkeit der außenpolitischen Absichten zu überzeugen. Die haben eben eine andere Auffassung von der Demokratie, meinte er zu mir nach einem Gespräch, bei dem Widerspruch angemeldet worden war. »Damit müssen wir leben.«

Willi Stoph, Vorsitzender des Ministerrates, hielt sich bei den offiziellen Unterredungen an ein vorbereitetes Papier, das er vor sich zu liegen hatte. Die DDR habe schon immer bewiesen, wiederholte er, sobald die Finger auf die innenpolitischen Wunden gelegt wurden, daß sie mit ihren Problemen fertig werde.

Er sagte dies in stoischer Ruhe und fügte hinzu, daß sie stets ein zuverlässiger Partner der internationalen Zusammenarbeit gewesen sei und das auch künftig so halten wolle. Auf konkrete Angebote der hochrangigen Abgesandten aus Westeuropa jedoch reagierte er stets ausweichend und verwies auf die Zuständigkeit einzelner Minister.

Beim Durchlesen der Notizen, die ich über die Gespräche anfertigte und meinem Minister vorzulegen hatte, fiel mir auf, wie wenig Substanz sie eigentlich enthielten. Ich sprach mit einigen Kollegen darüber – sie kamen zu gleichen Ergebnissen.

Nicht minder enttäuschend waren Auftritte des Staatsratsvorsitzenden. Die Riege, die nach Rang und Würden angetreten war, begrüßte den österreichischen Bundeskanzler Sinowatz. Jeder von uns wurde ihm persönlich vorgestellt, jeder gab ihm die Hand. Der Vorsitzende des Staatsrates jedoch schritt an uns vorbei, als wären wir nicht existent. Bei den anschließenden Verhandlungen sprach das Staatsoberhaupt der DDR so leise, daß wir, die wir an den Protokolltischen saßen, kaum etwas verstehen konnten. Zum Glück hatten wir uns später auf unsere Papiere stützen können, von denen Honecker vorgetragen hatte.

*Österreichs Kanzler Sinowatz in Berlin. Für Honecker ist das ange-
tretene Protokoll nicht existent. 1984*

Und dennoch fand ich Gefallen an der Arbeit tagsüber im Außenministerium und abends in den Residenzen der Botschafter aus
Westeuropa. Sie nahmen meine ganze Aufmerksamkeit in Anspruch.
Allmählich wuchs ich in die Aufgaben eines Abteilungsleiters hinein.
Mehr und mehr erlangte ich auch jene Sicherheit, die man brauchte,
um im Umgang mit den eigenen Größen nicht zu scheitern. Sie schi-
en fast nötiger zu sein, als die Selbstsicherheit im Verkehr mit den
westlichen Abgesandten. Einige unserer Führenden mochten es nicht,
wenn man sich an den Gesprächen beteiligte, schon gar mit einer anderen Meinung oder mit besseren Argumenten. Wie man hörte, kam
es auch vor, daß einer anschließend seine Beschwerde im Außenministerium deponierte.

Seit ich mit meinem Stellvertreter und einer halben Hundertschaft
von Mitarbeitern die bürokratische Bewältigung der politischen
Geschäfte der DDR mit Westeuropa zu besorgen hatte – die
Bundesrepublik ausgenommen –, fühlte ich noch mehr die Last der
persönlichen Verantwortung für den Erfolg einer Politik, für die vor
zehn Jahren in Helsinki die Unterschrift unter die Schlußakte der KS-
ZE geleistet worden war. Der Stellvertreter des Ministers teilte meine
Sorgen.

Aber wie sollten wir offensiv auf die ständigen Forderungen der westlichen Seite reagieren, unsere Verpflichtungen im humanitären Bereich endlich zu erfüllen? Wir konnten doch nicht bis in alle Ewigkeit die Einschränkung der Reisefreiheit mit fehlenden Devisen begründen. Selbst arme Tamilen kamen bis Schönefeld.

Endlich hatte ich Gelegenheit, mich gegenüber dem Diplomatischen Corps in Berlin zu engagieren. Bei den Begegnungen mit Westeuropäern verstärkte sich der Eindruck, daß sie gern mit mir ins Gespräch kamen und mich als Partner akzeptierten. Bald überreichten mir die Exzellenzen ihre Wunschlisten bei humanitären Fragen, meistens im Vorfeld von zu erwartenden offiziellen Besuchen aus ihren Ländern.

Ich fand Gefallen am großzügigen Diplomatenleben, das die ausländischen Vertretungen veranstalteten und zu dem ich Zugang erhielt. Mich begeisterten die Konzertabende, zu denen Dr. Strasser, der aufmerksame österreichische Botschafter, mich und Dagmar einlud. Ich erinnere mich an ein Gastspiel der Wiener Oper in der Dresdner Semper-Oper mit anschließendem Gala-Essen. Oder an die Musikabende, die der Schweizer Botschafter, Dr. Diedschi, in seiner Residenz gab. Einmal hatte dieser mich zwischen den Ständigen Vertreter der BRD, Dr. Hans Otto Bräutigam, und den Botschafter der Sowjetunion, Wjatscheslaw Kotschemassow, plaziert. Doch zu einem Gespräch mit Dr. Bräutigam kam es bedauerlicherweise nicht.

Ich weilte gern als Gast bei den Niederländern, bei den Italienern und Spaniern.

Die Atmosphäre erinnerte mich an Brüssel. Sie schien mir wichtig zu sein für die Bildung von Vertrauen. Zwischen Menschen und Staaten.

Am meisten jedoch beschäftigte mich Frankreich, das ich wegen seiner Geschichte, Kultur, Sprache bewunderte. Nicht grundlos bekam unser Sohn seinen Namen André.

Die französische Botschaft ließ ich auf verschiedene Weise wissen, daß sie die besondere Aufmerksamkeit meines Amtes genoß. Wann immer Seine Exzellenz Monsieur Maurice Deshors, der zu den wenigen Auserwählten seines Landes mit dem Titel »Ambassadeur de France« gehörte, den Wunsch zu einem Gespräch mit mir äußerte oder mich als »Garnitur« für Gäste aus Paris benötigte, stand ich ihm oder seinem Vertreter, dem charmanten Monsieur Georges Vaugier, zur Verfügung.

Monsieur Deshors, in Frankreich Bürgermeister einer kleinen

Gemeinde, die bei den letzten Wahlen sozialistisch gewählt hatte, zeigte sich agil und ehrgeizig gleichermaßen. Er trat oft recht geheimnisvoll auf und betonte bei jeder Begegnung immer eindringlicher, wie sehr ihm an der Verbesserung der wirtschaftlichen und kulturellen Beziehungen zwischen unseren Ländern läge. Von den politischen Beziehungen sprach der Sozialist jedoch nicht.

In seiner Residenz begegnete ich Leuten von Rang – Politikern, Rechtsanwälten, Schriftstellern und Künstlern –, die ihre Einladungen nicht wie üblich über die Protokollabteilung des Außenministeriums erhalten hatten. Ich fand dieses Vorgehen der französischen Exzellenz sympathisch und nahm mir vor, in Paris ebenso zu verfahren.

Von dem geplanten Einsatz hatte die französische Seite erst kurz vor meiner Abreise erfahren sollen. Botschafter Deshors ließ mir den Paß, den sein Konsul visiert hatte, mit einem persönlichen Schreiben übermitteln. Er beglückwünschte mich zu meiner neuen Mission in Paris sehr herzlich und wünschte Erfolg. Er ließ es sich nicht nehmen, unsere so vortrefflich angegangene Zusammenarbeit mit einem offiziellen Essen in seiner Residenz abzuschließen. Zugegen war auch Georges Vaugier, mit dem ich mich seit unserer ersten Begegnung ausgezeichnet verstand. Auch ihm gegenüber verhielt ich mich außerordentlich zuvorkommend. Ich ging davon aus, daß ich ihm eines Tages als Aufklärer in Paris begegnen würde.

Wir wußten, daß die in der NATO vereinigten Westeuropäer über ein solides internes Warnsystem verfügten und sich gegenseitig auf erkannte oder vermutete Aufklärer aus dem Osten verständigten. Allerdings wußte ich nicht, als ich in Paris eintraf, ob ich bereits geoutet worden war. Kannten sie meine wahre Identität, meine eigentliche Funktion? Wahrscheinlich nicht, redete ich mir ein. Anderenfalls hätte man mir kein Visum erteilt. Sie wußten so wenig wie meine Verwandten in der DDR von meinem geheimdienstlichen Hintergrund.

An die strenge Konspiration hatte ich mich im Laufe der Jahre gewöhnt. Sie schien mir ins Blut eingegangen zu sein. Das Schweigen gehörte zu meinem Leben, desgleichen Zurückhaltung und ständige Selbstkontrolle. Das gab mir die innere Sicherheit. Aber ich bedauerte die Anonymität, in der ich meine Pflichten erfüllte, wofür ich wiederholt – ebenfalls im Verborgenen – geehrt und befördert worden war. Ein Orden begann erst zu glänzen, wenn viele ihn sehen konnten. So aber …

Am Silvesterabend 1984 hörte ich im Palast der Republik mit Dagmar die Neunte von Beethoven. Mit Freunden aus dem Außenministerium wollten wir die letzten Stunden des Jahres verbringen. Plötzlich näherten sich mir jene zwei Generäle, die seit mehr als einem Vierteljahrhundert über mein Schicksal in der Auslandsaufklärung entschieden. Sie steuerten direkt auf unsere Runde zu. Ich ging ihnen entgegen in der Absicht, ihre Schritte in eine andere Richtung zu lenken. Dem einen der beiden war ich schon mehrere Male begegnet – das erste Mal in der Waldschule der Aufklärung, wo er mir als Mitglied der Prüfungskommission eine Frage stellte, die ich nur stammelnd beantworten konnte. Daran konnte er sich noch erinnern, als wir uns zehn Jahre später ein zweites Mal im Nahen Osten trafen. Und wiederum zehn Jahre später, da war er schon längst General, hatte er mich aus Brüssel zu einer Beratung nach Berlin kommen lassen – in die 20. Etage eines Hochhauses auf der Fischerinsel.

Wir sind alte Bekannte, meinte der General zu dem, der neben ihm stand, und begrüßte mich herzlich. Obwohl ich dem anderen noch nie begegnet war, wußte ich, daß es sich um Markus Wolf handelte.

Ob wir uns kennen würden, fragte mich mein General. Ja, sagte ich, von einem Foto im »Spiegel«.

»Unser Mann in Paris«, stellte mich mein Chef vor. Und, dazu noch ziemlich laut: »Was machen Sie hier. Ich denke, Sie sind schon dort?«

Ich sah mich verlegen um. Bekannte zogen an uns vorbei, auch fremde Leute. Aber gottlob, niemand schenkte uns besondere Aufmerksamkeit. Wie konnten die obersten Chefs der Aufklärung, die sonst stets die Einhaltung der Konspiration anmahnten, mich so offen, ohne Rücksicht auf die überall geltenden Regeln ansprechen? Sie befanden sich in guter Stimmung, es ging auf Mitternacht zu.

Paris sei eine Herausforderung, meinte Markus Wolf, und wünschte mir viel Erfolg.

Paris verschlug mir den Atem. Fast glaubte ich, mich in der Größe dieser Weltstadt zu verlieren und im Tempo ihres ewig pulsierenden Lebens unterzugehen. Nur allmählich gelang es mir, die Eindrücke zu ordnen und so manche Aufregung zu verkraften, die dem Ausländer trotz bester Vorsätze in der Lichterstadt an der Seine nicht erspart bleiben. Ich hatte mich wirklich sehr intensiv auf den Einsatz in Paris vorbereitet. Ich wähnte mich gut über Land und Leute und ein wenig mehr informiert. Doch schon die ersten flüchtigen Begegnungen mit der Wirklichkeit korrigierten das Bild, das ich mir gemacht hatte. Es stimmte doch, was ein Reiseführer behauptete: Paris war hinreißend schön und abstoßend häßlich. Es könne begeistern und entsetzen, mitreißen und fertigmachen, es lasse sich hassen und lieben, doch gleichgültig lasse es einen nicht. Noch sei Paris kein Alptraum und unter den Städten dieser Erde wohl noch immer eine der wunderbarsten. Paris könne aber den Neuling so total irritieren, daß er am liebsten gleich die Flucht ergreifen möchte angesichts von Hektik, Abgas, Lärm, Riesenplätzen, engen Gassen und Menschenmassen.

Die richtige Freude kam an den ersten Tagen nicht auf. Ich war es seit über fünfundzwanzig Jahren gewöhnt, mein Leben mit Dagmar zu teilen. Ich war überglücklich, als sie zwei Wochen später eintraf. Es war nicht nur die Goldene Hochzeit ihrer Eltern, die ihre Abreise verzögerte. Die medizinischen Gutachter wollten sie nicht aus der Betreuung der Charité entlassen. Sie einigten sich aber schließlich darauf, der Reise unter bestimmten Auflagen zuzustimmen. Eine Tätigkeit in der Botschaft, gar wieder als Chefsekretärin, dürfe sie nur schrittweise und sehr behutsam aufnehmen. Das hatte seine Gründe. Während unseres Aufenthaltes in Brüssel hatte Dagmar infolge außergewöhnlicher Belastungen schweren gesundheitlichen Schaden genommen. Komplizierte Untersuchungen im Institut für Tropenmedizin von Antwerpen und später in Berlin bestätigten glücklicherweise nicht unsere Befürchtungen, daß es sich um Spätfolgen unseres Aufenthaltes in Afrika handelte. Wäre dies der Fall gewesen, hätten wir dem Diplomatenleben Adieu sagen müssen.

Ich war glücklich, daß wir nun wieder vereint in die Spur gehen sollten. Schrecklich, den schweren Dienst in der Fremde ohne Angehörige anzutreten, zermürbend, den Alltag allein bestreiten zu müssen. Aber nicht nur das. Dagmar erwies sich in den vielen Jahren unserer Zweisamkeit als tapfere, umsichtige und stets pflichtbewußte Gefährtin. Sie wußte, wie sehr ich meinen Beruf liebte und tat alles, mich zu unterstützen. Eine bessere Kameradin konnte ich mir nicht vorstellen.

Wenn sie mich im Laufe der Jahre hin und wieder wegen vorgeschriebener ärztlicher Behandlungen in der Heimat verlassen mußte, fehlte sie mir immer mehr. Ohne sie hätte ich meine Aufgaben nie erfüllen können – weder als Diplomat noch als Aufklärer.

In Paris bezogen wir eine moderne, kleine Dreizimmerwohnung außerhalb des Périphérique, wie man die große Ringautobahn um die Stadt nennt. Wir lebten fortan in Boulogne-Billancourt, in der Rue de Sévre 41 abseits vom Getümmel und Getöse der Großstadt und dennoch nahe genug, um allabendlich den in den dunklen Himmel ragenden Eiffel-Turm in seinem Lichterglanz zu entdecken. Unsere Wohnung befand sich in der 9. Etage eines weißen Hochhauses. Nicht so einfach zu finden, weil nur über einen weitläufigen Garagenhof erreichbar, vortrefflich geschützt vor unangenehmen Überraschungen der Pariser Unterwelt, ziemlich gut verborgen vor aufdringlichen Straßenhändlern und neugierigen Nachbarn.

Eigentlich gut ausgewählt. Nur zwei Nachteile gab es. Erstens: Sie entsprach absolut nicht den Erfordernissen, die üblicherweise die Residenz eines Gesandten wegen anstehender gesellschaftlicher Verpflichtungen erfüllen mußte. Sie bot zwar die Annehmlichkeiten, die eine Unterkunft für ein gestreßtes Ehepaar haben sollte. Aber für protokollarische Veranstaltungen mit einem größeren Kreis von Diplomaten und hochgestellten Persönlichkeiten empfahl sie sich keineswegs. Ich reagierte wütend, weil diesbezügliche Ansprüche bei ihrer Auswahl in keiner Weise berücksichtigt worden waren.

Dagmar nahm das Vorgefundene gelassen hin. Sie hatte sofort die Vorteile registriert. Diplomatische Gastgeberpflichten erübrigten sich hier ganz von selbst.

Zweitens aber: Daß eine solche Wohnung auch nach Gesichtspunkten hätte ausgewählt werden müssen, die die Tätigkeit des Aufklärers erleichterten, daran hatte in der Botschaft niemand gedacht. Wer konnte auch wissen, daß der neue Gesandte zugleich auch als Resident fungierte und für seine Bewegungsfreiheit besondere Maßstäbe galten. Und nur die wenigsten Mitstreiter in der Botschaft wußten um die einstige Rolle der Conciérges in Frankreich, die seit Napoleon in der französischen Gesellschaft eine unrühmliche war. Oder sollte sich das geändert haben? Gewiß nicht!

Dagmar bewies beim Einrichten der kleinen Wohnung Routine. Mitgebrachtes, das die Räume verschönern und an die Heimat erinnern sollte, hatte schon auf früheren Stationen seinen festen Platz gehabt, die afrikanischen Masken ebenso wie die gehämmerten Wandteller aus Ägypten und Libanon. Wir lebten uns schnell hier ein. Als normaler Dienstreisender hätte ich zufrieden sein können – wären da nicht die Aufgaben des Gesandten und des Residenten gewesen.

Mich drängte es, unverzüglich meine Tätigkeit in der Botschaft aufzunehmen. Regte mich schon die Anfahrt wegen des ungewohnten Verkehrs auf, so fand der Ärger seine Fortsetzung bei der Ankunft. Auch die Botschaft entsprach nicht meinen Vorstellungen, hatte ich doch die modernen Gebäude von anderen DDR-Missionen in Erinnerung. Fürwahr, welche Enttäuschung! Der langgestreckte Häuserkomplex, der die Residenz des Botschafters und die großzügigen Empfangssalons Seiner Exzellenz und des Gesandten beherbergte, mußte auch Raum für die Vielzahl der nachgeordneten Diplomaten, für die Konsularabteilung und den gesamten verwaltungstechnischen Bereich bieten.

Die Enge der ineinander verschachtelten alten Häuser in der schmalen Rue Marbeau war fürchterlich. Nicht zu reden von deren trister Ausgestaltung. Beim Betrachten der äußeren schmucken Fassaden mit den großen Fenstern konnte man sich davon keine Vorstellung machen.

Ich mußte schon sehr aufmerksam sein, wollte ich unbeschadet die zahlreichen Korridore und verwinkelten Treppen im Halbdunkel zu meinem Arbeitszimmer absolvieren. Welch verschlungene Pfade und kaum ein Schimmer Tageslicht, welches von draußen hereindringen konnte. Dazu der schwer definierbare Geruch, den solch alte Gemäuer von sich geben.

Ich habe den langen Weg vom Eingang der Botschaft bis zu meinem Zimmer in guter Erinnerung – nicht aber die vielen Türen mit Sicherheitsschlössern und die Tristesse der schmucklosen Gänge, die verlorenen Minuten, die man brauchte, um ins Freie zu gelangen oder Gäste im Empfangssalon begrüßen zu können. Hier durfte man nicht in Eile geraten oder etwas vergessen haben.

Nicht vorstellbar, daß in dem Empfangssalon Raymond Poincarré verstarb, jener französische Regierungschef, dem der Ruf eines Revanchisten nachhing. In den 20er Jahren hatte er gegenüber Deutschland eine kompromißlose Haltung eingenommen. Als die Deutschen säumig wurden bei der Erfüllung des Versailler Diktatfriedens von 1919, ließ Poincarré 1920 kurzerhand das Ruhrgebiet besetzen. Die KPD rief zum Generalstreik: »Schlagt Poincarré an der Ruhr und Cuno an der Spree!« Selbstverständlich sei er eines natürlichen Todes gestorben, versicherte mir ein Kenner der französischen Szene gelegentlich mit aller Bestimmtheit, und nicht etwa an diesem bedrückenden Quartier ...

Einerseits lag die Botschaft günstig – im Herzen von Paris, im 16. Arrondissement, unweit der berühmten Avenue Foche, die zum noch berühmteren Arc de Triomphe führt und zu den wohl in aller Welt bekannten Champs Elysées. Noblesse oblige, die DDR hatte Glück gehabt, bereits Jahre vor der diplomatischen Anerkennung ein solches Gebäude für ihre spätere Botschaft erworben zu haben. Das 16. Arrondissement gehörte zu den von ausländischen Missionen bevorzugten Gegenden. Von hier aus konnte man bei günstigen Verkehrsbedingungen relativ schnell die wichtigsten Ämter der Stadt erreichen und von der Place de l'Etoile sternförmig ausgehende Boulevards nach allen Himmelsrichtungen befahren.

Andererseits bot diese Lage in der Millionenstadt für den Aufklärer auch Nachteile, nicht nur wegen der gegenüber der Botschaft in Sichtweite abgestellten Campingwagen, die leichten Mädchen Zugang zu schnellem Geld erschlossen. Die Campingwagen genossen nicht nur die Aufmerksamkeit der umherziehenden Freier, sondern auch die der Polizeistreifen, die ohnehin wegen des nahegelegenen berühmt-berüchtigten Bois de Bologne in Aktion traten – ständig, auch des Nachts. Dieses Parkgelände wurde zur häufigen Zufluchtsstätte zwielichtiger Figuren, die ihre Streifzüge auch um die Botschaft machten.

Die Nachteile für den Aufklärer ergaben sich aber auch aus der Präsenz jener, die von Berufs wegen die im Bois de Bologne tätigen Zuhälter und Prostituierten beobachteten. Denn die beobachteten auch die Mission.

Die Zugänge zum Botschaftsgelände waren zu jeder Zeit und für jedermann mühelos einsehbar. Die Begleitumstände für meine Tätigkeit waren im Vergleich zu früheren Stationen insgesamt wesentlich ungünstiger, aber letztlich nicht zu ändern.

Ein Angebot, Quartier in einem schloßähnlichen Gebäude mit vielen Erkern und Türmchen und einem großen Garten in unmittelbarer Nachbarschaft zur Botschaft zu beziehen, lehnte ich ab. Von außen war es gut anzusehen, aber im Innern war es ebenso alt und verbaut wie die Botschaft. Es war für unsere Bedürfnisse viel zu groß und zu kostspielig im Unterhalt und letztlich für die vorgesehene Nutzung ungeeignet. Nach ein paar Wochen gab ich die Suche endgültig auf. Und auch der Verwaltungsleiter, der mich wohl als Nörgler empfunden haben mag, weil er meine Beweggründe nach Veränderung weder wissen konnte noch durfte, signalisierte bald darauf seine Kapitulation.

Mein Doppelleben der vergangenen Jahre sollte in Frankreich eine Neuauflage finden. Dennoch sollte es keine einfache Wiederholung werden. Ich war mir gewiß, daß ich als Aufklärer in Frankreich für eine erfolgreiche Tätigkeit nur eine Chance hatte, wenn ich die Glaubwürdigkeit meines diplomatischen Auftrages erhalten konnte. Das wollte ich unter allen Umständen.

In meiner offiziellen Eigenschaft als Außerordentlicher Gesandter und Bevollmächtigter Minister der Botschaft der DDR in der Französischen Republik bemühte ich mich vom ersten Tag an, offiziell in Erscheinung zu treten. Ich versuchte, schnellstens auf höchstmöglicher Ebene die Grüße meiner Regierung zu übermitteln und den Wunsch der DDR zu bekräftigen, die Beziehungen zu Frankreich allseitig vertiefen zu wollen. Möglichst viele sollten in Frankreich von meinem Auftritt und meinen Begehren überzeugt werden. Und ich wollte herausfinden, inwieweit die französische Regierung tatsächlich willens war, die zwischenstaatlichen Beziehungen zur DDR auszubauen, wie es kürzlich von Premier Laurent Fabius in Berlin erklärt worden war.

Mich beschäftigten die gleichen Fragen, mit denen ich in den letzten Jahren in Berlin konfrontiert worden war. Was hatte sich in Europa nach der Konferenz von Helsinki verändert? Würde ich ähnliche Erfahrungen machen wie vor einigen Jahren? In meiner Tätigkeit in der zweiten Hälfte der 70er Jahre in Brüssel und erst recht in Berlin, als ich im Umgang mit Botschaftern und ausländischen Würdenträgern Erfahrungen sammelte, versuchte ich immer wieder herauszufinden, ob überhaupt und warum der Westen die Herausforderungen der friedlichen Koexistenz annahm. Hatte er keine andere Wahl? Oder war er von seiner Stärke und Überlegenheit wirklich so überzeugt, daß er die Schlußakte von Helsinki mit ihren Verpflichtungen getrost unterschreiben konnte? Die in Berlin akkreditierten Diplomaten, mit denen ich diskutierte, gaben sich jedenfalls durchweg von der Richtigkeit der Politik des »Wandels durch Annäherung« überzeugt. Die westlichen Abgesandten machten mir gegenüber nie einen Hehl daraus, daß sie ihre Interessen auch unter den Bedingungen, wie sie die sozialistischen Staaten wünschten, durchzusetzen in der Lage wären. Zu dieser Einsicht würden diese eines Tages schon selbst kommen.

Wie oft hatte ich solches schon gehört, immer und immer wieder, seit Jahrzehnten. Worauf zielten die Behauptungen ab, daß es keine Chance gäbe, den Wettlauf mit dem Westen zu gewinnen?

Wie lange der Osten gedenke, den Wettlauf durchzuhalten, wollte man wissen.

Mich wunderte es, mit welcher Selbstsicherheit von der anderen Seite Behauptungen von der »Überrüstung« des Ostens vertreten wurden. An eine Begebenheit erinnere ich mich besonders deutlich. Ob ich schon einmal die Vereinigten Staaten von Amerika besucht hätte, wollte der Vize-Präsident des Instituts für Internationale Beziehungen in Paris während eines Empfangs im Festsaal der UNESCO von mir erfahren. Als ich verneinte, meinte er jovial mir auf die Schultern klopfend: Wenn ich jemals dorthin käme, würde ich mir der Perspektivlosigkeit des Sozialismus bewußt werden.

Ich weiß nicht, worauf er damit abhob: auf die ökonomischen Potenzen, auf die Freizügkeit und Freiheit, auf »freedom and democracy«?

Militärisch konnten wir noch mithalten, ökonomisch hatten sie uns offenkundig schon abgehängt. Und bei den Menschenrechten? Sie ritten immer darauf herum, daß wir die Freizügigkeit verweigerten – wir hielten dagegen, daß sie im Westen das Menschenrecht auf Arbeit, das auf bezahlbare Wohnung, auf Ausbildung und medizinische Betreuung verweigerten. Menschenrechte aber waren unteilbar, wie mir später klar wurde. Wir zeigten nur auf die Defizite der anderen Seite statt die Stärken des eigenen Systems herauszustellen. Wir wollten nicht anders, aber immer besser sein. Sinnvoll wäre gewesen, genau das Anderssein zu betonen und Demokratie zu wagen.

Ich war unverändert davon überzeugt, daß eine Politik der Vernunft und des guten Willens, die Politik der Verständigung und Suche nach friedlichem Interessenausgleich, wie sie von der DDR verfolgt wurde, auch zu mehr innenpolitischer Normalität in den sozialistischen Ländern führen würde.

Mich beunruhigten Aussagen, denen zufolge die wirtschaftliche Leistungsfähigkeit der DDR längst ihre Grenzen erreicht habe. Die Zeichen wirtschaftlicher Stagnation waren nicht mehr zu übersehen. Aus meiner Tätigkeit in einer interministeriellen Arbeitsgruppe wußte ich, daß die DDR größte Anstrengungen unternehmen mußte, um ihre internationalen Zahlungsverpflichtungen erfüllen zu können. Nun erfuhr ich vom Handelsrat in Paris, daß die Zahlungsunfähigkeit wie ein Damoklesschwert über der DDR hing.

Ich wollte das einfach nicht glauben. Aber der Handelsrat war nicht irgendwer. Wir kannten uns seit fast dreißig Jahren. Wir gehörten beide jener Generation an, die damals ohne Erfahrungen und ohne lange Vorbereitungen auf Auslandsposten der DDR gehoben wurden – er als Handelsattaché, ich etwa zeitgleich als Beauftragter für die konsularischen Beziehungen. Wir dienten beide vorbehaltlos einem Staat, von dem wir überzeugt waren, daß er der bessere Teil Deutschlands sei.

Der Zufall wollte es, daß wir nahezu zeitgleich nach Paris verschlagen wurden und uns nach Jahrzehnten erstmals unter einem Dach wiederfanden. Wir hatten volles Vertrauen zueinander, und es gab nicht viel, was der eine dem anderen aus Gründen der Staatsräson vorenthielt. Vor Jahren war er als Stellvertreter des Ministers für Außenhandel abgeschossen worden, weil er eine eher unbedeutende Affaire im Privatleben hatte. Hinsichtlich der Moral wurde in der DDR gelegentlich mit zweierlei Maß gemessen.

Als Handelsrat in Bonn und nun in Paris hatte er Einblicke in Zusammenhänge, die ich als Aufklärer im Ausland nie hatte. Er kannte die Fehlorientierungen der Wirtschaftspolitik und die eingetretenen Mißstände, die er für vermeidbar hielt. Er schrieb sie Dr. Günter Mittag zu, dem für die Wirtschaft zuständigen ZK-Sekretär. Kritik blieb ohne Echo oder Wirkung. Mittag, davon berichtete mir der Handelsrat, war nicht nur ein Despot, nicht nur herrsch- und habsüchtig, sondern auch skrupellos in seinem privaten Drang zur Bereicherung. Das bekamen selbst wir in Paris zu spüren.

An der inneren Stabilität der DDR und an der Aufrichtigkeit ihrer Außenpolitik sollte es für Frankreich jedoch keine Zweifel geben. Dazu waren wir angetreten.

Frankreich zeigte ein besonderes Interesse für eine weitergehende wirtschaftliche Kooperation und an einer Regelung alter Vermögensfragen. Die Beauftragten aus den verschiedenen staatlichen Dienststellen bestätigten die Absicht, auf entsprechenden Ebenen über gegenseitige Wünsche verhandeln zu wollen.

Meine Antrittsbesuche in Paris wollte ich damit beginnen, Ansätze für den zügigen Ausbau der Beziehungen zu eruieren. Dabei half mir der Handelsrat. Er schien wie ich davon überzeugt, daß wirtschaftliche Kontakte den Einstieg in politisch-diplomatische (und auch nachrichtendienstlich wichtige) Verbindungen erleichterten. Die französischen Partner hörten bereitwillig zu.

Mit unserem Botschafter verständigte ich mich rasch über meine diplomatischen Aktivitäten. Ich benötigte sie, um später auch Sondierungen für operative Vorgänge der Aufklärung vornehmen zu können. Anderenfalls hätte ich unter den gegebenen Regimebedingungen, insbesondere wegen der vorzüglichen Abwehrarbeit der französischen Sicherheitsorgane, kaum den erforderlichen Spielraum gehabt.

Der Botschafter begnügte sich damit, mich so häufig wie für ihn zweckmäßig zu Kontakten mit Regierungsstellen zu entsenden. Eigenartig, er hielt sich bei Kontakten auf hoher Ebene zurück, obwohl er selbstredend über entsprechende Erfahrungen verfügte. Ich kannte meinen unmittelbaren Vorgesetzten bereits seit den 50er Jahren, als wir gemeinsam im Außenministerium arbeiteten, in jener Abteilung, die sich als einzige mit den überseeischen Gebieten befaßte. Von ihr wurde die entstehende sogenannte Dritte Welt bearbeitet. Damals nahm er kaum Notiz von mir. Er galt als besonders talentiert und machte eine schnelle Karriere, die ihn ungewöhnlich frühzeitig zum Botschafter werden ließ.

Wir begegneten uns in den verflossenen Jahren selten, wiewohl wir für eine gewisse Zeit und fast gleichzeitig im Nahen Osten eingesetzt waren – er in Damaskus, ich in Beirut. Irgendwann übernahm er später eine Funktion in der Internationalen Abteilung des Zentralkomitees der SED und bewies sich, wie sich herumsprach, auch dort. Außerhalb des Ministeriums sahen wir uns seitdem nur gelegentlich, bewahrten aber einander die übliche Aufmerksamkeit von Leuten, die ihrer Überzeugung nach für die gleichen Ideale wirkten.

Sein Einfluß auf außenpolitische Vorgänge gegenüber Westeuropa wurde spürbar vor allem dann, wenn konzeptionelle Überlegungen von der Parteiführung an das Ministerium zur Ausarbeitung zu übermitteln waren oder in ihrer Realisierung beaufsichtigt werden sollten. Mitunter sahen wir uns auch bei Dienstberatungen des Ministers, wo er außenpolitische Orientierungen kommentierte. Was ich damals über ihn – von ihm selbst oder von anderen – von Zeit zu Zeit hörte, machte ihn für mich bedeutender als jetzt, da ich ihm unterstellt war und mit ihm direkt zusammenarbeitete. Das ist aber immer so. Aus der Nähe ist Großes mitunter doch nicht ganz so groß.

Während der Zeit, in der er sich als Außerordentlicher und Bevollmächtigter Botschafter auf den Einsatz in Frankreich vorbereitete, hatte ich die zuständige Länderabteilung geleitet und Gelegenheit gehabt, ihn näher kennenzulernen. Ich hielt das für unsere spätere Zusammenarbeit in Paris für sehr wichtig. Doch wirklich näher kamen wir uns nicht. Er akzeptierte mich als seinen künftigen Stellvertreter, noch ehe er davon erfuhr, daß ich nach Paris in doppelter Funktion kommen würde. In Paris wurden wir zu Partnern, die sich nicht mehr allzusehr im Rang oder in der Verantwortung unterschieden. Ich mußte ihn häufig vertreten und litt wie er weder an Minderwertigkeitskomplexen noch an einem unterentwickelten Selbstwertgefühl..

So sehr wir uns dem gemeinsamem Auftrag verpflichtet fühlten – in Fragen der Umsetzung vertraten wir mitunter unterschiedliche Auffassungen. Am Ende zäher Diskussionen fanden wir jedoch zu einem gemeinsamen Nenner. Ich meinerseits akzeptierte ihn als Chef und war eigentlich sehr froh, daß er mir Bewegungsfreiheit zugestand. Ich war nun mal kein Bürovorsteher.

Wie ich hörte, war dies nicht in allen Botschaften so. In einigen betrachteten sich Botschafter und Resident als unverträgliche Rivalen und behinderten sich gegenseitig. Das war bei uns nicht der Fall. Eine gewisse Engstirnigkeit, Launenhaftigkeit, Unentschlossenheit, die gelegentlich spürbar wurden, störten mich, aber ich nahm sie in Kauf.

Der Chef jedenfalls zeigte sich zufrieden, wenn ich von interessanten Gesprächen in die Botschaft oder in die Residenz zurückkehrte. Am liebsten sah er es, wenn ich mit fertigen Depeschen für das Außenministerium aufwartete, die er nur noch abzuzeichnen brauchte.

Und ausgesprochen angenehm war es, daß der Chef keine Fragen zum zweiten Teil meiner Mission stellte.

Ich verhehle nicht, daß mich Stolz erfüllte, in der Weltstadt Paris auf der Ebene eines Gesandten zu agieren. Ich hätte tatsächlich zufrieden sein können, an so einem wichtigen Abschnitt politischer Auseinandersetzungen wie diesem teilnehmen zu dürfen. Und dennoch war ich es nicht wirklich. Ich spürte, wie mein Denken und Handeln unter den gegebenen Bedingungen mehr und mehr vom Inhalt der Aufgaben eines leitenden Diplomaten bestimmt wurde, besonders zu Zeiten, in denen mir die Leitung der Botschaft übertragen wurde und ich die Pflichten des Geschäftsträgers a .i. wahrnahm.

Mitunter kam sogar der Wunsch auf, der Tag möge kommen, an dem ich mich vom Nachrichtendienst verabschieden könnte und sich irgendwo in der Welt ein Posten für mich als Botschafter fände. Nach Hause für immer wollte ich jedoch keineswegs. Ich genoß die Freizügigkeit und – bei allem Reglement – die Chance, selbständig arbeiten zu dürfen.

Ich arbeitete in Paris nicht unbedingt so wie die Chefs anderer Residenturen. Markus Wolf hatte in letzter Minute vor meiner Ausreise ganz und gar überraschend befunden, daß meine offizielle Funktion als Stellvertreter des Botschafters im Rang eines Gesandten besonderer Sicherheitsvorkehrungen bedürfte. Die Geheimhaltung der Funktion als Resident wurde zum obersten Gebot erklärt. Von meiner Doppelrolle in der Botschaft erfuhren nur wenige, von den Diplomaten nur die mir direkt unterstellten Offiziere, die die einzelnen Branchen der Residentur verantworteten. Sie leiteten die ihnen zugeordneten Ressorts mit Unterstützung der jeweiligen Abteilungen der Zentrale im wesentlichen selbständig. Sie konsultierten mich in wichtigen Fragen und gelegentlich bei Entscheidungsvorbereitungen. Dazu traf ich mich mit ihnen von Zeit zu Zeit in einer abhörsicheren Kabine der Botschaft, die nur einem kleinen Kreis von Botschaftsangehörigen zugänglich war. Hier blieben wir von der allgemeinen Hektik verschont und unsichtbar für alle, die nicht in die nachrichtendienstliche Konspiration eingeweiht waren.

Nur die mir direkt unterstellten Offiziere – die Operativen Gehilfen – kannten mich persönlich. Die ihnen angeschlossenen Mitstreiter wußten nichts von der Existenz eines Residenten.

Daß es mir in Paris schwerfallen würde, Verantwortung als Resident zu tragen, hatte ich nicht vorausgesehen. Die Dimension der inoffiziellen Tätigkeit, die psychischen und physischen Belastungen wollten mich schier erdrücken, wenn ich als Chargé d'Affaires der Botschaft gleichzeitig die operativen Prozesse der Residentur zu steuern hatte. Dies überstieg alles bis dahin von mir Erledigte.

Das Außenministerium erwartete aber von mir, daß ich zu einer Belebung der politisch-diplomatischen Arbeit gegenüber Frankreich beitrug. Wie es hieß, habe deshalb der Minister die Leute mit den besten Voraussetzungen für Paris aussuchen lassen. Und tatsächlich, es waren nach und nach hervorragend ausgebildete junge Leute angereist.

Ich hatte Weisung von Markus Wolf persönlich bekommen, im Vorfeld des Honecker-Besuches die Entwicklung der zwischenstaatlichen Beziehungen auf keinen Fall durch operative Aktivitäten der Residentur zu gefährden. Ob es neben meiner Residentur in Paris noch eine illegale gab, das entzog sich meiner Kenntnis. Zuviel stand auf dem Spiel, als daß ich dieser Weisung zuwider gehandelt hätte.

Die Zentrale der Hauptverwaltung Aufklärung ihrerseits erwartete von mir ebenfalls einen Aufschwung der Arbeit, die, wie man einschätzte, seit Jahren mehr oder weniger auf der Stelle trat. Ein Aufschwung sollte sich vor allem in der Informations- und Analysetätigkeit vollziehen. Nur, da es keine geheimen Quellen gab und keiner Ideen besaß, geschweige denn Konzepte, blieb es auch ein Geheimnis, wie ein solcher herbeigeführt werden sollte.

Wenige Tage zuvor hatte in Paris eine Begegnung zwischen Michail Gorbatschow, der im April 1985 Generalsekretär der KPdSU geworden war, und Präsident François Mitterrand stattgefunden. Der Bedarf an Einschätzungen offizieller und vor allem aber interner Reaktionen schien in Berlin immens zu sein.

Dieses Gipfel-Treffen fand in allen Regierungsstäben besondere Beachtung, in Washington vermutlich ebenso wie in London oder Bonn, in Moskau ebenso wie in Peking oder Tokio. Solche Gipfel beschäftigten nicht zuletzt auch die Nachrichtendienste. In Berlin, wo seit längerer Zeit Verstimmung darüber herrschte, daß es die sowjetische Seite für richtiger hielt, der DDR-Außenpolitik zuvorzukommen und gegenüber Westeuropa selbst Initiative zu ergreifen, wurde man immer nervöser. Moskau hatte sich auf der Bühne der Weltpolitik zurückgemeldet. Und Gorbatschow propagierte »Neues Denken«. Es brachte Bewegung in die verhärteten Fronten des Ost-West-Konfliktes.

Vieles blieb für mich vorerst unklar, manches sehr widersprüchlich. Was verbarg sich hinter dem sogenannten neuen Herangehen der Sowjetunion an die Fragen der Rüstungsbegrenzung und Abrüstung, was hinter dem »gemeinsamen Haus in Europa«, hinter den »allgemeinmenschlichen Werten«? Welche Ziele verfolgte Gorbatschow, was wollte er erreichen? Was mir von seinen Ideen zugänglich war, das erschien mir plausibel, sympathisch, machbar, in der Außenpolitik realistisch. Die sowjetische Innenpolitik interessierte mich seit jeher kaum, noch weniger jedoch, seit ich die späten Enthüllungen über den in meiner Jugendzeit verehrten Stalin zur Kenntnis nehmen mußte.

Gorbatschow schien über Chruschtschow hinauszuwachsen, der 1956 mit seiner Rede auf dem XX. Parteitag das »Tauwetter« eingeleitet hatte, was aber spätestens mit seiner Absetzung 1964 durch Breshnew endete. Nun rief der Neue »Glasnost« und »Perestroika«.

Bekam der Sozialismus noch einmal eine Chance?

Daß es so wie bisher nicht weitergehen konnte, war allen politisch Interessierten und Aufgeschlossenen bewußt. Die ideellen wie materiellen Reserven schienen aufgezehrt. Die rote Kolonne drohte an den Mühen der Ebene zu scheitern, wenn alles so weitertrottete wie bisher.

Und speziell aus meiner Sicht: Was nutzten die besten Informationen aus aller Welt und die zuverlässigsten Einschätzungen, wenn sie in der Politik keine Berücksichtigung fanden, wenn im eigenen Haus die Dinge außer Kontrolle gerieten. Afghanistan, Angola, Moçambique, Äthiopien, Polen ... Der polnische Gesandte versicherte mir, daß die Entwicklung in Polen kompliziert, aber nicht hoffnungslos sei. Bei einer Beratung befragte ich auch den neuen Botschafter Polens dazu – er wich mit einem Gemeinplatz aus. Wie es hieß, war dieser Mann auf Vorschlag von »Pax christi« zum Botschafter für Paris berufen worden. Das ließ tief blicken.

Ich lebte allerdings auch in der Hoffnung, in Frankreich vom Glück begünstigt zu werden, das mir auch schon anderenorts gewogen war. Andererseits entsprach es nicht meiner Natur, auf den Zufall zu warten. Ich war es gewohnt, meine Ziele nicht aus den Augen zu verlieren, mein Vorgehen wie beim Schachspiel, das mir mein Vater in früher Jugendzeit beigebracht hatte, auf nacheinanderfolgende Züge abzustimmen, jeden Schritt auf risikobeladenen Wegen sorgfältig und behutsam abzustecken.

Aus dem Studium der Regimeverhältnisse wußte ich, daß der allgegenwärtige Staat in Frankreich fähig war, zu beliebiger Zeit an jedem beliebigen Ort zuverlässige Auskünfte über Umstände und Personen einzuholen. Darin hatte man seit Napoleon Übung. Veröffentlichungen zufolge unterhielten die Dienste der Renseignements Généraux im Land ein lückenloses Informationsnetz. Die CRS-Sicherheitsspezialtruppen hatten alles im Blick und alles im Griff. Im Frühjahr 1986 fanden nahezu täglich Bombenanschläge irgendwelcher terroristischer Elemente statt. Es gab flächendeckende Straßensperrungen und Taschenkontrollen der Bürger, sogar beim Besuch von Kaufhäusern. Es war wie im Bürgerkrieg. Nicht so schlimm wie 1968, meinten manche Franzosen, die solches wohl schon des öfteren erlebt hatten.

Die Staatsmacht reagierte entschlossen und versetzte ihre Instrumente in pausenlose Alarmbereitschaft. Die Medien riefen ziemlich konzertiert zu allgemeiner Wachsamkeit auf – und setzten neue Akzente. Immer häufiger berichteten sie über Aktivitäten östlicher Geheimdienste im Land. Man zitierte sogar einige Namen sowjetischer und tschechoslowakischer Diplomaten und ihre französischen Verbindungen.

Inwieweit es sich um Zweckmeldungen handelte, um Betroffene zu verunsichern, oder um Pannen der jeweiligen Nachrichtendienste – wer konnte darüber Auskunft geben? Aus Kreisen von Politik und Wirtschaft hieß es, daß es sich um Provokationen rechter Kräfte handele, die einer vermeintlichen Annäherung Frankreichs an die Sowjetunion entgegenwirken wollten. Besorgte Anfragen beim sowjetischen Gesandten wurden ausweichend beantwortet. Vor meiner Abreise aus Berlin hatte ich Andeutungen über Ausweisungen sowjetischer Botschaftsangehöriger in Paris und London gehört, aber über Umfang und Ausmaß, über Ursachen und Konsequenzen wollte oder konnte niemand Genaueres sagen.

Vor diesem Hintergrund war mein Wunsch verständlich, nicht in das Visier der gefürchteten französischen Abwehr, der Direction de la Surveillance du Territoire (DST) zu geraten. Bei allem Drängen der Zentrale nach baldigen soliden Ergebnissen – ich mußte auf der Hut sein und mein Schrittmaß selbst bestimmen. Geheime nachrichtendienstliche Tätigkeit aus der diplomatischen Vertretung, wie sie vom sowjetischen KGB im Westen und von westlichen Geheimdiensten im Osten betrieben wurde, war in Paris unmöglich. Von Illusionen, die ich in dieser Hinsicht noch in Brüssel pflegte, mußte ich mich hier vollends verabschieden.

Meine Mannschaft, die durchweg aus jungen, intelligenten Offizieren bestand, welche aber fast ohne politisch-diplomatische, geschweige denn nachrichtendienstlich-operative Erfahrungen waren, wären damit überfordert gewesen. Ich mußte daher erst die nachrichtendienstliche Arbeit innerhalb der Botschaft organisieren. In den Mittelpunkt stellte ich die Auswertung legal zugänglicher Regimematerialien, ihre analytische Aufbereitung unter operativen Gesichtspunkten und das Training diplomatischer Umgangsformen. Über die diplomatische Kontaktarbeit mußte dann im zweiten Schritt in operativ interessante Objekte eingedrungen werden – zum Beispiel in Objekte, in denen die Strategien der westlichen Alliierten gegenüber den Staaten des Warschauer Vertrages entwickelt wurden. Dabei achtete ich strikt darauf, der französischen Abwehr keine Hinweise zu liefern. Aus der qualifizierten Ausschöpfung akkreditierter Diplomaten sollte es für die Gegenseite schwierig werden, Hinweise auf berufsfremde Aktivitäten herauszufiltern.

Unsere Gegenspieler waren nicht nur die verschiedenen Abwehr- und Aufklärungsdienste der Franzosen, sondern auch die Dienste der USA und ihrer Verbündeten, insbesondere die CIA und der Bundesnachrichtendienst. Angesichts des täglichen Trommelfeuers der Medien, die mit Fakten und Erfindungen über Umtriebe östlicher Geheimdienste diese verunsichern sollten, mußte ich meinen Mitarbeitern Mut machen und ihr Selbstvertrauen stärken. Die Kampagne zeigte durchaus Wirkung.

Außerdem mußte verhindert werden, daß sich das Botschaftspersonal zu sehr mit dem inneren Betrieb beschäftigte oder gar mit sich selbst. Solches hatte ich schon über manch andere Botschaften gehört, die schließlich nur Mittelmäßiges produzierten und bei Auswertungen auf Botschafterkonferenzen in Berlin Minuspunkte sammelten. In einer müden Botschaft konnte es keine muntere Residentur und keine erfolgreichen Aufklärer geben. Je besser es die Leitung der Botschaft verstand, ihre Mitarbeiter zu motivieren, sie zu intensiver Kontaktarbeit ausschwärmen und auf konventionelle und unkonventionelle Weise Informationen zusammentragen zu lassen, um so schwerer würden es die französischen Abwehrdienste haben, die Angehörigen der nachrichtendienstlichen Organisation und ihre Verbindungen unter Kontrolle zu bekommen.

Wo immer wir auftraten, die Einhaltung der vorgegebenen Regelungen und das Verschmelzen der Identitäten von Diplomat und

Aufklärer sollten unser Erscheinungsbild bestimmen und unsere Anwesenheit als Angehörige eines geheimen Nachrichtendienstes verschleiern helfen. Mit dem zeitlichen Abstand glaube ich, nicht ohne Genugtuung, behaupten zu können, daß die französische Seite in den Folgejahren Mühe gehabt hätte, uns zu identifizieren.

Wenn ich erfahren wollte, wie in den höheren Etagen französischer Ämter über die Perspektiven des Ost-West-Konfliktes tatsächlich gedacht wurde, mußte ich dort, wie eh und je, Partner finden, mit denen es sich streiten ließ. Wenn ich wissen wollte, welche Positionen Frankreich zu diesem oder jenem Problem der Weltpolitik vorbereitet, dann schien mir unter gegebenen Bedingungen ein Gang zu Wissensträgern in den höchsten Etagen am effektivsten.

Gesehen und gehört werden, um zu sehen und zu hören – ich erinnerte mich an ein kleines Kärtchen, das mir die Gattin des DDR-Militärattachés in Brüssel, eine lebenslustige und stets zu Scherzen aufgelegte Frau in den besten Jahren, einst bei passender Gelegenheit zusteckte: Die grundlegende Eigenschaft eines Diplomaten sei die Offenheit, stand darauf in schönen Kursivlettern gedruckt. Denn wenn er tatsächlich die Wahrheit spricht, dann glaubt sie ihm doch niemand.

Über die besten Voraussetzungen, um mit dieser in den Vorzimmern der Hohen Häuser aufzukreuzen und solche dort zu vernehmen, verfügte ich selbst. Nicht nur wegen meines Ranges, der in Frankreich, da dort nicht allzu häufig verliehen, Respekt provozierte. Ein Attaché oder 3. Sekretär galt den Beratern der Regierung nichts. Ein Botschaftsrat war allenfalls Mittelgewicht. Aber ein Botschafter und Minister …

Ich genoß es, zu Begegnungen mit Franzosen zu eilen, zu Gesprächen im berühmten Quais d'Orsay, dem Außenministerium, im Matignon, wie man den Amtssitz des Premierministers nennt, im Palais de Luxembourg, wo der Senat seine Büros unterhält. Ich wollte die Bekanntschaft derer machen, die dort zu diplomatischen Beratern berufen worden waren, die nicht nur wegen ihres gesellschaftlichen Ranges als Partner geeignet erschienen. Sie waren es vor allem, die gewissermaßen akkumulierten, was in den hohen Dienststellen Frankreichs an Relevantem für die Führung des Landes zusammengetragen wurde. Und sie sorgten auch dafür, daß die jeweiligen Dossiers aufbereitet und mit Vertraulichkeit behandelt wurden. Ich wollte sie kennenlernen – ohne jedes Protokoll, unter Umgehung hinderlicher Vorschriften. Die französischen Diplomaten hatten sich in Berlin auch die Freiheit genommen, nach eigenem Ermessen zu verfahren.

Im Palais d'Elysée, dem Amtssitz des Präsidenten, arbeiteten einige mir bereits bekannte Leute als Berater – darunter Hubert Vedrine, der während des Besuches des Premiers in der DDR mit einem kleinen Sonderflugzeug nach Berlin-Schönefeld nachgereist war, und Regis Debray, der sich wegen seiner fortschrittlichen Haltung gegenüber dem Befreiungskampf in Lateinamerika wohltuend hervorhob. Ich trug zu meinen Antrittsbesuchen jene blaue Krawatte, die mir der französische Premierminister in Berlin als Protokollgeschenk hatte überreichen lassen. »Un geste du Premier«, eine Geste, zu nichts verpflichtend, selbstverständlich nicht, die aber bei passender Gelegenheit nebenher die scherzhafte Bemerkung erlaubt, daß man mit ihm in Berlin schon zu tun gehabt hatte.

Was waren das für Leute, die in Frankreich auf hohen Posten saßen, die die Dossiers ihrer Chefs auswendig beherrschten, die die Drähte zwischen den verschiedenen Dienststellen in ihren Händen hielten, die über alles Auskunft geben konnten, wenn sie nur wollten? Wie würden diese Leute mich empfangen? Wie vor Jahren die freundlichen, geselligen Belgier? Könnte man auch hier Brücken bauen, die ein baldiges Wiedersehen ermöglichten, vielleicht ein Wiedersehen bei einem Essen in einem der berühmten Pariser Restaurants, wo man sich »Wie Gott in Frankreich« verwöhnen lassen konnte? Wenn das stimmte, was man sich zuraunte, stammten die meisten dieser Leute aus Familien, die ihre Sprößlinge auf die französischen Eliteschulen schicken konnten, auf jene Ausbildungsstätten, aus denen die Spitzenfunktionäre für die Verwaltung, die Wirtschaft und das Militär hervorgingen. Wie von manchem behauptet wurde, soll es sich um Personen handeln, deren oberstes Ziel es war, Karriere zu machen. Sie drängten danach, ihrem Staat zu dienen und Macht und Verantwortung zu übernehmen. Wer von denen die strengen Auswahlverfahren passierte, Intelligenz bewies, Anpassung und Härte, wer die Eliteschulen erfolgreich und mit höchstmöglicher Punktzahl abschloß, der erhielt die Chance, Zeit seines Lebens hochdotierte Ämter wahrzunehmen und schließlich in Spitzenpositionen der Gesellschaft gehoben zu werden.

Wie es hieß, stiegen einige von ihnen schon in sehr jungen Jahren in die Führungselite Frankreichs auf. Wie Raymond Barre, Wirtschaftsprofessor mit 27 Jahren, in den 80er Jahren einer der Präsidentschaftskandidaten. Wie Chaban Delmas, General mit 29 Jahren – ich sollte ihm später als Präsidenten der Nationalversammlung begegnen. Wie François Mitterrand, mit 30 Jahren Minister, oder wie Laurent Fabius, der mit 38 Jahren Regierungschef wurde und dessen Alter in Berlin Verwunderung auslöste. Frankreich förderte seine Talente auf seine Weise und schätzte sich glücklich, fähigen jungen Leuten den Weg in die Hierarchie rechtzeitig zu ebnen.

Aber nicht alle brachten jenen Ehrgeiz mit, der gebraucht wurde, um an die Spitze zu gelangen. Das war in Frankreich nicht anders als anderswo.

Und selbst Absolventen von Eliteschulen waren keine unfehlbaren Übermenschen. Auch unter ihnen gab es welche, die charakterliche Schwächen besaßen, anfällig waren für Schmeicheleien, materielle Zuwendungen und ideelle Anerkennung. Und: Nicht jeder »Aristokrat« mußte ein arroganter Schnösel sein. Das heißt: Auch unter ihnen würden sich Partner finden lassen, die mit uns – bewußt oder unbewußt – kooperierten.

Ich mußte zunächst im Interesse meiner Glaubwürdigkeit und Seriosität meinen Ruf als Diplomat begründen. Dazu nutzte ich Auftritte in der Öffentlichkeit. Heute würde man dies alles unter dem Stichwort »Imagebildung« subsumieren. Ich gab mich als ostdeutscher Diplomat, der zwar fest im Glauben zu seiner Sache stand, aber kein Betonkopf war. Ich verhielt mich offen, konziliant und kommunikativ – was ja auch durchaus meinem Naturell entsprach.

Im Frühjahr 1986, gleich zu Beginn meiner ersten Amtszeit als zeitweiliger Geschäftsträger, besuchte bei der Eröffnung der internationalen Pariser Messe Premierminister Jacques Chirac den DDR-Stand. Der Troß mühte sich durch das Getümmel heran, Fotografen, Fernsehen, Rundfunk. Ich ließ die Hand des Regierungschefs erst los, bis genügend Fotos geschossen worden waren. Diese Fernseh- und Pressefotos brauchte ich nicht für mein Familienalbum, sondern um mich in Frankreich bekanntzumachen. Damit konnte ich jederzeit operieren. Selbst wenn das Bild in den Medien am nächsten Tag vielleicht nicht wahrgenommen würde und in der Flut der anderen Nachrichten unterging: Ich konnte bei anderen Begegnungen auf jenes Foto verweisen, auf dem mich der Ministerpräsident mit Handschlag gleichsam geadelt hatte.

Jacques Chirac wurde von seinen Anhängern »der Draufgänger«

genannt. Nachdem wenige Wochen zuvor die Sozialisten die Par-
lamentswahlen verloren hatten, bildete er eine Regierung der bürgerlichen Parteien. Die Messe war auch für ihn ein willkommener Anlaß,
sich der internationalen Geschäftswelt zu zeigen. Und die Visite bei
uns bedeutete natürlich ein Signal Richtung DDR und Ostblock. Das
war kein Zufall.

Chirac erklärte den Wunsch der französischen Regierung, daß sich
die Beziehungen beider Länder weiterhin vertiefen mögen. Das mochte zwar wie ein Gemeinplatz klingen, bedeutete im Kern aber eine
wichtige Botschaft: Die Konservativen wollten die Politik der
Sozialisten in bezug auf Berlin fortsetzen.

Er meinte zwar, daß es »natürlich einige ideologische Probleme«
gäbe, die uns unterschieden. Aber wir hätten ausgezeichnete diplomatische Beziehungen, und Frankreich wünsche diese auszubauen –
im kommerziellen Bereich wie auch politisch.

Auch das »Neue Deutschland«, damals Organ des ZK der SED,
berichtete über die Begegnung mit dem französischen Premierminister
und brachte ein Foto.

*Kurt Berliner begrüßt Frankreichs Premier Jacques Chirac am Stand
der DDR und sammelt damit Punkte in Berlin, Mai 1986*

Französischer Premier am Messestand der DDR in Paris

Jacques Chirac betonte Wunsch nach engeren Beziehungen

Paris (ADN). Der französische Premierminister Jacques Chirac besuchte am Freitag bei einem Rundgang auf der Pariser Messe den repräsentativen Stand der DDR, die zum 37. Mal an dieser bedeutenden Messe teilnimmt. Er wurde herzlich vom Geschäftsträger der DDR in Frankreich, Gesandten Kurt Berliner, und von Handelsrat Walfried Lange begrüßt. Die Teilnahme der DDR sei Ausdruck ihrer Bereitschaft und ihres Wunsches, betonte der Gesandte, die Beziehungen zu Frankreich im Interesse des Friedens allseitig weiterzuentwickeln.

Premierminister Chirac erklärte, er erinnere sich sehr gern an seine Begegnung mit dem Vorsitzenden des Staatsrates, Erich Honecker, als er zur IOC-Tagung in Berlin weilte. Jacques Chirac wünschte den DDR-Ausstellern vollen Erfolg und betonte seinerseits den Wunsch der französischen Regierung, daß sich die Beziehungen beider Länder weiterhin vertiefen mögen.

In einem Interview mit dem DDR-Fernsehen während des Rundganges erklärte Premierminister Chirac auf die Frage, wie er den Stand der Beziehungen zwischen Frankreich und der DDR einschätzt: „Natürlich haben wir einige ideologische Probleme, die uns unterscheiden. Aber wir haben ausgezeichnete diplomatische Beziehungen, und wir wünschen eine Verstärkung unserer Beziehungen besonders auf dem kommerziellen Sektor und natürlich auch auf politischem Gebiet."

Siehe auch Seite 7

Das SED-Zentralorgan »Neues Deutschland« berichtet auf Seite 1

In Paris traf ich Georges Vaugier wieder, den Rat der französischen Botschaft in Berlin, mit dem ich bereits dort gut konnte. War es Zufall oder Arrangement? Folgte er mir, weil man ihn auf mich angesetzt hatte, oder kam seine Versetzung ins Außenministerium planmäßig? Ich wußte es nicht, rätselte nur.

In Berlin wollte man vage Hinweise gehabt haben, daß er nicht nur für den diplomatischen Dienst tätig sei, man vermutete, er wäre beim Service de Documentation Extérieure et de Contre-Espionage (SDECE), dem französischen Aufklärungsdienst, angebunden. Aber Belege gab es keine. Denkbar hielt ich, daß er Verbindung hatte zur Direction de la Surveillance du Territoire (DST), dem Auslandsnachrichtendienst, so lange er im Ausland war. Georges war schließlich in Prag, Moskau und Berlin eingesetzt.

Georges Vaugier wurde jedenfalls für einige Jahre mein wichtigster Partner im Ministére des Affaires Etrangéres, oder wie es leger genannt wurde: im »Quais«. Unsere Rollen schienen einfach vertauscht worden zu sein, er war damals die Nummer Zwei der französischen Botschaft und ich sein Partner am Marx-Engels-Platz, jetzt war es umgekehrt. Nur mit dem kleinen, aber feinen diplomatischen Unterschied, daß die Weltmacht Frankreich in ihrer Botschaft zu Berlin einen Botschaftsrat zum Stellvertreter machte und die Deutsche Demokratische Republik in ihrer Pariser Vertretung einen Gesandten.

Georges Vaugier arbeitete nun als Leiter des Territorialbereiches Zentraleuropa am »Quais«. Seine Abteilung war sowohl für die Bundesrepublik Deutschland als auch für die Deutsche Demokratische Republik und die anderen deutschsprachigen Länder Europas zuständig.

Die DDR genoß damit unter den Mitgliedern des Warschauer Paktes bei den Franzosen noch immer eine Sonderstellung. Die waren der Abteilung »osteuropäische Länder« zugeordnet. Daß die DDR dort herausfiel, war Folge der Hallstein-Doktrin.

Georges Vaugier war unerwartet von seiner Funktion in Berlin abberufen worden. Wie man munkelte, soll das sein Chef in Berlin, der die Berufung zum »Ambassadeur de France« seinen Verbindungen zur höchsten Ebene der Sozialistischen Partei verdankte, bewirkt haben. Derselbe soll auch verhindert haben, daß Madame Vaugier, eine kluge, akademisch gebildete und temperamentvolle Frau, an der Botschaft eine Anstellung erhielt. Vaugier verabscheute Vetternwirtschaft, er war korrekt und kompetent – da wird es wohl Rivalitäten gegeben haben. Doch der 40jährige Spitzendiplomat war gleichermaßen fleißig wie ehrgeizig. – Ich freute mich auf unsere erste Begegnung in seinem Ministerium.

Bewaffnete Uniformierte und Zivilisten waren auffällig präsent in der Vorhalle. Solche Vorkehrungen machten jeglichen Alleingang durch dieses Haus unmöglich. Ich reichte meine Identitätskarte durch die kleine Luke in einer riesigen Panzerglasscheibe, hinter der Karteikasten an Karteikasten stand, vermutlich die Besucherkontrollkartei. Ich wurde von einer charmanten Dame mit unbestimmtem Alter abgeholt. Ein Uniformierter reichte mir den Laufzettel, den ich mit Unterschrift des Besuchten und der Zeitangabe des Verlassens wieder abzugeben hätte, und salutierte. Die Augen der übrigen Uniformierten schienen allgegenwärtig zu sein, als müßten sie jede Bewegung verfolgen. Ich wurde das Gefühl nicht los, als gelte allein mir dieses Manöver. Wir betraten einen altmodischen Fahrstuhl, wie man ihn in Paris noch in vielen Regierungsbauten fand. Schweigen. Dann ging es über endlose, schlecht beleuchtete Korridore. Die Dame schwieg noch immer.

Georges Vaugier telefonierte bei meinem Eintreten aufgeregt und artikulierte gestenreich. Er winkte mir freundlich zu, als er bemerkte, daß ich zögerte näherzutreten. Ich nahm in einer Sesselecke Platz und sah mich um. Die Möbel waren mit vergoldeten Beschlägen versehen, ähnlich denen, die ich in den Antiquariaten der Rue de Rivoli schon gesehen hatte. Voriges Jahrhundert, vermutete ich als Laie, ohne mich in den vielen Stilarten auszukennen, die in den französischen Salons noch immer anzutreffen waren.

Georges Vaugier hatte sich kaum verändert. Die randlose Brille war etwas nach vorn geglitten, als ob sie ihm gar nicht gehöre und nur ausgeborgt wäre. Die Krawatte leger halb zur Seite gezogen, als habe er vergessen, seine Kleidung der Bedeutung seines Amtes anzupassen. Auch sein dunkelblauer Anzug stammte einer längst vergangenen Mode an, die Ärmel schienen viel zu kurz. Im Gegensatz zu seinen Amtskollegen und sonstigen technischen Angestellten, deren Äußeres fast eine feierliche Note trug, gab sich Vaugier eher lässig.

Er ließ sich nicht stören, redete unverdrossen auf seinen Gesprächspartner weiter ein. Nach geraumer Zeit warf er den Hörer hin und wandte sich mir zu. Mit flinken Bewegungen rückte er einen Sessel heran. Eigentlich müßte er mir einen Kaffee anbieten oder sich zumindest danach erkundigen, ob ich eine Erfrischung wünschte. Das geschah nicht. Auch bei den folgenden Besuchen in seinem Kabinett tat er dergleichen nie. In Berlin durfte man ausländischen Gästen wenigstens eine Zitruslimonade auf Staatskosten anbieten.

In seinem Haus werde französisch gesprochen, lächelte Vaugier freundlich, auch wenn er sich selbstverständlich freue, hin und wieder seine deutschen Sprachkenntnisse anwenden zu können. Wir einigten uns darauf, daß wir bei Begegnungen in der Botschaft deutsch sprechen würden. Vermutlich sprachen die Kollegen von der Sicherheit, die die Abhörprotokolle studierten, nur ihre Muttersprache.

Er sei überzeugt, meinte Vaugier, daß wir uns in Paris ebenso gut verstehen und verständigen würden wie in Berlin, und hoffe, daß wir imstande sein würden, den sich solide entwickelnden Beziehungen neue Impulse zu geben. Er sprach leidenschaftlich und ziemlich schnell, ich hörte gern seiner warmen, melodischen Stimme zu.

Wir verständigten uns auch darauf, daß einer für den anderen zu jeder Zeit und unter allen Umständen erreichbar sein sollte. Damit räumte er mir das gleiche Privileg ein, das ich ihm in den vergangenen

Jahren in Berlin gewährt hatte. Wir wollten uns vollständig und rund um die Uhr in den Dienst zur Verbesserung der Beziehungen zwischen unseren Ländern stellen.

Wir trafen uns häufig, meist in der Mittagszeit, in der uns keiner störte. Mitunter holte ich Vaugier vom »Quais« ab, und wir nutzten die wenigen Meter bis zu den Gaststätten des in der Nähe liegenden Boulevard de la Tour Maubourg, um Nützliches mit Angenehmem zu verbinden. Später trafen wir uns auch oft in »La Terasse«, einem reizenden Restaurant unweit des Eiffel-Turms und des früheren Exerzierplatzes Champ du Mars und der berühmten Ecole Militaire. In Fortsetzung meiner Gepflogenheiten machte ich dieses Restaurant wegen seiner Vorzüglichkeit in jeder Hinsicht zu einer Art Stammquartier für Treffen mit interessanten Personen. Ich hielt mich äußerst korrekt an die diplomatischen Normen und entsprechenden Umgangsformen und ließ die früher gewohnte Regel der Konspiration völlig außer acht.

Ich erklärte Vaugier, daß mir selbstverständlich die praktischen Beziehungen zwischen unseren Staaten am Herzen lägen, wir uns aber nicht nur auf diese beschränken sollten. Einverstanden, sagte er.

Und so handelten wir die Themen mit konkreten Arbeitsbezügen kurz ab und verweilten lange bei brisanten Themen, die ohne jegliche Rücksichtnahme diskutiert wurden. Für Vaugier wollte ich sowohl der Abgesandte aus der DDR sein, der das Vertrauen und die Vollmachten seiner Regierung besaß, als auch einer, der offen für alles war.

In den Gesprächen mit Vaugier ging es um Fragen der großen Weltpolitik und um die Beurteilung von Vorgängen in Frankreich und in den beiden deutschen Staaten. Wir diskutierten über Probleme der EG, der NATO, des Rates für Gegenseitige Wirtschaftshilfe (RGW) und des Warschauer Paktes. Ich nahm jede Möglichkeit wahr, die Fragen des Informationskataloges der Hauptverwaltung Aufklärung und der des Außenministeriums »abzuklären«.

Ich vermute, daß Vaugier seinerseits Fragen erörterte, die für die französischen Entscheidungszentren relevant waren.

Seine Fragen zu diesen oder jenen Aspekten verdeutlichten die Interessen, die Frankreich verfolgte. In der Art und Weise, wie Vaugier reagierte, spürte ich das Machbare in der Zusammenarbeit. Und auch er hatte herausgefunden, was an meinen Äußerungen offizieller Sprachregelung entsprach und was davon abwich. Wir nannten das scherzhaft »Klingenkreuzen«, wobei wir darauf achteten, den Widerpart nicht zu verletzen.

Unser Disput führte dazu, daß der DDR-Botschafter den Leiter der Europadirektion im »Quais« und dessen Stellvertreter zu offiziellen Essen in die Residenz einlud. Wir sekundierten unseren Chefs. Ich nutzte die Gelegenheit, um mich mit Marcel Tremeau anzufreunden, jenem kleinen quirligen Stellvertreter des Direktors der Europadirektion, der seinen Londoner Posten als Botschaftsrat gerade aufgegeben hatte. Mit ihm traf ich mich seitdem in größeren Abständen in »La Terasse«.

Tremeau redete gern, und noch mehr, wenn es mir gelang, ihn mit Hinweisen auf vermeintliche Fehler in der französischen Politik gegenüber den beiden deutschen Staaten zu provozieren. So fragte ich ihn, ob Frankreich nicht Lehren ziehen wolle aus den Vorgängen um das Münchner Abkommen von 1938. Und nach dem Zweiten Weltkrieg habe Frankreich den Fehler gemacht, sich nun auf jenen Teil Deutschlands zu orientieren, der sich mittlerweile zum ernsthaftesten Konkurrenten Frankreichs auf dem Kontinent entwickelt habe.

Jedes Mal versuchte er mich ziemlich hitzig zu widerlegen.

In mancher Hinsicht ergänzte er die Ausführungen von Vaugier zu Fragen, die für die DDR besonders relevant waren und von seiner Warte aus für ihn überschaubarer. Ich gewann aber nie den Eindruck, daß sich die beiden über das mit mir Besprochene austauschten oder gar abstimmten.

Georges Vaugier fand ich sympathischer. Je länger wir uns kannten und je zuverlässiger unser Zusammenwirken sich für mich erwies, um so mehr bemühte ich mich, den Gesandten hervorzuheben und meinen Hintergrund als oberster Beauftragter der Hauptverwaltung Aufklärung in Frankreich zu verbergen. Vor allem achtete ich darauf, alles zu unterlassen, was ihn vielleicht bei seinen Chefs im »Quais« kompromittieren könnte.

Es war völlig klar, daß aus ihm kein zweiter van der Kerk werden würde, der mir interessante Papiere über den Tisch schob oder mir wenigstens Einblick in sie gewährte. Das hier war eine andere Spielklasse.

Das Verhältnis der Botschaft zum Ministére des Affaires Etrangères entwickelte sich außerordentlich günstig und wurde gewiß von Vaugier fördernd beeinflußt. Die Arbeitsessen in der Residenz des Botschafters unterstützten meine Bemühungen, dienstliche Rendezvous auch mit französischen Partnern in anderen Hohen Häusern zu arrangieren.

Bald nutzte ich Konzerte, Ausstellungen und andere künstlerische Veranstaltungen im Centre Culturel der DDR auf dem Boulevard St. Germain im Quartier Latin, um im Anschluß daran einen Cocktail zu geben oder auch nur einen Drink zu reichen. Zu den Gästen gehörten die Gesandten ausgewählter NATO-Staaten und einige ranghohe Diplomaten aus sozialistischen Staaten, von denen ich annahm, daß die Franzosen an ihnen Interesse haben könnten, darunter die Gesandten der Botschaften der Sowjetunion und Chinas. Später kam der Resident des KGB dazu, der wiederum Interesse an der Bekanntschaft mit Zhang Xichang signalisierte. Mit dem Chinesen hatte ich in den ersten Monaten meines Aufenthaltes schon Berührung gehabt, und das KGB vermutete in ihm den Vertreter des chinesischen Nachrichtendienstes. Den sowjetischen Diplomaten war aufgetragen worden, Kontakte mit chinesischen Diplomaten zu suchen, doch diese wichen aus. So arrangierte ich für beide Seiten ein »zufälliges« Zusammentreffen.

Der Direktor des Kulturzentrums, der, wie sich herausstellte, mit Dagmar und mir die gleiche Schule besucht hatte, zeigte sich hocherfreut, uns und unsere Gäste in seinem Haus begrüßen zu können. Ohne zu wissen, welche Absichten ich unter dem Dach seines Hauses verfolgte, fühlte er sich geehrt und arrangierte vieles. Damit besserte er wiederum in Berlin seine Bilanz auf.

Weil ich Georges Vaugier und seine Frau in unserer kleinen Wohnung in Bologne-Billancourt kaum standesgemäß empfangen konnte, gab uns das Kulturzentrum Herberge. Die Vaugiers nahmen unsere Einladungen sehr gern an. Über gemeinsames Interesse an der Kultur und Freude an der Kunst kamen wir uns nun auch als Familien näher und berührten schließlich Alltägliches und Privates.

Für Ausländer ist es in Frankreich sehr schwierig, in Familien aufgenommen zu werden. Tatsächlich ist es in den Jahres unseres Aufenthaltes in Paris nur selten gelungen, Einblick in französische Wohnungen zu erhalten. Ich glaube nicht, daß dafür mögliche Ressentiments gegenüber Deutschen haftbar zu machen sind, auch politische Vorbehalte nicht, schon gar nicht bei den Vaugiers. Man möchte seine Privatheit mit niemandem teilen.

Nach einem Konzert brach ein Unwetter los, ich machte mich erbötig, die Vaugiers mit dem Auto nach Hause zu bringen, denn sie selbst besaßen keins. Zum ersten Mal sprachen sie im Wagen plötzlich über das Leben von Durchschnittsfranzosen, darüber, daß viele große Mühe hätten, ihre Alltagssorgen zu bewältigen. Sie sprachen sehr offen. Und da sie zwei erwachsene Kinder auf die Universität schickten, auf eigene Kosten, reichte das Geld zum Nötigsten, nur zu einer beengten Wohnung in einem dichtbewohnten Viertel von Paris und nur zu einem Urlaub bei Verwandten auf dem Land in der Provence. Zu einem Auto reichte es nicht, obwohl Madame Vaugier in der Kulturdirektion des »Quais« arbeitete. Beide klagten nicht, meinten sogar, daß es ihnen besser gehe als vielen anderen, womit sie zweifellos recht hatten. In Berlin habe man einiges zurücklegen können, sagte Madame, und fügte bedauernd hinzu, es hätte mehr sein können, wenn Georges nicht vorzeitig nach Hause geschickt worden wäre. Sie zeigte sich sichtlich wütend, daß jener Mann, der diese Versetzung veranlaßt hatte, noch immer in Berlin amtierte.

Ich hatte nicht den Eindruck, als wollte man sich bei uns anbiedern oder gar anbieten. Georges schwieg die meiste Zeit. Aber er widersprach seiner Frau auch nicht. Es schien wohl alles seiner Auffassung zu entsprechen.

Vaugier achtete darauf, daß Frankreich seine Rechte und Pflichten als Siegermacht des Zweiten Weltkrieges gewissenhaft wahrnahm. Wir trafen uns fast regelmäßig zu protokollarischen Anlässen, etwa bei Empfängen Österreichs und der Schweiz, für deren diplomatische Missionen Vaugier gleichermaßen Partner war. Und Frankreichs Interesse an der DDR wuchs. Einerseits kam es sehr präzise seinen Bündnisverpflichtungen gegenüber der BRD nach und wirkte intensiv für den Ausbau der Zusammenarbeit mit Bonn. Es ging dabei um die Versöhnung zwischen dem deutschen und dem französischen Volk, die eine jahrhundertealte Rivalität beenden und das Verhältnis der beiden Völker zueinander von Grund auf neu gestalten sollte.

Andererseits hatte ich schon während meiner Kontakte mit der französischen Botschaft in Berlin gespürt, daß Frankreich unterschwellig anstrebte, das Niveau seiner Beziehungen zur DDR zu verbessern – auch auf politischem Gebiet. Und der neue Herr Premierminister hatte das deutlich zum Ausdruck gebracht, demonstrativ und öffentlich.

Frankreich hatte kein sonderliches Interesse an einer deutschen »Wiedervereinigung«. Es beobachtete sehr aufmerksam, was sich zwischen den beiden deutschen Regierungen anbahnte. Wenn sich die zwischenstaatlichen Beziehungen zwischen Bonn und Ostberlin entwickelten, waren das Schritte auf dem Weg in eine europäische Normalität. Dafür war auch Paris zu haben.

Es stand für mich fest, daß Frankreich seine Ostpolitik überprüfte und man im »Quais« der DDR mehr und mehr Aufmerksamkeit widmete. Frankreich übersah nicht, wie die Bundesrepublik systematisch ihr Verhältnis zu den osteuropäischen Staaten verbesserte und jede Chance wahrnahm, vor allem die wirtschaftliche Zusammenarbeit auszubauen. Ich glaubte bemerkt zu haben, daß die Europadirektion im Qais d'Orsay die deutsch-deutschen Beziehungen mit gewissem Argwohn, wenn nicht sogar Unbehagen verfolgte. Ich beobachtete jede Bewegung auf der Achse Paris-Bonn. Die Kontakt- und Informationsarbeit der Residentur wurde, wie die der Botschaft, schwerpunktmäßig darauf ausgerichtet.

Mir schien wichtig, daß Georges Vaugier nicht nur aus Bonn erfuhr, wie es im Deutsch-Deutschen vorwärtsging, sondern auch aus Berlin. Er sollte persönlich mitgeteilt bekommen, wie sich Bonner und Berliner Diplomaten in Paris begegneten, worüber sie sprachen.

Ziemlich überrascht schien Vaugier zu sein, als ich in der Abendstunde des 21. Mai 1986 in der Rue de Lille 78 auftauchte und wir gemeinsam, ganz zufällig, das Palais Beauharnais betraten, die Residenz des Botschafters der Bundesrepublik Deutschland. Vaugier kam aus gleichem Anlaß: Der Stellvertreter des Bundeskanzlers und Bundesminister für Auswärtiges gaben sich die Ehre. Der Anlaß für die Einladung Genschers auch an den Botschafter der DDR und den Gesandten war der 37. Jahrestag der Verkündung des Grundgesetzes der Bundesrepublik Deutschland. Nach Jahresfrist lud an selber Stelle der Bundeskanzler ein – Vaugier zeigte sich nicht überrascht, Dagmar und mich dort wieder zu treffen. Aber gestaunt wurde noch immer.

Trotz aller Indikatoren: Vaugier wirkte von der Honecker-Reise irritiert, äußerte jedoch weder Vorbehalte noch Argwohn. Unser Verhältnis wurde durch nichts getrübt, im Gegenteil. Von Begegnung zu Begegnung zeigte sich Vaugier offener und herzlicher.

Im Berliner Außenministerium schätzte man sehr, daß ich zu jeder Zeit und in jeder Angelegenheit bei Monsieur Vaugier vorsprechen durfte. Die Zentrale, die meine Gespräche mit ihm ebenfalls für interessant hielt, warnte mich dennoch mehrfach zur Vorsicht und rief mich zur Ordnung, auf keinen Fall durch falsches Benehmen, unüberlegte Äußerungen oder Preisgabe von Interna aus meiner Tarnung hervorzutreten. Aber wo lag die Grenze zur Unglaubwürdigkeit, wo endete Prinzipienfestigkeit und wo begann die »Offenbarung«?

Ich wußte nicht, wer Vaugier wirklich war, aber ich vermutete, daß er sich in gleicher Doppelrolle wie ich befinden könnte. Ich empfand Sympathie für ihn, sogar echte freundschaftliche Gefühle. Je zuverlässiger ich ihm erschien, um so mehr hoffte ich, auf ihn setzen zu können. Und selbst wenn er dem französischen Nachrichtendienst angehörte oder diesem Gesagtes zutrug – was konnte es schaden? Was immer Georges Vaugier im »Quais« aus den französischen Botschaften in Bonn und Berlin über die inneren Vorgänge im zweiten deutschen Staat erfuhr, war für ihn gewiß interessant, mit dem von mir Gehörten zu vergleichen.

Einmal fragte er mich direkt, wie stabil ich den Sozialismus in der DDR einschätze, ob ich ihn für die Dauer lebensfähig hielte.

Was wollte er mit diesen Fragen erreichen? Wollte er mir seine Skepsis signalisieren, wollte er meine Zweifel hören oder meine Uneinsichtigkeit? War es ein Test?

Ich antwortete wie ein Diplomat und ließ keinen Zweifel offen. Georges lächelte hintersinnig.

Wenn ich im Gegenzug auf den schwindenden Einfluß Frankreichs auf den Gang der Weltgeschichte hinwies und seinen wirtschaftlichen Niedergang mit Zahlen belegte, reagierte er heftig abwehrend. Auch wollte er nicht wahrhaben, daß die Bundesrepublik Deutschland bereits das wirtschaftliche Gewicht von Großbritannien und Frankreich zusammen erreicht hatte. Bonn strebte objektiv nach einer Führungsrolle in Europa.

Vaugier entschuldigte, daß es von Anbeginn der Zusammenarbeit mit der BRD darum gegangen sei, Westdeutschland durch die Einbindung in die europäische Integrationen unter Kontrolle zu halten. Bei engerer Kooperation würden aber naturgemäß die Differenzen zunehmen, und er ließ seinem Ärger freien Lauf, wenn die halbjährlichen Absprachen zwischen seiner Regierung und der bundesdeutschen nicht seinen Erwartungen entsprachen. Aus seinen Bemerkungen mußte ich schließen, daß Frankreich den eigenständigen Ausbau der Ostpolitik der BRD nicht sonderlich schätzte, er hätte es lieber gesehen, wenn dies im Kontext der EG-Politik geschehen würde, wobei Frankreich seine Akzente setzen sollte.

Kein Zweifel, Frankreich fürchtete die wirtschaftliche (und damit politische) Dominanz des immer stärker werdenden Nachbarn. Ich nahm das Gehörte auf und brachte es in Berlin zur Kenntnis. Eine kompetentere Einschätzung des Verhältnisses Frankreichs zu den beiden deutschen Staaten als die von Georges Vaugier hätte in Paris wahrlich kaum jemand vornehmen können.

Selbstverständlich parierte er jeden Angriff von mir auf die Bundesrepublik Deutschland. Aber ich spürte, wie halbherzig er dies tat. Ich glaubte, genügend Nebenbemerkungen und Untertöne vernommen zu haben, die auf Sympathie für die Existenz zweier Deutschlands schließen ließen. Und als eine gesellige Stunde es erlaubte, ihn mit einer entsprechenden Frage herauszufordern, zitierte er François Mauriac, den französischen Schriftsteller: »Ich liebe Deutschland so sehr, daß ich glücklich bin, daß es zwei davon gibt.«

Nichts kam für Vaugier überraschender als mein Abschied. Meine Abberufung wollte ich ihm gegenüber erst unmittelbar vor einem endgültig festgelegten Abreisedatum verlauten lassen. Da für Oktober 1988 ein Besuch des Präsidenten der Volkskammer beim Europa-Parlament angesagt war, mußte ich, weil unser Botschafter plötzlich erkrankte, in seiner Vertretung dort für einige Tage Quartier nehmen. Zum letzten Mal wurde so die Heimkehr verschoben, aber nun sollte sie endgültig wahr werden.

Am Grab des Unbekannten Soldaten am Arc de Triomphe, 1987

Der Botschafter gab anläßlich meiner Verabschiedung in der Residenz einen Empfang. Auch Vaugier erschien in Begleitung seiner Frau. Ihr Geschenk, ein Band von Monet, dessen Bilder Dagmar in seinem Wohnhaus in Giverny so bewundert hatte, nahmen wir ebenso bewegt entgegen wie ihren Dank für die vielen Jahre unseres Zusammenwirkens. Den Bildband vermachte ich später meinem Bruder, den ich fast zehn Jahre wegen der unsteten Lebensumstände nicht gesehen hatte und der mehr von der Malkunst versteht, weil er selbst Maler ist.

»Wir sehen uns wieder, ganz bestimmt«, meinte Vaugier und drückte mir lange und fest beide Hände. Madame Vaugier flüsterte Dagmar in aller Vertrautheit zu, daß Georges Vaugier als Botschafter in Berlin im Gespräch sei.

Dazu kam es nicht mehr. Die DDR verschwand von der politischen Landkarte. Und zwei französische Botschafter waren in einem Deutschland nicht nötig.

Georges Vaugier wechselte zur französischen Mission bei den Vereinten Nationen in New York.

Die Wandlungen des deutsch-deutschen Verhältnisses in der zweiten Hälfte der 80er Jahre, die in Paris mit zwiespältigen Gefühlen und reichlicher Skepsis beobachtet wurden, weil man sich davon ausgeschlossen fühlte, fanden auch ihren Niederschlag im Umgang der Berliner und Bonner Diplomaten an der Seine.

Ich selbst hatte bis zur Einsicht, in erster Linie »Deutscher« zu sein, einen langen Weg der Erkenntnis zurücklegen müssen. Als Jugendlicher nahm ich die Bundesrepublik als Hort der Nazis und Ewiggestrigen war – ich klebte Plakate gegen die Remilitarisierung und protestierte als Student gegen Revanchismus und Kriegstreiberei. Ich wurde nicht weniger vom Kalten Krieg und seinen Ausflüssen geprägt als die Menschen in der Bundesrepublik. Der Alleinvertretungsanspruch der Bundesrepublik brachte mich gegen Bonn ebenso auf wie die Arroganz seiner Diplomaten, die mir in Kairo, Bamako, Beirut oder Brüssel mitunter entgegenschlug. Zuweilen war auch richtig Haß dabei. Man konnte und wollte sich nicht damit abfinden, daß »Deutsche« den Versuch unternahmen, Gesellschaft und Politik anders zu organisieren, als man es an Rhein und Ruhr tat. »Wir haben uns ihnen weggenommen«, hatte der Schriftsteller Hermann Kant einmal gesagt. Das nahm man uns übel. Diese intolerante, zuweilen recht dümmlich vorgetragene Überzeugung provozierte natürlich

Widerspruch und Widerstand auf meiner Seite und suggerierte die Vorstellung, auf dem richtigen Weg zu sein. Hatte nicht schon August Bebel gemeint, daß einen der Feind nur lobe, wenn man etwas falsch gemacht hatte?

Zu Beginn der 80er Jahre gab es Veränderungen. Ich glaubte, auf dem Brüsseler Parkett Nüchternheit und Neugier zu beobachten. Ich erlaubte mir, zu grüßen und nicht mehr so zu tun, als wäre man selber (und auch die Kollegen) nur Luft. Aus den Höflichkeiten wurden Gespräche. Die mit Graf Karl von Bassewitz-Levetzov waren sehr anregend – sie veranlaßten mich, doch etwas intensiver und weniger »parteiisch« die deutsche Geschichte, namentlich die deutsche Nachkriegszeit, zur Kenntnis zu nehmen.

Wer sich in der Geschichte nicht auskenne, finde sich in der Gegenwart nicht zurecht und meistere die Zukunft nicht, hatte mein Geschichtslehrer eingetrichtert. Das wurde mir neuerlich bewußt, als der Graf vom Rhein mich auf meine Wissenslücken freundlich hinwies. Bismarck war ein schwarzes Loch, allenfalls ein Reaktionär. Erst 1985 erschien eine Biographie von ihm in der DDR, die zu besorgen ein Kraftakt war – während im Westen eben dieses Buch von Ernst Engelberg in den höchsten Tönen gelobt wurde.

Ich nutzte für meine Bildung die Möglichkeit, mit dem Auto zu reisen. Wir mußten nicht mehr unbedingt mit dem Flugzeug oder der Bahn nach Brüssel oder Paris fahren, sondern durften den PKW nehmen. Das bekam Dagmar gut – und mir auch. Auf dem Weg machten wir heimliche Abstecher nach Göttingen, Marburg, Trier, Hannover, Dortmund, Köln …

Das war abenteuerlich und unerlaubt. Eine Panne, ein Unfall – und wir bekämen Schwierigkeiten. Ich hatte weder das Außenministerium noch die Zentrale um Erlaubnis gefragt, die Loreley sehen zu dürfen – sie hätten es gewiß nicht gestattet. Mein Auftrag lautete: auf dem kürzesten Weg und mit den niedrigsten Kosten zum Dienstort zu fahren. Sightseeing war nicht erlaubt. Uns verschlug es zuweilen die Sprache, obwohl wir schon einiges gesehen hatten. Und dennoch: welch kraftvoller Wohlstand, welcher Überfluß, welche Ordnung!

In Paris verbesserte sich der Umgang mit den Bonner Kollegen weiter. Im Vorfeld der Honecker-Reise 1987 gaben sich beide Seiten erkennbar Mühe, bestehende Gräben zuzuschütten. Selbst die Kollegen der anderen Feldpostnummer. Bereits vor meiner Abreise nach Paris hatte ich Namen und Adressen der Mitarbeiter der BND-Residentur. Ihre Zahl war beachtlich. Ich mußte nicht aktiv werden. Einige kamen direkt auf mich zu, einer nach dem anderen.

Die Art ihres Vorgehens, wie sie sich näherten, um mit mir ins Gespräch zu kommen und über Politik zu reden, verriet sie. Das Professionelle dieses Gewerbes war in allen Diensten gleich. Und ihr demonstratives Interesse an mir war kaum damit zu begründen, daß sie mit einem DDR-Diplomaten konferieren wollten. Pullach schien sie instruiert zu haben.

Ich zeigte mich nicht sonderlich willig, mit ihnen zu debattieren, ich stand ja bereits mit ihrem Gesandten in Kontakt. Zudem hatte die Zentrale angewiesen, alles zu unterlassen, was Aufmerksamkeit auf mich ziehen würde. Und außerdem, wer sollte einen Nutzen davon haben, wenn Nachrichtendienstler aus Deutschland Ost und West sich in Paris unterhielten? Da gab es gewiß auch andere Schleusen, über die man sich verständigte.

Oder sollte ich signalisieren, daß ich um ihre Herkunft wußte und ihnen bestätigte, was sie vielleicht von mir nur vermuteten?

Wir sahen uns später bei vielen Anlässen, grüßten einander und tauschten gute Wünsche aus – zu nachrichtendienstlichem Miteinander jedoch kam es nicht.

Die Bekanntschaft mit dem Gesandten Hans-Joachim Vergau ließ sich gut an. Bevor wir uns kennenlernten, war mir der Frühaufsteher und Sprinter bereits bei seiner morgendlichen Hatz durch ein nahegelegenes Parkgelände aufgefallen. Vergau, so hieß es, sei Genschers Vertrauter, obgleich er nicht dessen Partei angehöre. Ich hatte ihn aus dem Auto morgens beim Joggen beobachtet.

Dann machte ich mich auf den Weg in die Avenue Franklin D. Roosevelt 13-15, zur Botschaft der Bundesrepublik. Es war die erste Bonner Vertretung, die ich jemals betrat. Vergau behandelte mich wie seinesgleichen – respektvoll, ohne Anmaßung und Dünkel. Wir vereinbarten Klartext und Verzicht auf diplomatische Formulierungskünste, unsere Sekretärinnen tauschten die Telefonnummern aus und arrangierten weitere Treffen. Wir speisten regelmäßig auf deutsch-deutsche Staatskosten. Mal zahlte die BRD, mal die DDR.

Vergau meinte, die deutsche Frage sei noch offen – ich widersprach. Allerdings waren wir uns einig, daß es noch ein langes Nebeneinander und vernünftiges Miteinander geben werde. Daran sollten wir gemeinsam mitwirken. Die Position gefiel mir.

Vergau war den Franzosen nicht sonderlich wohlgesonnen, woraus er keinen Hehl machte. Er half mir, Antworten auf Fragen zu finden, die von meinen Partnern im »Quais« mitunter offengehalten oder deren Beantwortung absichtlich hinausgezögert wurde. Da man im »Quais« auch einen ständigen Beamten aus dem Bonner Auswärtigen Amt beschäftigte, profitierte Vergau (und Berlin) von dessen Insiderwissen.

Unsere Bekanntschaft endete abrupt, als Vergau zum Stellvertreter der BRD-Mission bei der UNO berufen wurde. Später erfuhr ich, daß er auch in New York für einen vernünftigen Umgang der deutschen Diplomaten aktiv war. Bei unserer letzten Begegnung in seiner Pariser Residenz schenkte ich ihm zum Abschied einen Bildband über die Deutsche Demokratische Republik. »Auch dies ist ein Teil Ihrer Heimat«, sagte ich.

Er zögerte eine Sekunde, lachte dann herzlich, da diese Geste wohl doch persönlich und nicht als politischer Akt zu werten war.

Meine Kontakte zur bundesdeutschen Botschaft liefen auf der gleichen Ebene weiter – mit gleicher Intensität und fortschreitender Effizienz. Offensichtlich hatte auch die andere Seite daran Vergnügen, aller Welt die zunehmende Normalität im deutsch-deutschen Verhältnis zu zeigen – nicht zuletzt gegenüber dem »Quais«. Vergaus Nachfolger, Gesandter Fritjof von Nordenskjöld, setzte die Kooperation mit mir auf die gleiche Weise fort. Vergau hatte sie mit vermutlich besten Empfehlungen übergeben. Sein Nachfolger verfügte zudem über erstaunliche Fähigkeiten, die innenpolitische Entwicklung Frankreichs während der sozialistischen Regierung zu analysieren. Die Zentrale interessierte sich für solche Fragen kaum, ich stellte Relevantes der Politischen Abteilung unserer Botschaft zur Verfügung. Der Botschafter legte größten Wert darauf, die Parteienlandschaft in allen Schattierungen zu erfassen, erst recht vor Wahlen.

Ich fühlte mich gegenüber Hans-Joachim Vergau und Fritjof von Nordenskjöld verpflichtet, weil sie mir geholfen hatten, im Palais Beauharnais ihren Botschafter und andere hochrangige Diplomaten auch anderer bundesdeutscher Missionen in Paris kennenzulernen. Ich konferierte unter anderem mit Brigadegeneral Herman Fraidel, dem Leiter des Militärattachéstabes Paris, dessen Freundlichkeit und Offenheit mich sehr nachdenklich stimmten. Ich kam dort zusammen mit dem Bonner Stellvertreter des Pariser Verbindungsbüro der Westeuropäischen Union, mit dem ich später einige Male in »La

FRAIDEL
Hermann
Brigadegeneral
Leiter Militärattachéstab Paris

Botschaft der Bundesrepublik Deutschland
13/15, Avenue Franklin D. Roosevelt
F-75008 PARIS
Frankreich
Tel.: 0 03 31-42 99 79 02

Terasse« zusammentraf, um über die Perspektiven der Westeuropäischen Verteidigungsorganisation zu sprechen mit dem Gesandten Dr. Schreiter , der die Interessen der Bundesrepublik in der OECD, der weltweiten westlichen Organisation für Wirtschaftliche Zusammenarbeit vertrat. Er wurde ein ständiger Gast im Kulturzentrum der DDR und suchte förmlich den Kontakt zu mir. Schreiter besuchte mich wiederholt in der Botschaft. Ich hatte bald den Eindruck, daß er sich nicht nur für die Goethe-Gesellschaft in Weimar interessierte – zu aufdringlich seine Einladung zum Essen, zu beharrlich sein Bemühen, mit mir in freundschaftlichem Kontakt zu bleiben. Meine Anfrage bei der Zentrale, ob der BND dahinterstecke, wurde negativ beantwortet.

Fritjof von Nordenskjöld behandelte mich sehr aufmerksam, korrekt, freundschaftlich – und zahlte mit gleicher Münze zurück, wenn wir in der Diskussion hart, aber fair aneinandergerieten. Zu gegenseitiger Unterstützung sandten wir uns schließlich Dokumentationen zu aktuellen Fragen der Politik zu. Das stand so nicht in der Zeitung. Über die Ergebnisse des Staatsbesuches von Erich Honecker in Paris Anfang 1988 unterrichtete ich ihn unter vier Augen in den Salons der Botschaft der DDR.

Das DDR-Staatsoberhaupt kam im Januar 1988 nach Paris. Wenige Monate nach seiner Visite in der Bundesrepublik wollte er auch der Grande Nation seine Aufwartung machen.

Der Botschafter hatte mich zum Stabschef der Botschaft bestimmt. Er verließ sich bei der inneren Koordinierung und äußeren Absicherung der mit dem Staatsbesuch verbundenen Aufgaben auf mich. Sehr schmeichelhaft.

Die Zentrale ihrerseits betrachtete die Honecker-Reise als ihre Angelegenheit. Der Resident mußte zudem den reibungslosen Ablauf garantieren und mögliche Provokationen verhindern.

Ich verbrachte die letzte Nacht vor Honeckers Eintreffen auf dem Feldbett, das ich für die Dauer des Staatsbesuches in meinem Arbeitszimmer hatte aufstellen lassen. Ich fühlte mich zermürbt, erschöpft und war unausgeschlafen, bevor es eigentlich richtig losging. Nicht nur die heulenden Sirenen der Polizeifahrzeuge raubten mir den Schlaf, sondern auch das fortgesetzte Klingeln der Telefone mit den Standleitungen.

Der Presseattaché brachte in der Frühe das Resümee des Vortages und meine Sekretärin einen starken Kaffee.

Peinliche Überraschungen oder gar Provokationen erwartete ich nicht. Weder der »Quais« noch die französischen Sicherheitsorgane hatten Beunruhigendes signalisiert. Niemand plante die Besetzung des DDR-Kulturzentrums, was in der Vergangenheit schon einige Male passiert war.

Ich war dabei geblieben, meine Aufgaben als Resident ausschließlich in dem Rahmen zu lösen, der mir als Angehörigem eines diplomatischen Dienstes vorgegeben war. Und ich überzeugte mich auch hin und wieder, daß sich meine Mitstreiter an erteilte Weisungen hielten. Konnte ich wirklich das vielschichtige Leben meiner Mannschaft überblicken? Hätte nicht doch einer ausscheren können, um eines schnellen, schnöden Erfolges wegen? Und was noch viel gefährlicher wäre, gab es einen Erfog der Gegenseite, einen heimlichen Einbruch in mein Netz, eine Anwerbung oder gar Überwerbung aus den eigenen Reihen? Ich konnte keine Anhaltspunkte dafür erkennen. Obwohl gewisse Aktivitäten mich zur Umsicht anhielten, seit ich bei einem Treffen mit einem Berater des Präsidenten Frankreichs eindeutig beobachtet worden war. Konkretes beunruhigte mich diesbezüglich nicht.

Und all die anderen Bekanntschaften? Einige davon hatte ich dort gemacht, wo von Amts wegen über Außenpolitik tiefgründiger nachgedacht und über ihre Konsequenzen entschieden wird, im Büro des Premierministers, in der außenpolitischen Komission der Nationalversammlung und im Senat, also in besonders sensiblen Bereichen der französischen Machtausübung. Analoge Bekanntschaften meiner Operativen Gehilfen oder nachgeordneten Mitstreiter waren in dieser Hinsicht bis auf eine Ausnahme nicht relevant …

Ich hatte mit Jean-Pierre Lafon, dem diplomatischen Berater des Premierministers Chirac, seit längerem Kontakt. Ich suchte ihn im Amtssitz stets in den Abendstunden auf und benutzte dazu den

Seiteneingang von der Rue Vanneau. Lafon war Absolvent der Elitehochschule ENA und hatte auf verschiedenen diplomatischen Auslandsposten gearbeitet. Er war für Komplimente empfänglich und zu weiteren Begegnungen grundsätzlich bereit. Er gab deutlich zu verstehen, daß er sich im Gestrüpp von Macht und Politik auskannte und seine Ellenbogen zu nutzen wußte. Mit jedem Satz ließ er durchblicken, daß nichts in der französischen Diplomatie ohne ihn liefe und daß Frankreich noch immer eine Großmacht sei.

Seine Äußerungen zu diesem oder jenem Dossier waren von beeindruckender Treffsicherheit. An einem Beispiel machte er mir deutlich, wie unglaublich schnell und zuverlässig das interne Informationssystem der französischen Regierung funktionierte. Wenn meine Vorgesetzten in Berlin das einmal hätten sehen können, würden sie an der Präzision und Schnelligkeit ihre Freude gehabt haben – vielleicht aber auch mehr Verständnis dafür bekommen, daß die Welt in Frankreich und aus französischer Sicht ganz anders aussah.

Da blätterte Lafon in einer grauen Mappe und las mir aus einem Schriftstück vor, dessen Inhalt ich nur Stunden zuvor bei Monsieur Vaugier im »Quais« mit dem Ersuchen um gelegentliche Rückäußerung deponiert hatte. Erstaunlich.

Daß Lafon allabendlich überprüfte, was für den Premierminister am nächsten Morgen wichtig sein konnte, glaubte ich ihm. Auch, daß er fürchterlich überlastet sei. Er erklärte sich aber zufrieden mit dem, was er tat. Je höher der Rang, um so größer die Verantwortung, schulmeisterte er. Wir stimmten darin überein. Sicherlich wollte er mir damit sagen, warum er mich nur abends und nur in größeren Abständen empfangen könne. Aber wenn ich dann doch auftauchte und vor seinem Schreibtisch im Halbdunkel saß, denn sein Kabinett war ebenso spärlich erleuchtet wie der Treppenaufstieg, schien ihm die Zeit, die wir verbrachten, wohl doch keine verlorene zu sein. Lafon erklärte mir vor allem die Gründe für die Überlegenheit des Westens und seine Vorzüge.

Olivier Stirn, Diplomierter der Rechtswissenschaften und Politologie, seit Mitte der 60er Jahre unaufhaltsamer Aufsteiger im Beamtenapparat, trotz häufigen Wechsels in die Kabinette mehrerer Minister, bis er es endlich zum Staatssekretär beim Minister für Auswärtige Beziehungen gebracht hatte, kam mir unter, als ich die Chronik der Beziehungen DDR–Frankreich studierte. Die Details seiner Biographie ließen auf Profilneurose schließen. Er hatte mehrere

Male die Parteien gewechselt, war von den Radikalen zu den Sozialliberalen übergelaufen und nun bei den Sozialisten angelangt. Einzig und allein dem Amt des Bürgermeisters von Vire, einer sehr kleinen Stadt im schönen Calvados, schien er treu geblieben zu sein. Sein Engagement im Wahlkampf für Mitterrand wurde mit einem Sitz in der Nationalversammlung belohnt. Da er dort dem außenpolitischen Ausschuß angehörte, war mein Anruf begründet.

Schon für den nächsten Tag bestellte er mich zu sich in die Rue de l'Université, wo die Nationalversammlung für jedes ihrer Mitglieder ein komfortables Büro eingerichtet hatte. Er war hochgewachsen und schlank, ein wenig ungeordnet fiel das volle lockige Haar ins Gesicht – der Prototyp des Franzosen, der das Leben zu leben wußte, das ungezügelte savoir vivre. Daß dies zutraf, stand für mich spätestens fest, als ich ihn geraume Zeit später in seinem Pariser Appartement besuchte, das sich in einer Seitenstraße am linken Ufer der Seine befand.

Stirn war nicht nur Lebenskünstler und geschäftstüchtig, sondern durchaus auch ein diskreter Politiker. In jeder seiner Eigenschaften bekannte er sich sofort zum Thema. Seine Offenheit gefiel mir. Und es dauerte gewiß nicht allzulange, bis wir ohne Vorbehalte unsere Ansichten über Politisches austauschten.

Bald konnte ich ihm und seiner Lebensgefährtin die Einladung des Stellvertreters unseres Ministers zu einem kurzen Urlaubsaufenthalt über Silvester in Berlin überbringen. Im Gegenzug vermittelte er mir das Angebot einer französischen Bank für eine DDR-Bank. Dafür wird er wohl eine ordentliche Provision kassiert haben. Es hatte den Anschein, daß Olivier Stirn nichts tat, wofür nichts in Aussicht stand. Der umtriebige Stirn überraschte mich immer wieder aufs neue. Während des Essens im Bankettsaal des Elysée-Palastes, das der Präsident zu Ehren Honeckers gab, saß er plötzlich an Dagmars linker Seite. Auf der offiziellen Liste des französischen Protokolls, das mir vor zwei Tagen übergeben worden war, war sein Name nicht enthalten. Irgendwer mußte arrangiert haben, daß von den 120 handverlesenen Gästen einer wegblieb und Olivier Stirn so wohlüberlegt plaziert werden konnte.

Daß ich mich in dessen Person und seiner vielseitigen Rolle im politischen Leben nicht irrte, fand ich letztlich darin bestätigt, daß Stirn noch im gleichen Jahr in Würdigung seiner Wohltaten für die Sozialisten zum Delegierten Minister beim Premierminister berufen wurde.

Auf Stirn traf das Bonmot zu, daß der gerade Weg in der Politik meist unpassierbar sei.

Das Gegenteil von ihm war Claude Lebedel, ein körperbehinderter Junggeselle, parteilos, beamteter Abteilungsleiter für innere Verwaltung der Nationalversammlung.

Sein Leben – er litt an den Folgen einer Kinderlähmung – fand zwischen Büchern statt. Die Bekanntschaft mit ihm empfahl mir mein Vorgänger in der Funktion des Gesandten. Claude Lebedel sei ein wandelndes Lexikon, behauptete er scherzend, und ich fand solchen Titel sehr gerecht, als ich feststellte, daß Lebedel tatsächlich keine Auskunft schuldig blieb.

Zuweilen hatte ich das eigenartige Gefühl, daß Claude Lebedel seine Kontakte zu den Botschaften der sozialistischen Länder im Auftrag irgendwelcher Dienste wahrnahm. Sein Bedarf an ausländischer Literatur diente nur als Vorwand, um seine Partner für sich einzunehmen. Was ein Fremder in diesem Land allzuselten erlebte – bei Lebedel durfte er zu Weihnachten einen privaten Besuch abstatten. Am ersten Feiertag durfte man ihn in einem Seitenflügel des berühmten Schlosses von Versailles besuchen. Hier lebte Lebedel mit seiner hochbetagten, noch immer sehr rüstigen und lebenstüchtigen Mutter. Die weiträumige, altmodische, dem eigentlichen Zweck entfremdete Wohnung beherbergte außer den beiden nur Bücher, Handschriften, Karten, unzählige uralte Ausgaben, ererbte, über viele Wege und für teures Geld erworbene. Welch kostbare Bestände, was für ein Vermögen, vergilbt, verstaubt, für einen einzigen Mann verewigt. Manche Bibliothek beneidete ihn wegen dieses Besitzes. Aber Lebedel wollte noch mehr, auch seltene Ausgaben deutscher Herkunft.

Weihnachten begingen die Lebedels wie Deutsche, und Claude lud dazu ein, auch seine Geliebte, die er für das leibliche Wohl einspannte. Es kamen stets einige Ausländer. Er besorgte zu den besten Weinen aus ganz Frankreich den passenden Käse. Und er zählte die Gegenden auf, aus denen das Gebotene kam. Hier fand ich im wahrsten Sinne bestätigt, daß das Essen für Franzosen noch immer einer der wichtigsten Lebensfreuden ist. Und nicht nur, daß Lebedel für das Kulinarische sorgte – er hielt auch kleine Präsente bereit

Jacques Lelièvre war der diplomatische Berater des Senatspräsidenten, er beherrschte die französische Diplomatenkunst und kannte die Landesgeschichte wie kaum ein Zweiter. Obgleich er das Pensionsalter längst erreicht hatte, verließ er seinen Posten nicht, weil ihn sein alter Freund Alain Poher, der Präsident des Senats, persönlich zum Verbleib gebeten hatte.

Diplomaten seien Leute, die man auf die Reise schickte, um zum Besten ihres Landes zu lügen. Damit begrüßte er mich.

Anfängliche Zurückhaltung und Behutsamkeit beim Beantworten meiner Fragen wichen alsbald freundlicher Aufmerksamkeit. Die gutmütigen Augen hinter den dicken Brillengläsern verliehen seinem durchgeistigten Gesicht fast fröhliche Züge und drückten aus, daß er es doch gar nicht so übel meinte.

Leliévre schien über unendlich viel Zeit zu verfügen, denn er erklärte sich stets und sofort bereit, mich zu empfangen. Er holte mich immer selbst an der Wache ab, legte seinen Arm auf den meinen und führte mich in sein Dienstzimmer.

Ein Bibliophiler war er nicht, auch wenn Stapel von Büchern darauf schließen ließen. Es waren Geschenke, die er seit Jahrzehnten von Ausländern entgegennahm, meines legte er dazu.

»Junger Mann«, hob er an.

Unsere Diskussionen verliefen sachlich, nüchtern, leidenschaftslos. Er war offensichtlich zu abgeklärt, als daß er sich mit einem Gesandten stritt. Leliévre verhehlte nicht seine konservativen Ansichten und meinte wie manch anderer unverblümt, daß der Kommunismus keine Chance habe. Weder in Frankreich noch anderswo, weder heute noch morgen.

Aber er akzeptierte auch Positionen, wenn es darum ging, den Krieg als Mittel der Politik zu verhindern. Eines Tages kam es dazu, daß er für mich ein zufälliges Zusammentreffen mit seinem Dienstherren arrangierte. Und wir wirkten vorzüglich zusammen, als dieser für eine Begegnung mit Erich Honecker interessiert werden konnte.

Ich traf Leliévre regelmäßig, meist in seinem Kabinett, noch öfter bei diplomatischen Anlässen in den Botschaften, die er wahrscheinlich alle aufsuchte. Und wo wir uns dann in der Regel am Buffet begegneten. Was immer mir Jacques Leliévre auch zu sagen hatte, ich hielt es für wichtig zu beachten und in meinen Informationen nach Berlin zu berücksichtigen. Ich war überzeugt, daß er seinerseits hin und wieder von mir Gesagtes weitertrug.

Meine Bemühungen, Hubert Vedrine im Palais d'Elysée zu treffen, blieben erfolglos. Ich versuchte es über seine Solidarität. Nichts. Später hörte ich, daß Vedrine als Vertrauter des anderen Deutschland galt.

Bei Debray, Chargé de Mission, zuständig für die Dritte Welt, kam ich auch nicht weiter. Ich vermutete Sabotage, denn ich glaubte fest daran, daß ein Compagnon von Che Guevara – der Lebensgefährte von Tamara Bunke aus der DDR –, der wegen Unterstützung für die Guerilleros drei Jahre in Boliviens Gefängnissen verbrachte, eine Begegnung mit mir nicht verweigert haben würde.

Schließlich lernte ich Jean Musitelli, den Berater des Präsidenten für Osteuropa, kennen. Ein Diplomat unserer Botschaft stand mit ihm in vertraulicher Verbindung und sondierte auftragsgemäß und mit Erfolg die Möglichkeiten, den Dialog auf höherer Ebene fortzusetzen. Ich hielt es unter verschiedenen Aspekten für angemessen, mit der französischen Seite schon auf anderen Ebenen Besprochenes selbst zu prüfen. Und ich wollte auch sehen, ob und inwieweit dieser Kanal auch für die Aufklärung erschließbar wäre.

Für unsere erste Zusammenkunft war ein Essen in einem Restaurant vereinbart worden, das man von den Champs-Elysées aus über eine Passage erreichen konnte. Musitelli war ziemlich pünktlich. Und es zeigte sich, daß dieser ansonsten schweigsame Mann tatsächlich Einblick in Vorgänge hatte, die von französischer Seite vorerst im engsten Kreis der Sozialisten behandelt wurden. Uns interessierten vorrangig Frankreichs Absichten gegenüber dem zweiten deutschen Staat, en détail, und wie man über einen Besuch von Erich Honecker in Frankreich dachte. Vaugier, Lafon, Stirn, Lebedel, Lelièvre, Musitelli – alle hatten mir versichert, wie sehr ihre Regierung am Dialog mit Monsieur Honecker interessiert wäre. Das offizielle Frankreich würde nichts Störendes zulassen, hatte mir vor einigen Tagen sogar der Präfekt von Paris persönlich gesagt. Und der mußte es wissen.

Wenige Minuten vor der Landung der Sondermaschine in Paris-Orly blätterte ich ein letztes Mal in dem kleinen weißen Büchlein »Nur für den Dienstgebrauch« Nr. 293. Es enthielt den Ablaufplan für den offiziellen Besuch bis in die letzte Einzelheit. Ein alter Bekannter von mir, mit dem ich manches Erlebnis aus gemeinsamer Diplomatenkarriere teilte und den ich wegen seiner Bescheidenheit und der von ihm beherrschten sieben Sprachen bewunderte, hatte darin selbst den Pfad skizziert, den der Generalsekretär entlangzuschreiten hatte, um protokollgerecht von den Franzosen in Empfang genommen zu werden. Im Verzeichnis der Expertendelegation, die ihn begleitete, fand ich den Namen eines der mir bekannten Chefs der Zentrale.

Andere Leute tauchten plötzlich vor meinen Augen auf.

Alexander Shukow rangierte in der offiziellen Liste des französischen Außenministeriums als Rat der sowjetischen Botschaft. Die Zentrale hatte lange Zeit aus irgendwelchen Gründen gezögert, mir den Namen des KGB-Residenten zu funken. Shukow kam Anfang März 1986 ohne jegliche Vorkehrung, ohne Kennzeichen, ohne Parole auf mich zu. Wahrscheinlich hielt sein Nachrichtendienst derartiges für überflüssig. Ich wäre nie auf den Gedanken gekommen, in ihm den Residenten des in Paris angeschlagenen KGB zu vermuten. Er beherrschte das Französische so perfekt wie auch die sonstigen Anforderungen an einen Diplomaten. Shukow bestätigte, was sämtliche Medien berichtet hatten, daß der sowjetische Nachrichtendienst in Westeuropa, vor allem in Großbritannien und Frankreich, tatsächlich schwere Niederlagen hatte einstecken müssen. Verrat aus den eigenen Reihen sei im Spiel gewesen, und sein Vorgänger wäre auch davon betroffen.

Der kleine weißhaarige Shukow sprach ein melodisches Französisch, wie es nur ein Franzose kann, erklärte, daß man stolz sei auf die Deutschen, und daß die Zentrale in Moskau nun besonders mit ihnen rechne – auch in Paris. Er redete und redete: von hoffnungslosen Fehlentwicklungen in seinem Land, von Stagnation und Machtkämpfen. Zum ersten Mal kam bei mir Unsicherheit auf, Zweifel an der Größe und Stärke der Sowjetunion, Sorge, daß sie den Wettlauf der Systeme verlieren könnte. Ich wurde immer empfindlicher beim Verkraften meiner Enttäuschungen, je öfter ich ihm im abhörsicheren Bunker seiner Botschaft gegenüber saß und erfuhr, was im Sowjetlande vor sich ging. Die Last der Rüstung sei unerträglich geworden, das Volk versinke in Lethargie. Die Sowjetunion sei dem Westen nicht mehr gewachsen, weder ökonomisch noch militärisch, die Leitung des Landes außer Kontrolle geraten, Gorbatschow sei mit Hilfe des KGB an die Macht gekommen, nun werde hoffentlich alles besser.

Shukow hatte wohl gemerkt, daß ich schockiert war, geradezu entsetzt.

Ansonsten war nichts Neues zu erfahren, weder über die Innen- und Außenpolitik Frankreichs noch über die Verteidigungsabsprachen des Landes mit der NATO. Obwohl er es nicht so sagte, bestätigte mir sein Verhalten, daß die sowjetische Aufklärung in Frankreich fast bei Null stand.

Hin und wieder informierte er, daß die Funk-Überwachung der näheren Umgebung gewisse Störungen vermeldete, und da die DDR-Botschaft mit erfaßt wurde, empfahl er, bei operativen Vorgängen vorsichtig zu sein. Da Shukow aber nichts über Aktivitäten und Methoden seines Dienstes in Frankreich sagen wollte oder durfte, enthielt auch ich mich jeglichen Kommentars. Operative Vorgänge von der Kategorie, in der das KGB dachte, durfte unsere Residentur nicht vornehmen.

Ich vermittelte Shukow Kontakt zu den Chinesen.

Obwohl mich mit Zhang Xichiang ein fast kameradschaftliches Verhältnis verband, das sich bei manchen Gelegenheiten bewährte, blieb er mir bis zum Abschied ein Rätsel. Ich lernte ihn auf seine Initiative hin kennen, als er mich bei einer feierlichen Kranzniederlegung am Arc de Triomphe mit Rang und Namen ansprach. Ich hatte ihn bis dahin noch nie wahrgenommen. Er lächelte in der für Chinesen typischen Art und flüsterte mit eigenartig monotoner Stimme, daß er mir danken wolle für die Unterstützung, die ich vor einigen Tagen in Montreuil seinen Leuten gegeben hätte.

Tatsächlich, dort hatte ein Festessen der Vereinigung der Freunde der Pariser Commune anläßlich des 115. Jahrestages ihrer Gründung stattgefunden.

Ich war der Einladung dorthin gefolgt, um zwei Politiker verschiedener Richtungen anzutreffen, darunter den Sozialisten Pierre Joxe, der Mitglied des ehrenwerten Führungsgremiums war und später Innenminister werden sollte. In Würdigung von Verdiensten, die ich damals noch gar nicht erworben hatte, sollte ich Ehrenmitglied dieser Vereinigung werden. Es bot sich die Gelegenheit, den Franzosen auch den 1. Sekretär der Handelsabteilung der chinesischen Botschaft vorzuschlagen, den es ebenfalls hierher verschlagen hatte, sowie einen zweiten Chinesen, den niemand beachtete, weil keiner der Anwesenden sich mit Handel befaßte.

Als ich ein Jahr später mit dem 1. Sekretär am gleichen Ort und aus gleichem Anlaß tatsächlich die Ehrenmitgliedskarte erhielt und wieder die Chinesen zugegen waren, glaubte ich zu wissen, daß es nicht nur um den Handel im üblichen Sinn ging. Generalsekretär Jean Braire und Freunde der Pariser Commune erhielten Einladungen nach Peking.

Wie hatte mich Zhang Xichiang überhaupt ansteuern können? Ich sah mich um, er war allein. Bis dahin hatte ich immer nur wenigstens zwei Chinesen zusammen gesehen, es war bei ihnen üblich, nur als Gruppe in feindlicher Umgebung zu agieren.

Zhang war ein Mann von zwergenhaftem Wuchs mit pechschwarzem Haar und kantigem Gesicht, das durch eine übergroße Brille mit abgedunkelten Gläsern unnatürlich groß wirkte. Er bat mich sogleich in ein sehr nobles Restaurant, das Chinesen gehörte, die er offensichtlich kannte.

Chinesen würden in aller Welt zusammenhalten, meinte Zhang, sie bildeten in Paris eine große Kolonie. Er führte mich an einen Tisch in der oberen Etage dieses Etablissements, das vermutlich besonderen Gästen für diskrete, abgeschirmte Gespräche diente.

Zhang lud in ungewöhnlicher Häufigkeit ein, niemals schriftlich oder telefonisch, er tat es stets mündlich, wenn wir uns bei diplomatischen Anlässen trafen. Und stets fanden die Treffen zur Mittagszeit im gleichen Restaurant statt. Und wählte er ein anderes, gehörte es garantiert auch einem Chinesen.

Mir fiel auf, daß er nirgendwo die Rechnung beglich und überall empfangen wurde, als wäre er ein Mandarin aus alten Zeiten.

Über die Vergangenheit und Biographisches sprach er nicht, nur, daß er aus Shanghai stamme und in jungen Jahren nach Peking aufgebrochen sei, um sich in der Diplomatie zu versuchen.

Zhang interessierte sich für die Innen- und Außenpolitik der Franzosen, mehr noch für militärische Fragen, die für China zweifellos von strategischer Bedeutung waren. Er gab dies auch zu, da sich

P.P.C.

En prennant congé de vous

ZHANG XICHANG

Conseiller
Ambassade de la République Populaire
de Chine

tient à vous remercier pour votre concours durant son séjour en France et souhaite vous revoir dans un proche avenir.

11, Av. George V
75008 PARIS

Tél. : 47.23.38.43

sein Land vor der Sowjetunion noch immer fürchtete. Shukow wollte er darum zunächst noch aus dem Weg gehen, er schloß jedoch eine zufällige Begegnung nicht grundsätzlich aus.

Sein Vorgehen und die Art, wie er seine Fragen stellte, ließen die Vermutung aufkommen, daß auch er mit der Aufklärung zu tun hatte. Entweder war er der Resident des chinesischen Nachrichtendienstes oder einer seiner Beauftragten. Unser gegenseitiges Abtasten zog sich über viele Stunden hin.

In Brüssel hatte ich mir Literatur über chinesische »Geheimdienstarbeit seit dem Mittelalter« beschafft. Und je häufiger ich nun mit Zhang Xichiang zu tun bekam, um so sicherer war ich mir, daß er eine ähnliche Funktion hatte wie ich. Ich habe ihn nicht als Gegner gesehen.

So plötzlich und unauffällig, wie er in mein Leben getreten war, verschwand er auch wieder. Irgendwer von seiner Botschaft überreichte mir im Herbst 1988 ein kleines unscheinbares, verschlossenes Kuvert. Zhang Xichiang verabschiedete sich handschriftlich auf französisch. »Ich bestehe darauf, Ihnen für die Hilfe während meines Aufenthaltes in Frankreich zu danken und wünsche, Sie in naher Zukunft wiederzusehen.«

Sechs Jahre später sahen wir uns in China wieder.

Auch mit John Weston, dem Gesandten Großbritanniens, kam ich gut zurecht. Als ich ihm das erste Mal begegnete – im Dezember 1985 in der Botschaft Ihrer Majestät in der Rue du Faubourg St. Honoré, in unmittelbarer Nähe des Palais de l'Elysée und der Place de la Concorde – spürte ich sofort, daß dieser Mann sich aufrichtig für den Dialog mit mir entschieden hatte. Er erklärte sich glücklich, dem jahrelangen Innendienst im Foreign Office entronnen zu sein. Immerhin, er hatte es dort bis zum Unterstaatssekretär für Europa und die Mitgliedsstaaten der NATO geschafft und kannte sich aus in den Intrigen der Neuzeit.

John Weston verkörperte all das, was ich über die Briten bislang wußte und hielt sich erklärtermaßen schonungslos an ihre Sitten. Das begann bei meinem Antrittsbesuch mit einem Tee auf echt englische Art und wurde mit einem Whisky fortgesetzt, sobald wir uns trafen, meistens bei den Afrikanern oder Arabern. Es war nicht schwer, die Westons unter vielen Gästen herauszufinden. Weston ragte über die anderen hinaus, und seine Nase, wahrscheinlich von vielem Whisky mit den Jahren gerötet, leuchtete von weitem wie ein Leuchtturm am

Meeresgestade. Mit dem Gesandten dieser Großmacht konnte man über alles reden, stets zeigte er sich von seiner besten Seite und zum Scherzen aufgelegt. Ihn interessierte hauptsächlich das Geschehen im Macht- und Einflußbereich der Sowjetunion, deren Verhältnis zu den USA und natürlich die Achse Bonn-Paris. Ich versuchte, aus den Diskussionen mit ihm für die eine oder andere zu analysierende Frage nützliche Hinweise zu erhaschen. Wenn ich zu aktuellen Entwicklungen der Weltpolitik nach Berlin zu berichten hatte, faßte ich seine und die Äußerungen anderer Diplomaten unter dem Abschnitt »aus westlichen Diplomatenkreisen verlautet« zusammen.

Seine Frau beteiligte sich an unseren Gesprächen übrigens bemerkenswert interessiert und unterstrich somit, daß sie zu den Emanzipierten der anwesenden Damen gezählt werden wollte.

Die Westons gehörten zu den Eingeladenen, die ich gern bei den Konzertabenden im Kulturzentrum gesehen hätte. Aber die Vielzahl anderer gesellschaftlicher Verpflichtungen mochten als Begründung ausreichen, bei meiner Sekretärin anzufragen, ob an seiner Statt ein anderer der britischen Botschaft kommen dürfe. Der durfte. Daraufhin fand sich bald ein 1. Sekretär mit einer Fliege um den Hals ein: Mister Cairncross, ohne Begleiterin.

Ich beachtete ihn zunächst nicht. Aber dann fiel mir die Story ein, die ich vor kurzem gelesen hatte. Ein Anthony Blunt, Sohn eines Kaplans der britischen Botschaft in Paris, hatte bis Anfang der 50er Jahre als Mitarbeiter des britischen Geheimdienstes SIS für den KGB gearbeitet.

Unwillkürlich beobachtete ich nun John Cairncross, der sich anfangs um mich bemüht hatte und sich, als ich nicht konnte, anderen DDR-Diplomaten zuwandte. Schließlich fand er einen, den er für interessant genug hielt, sich mit ihm erneut zu treffen.

Cairncross hatte Glück und Pech in einem. Er traf auf einen der Botschaftsräte, der für die Aufklärung arbeitete. Warum sollte der Secret Intelligence Service sich nicht um einen DDR-Diplomaten bemühen dürfen? Warum sollte die DDR-Residentur nicht das Spiel mitmachen, um zu ergründen, wofür die andere Seite sich interessierte? Gewiß wußte man auf beiden Seiten, daß die diplomatischen Vertretungen in vielen Ländern der Welt von den Nachrichtendiensten hochgradig besetzt waren. Und auch, daß die einen Dienste darauf aus waren, die Geheimnisse der anderen zu erfahren. Cairncross bemühte sich redlich, aber unser Mann hatte nicht die erforderliche Nervenstärke, auf sein Drängen einzugehen, nicht das Vermögen, einen nachrichtendienstlichen Deal durchzustehen. Der rechtzeitige Rückzug bot sich als eleganteste Lösung an.

Eigentlich wollte ich John Weston bei passender Gelegenheit nach Mister Cairncross fragen, den er mir als interessierten Konzertbesucher empfohlen hatte. Ich unterließ das dann doch wegen unserer guten Beziehungen.

Die Bekanntschaft mit dem Gesandten des Königreiches Belgien ist insofern erwähnenswert, als sich mit ihr eine aufregende Geschichte während meiner letzten Tage in Paris verbindet. Den Gesandten hatte ich bei meiner Antrittsrunde Ende 1985 aus gefühlsmäßiger Verbundenheit mit seinem Land aufgesucht. Die Unbekümmertheit, mit der er während meiner Anwesenheit in seinem Büro unendlich lange mit seinem Vorgesetzten in der Brüsseler Zentrale telefonierte, und die Mitteilsamkeit, mit der er die Probleme abhandelte, die sein Land bei der letzten NATO-Ratstagung gesehen hatte, waren für mich ausschlaggebende Gründe, ihn dann und wann zu treffen. So kam es, daß, wenn internationale Ereignisse schnell einen Gedankenaustausch mit westlichen Abgesandten zweckmäßig machten, wir uns verständigten.

Aber im Grunde genommen erbrachten die Gespräche mit ihm selten Besonderes. Das lag wohl daran, daß er in Paris seinen letzten Posten bestritt und sich auf seine Pension vorbereitete. Auch er erschien zu meiner Verabschiedung, lässig, ein wenig angeheitert. Er liebte harte Tropfen. Beim Lebewohl raunte er mir zu, daß er Grüße von Marleen ausrichten solle. Marleen? Marleen? Ich mußte wohl allzu überrascht ausgesehen haben, denn an eine Dame dieses Namens konnte ich mich nicht erinnern, beim besten Willen nicht.

Sie habe ihm die Geschichte mit dem silbernen Armreif erzählt, den aus feinem Filigran, welcher ihr einst von einem DDR-Diplomaten zum Geschenk gemacht worden war.

Der Gesandte sah mich zweifelnd an, vielleicht glaubte er schon an einen Irrtum. Jetzt dämmerte es. Marleen war die jüngste Tochter van der Kerks. Sie studiere jetzt, hörte ich den Gesandten sagen, sie sei eine sehr schöne Mademoiselle und habe sich kürzlich mit seinem Sohn verlobt. Nun schüttelte ich doch meine Erstarrung ab. Welch ein Zufall.

Den Abschiedsblick des Gesandten werde ich wohl nie vergessen. Mir liefen Schauer über den Rücken, kalte und heiße. Warum erwähnte der Gesandte des Königreiches Belgien die Geschichte erst jetzt, unmittelbar vor meiner Abreise aus Frankreich? Was hatte ihm der Vater von Marleen gesagt? Hatte van der Kerk aus dem Außenministerium – dessen Vorgesetzter ein Jahr nach meinem Weggang als Agent der Sowjets und Rumänien enttarnt wurde – über mich mehr ausgeplaudert, als mir lieb sein konnte?

Mit der Zeit wird auch die kleinste Bürde schwer.

Die quälenden Fragen blieben bis heute offen.

Zu den Bekannten, die in meiner diplomatischen und Aufklärungstätigkeit in Paris eine Rolle spielten, zählten auch Leute aus Afrika und Lateinamerika, deren Lebensweg sich zu jener Zeit mit dem meinen kreuzte. Es handelte sich um Personen, deren Aufstieg in höchste Posten ihres Landes etwas mit einem Studium in der DDR zu tun hatten.

Einer von ihnen nannte sich Louis Almeyda und war Außerordentlicher und Bevollmächtigter Botschafter Angolas. Ich kannte ihn aus Brüssel und traf ihn bei einem Empfang einer afrikanischen Botschaft im Festsaal der UNESCO. Im Gewühl umarmte und küßte er mich, stürmisch klopfte er auf meinen Rücken. Er stellte mich den anderen als »alten Freund aus Brüssel« vor. Mit einem der Anwesenden schien Almeyda besonders liiert zu sein. Dieser Dr. Henri Matipa, Außerordentlicher und Bevollmächtigter Botschafter der Republik Zambia, war ebenfalls mit einer Deutschen verheiratet – Christine kam aus Leipzig.

Henri hörte leidenschaftlich gern die Wassermusik von Händel. Ich beschaffte ihm alsbald eine Stereoaufnahme. Und dann lauschten wir in der Residenz den wunderbaren Klängen, die die neue Anlage der Matipas der Eterna-Platte entlockte. Dr. Henri Matipa und Frau Christine ließen es sich nicht nehmen, das unsichtbare Orchester gestenreich zu dirigieren.

Louis Almeyda und Dr. Henri Matipa lebten schon lange in Europa und waren eigentlich schon längst keine Afrikaner mehr. Almeyda war gleichzeitig in Paris und Bonn akkreditiert und ebenso wie Matipa für die Steuerung der Diplomatie seines Landes für halb Westeuropa zuständig. Er unterhielt ausgezeichnete Beziehungen zum französischen Außenministerium, das sich mit der Neuprofilierung der Außenpolitik Frankreichs gegenüber den Staaten südlich der Sahara beschäftigte. In dieser Zeit verhalf er mir zu Kontakten mit Oliver Tambo aus Südafrika und Sam Nujoma von der Südwestafrikanischen Befreiungsorganisation (SWAPO), die in Paris aufkreuzten, um ihre Absichten zu erläutern. Dr. Henri Matipa galt als Vertrauter des Präsidenten von Zambia und dessen Berater für europäische Angelegenheiten, er reiste viel in Europa umher, war besonders oft in London, wo er sich mit seinem Minister traf.

Obwohl beide oft außer Landes weilten, fanden sie stets eine Gelegenheit, mit mir Wichtiges zu gegenseitiger Information zu besprechen. Und da sie an den Beratungen der afrikanischen Botschafter in Paris teilnahmen und mit den Organisationsbüros der Entwicklungsländer Afrikas, der Karibik und des Pazifik in ständiger Verbindung standen, erfuhr ich eine Menge.

Henri Matipas Ältester studierte in der DDR und wollte einer schönen Sächsin wegen dort bleiben. Und auch Louis Almeyda hatte einen heranwachsenden Sohn aus erster Ehe, der die DDR nicht verlassen wollte. Wie dem auch sei, beide hatten wohl ihre Beweggründe, mich in meiner Funktion zu unterstützen. Und es störte sie in keiner Weise, daß statt des Botschafters der DDR der Gesandte kam.

Daß ich auch als Beauftragter eines Auslandsnachrichtendienstes bei ihnen erschien, dürften sie höchstens vermutet haben, bestätigt habe ich ihnen das nicht.

Als wir Abschied nahmen, versprachen wir einander, uns irgendwann wiederzusehen. Später hörte ich, daß Dr. Henri Matipa oberster Polizeichef von Zambia geworden war. Die Spur von Louis Almeyda, der mich fast neun Jahre meines Lebens in Brüssel und Paris begleitete, verlor sich.

Im Oktober 1988 ging meine Zeit in Paris ihrem Ende zu, viel schneller als ich das wollte, viel zu schnell. Der eigentliche Grund meiner Rückkehr war für mich nicht erkennbar, die Entscheidung war zu Jahresbeginn und in der Zentrale gefallen und mit dem Außenminister abgestimmt.

Als das Ministerium für Auswärtige Angelegenheiten meinen Einsatz als Gesandter und Stellvertreter des Botschafters bestätigte, entschied die Hauptverwaltung Aufklärung, meine Amtszeit als Resident auf fünf Jahre zu begrenzen. Das schien mir unendlich lang. Vor den Einsätzen im Nahen Osten und in Brüssel hatte ich zeitliche Orientierungen stets gelassen aufgenommen. Es hatte sich nämlich herausgestellt, daß für solche Festlegungen allein übergeordnete Interessen galten. Wünsche oder gar Einwände wurden angehört, aber selten berücksichtigt – nicht einmal bei denen, die es verdient hätten.

Daran hatte sich nichts geändert und würde sich auch wohl niemals etwas ändern. Das galt für alle Mitarbeiter im Auswärtigen Dienst gleichermaßen und für die des Auslandsnachrichtendienstes erst recht, denn sie waren militärischem Gehorsam verpflichtet.

Auch wenn ich es nicht zugab: Mir war in der Vergangenheit jede Verlängerung eines Auslandsaufentaltes willkommen, auch wenn man die Pflicht beklagte, die einem abverlangt wurde.

Die Abberufung war mir zu mitternächtlicher Stunde offenbart worden. Honecker war zum Abschiedsgespräch bei Präsident Mitterrand gewesen, der Hofstaat zog sich mit dem Ausdruck sichtlicher Zufriedenheit in seine Appartements im Hotel de Marigny zurück. Vereinbarungsgemäß traf ich einige Minuten nach Mitternacht in meinem Arbeitszimmer in der Botschaft mit dem Stellvertreter des für mich zuständigen Bereichsleiters der HVA zusammen. Er gehörte zur Expertendelegation im Honecker-Troß. Ich kannte ihn seit den 70er Jahren. Er mußte den Hiob spielen.

Selbst im Halbdunkel wirkte sein tadelloser Auftritt. Die grauen Haare waren akkurat gescheitelt, sein Anzug war aus feinem Tuch und der Körper gestrafft. Doch sein Gesicht wirkte müde, bleich, abgekämpft. Er sprach leise, ein wenig stockend. Aus seiner Stimme klang Mitgefühl.

Ich hörte ihm zu, lange. Ich schwieg und fühlte mich elend. Ich hörte die eindringliche Stimme meines nächtlichen Besuchers – und dennoch rauschten seine Worte an mir vorbei, als galten sie einem Unbeteiligten. Anerkennung für Geleistetes, Würdigung der Zentrale, Sammeln neuer Kräfte, neue Aufgabe …

Nur nicht die Beherrschung verlieren. Ich biß mir auf die Zunge. Warum hatte ich damals, als ich mich entscheiden konnte, nicht anders entschieden? Ich hätte als Botschafter nach Lissabon und nicht als Resident nach Paris gehen sollen, schalt ich mich.

Ich sah meinem Besucher fest in die Augen. Er verstand wohl, daß ich nach dem Warum für diese jähe Wendung fragen würde und eine klare Antwort verlangte.

Es gehe um die Stärkung des Apparates, erfahrene Leute aus der Praxis sollten den Nachwuchs qualifizieren, die Diplomaten der 90er Jahre … Auf höchster Ebene sei entschieden worden, unwiderruflich. Die für die Außenpolitik Zuständigen hätten keinen geeigneteren gefunden als mich.

Ich fügte mich widerspruchslos.

Aber die Wehrlosigkeit gegen den erzwungenen Abbruch meiner Laufbahn als aktiver Diplomat und Aufklärer ließ eine solche Unzufriedenheit mit mir selbst aufkommen, wie ich sie bis dahin nicht kannte. Ich sah mich in Berlin auf Dauer als Gefangener eines undurchschaubaren Geflechts von Vorschriften und Verbindlichkeiten. Ich fühlte mich verraten.

Aus allem, was ich vom Vertreter der Zentrale erfuhr, mußte ich schließen, daß sich in Berlin Veränderungen anbahnten, die ähnlich wie in der Sowjetunion zu einer Umgestaltung in Staat und Wirtschaft führen würden. Selbst mein Schwiegervater hatte mir geschrieben, daß es rapide bergab ging. Und alle Dienstreisenden, die bei uns Station machten, hatten erklärt: So geht das nicht weiter! Es stand nicht gut um die die DDR.

Hatten wir aber noch eine Chance auf einen Neubeginn, auf eine Wende? Oder hatten die Kassandras und Kollegen von der anderen Seite mit ihren Prognosen recht?

Prof. Otto Reinhold, Rektor der Akademie für Gesellschaftswissenschaften beim ZK der SED, selbst Mitglied des Zentralkomitees, schockierte mich mit der lakonischen Feststellung. daß nur die »biologische Lösung« den Weg für Reformen in der DDR freimachen werde.

Reformen seien unabdingbar, sonst schlingere die DDR-Wirtschaft nur noch so dahin. Das hatte mir der Wirtschaftshistoriker Prof. Jürgen Kuczynski gesagt, den ich nach Beirut und Brüssel nun auch in Paris begrüßte. Seinen historischen Optimismus hatte er sich bewahrt, aber seine Sicht auf die DDR war von Mal zu Mal kritischer geworden. Ich glaubte ihm mehr als dem Zentralorgan.

Ich bezweifelte allerdings, daß nur das Ableben des noch agilen Generalsekretärs, den ich so rüstig und staatsmännisch erlebt hatte, das Land genesen lassen würde. Doch dann horchte ich auf, als Kulturminister Joachim Hoffmann während seines Besuches in Paris nicht ganz nebenbei bemerkte, daß Männer mit Konzepten bereitstünden, um das Ruder zu übernehmen.

Nach der biologischen Lösung? Oder vorher? Und wer sollten diese »Männer« sein? Stand uns ein 20. Juli ins Haus?

Dresdens Oberbürgermeister Wolfgang Berghofer, der gelegentlich nach Strasbourg kam und mit dem ich am Rand internationaler Tagungen stundenlang am Ufer der Maas über mögliche Perspektiven philosophierte, wußte nichts. Er hatte nichts davon gehört, daß

Honecker entfernt werden sollte, um einen Neuen zu inthronisieren. Vielleicht gar mit Hilfe des Geheimdienstes – wie 1985 Gorbatschow in Moskau, oder George Bush 1988 in den USA?

Dachte daran die Zentrale, und stand meine Abberufung aus Paris damit in Verbindung? Könnte die kryptische Andeutung, daß der Apparat gestärkt werden müsse, darauf hindeuten?

Ich sah plötzlich meine Personalentscheidung im Kontext mit einem gigantischen Plan für Veränderungen in der DDR, die aus der politischen Erstarrung führen sollten. Das erleichterte mir ein wenig das Herz.

Seit ich im Ausland tätig war, achtete ich darauf, aus dem Zusammenwirken mit den anderen Vertretern der sozialistischen Staaten Vorteile für die eigene Arbeit zu ziehen. Mir ging es hauptsächlich um deren Erfahrungen und um Ergebnisse der Kontakt- und Informationsarbeit. Das KGB ausgenommen unterhielt ich in Paris zu keinem Nachrichtendienst der Staaten des Warschauer Vertrages Direktkontakte. Unser Reglement sah das nicht vor. Dennoch ging ich davon aus, daß bei den regelmäßigen Beratungen der Gesandten stets die Nachrichtendienste mit am Tisch saßen.

Die Zusammenkünfte der Abgesandten des sozialistischen Lagers in großer Runde – mit den neugierigen, aber meist schweigenden Asiaten und den lauten Kubanern, die viel redeten, aber wenig sagten – erwiesen sich als nicht effektiv. Aleksej Glukow, der sowjetische Gesandte, schlug vor, sich in engerem Kreis zu treffen, um auch Heikles besprechen zu können. Gewiß wollte er vermeiden, daß Vertrauliches verloren ging.

Wir trafen uns im Gästehaus des Botschafters der UdSSR in Deauville, im berühmten Seebad am Ärmelkanal, weitab von Paris und der unerträglichen Hektik. Das schöne Haus gehörte einst einem russischen Aristokraten. Dieser soll, wie es hieß, der Zarenfamilie nahegestanden haben. Und später, einige Jahre nach der Oktoberrevolution, habe er sein Anwesen dem Sowjetstaat vermacht. Alexej und seine Frau verstanden es vorzüglich, die »Wochenendtreffen des Warschauer Paktes«, so nannten wir diese Begegnungen, mit erlebnisreichen Stunden auszufüllen. Den Genossen, die hier abends vor loderndem Kaminfeuer lagerten, polnischen Zubrowka und Budweiser aus der CSSR tranken und gemeinsam russische Partisanenlieder sangen, vertraute ich. Wir sprachen die gleiche »Sprache«.

Und ich hörte aus ihren Mündern, wie es wirklich stand um die

Dinge in ihren Ländern. Ob Gorbatschow es schaffen würde, das Ruder herumzureißen und das schlingernde Boot ans sichere Ufer zu bringen, vermochte niemand zu sagen. Würde es möglich sein, aus der politischen Krise herauszukommen und Fehlentwicklungen zu korrigieren? Könnte die historische Initiative noch zu einem guten Ende geführt werden?

Es war von Verletzung der sozialistischen Demokratie die Rede, von Machtmißbrauch und Korruption, von Gleichgültigkeit der Regierenden und Resignation der Regierten.

Die DDR sei eine Ausnahme, noch stabil und gesund, meinten sie, und sie wollten nicht glauben, als ich Gegenteiliges erklärte. Also auch ihr.

Meine Sorge wuchs, daß die Krise des Staatssozialismus in eine Katastrophe münden könnte. Doch die offiziellen Verlautbarungen der obersten Ebenen, auch des Politisch Beratenden Ausschusses der Staaten des Warschauer Vertrages, dessen Amtierenden Generalsekretär ich in Paris gesprochen hatte, verkündeten wie eh und je Einheit und Geschlossenheit. Die Anzeichen von Führungsschwäche, Hilflosigkeit und Unvermögen waren jedoch nicht mehr zu übersehen.

Der Vertreter Ungarns nahm an den Treffen am Ärmelkanal schon nicht mehr teil.

Sollte wirklich nicht mehr zusammengehalten werden können, wozu gemeinsame Ideen und Bündnistreue eigentlich verpflichteten? Die internen Nachrichten, die in den Botschaften in Paris eingingen, wurden nun offener als früher ausgetauscht. Das alles ließ die allgemeine Besorgnis noch mehr anwachsen. Und dennoch! Keiner in der Runde der Gesandten gab die Hoffnung auf. Wir hatten ja schließlich schon andere Krisen überstanden: 1956 in Ungarn, 1968 in der CSSR, 1980 in Polen.

Wäre eine DDR lebensfähig ohne ihre Verbündeten? Oder gar ohne die Sowjetunion? Unvorstellbar – solche Gedanken waren mir noch nie gekommen. Nein, ich glaubte fest daran, besser: ich wollte fest daran glauben, daß es trotz der Schwierigkeiten der Sowjetunion und allen übrigen sozialistischen Staaten gelänge, unvermeidlich gewordene Reformen durchzusetzen. Wer sollte die geschichtliche Entwicklung, die gesetzmäßige, aufhalten? Und der Sieg des Sozialismus war gesetzmäßig. Oder?

Das offizielle Paris hielt sich mit Stellungnahmen und Prognosen zurück. Auf dem diplomatischen Parkett gingen die Meinungen sehr auseinander, es dominierten Skepsis und Zweifel. Niemand wollte so recht an ein »neues Herangehen« der östlichen Partner glauben. Ich intensivierte meine Kontakte zu den bundesdeutschen Gesandten.

Was ich den Gesprächen mit von Nordenskjöld und anderen Diplomaten der BRD entnehmen konnte, stimmte mit dem überein, was ich aus mehreren DDR-Kanälen versichert bekam: die Bundesrepublik Deutschland richtete sich im Kontext der internationalen Entwicklungen auf eine längere Periode friedlichen Nebeneinanders der beiden Deutschland ein. Wir vermittelten der staunenden Nachbarschaft allenthalben ein Bild verständnisvoller und verständigungsbereiter Brüder.

»Mit freundlichen Grüßen« stand handschriftlich vermerkt auf der Visitenkarte, mit der mir Fritjof von Nordenskjöld den Wortlaut einer Rede per Boten vorab zusandte, die Außenminister Hans-Dietrich Genscher am 11. Juni 1988 in Postdam halten sollte – »Sperrfrist 11. Juni, 12 Uhr«.

»Wohin uns Deutsche auch die Zukunft führen wird: Einig sind sich beide deutsche Staaten darin, daß von deutschem Boden nie wieder Krieg ausgehen darf, sondern Frieden ausgehen muß … Diese Verantwortung ist es, die trotz tiefgreifender Gegensätze und Unterschiede in den politischen und gesellschaftlichen Systemen die Regierungen der beiden deutschen Staaten zu Verständigung, Verständnis und Zusammenarbeit zusammenführt«, hieß es dort. Das konnte ich unterschreiben.

War das nicht eine Bekräftigung dessen, was der Bundeskanzler der BRD dem Vorsitzenden des Staatsrates der DDR vor geraumer Zeit schon in Moskau gesagt hatte? Kohl hatte Honecker einen zuverlässigen Partner genannt.

Eine Kopie der Genscher-Rede schickte ich in den »Quais« zu Vaugier.

Im Oktober 1988, kurz vor meiner Abreise, kam Horst Sindermann nach Strasbourg. Der Volkskammerpräsident hielt im Europa-Parlament eine Rede, die auf Verständigung und Entspannung zielte. Am Abend gab die Sozialisten-Fraktion des Europa-Parlaments im schönen Salon des Hotels La Cheneaudiére in Colroy La Roche für Sindermann ein Essen.

Die Deutschen blieben unter sich. Wir saßen mit den Sindermanns an einem Tisch, Dagmar und ich, neben ihr hatte der

Vorsitzende der Sozialistischen Fraktion, Rudi Arndt, Platz genommen, neben mir Senator a.D. Dr. jur. Hans-Joachim Seeler.

Sozialisten aus Ost und West lachten, scherzten, sangen trotz des »Streits der Ideologien«, trotz der jahrzehntelangen Vorwürfe und Mißtrauensbekundungen. Toaste wurden ausgebracht, immer freundlichere, und die französischen Weine trugen sicherlich dazu bei, daß die Anwesenden sich näherkamen.

»Wir Sozialdemokraten sind doch die Besten«, rief Sindermann den Gastgebern zu, erhob sich und stieß mit den jubelnden Sozialdemokraten an. Alle applaudierten, auch ich.

War das nur der Rotwein?

Ich glaube nicht.

Sozialdemokraten engagierten sich, damit der Präsident der Volkskammer der Deutschen Demokratischen Republik europaweit gehört werden konnte. Christsoziale bemühten sich, der Führung der DDR mit Milliarden aus Zahlungsschwierigkeiten herauszuhelfen. Christdemokraten und Freie Demokraten empfingen im Vorjahr den Vorsitzenden des Staatsrates in Bonn … Offenkundig wollte man auch anderswo, daß das Experiment nicht scheiterte.

Ich wollte die tatsächlichen Zeichen der Zeit so wenig wahrhaben wie die Signale meines Körpers. Ich war physisch und psychisch angeschlagen nach drei Jahrzehnten Doppelleben. Bereits Mitte 1988 hatte ich den Dienst als Aufklärer quittieren müssen. Es ging nicht mehr. Ich war ziemlich fertig.

Unter dem Eindruck meiner bitteren Erfahrungen, die ich auch in Paris machte, nahm ich mir ernsthaft vor, erneut und ein letztes Mal die Frage aufzuwerfen, inwieweit es für eine Aufklärung im Ausland zweckmäßig sei, Mitstreiter auf ranghohen Diplomaten-Posten agieren zu lassen: zu groß waren die psychischen und physischen Belastungen, zu hoch ihr persönliches Risiko und das ihrer Familien, zu groß die politische Verantwortung für Fehlschläge. Das mußte geändert werden – im Interesse des Dienstes und seiner Angehörigen.

Den Gedanken an einen völligen Ausstieg aus dem Leben im Ausland verdrängte ich. Für den Rest der mir in Paris noch verbleibenden Zeit wollte ich Erfüllung in diplomatischer Arbeit finden. Bereits im Vorjahr war mir hier vom Botschafter die Aufgabe übertragen worden, Maßnahmen für eine Teilnahme französischer Vertreter auf höchstmöglicher Ebene an der Internationalen Konferenz für atomwaffenfreie Zonen in Europa, die im Juni 1988 in Berlin stattfinden sollte, zu koordinieren. Ich nahm diese Aufgabe sehr ernst.

Die Gästeliste für diese Internationale Konferenz enthielt die Namen vieler hervorragender französischer Persönlichkeiten, doch ich kannte keine davon persönlich. Es gehörte Geduld dazu, Verbindung zu ihnen aufzunehmen. Und es bereitete Freude, diesen Persönlichkeiten das Anliegen der Konferenz zu erklären. Es machte mich ein wenig stolz, wie das Land, aus dem ich kam, von ihnen bewertet wurde. Manchmal hatte ich sogar den Eindruck, daß das Bild, das sie sich von der DDR machten, schöner war als die Wirklichkeit.

Über tausend Tage verbrachte ich in Frankreich. Ich habe die Bekanntschaften, die ich dort machte, nicht aufgelistet. Sie zählten nach Hunderten, würde ich alle berücksichtigen, die Tag um Tag zustandekamen. Einige blieben Gesprächspartner für nur wenige Minuten und kehrten nie wieder in mein Blickfeld zurück.

Andere wurden für die Dauer meiner Mission zu ständigen Wegbegleitern und blieben mir dennoch fremd. Aber es gab viele, vor allem Franzosen, die mir als Deutschem ihre Sympathie bekundeten, zuerst durch Worte, später durch Gesten, beim Abschied auch durch Geschenke. Als ich an einem tristen Tag des Spätherbstes 1988 in den letzten Stunden meines Aufenthaltes die in Frankreich zurückgelegte Strecke überdachte, empfand ich, daß mir dieses Land viel mehr bedeutete als die anderen Stationen meiner langen Reise. Ob dies damit zusammenhing, daß ich dem Ende meiner Diplomatenkarriere entgegenging? Oder damit, daß ich während meines Aufenthaltes gerade in diesem Land und vor allem zu dieser Zeit besonders aufmerksam registrierte, was vor sich ging, in der DDR, in den sozialistischen Ländern, in der westlichen Welt, in den Beziehungen zwischen Ost und West?

Als ich Frankreich das erste Mal betrat, begleiteten mich Zuversicht und Hoffnung, daß ich auch hier als Diplomat erfolgreich arbeiten würde und als Aufklärer unerkannt in die DDR zurückkehren würde. Nun, da ich wirklich heimkehren sollte, spürte ich nach drei Jahrzehnten erstmalig, daß kein solches Glücksgefühl aufkam wie sonst, wenn ich nach Auslandseinsätzen die Heimreise antrat. Und dies, obwohl ich in Paris mit Erfolg gearbeitet hatte und mich in Berlin Anerkennung und Beförderung erwarteten.

War aus mir ein anderer geworden?

Hatte ich mich verändert?

Meine Beobachtungen und Erlebnisse in diesem Land, die Gespräche mit seinen Politikern und Funktionären, mit Beamten, Angestellten, Arbeitern, mit Hochrangigen und Subalternen, mit Vertretern der Wirtschaft, Wissenschaft und Kultur, veranlaßten mich, über manches nachzudenken, was ich bis dahin nur aus der Sicht unserer Welt betrachtete und allein mit den Maßstäben maß, die mir anerzogen worden waren.

In der Tat, sehr viele Franzosen standen ihrem Staat kritisch gegenüber und verlachten die bürgerliche Gesellschaft, in deren Schoß sie lebten. Doch Frankreich blieb für sie eine große Nation, jeder fühlte sich zuerst als Franzose und liebte sein Land über alles, der Bourgeois, der Sozialist, der Liberale, der Grüne. Selbst der KP-Vorsitzende schloß seine Parteitags-Rede mit »Vive la France!«

Es gab genügend Dinge, die das Leben im bürgerlichen Frankreich für jedermann lebenswert machten. Hatten die kritischen Kommunisten doch recht, wenn sie einen »Sozialismus in den Farben Frankreichs« wollten und nicht jenen, den es bei uns gab?

Wie einfach und friedlich wechselten die Regierungen in Frankreich, die sozialistische, die bürgerliche und wieder umgekehrt. So konnte Demokratie aussehen. Der Citoyen, der mündige Staatsbürger, sorgte dafür.

Das gesellschaftliche Leben in Frankreich und das Verhalten seiner Bürger untereinander und gegenüber der Obrigkeit gaben mir Grund zum Staunen. In diesem Land schien es niemanden zu geben, der sich durch dogmatische Grundsätze und bedingungslosen Gehorsam gebunden fühlte. Und dennoch hatte die Grande Nation immer wieder Geschichte gemacht und hatte das Volk der fünfzig Millionen Franzosen Großes geleistet. Es gab fürchterliche Gegensätze in diesem Land und Streit überall, aber auch Verständigung und Geschlossenheit, wenn es um die Interessen Frankreichs ging.

Fritjof von Nordenskjöld hatte mit seiner Frage »Sind Sie zuerst Deutscher oder Sozialist?« wohl das deutsche Dilemma offenbart.

Warum sollte man nicht beides sein können? Ich liebte mein Land gewiß so wie jeder Franzose das seine. Und dennoch mußte ich die bestehenden politischen Verhältnisse nicht gutfinden.

Ausstieg

Anfang April 1990 waren wir zu dritt in die Minister-Etage des Außenministeriums gerufen worden und fanden uns im Arbeitszimmer des Staatssekretärs ein. Der Ministerrat hatte auf seiner letzten Sitzung vor den Volkskammerwahlen am 18. März beschlossen, Dr. Siegfried Körner, Leiter der Abteilung Südostasien, Willi Schlegel, Leiter der Abteilung Internationale Ökonomische Organisationen, und mir den diplomatischen Rang »Außerordentlicher und Bevollmächtigter Botschafter« zu verleihen.

Der Staatssekretär war beauftragt, uns die Ernennungsurkunden zu überreichen. Er beglückwünschte uns und entschuldigte sich wegen der Umstände, unter denen er seine Pflicht zu erfüllen hatte.

In diesem Moment ahnte keiner der Anwesenden, daß zum letzten Mal Botschafter einer Deutschen Demokratischen Republik ernannt worden waren. In früheren Jahren versammelte man sich aus diesem Anlaß am Vortag zum 1. Mai. In einer feierlichen Zeremonie im Festsaal des Hauses erhielten die Betroffenen stets Urkunde und Blumen aus der Hand des Ministers. Dieses Mal war alles anders. Neue Zeiten waren angebrochen, es gab einen neuen Außenminister. Jetzt sollten ein freundschaftlicher Händedruck des Staatssekretärs und eine Tasse Kaffee genügen. Die Urkunde trug die Unterschrift von Prof. Dr. Manfred Gerlach, Amtierender Vorsitzender des Staatsrates der Deutschen Demokratischen Republik.

Erich Honecker war am 18. Oktober 1989 von all seinen Ämtern zurückgetreten worden. Egon Krenz war ihm umgehend nachgefolgt, mußte aber unter dem Druck des Massenprotestes nach 50 Tagen seinen Posten räumen. Die Staatspartei SED hatte sich auf nahezu jämmerliche Weise von der politischen Bühne verabschiedet. Auf einem Sonderparteitag, der an zwei Wochenenden im Dezember stattfand, wurde der Bruch mit dem stalinistischen Erbe vollzogen und ein Neuanfang gestartet unter dem Kürzel SED-PDS, was »Partei des Demokratischen Sozialismus« hieß.

Hans Modrow, der vormalige Dresdner SED-Bezirkschef, welcher im Westen als der deutsche Gorbatschow bezeichnet wurde, hatte im

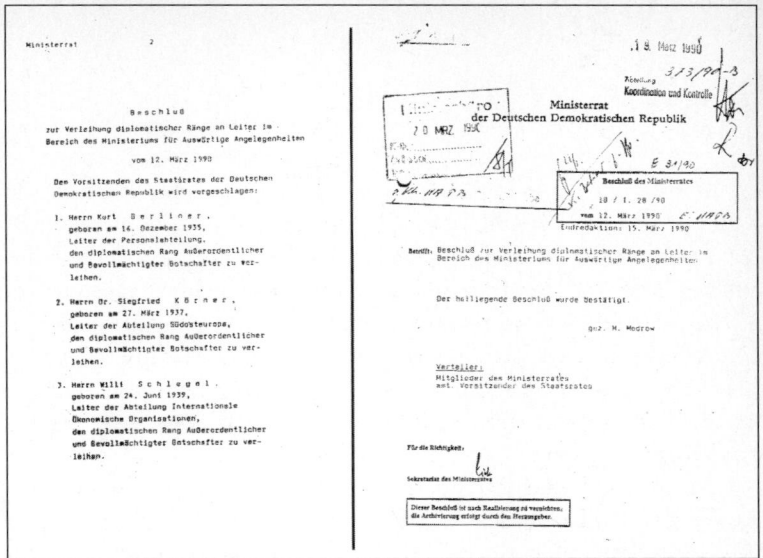

Berufung der drei letzten Botschafter der DDR

November eine neue Regierung geformt. In diese traten im Januar 1990 auch Vertreter von Parteien und Organisationen ein, die noch nicht in der Volkskammer präsent waren. Die eigentliche Regierung aber war der Zentrale Runde Tisch.

Am 18. März wurde eine neue Volkskammer gewählt. Wahlsieger war die »Allianz für Deutschland« geworden, der Rechtsanwalt Lothar de Maizière (CDU) erhielt den Auftrag zur Regierungsbildung.

Obgleich seit Öffnung der Mauer am 9. November 1989 die DDR auszubluten drohte und seit Dezember die Parteien der Bundesrepublik massiv in das Geschehen in der DDR eingriffen, wählten die Bürger der DDR in erster Linie aufgrund ihrer Erfahrungen dieses System ab. Das war die Quittung für eine Politik, die zwar vorgab, für die Menschen dazusein, aber letztlich nur noch auf Machterhalt ausgerichtet war. Mit Sozialismus hatte das nur wenig zu tun – aber die gute Idee des Sozialismus war gründlich desavouiert worden. Spätestens Anfang Februar, als Ministerpräsident Modrow mit der Liedzeile aus der DDR-Nationalhymne »Deutschland einig Vaterland« ein politisches Konzept für eine deutsch-deutsche Perspektive präsentierte, war klar: Die Tage der DDR waren gezählt.

Wie viele es noch sein würden, wußte niemand.

Schon gar nicht der Außerordentliche und Bevollmächtigte Botschafter ohne Botschaft Kurt Berliner.

Ich hatte lange auf diese Stunde gewartet – aber glücklich war ich nicht. Und nicht nur wegen der Krankheit, die mich nahezu umgehend um vorzeitige Berentung wegen Arbeitsunfähigkeit nachsuchen ließ. Am 2. Oktober 1990 verabschiedete sich die DDR aus der Geschichte. Am Tag darauf wurde ich ungefragt Bürger der Bundesrepublik Deutschland. Damit war die sybillinische Frage des Gesandten Fritjof von Nordenskjöld keineswegs beantwortet.

Die politische Klasse der alten Bundesrepublik entwickelte zunehmend ein Interesse, die DDR zu delegitimieren. Die Eliten der untergegangen DDR wurden in die Wüste gejagt oder in die Warteschleife geschickt, Funktionsträger wurden angeklagt und zum Teil verurteilt. Da aus ihrer Sicht die DDR ein Unrechtsstaat war – was den Herrschenden merkwürdigerweise erst nach ihrem Verschwinden auffiel – hatten Staatsnahe und Staatsfunktionäre Unrecht getan und mußten folgerichtig verurteilt werden. Weil diesem »Unrecht« aber nicht mit dem DDR-Recht beizukommen war, wandte man, abweichend von der internationalen Praxis, – Die Deutschen lieben Sonderwege, weil sie wirklich etwas Besonderes sind – rückwirkend westdeutsches Recht auf Ostdeutsche an.

Weil das Problem erkannt worden war, begann man ziemlich bald darüber zu diskutieren. Es gab sogar am 13. September 1990 einen Gesetzentwurf der konservativ-liberalen Bundesregierung über Straffreiheit bei Straftaten des Landesverrates und der Gefährdung der äußeren Sicherheit, der unter anderem mit der richtigen Feststellung begründet wurde: »Die gegenseitige nachrichtendienstliche Aufklärung war stark geprägt von der Teilung Deutschlands, insbesondere der Einbindung der beiden deutschen Staaten einerseits in das westliche und andererseits in das östliche Sicherheitssystem und der dadurch bedingten Frontstellung. Dies gehört der Vergangenheit an …

Die nachrichtendienstliche Auslandsaufklärung ist in rechtlicher Hinsicht ambivalent. Einerseits ist sie für den aufklärenden Staat ein legitimes Mittel zur Erlangung von Erkenntnissen für die Lagebeurteilung und die Entscheidungsfindung im Politischen Bereich. Andererseits handelt es sich bei ihr im fremden Staat in der Regel um eine strafbare Spionage.« Die Opposition aus SPD und Grünen lehnte den Gesetzentwurf ab.

Und die noch existente DDR-Regierung versäumte es, im Einigungsvertrag festzuschreiben, daß eine Strafverfolgung legaler Auslandsaufklärung ausgeschlossen werden müsse.

Die DDR hatte weder kapituliert noch wurde sie annektiert, sie trat freiwillig und friedlich dem Geltungsgebiet des Grundgesetzes bei. Es gab weder Feindklauseln noch Kapitulationsbedingungen. Wenn es die DDR unterließ, ihrer Schutzpflicht gegenüber den Angehörigen ihrer Nachrichtendienste nachzukommen, so steht es der neuen BRD als Rechtsnachfolger durchaus an, gegenüber den Angehörigen der Nachrichtendienste auf beiden Seiten geltendes Recht in gleicher Weise anzuwenden. Artikel 3 und 25 gehen nicht grundlos vom Gleichheitsgrundsatz aus.

Das aber interessierte nicht.

Und so mußten ich und meinesgleichen befürchten, daß eines Tages der Staatsanwalt sich meldete.

Wessen hatten wir uns schuldig gemacht?

Zu Zeiten der Ost-West-Konfrontation waren Aufklärung und Spionageabwehr darauf gerichtet, sich vor Überraschungen zu schützen. Die Nachrichtendienste waren Ausdruck von Angst und gegenseitigem Mißtrauen und wurden von beiden Seiten als Waffe im Kalten Krieg eingesetzt. Allerdings trugen sie wesentlich dazu bei, das Gleichgewicht der Kräfte zu erhalten. Sie wirkten stabilisierend auf die internationale Entwicklung.

Der Wettstreit der beiden Machtblöcke ist entschieden, der ökonomisch und politisch Schwächere ist verschwunden. Nachrichtendienste bleiben jedoch ein unverzichtbares Mittel zur Verteidigung staatlicher Interessen und im Kampf gegen äußere Gefahren. Unter weltweit veränderten Bedingungen und neuen politischen Konstellationen werden Gefahren für die nationale Sicherheit künftig wahrscheinlich mehr aus Entwicklungen in technologischen Bereichen und ökonomischen Entwicklungen in anderen Teilen der Welt zu erwarten sein, aus Bewegungen des internationalen Terrorismus, aus dem grenzüberschreitenden Drogenhandel, aus der Internationalisierung des organisierten Verbrechertums.

Und wie man die Angehörigen der Nachrichtendienste künftig auch bezeichnen wird, ob Kundschafter, Spione, Aufklärer – objektiv betrachtet werden sie eine größere Rolle im internationalen Verkehr spielen als je zuvor, eine sicherheitsfördernde und friedensbewahrende. Von größerer Bedeutung wird allerdings sein, daß sich die Nachrichtendienste nicht verselbständigen und demokratischer Kontrolle unterliegen.

Die Geschichte ist unteilbar, auch die der Deutschen in Ost und West. Bei der Aufarbeitung ihres jüngsten Kapitels geht es darum zu begreifen, daß die Entstehung beider deutscher Staaten ebenso wie die Spaltung Deutschlands gewollte Ergebnisse des Kalten Krieges waren, daß überhaupt alle Entwicklungen und Ereignisse auf deutschem Boden nach dem Zweiten Weltkrieg im Kontext der globalen Auseinandersetzungen zu verstehen sind. Die Suche nach einem alternativen Gesellschaftskonzept auf antifaschistischer Grundlage und sozialer Gerechtigkeit im Osten Deutschlands entsprach legitimen Interessen der Mehrheit der hier Lebenden, sie entsprang dem Bedürfnis, einen Ausweg aus dem verhängnisvollen Kreislauf von Krieg und Zerstörung zu finden.

Die DDR nahm einen hoffnungsvollen Anfang, brachte jedoch nicht die Kraft zu Reformen auf, sich über den Zeitraum von vier Jahrzehnten hinaus zu einem für ihre Bürger akzeptablen Staat zu entwickeln.

Die DDR und ihre Geschichte nachträglich zu kriminalisieren,

1995 vorm einstigen DDR-Außenministerium, das wenig später abgerissen werden sollte

wird weder dem deutschen Volk in Ost und West noch anderen Völkern helfen, Fehler der Vergangenheit zu erkennen. Die Wiedervereinigung des deutschen Volkes und die Einheit Deutschlands in Gestalt der neuen Bundesrepublik kann nicht verwirklicht werden, wenn die Legitimität des Staates DDR rückwirkend in Frage gestellt und politisches Strafrecht zur Entsorgung ihrer und ihrer Bürger Geschichte beauflagt wird. In der Deutschen Demokratischen Republik hat es neben Fehlern, Irrwegen, Versäumnissen und Unrecht auch Rechte, Pflichten, Leistungen und Werte gegeben. Dies zu übersehen bedeutet, Erfahrungen, Haltungen und Überzeugungen zu negieren.

Niemand hat das Recht, den Deutschen in diesem Teil ihres Landes ihre Vergangenheit streitig zu machen und ihnen ihr Selbstwertgefühl zu nehmen.

Niemand hat das Recht, ihnen einen Platz im neuen Deutschland und einen Neuanfang zu verweigern.

Rufe nach Vergeltung und eine Atmosphäre der Rache schaden der politischen Kultur dieses Landes und belasten das Zusammenwachsen, gefährden den inneren Frieden und die gemeinsame Zukunft des deutschen Volkes.

Ich habe meinem Staat DDR als Aufklärer und Diplomat gedient. Ich habe mich, indem ich mich als Deutscher für Frieden und Völkerverständigung an verschiedenen Orten in der Welt engagiert und meine Gesundheit geopfert habe, nicht strafbar, sondern um dieses Land verdient gemacht.

Dafür möchte ich nicht unbedingt das Bundesverdienstkreuz – Respekt würde mir und meinesgleichen genügen.

Anlagen

Vertrag über die Grundlagen der Beziehungen
zwischen der Deutschen Demokratischen Republik
und der Bundesrepublik Deutschland (Auszug):

Artikel 2

Die Deutsche Demokratische Republik und die Bundesrepublik Deutschland werden sich von den Zielen und Prinzipien leiten lassen, die in der Charta der Vereinten Nationen niedergelegt sind, insbesondere der souveränen Gleichheit aller Staaten, der Achtung der Unabhängigkeit, Selbständigkeit und territorialen Integrität, dem Selbstbestimmungsrecht, der Wahrung der Menschenrechte und der Nichtdiskriminierung.

Artikel 6

Die Deutsche Demokratische Republik und die Bundesrepublik Deutschland gehen von dem Grundsatz aus, daß die Hoheitsgewalt jedes der beiden Staaten sich auf sein Staatsgebiet beschränkt. Sie respektieren die Unabhängigkeit jedes der beiden Staaten in seinen inneren und äußeren Angelegenheiten.

Dieser Vertrag wurde am 21. Dezember 1972 unterzeichnet

Die Charta der Vereinten Nationen (Auszug):

Artikel 2, Absatz 1

Die Organisation beruht auf dem Grundsatz der souveränen Gleichheit aller ihrer Mitglieder

Aus der Prinzipiendeklaration der Organisation
der Vereinten Nationen vom 24. Oktober 1970:

a) Die Staaten sind juristisch gleich.

b) Jeder Staat genießt die der vollen Souveränität innewohnenden Rechte.

c) Jeder Staat hat die Pflicht, die Völkerrechtssubjektivität der anderen Staaten zu achten.

d) Die territoriale Integrität und die politische Unabhängigkeit eines Staates sind unverletzlich.

e) Jeder Staat hat das Recht, frei seine politischen, sozialen, wirtschaftlichen und kulturellen Systeme zu wählen und zu entwickeln.

f) Jeder Staat hat die Pflicht, seine internationalen Verpflichtungen strikt nach Treu und Glauben zu erfüllen und mit den anderen Staaten in Frieden zu leben ...«

Die Bundesrepublik Deutschland und die
Deutsche Demokratische Republik wurden
am 23. September 1973 gleichzeitig
in die UNO aufgenommen.

Aus dem Grundgesetz der Bundesrepublik Deutschland:

Artikel 3, Absatz 1
Alle Menschen sind vor dem Gesetz gleich.

Artikel 25
Die allgemeinen Regeln des Völkerrechts sind Bestandteil des Bundesrechts. Sie gehen den Gesetzen vor und erzeugen Rechte und Pflichten für die Bewohner des Bundesgebiets.

Artikel 103, Absatz 2
Eine Tat kann nur bestraft werden, wenn die Strafbarkeit gesetzlich bestimmt war, bevor die Tat begangen wurde.

Aus dem Strafgesetzbuch der Bundesrepublik Deutschland:

§ 2, Absatz 1
Die Strafe und ihre Nebenfolgen bestimmen sich nach dem Gesetz, das zur Zeit der Tat gilt.

Absatz 2
Wird die Strafdrohung während der Tat geändert, so ist das Gesetz anzuwenden, das bei Beendigung der Tat gilt.

Aus dem Internationalen Pakt über bürgerliche und politische Rechte vom 19. Dezember 1966:

Art. 15
1. Niemand darf wegen einer Handlung oder Unterlassung verurteilt werden, die zur Zeit ihrer Begehung nach inländischem oder nach internationalem Recht nicht strafbar war.

Aus der Haager Landkriegsordnung (HLKO)
vom 18. Oktober 1907:

Zweites Kapitel. Artikel 29
Als Spion gilt nur, wer heimlich oder unter falschem Vorwand in dem Operationsgebiet eines Kriegführenden Nachrichten einzieht oder einzuziehen sucht in der Absicht, sie der Gegenpartei mitzuteilen ...

Artikel 30
Der auf der Tat ertappte Spion kann nicht ohne vorangegangenes Urteil bestraft werden.

Artikel 31
Ein Spion, welcher zu dem Heer, dem er angehört, zurückgekehrt ist und später vom Feinde gefangengenommen wird, ist als Kriegsgefangener zu behandeln und kann für früher begangene Spionage nicht verantwortlich gemacht werden.

Aus dem Vertrag über die Herstellung der Einheit Deutschlands (Einigungsvertrag):

Artikel 8
Mit dem Wirksamwerden des Beitritts tritt in dem in Artikel 3 genannten Gebiet Bundesrecht in Kraft, soweit es nicht in seinem Geltungsbereich auf bestimmte Länder oder Landesteile der Bundesrepublik Deutschland beschränkt ist und soweit durch diesen Vertrag, insbesondere durch dessen Anlage 1 nichts anderes bestimmt wird.

Aus dem Einführungsgesetz zum Strafgesetzbuch in der Fassung gemäß Artikel 8 des Einigungsvertrages vom 31. August 1990:

Artikel 315
(1)
Auf vor dem Wirksamwerden des Beitritts in der Deutschen Demokratischen Republik begangene Taten findet § 2 des Strafgesetzbuches mit der Maßgabe Anwendung, daß das Gericht von Strafe absieht, wenn nach dem zur Zeit der Tat geltendem Recht der Deutschen Demokratischen Republik weder eine Freiheitsstrafe noch eine Verurteilung auf Bewährung noch eine Geldstrafe verwirkt gewesen wäre.

Nachtrag

1.

Dem libanesischen Kaufmann *Joseph Hayek* begegnete ich viele Male, noch lange nach meiner Rückkehr aus Beirut. Letztmalig traf ich mit ihm im Sommer 1990 im Casino des Internationalen Handelszentrums an der Friedrichsstraße in Berlin zusammen. Er unterhielt in Berlin ein eigenes Kontaktbüro und trug sich mit der Absicht, nach neuen Betätigungsfeldern außerhalb des vereinigten Deutschlands Ausschau zu halten. Eine seiner Töchter war nach Libanon zurückgekehrt, die andere hatte sich nach Griechenland verheiratet. Wir verabredeten, miteinander in Kontakt zu bleiben.

2.

Eine erneute Begegnung mit *Frédéric Dahlmann sen.* kam im Frühjahr 1991 in Brüssel zustande, er bewohnte noch immer sein Haus im Val de Bécasse. Obwohl er sich, wie er sagte, aus der Geschäftstätigkeit völlig zurückgezogen habe, war auf seiner Visitenkarte noch immer seine Funktion als Berater des Außenministeriums vermerkt. Im »Chateau Sainte-Anne«, das noch immer den Internationalen Diplomatenclub beherbergte, frischten wir beim Essen, zu dem er mich einlud, Erinnerungen an die Vergangenheit auf.

Sein ältester Sohn Nils war seit geraumer Zeit Honorarkonsul der Republik Lettland im Königreich Belgien geworden. Er verhalf mir zu Kontakten mit lettischen Industriellen, wir trafen uns ein Jahr später in Riga wieder und beschlossen, in Kontakt zu bleiben.

3.

In Nachschlagewerken des Centre Culturel Francais Unter den Linden in Berlin fand ich 1994 heraus, daß einige meiner Pariser Bekannten inzwischen ihre Posten verlassen und anderswo bedeutende Funktionen eingenommen hatten.

Georges Vaugier war zum 1. Rat der französischen Botschaft in Washington ernannt worden.

Marcel Tremeau, inzwischen Botschafter geworden, war zum

Ständigen Vertreter Frankreichs beim Büro der Vereinten Nationen und der Internationalen Organisationen in Wien berufen worden.

Olivier Stirn war zum Ständigen Vertreter Frankreichs beim Europarat in Strasbourg ernannt worden.

Jacques Leliévre hatte im Senat und *Claude Lebedel* in der Nationalversammlung seine Stellung behalten

4.

Während einer Reise nach China entdecke ich in »Le Monde« vom 8. Mai 1994 die kurze Protokollmeldung, daß *Jean-Pierre Lafon* zwei Tage zuvor vom Quais d'Orsay zum neuen Botschafter Frankreichs im Libanon berufen wurde.

5.

Zhang Xichang und seine Frau Zhou Jianqing, die 1988 ihren Pariser Posten verlassen hatten, verschlug es anschließend in die USA, wo beide zwei Jahre als Fellows am Woodrow Wilson International Center und am Center for European Studies, Harvard University, tätig waren. Im Mai 1994 begegnete ich beiden in Peking. Zhang Xichang und Zhou Jianqing hatten inzwischen das Rentenalter erreicht, arbeiteten aber noch – sie als Forschungsdirektor im Institut für Weltgeschichte der Akademie für Gesellschaftswissenschaften, er als Berater des Staatsrates und des Ministeriums für Auswärtige Angelegenheiten. 1994 veröffentlichten beide ein Buch mit dem Titel »Die Geschichte der Diplomatie Frankreichs nach dem II. Weltkrieg (1944-1990)«. Seit unserer erneuten Begegnung stehen wir in brieflichem Kontakt.

6.

Ende April 1994 erfahre ich durch eine ZDF-Sendung, daß *John Wenston* Vertreter Großbritanniens bei der NATO geworden war.

7.

Während eines Aufenthaltes in China im Dezember 1999 erfuhr ich vom Gesandten der deutschen Botschaft, daß meine Partner von der damaligen BRD-Botschaft in Paris derzeit als Botschafter tätig sind – *Hans Joachim Vergau* in Ankara, *Fritjof von Nordenskjöld* in Rom.

Personenregister